U0721361

冯其庸文集

卷九

解梦集 上

青岛出版社

图书在版编目(CIP)数据

冯其庸文集. 第9卷, 解梦集. 上 / 冯其庸著. —青岛:青岛出版社,2012.12
ISBN 978-7-5436-8990-9

Ⅰ. ①冯⋯ Ⅱ. ①冯⋯ Ⅲ. ①冯其庸—文集 ②《红楼梦》研究—文集
Ⅳ. ①C53 ②I207.411-53

中国版本图书馆 CIP 数据核字(2012)第 290927 号

责任编辑 金 龙
责任校对 朱玉麒 孙丽娜 孙熙春 高海英

解

梦

集

图版目录

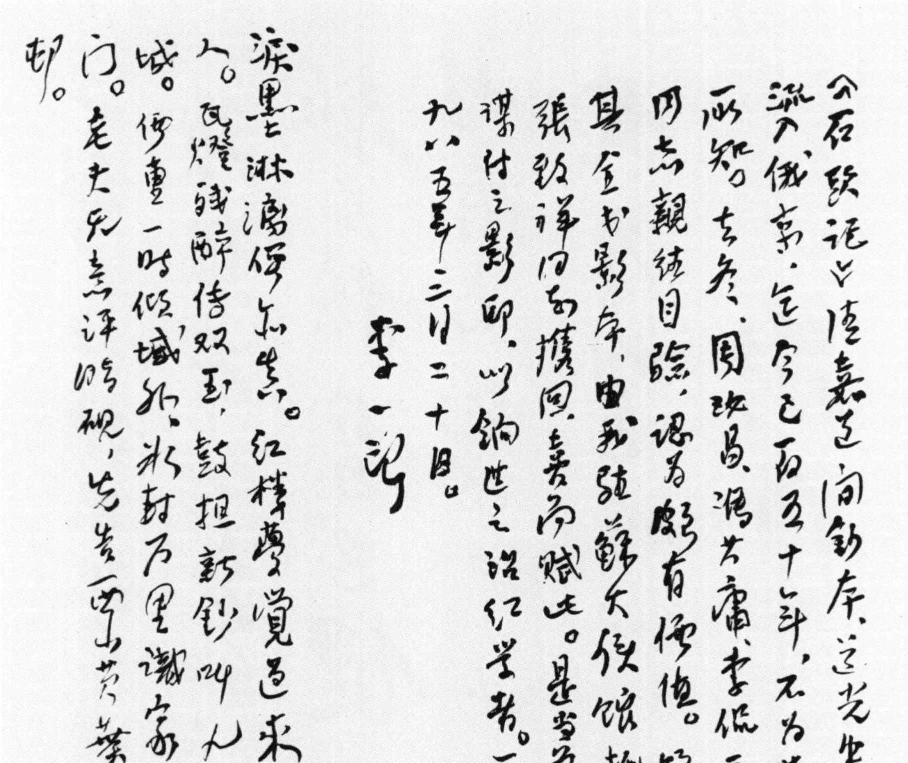

《石頭記》清嘉道間鈔本，道光中流入俄京，迄今已百五十年，不為世所知。去冬，周汝昌、馮其庸、李侃三同志親往目驗，認為頗有價值。歸，其全書影本，由我駐蘇大使館托張致祥同志攜回，喜而賦此。是當急謀付之影印，以餉世之治紅學者。一九八五年二月二十日。

李一氓

淚墨淋漓假亦真。紅樓夢覺過來人。風燈殘醉傳雙玉，鼓擔新鈔叫九城。價重一時傾域外，冰封萬里識家門。老夫無意評脂硯，先告西山黃葉邨。

1.俄藏本《石头记》回归，李一氓先生题诗为赠

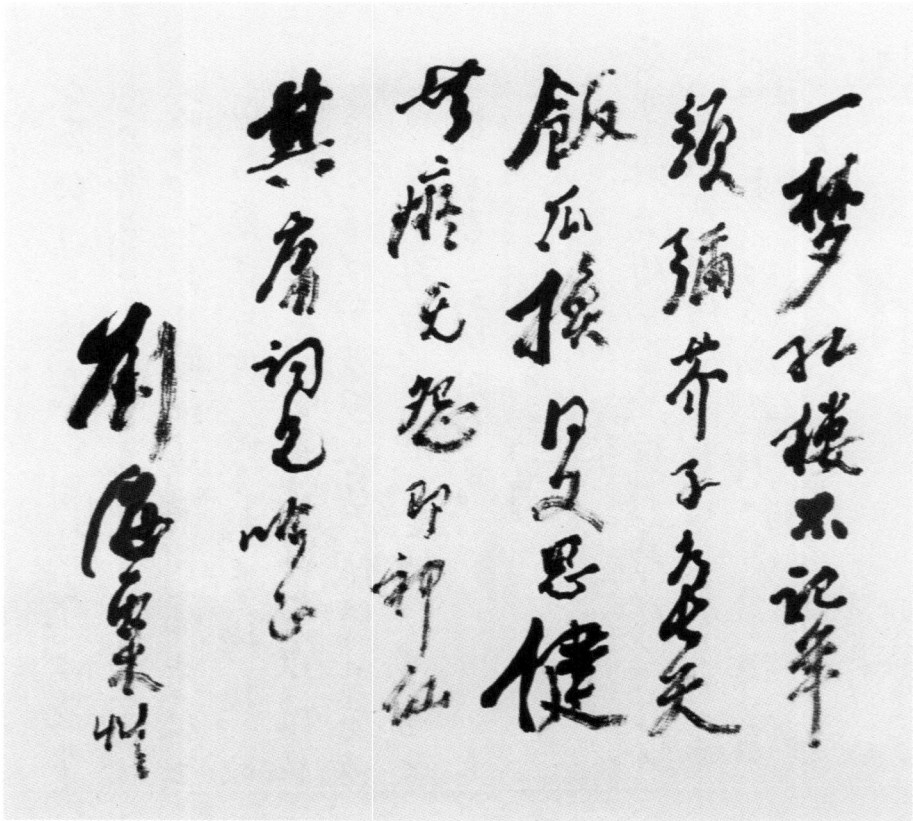

一梦红楼不记年，
颛顸犹喜子孙贤。
饭瓜搅豆思犹健，
齿瘘无怨却神仙。

其康词兄嘱

刘海粟书

2.刘海粟先生题诗

2

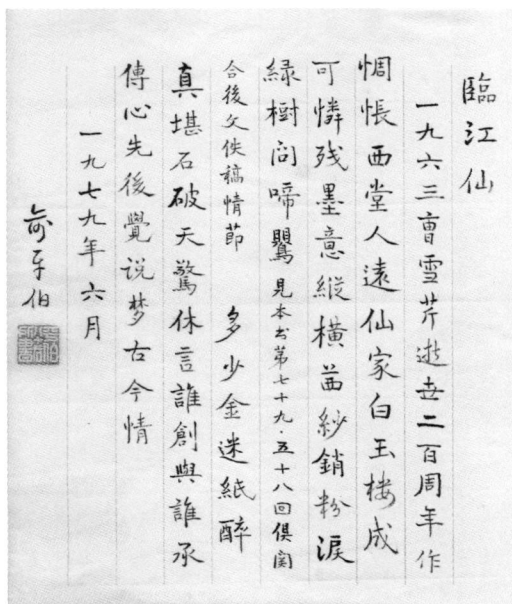

3.俞平伯先生书赠《临江仙》词

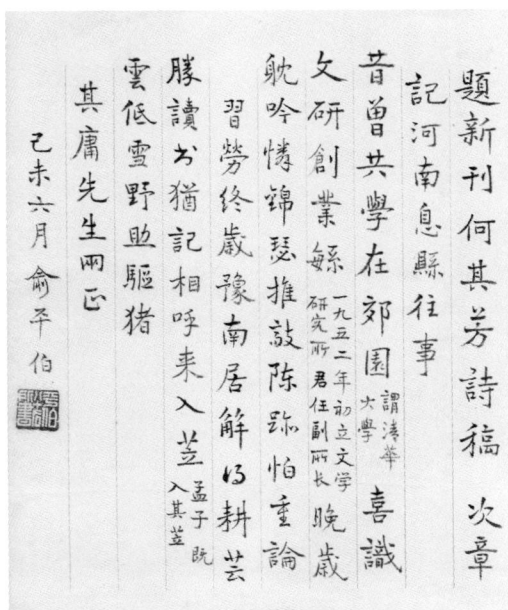

4.俞平伯先生书赠诗幅

3

5.俞平伯、叶圣陶、王湜华先生

6.茅盾、顾颉刚、俞平伯先生

7.作者与刘梦溪、周雷、苏一平、茅盾、王昆仑先生

8.吴世昌、吴恩裕先生

9.吴恩裕、林默涵先生

10.吴组缃、郭预衡、周汝昌、启功先生

11.作者与卓琳、林冠夫、张庆善、傅冬冬、杜景华、吕启祥

12.作者与卓琳同志

13.作者与吴世昌、王利器、张毕来先生

14.《红楼梦学刊》创刊号

15.吴恩裕先生来信

16.吴恩裕先生来信续

17.作者与余英时先生

18.作者与伊藤漱平、钟敬文、松枝茂夫、陈毓罴

馮其庸先生：

逸日は思い掛けもなく高著『論庚辰本』及び『大金喇嘛法師宝記碑題名考』をお送り頂きました。深く御礼申上ゲます。

先生の少高名は前には《文物》誌上で、また最近では《社会科学戦線》誌上で、存知ておりました。《論庚辰本》とは申すまでもなく鍾教授に一本の贈与を受け、その考證の精確さに深く教服していた次第です。次から次に新しい発見、新しい見解を示されること、真に驚嘆の外はありません。

私などは紅楼夢の翻訳を志して以来、已に五十年近くになりますが、(小生現在七十四歲) 未だ何等の心

19.《红楼梦》日文翻译家松枝茂夫先生的来信

20.《红楼梦》日文翻译家松枝茂夫
先生的来信（续一）

21.《红楼梦》日文翻译家松枝茂夫
先生的来信（续二）

22.《红楼梦》日文翻译家松枝茂夫
先生的来信（续三）

23.《红楼梦》日文翻译家伊藤漱平先
生题诗

其庸兄：

来信已接到，少日，弟亟希望继先之间仅，运送文
物事，保险费及运费我们可以付，但派专人护送
的旅费问题，恐怕苦无法筹措，国际航空协会
已宣佈国际航线票价自四月一日加廉10%，我们
目前的预算力已经有了困难，第继之即将正式
去画画文化部说的情形，没有办法时，只好将文
拓部的作罢。

吾兄寄南大戏文的一批出利，当时已收到，但每
次四信都集中问讨闲会事，状把此事忘了，很
对不起。再者，「虞艺斋集移残篇」一册，编者何人？
何处出版？後中祈见示。

文绥

此说

弟赵冈二.五

吉羊

周策縱
吳南華同賀

Tse-tsung Chow
Nancy Wu

揚州慢

今年暮秋予應邀出席揚州第三屆國際紅樓夢研討會

寓西園賓館鄰天寧寺曹寅故地也會閒訪个園探漢代

廣陵王墓木驚識苦腸題湊之制放舟瘦西湖過二十四

橋復車至金陵隨園故址親預曹雪芹塑像揭幕典禮嗣

又品嘗紅樓宴聽南京崑曲蘇揚訴彈於時西風動雲芳

草已碧盛席之餘不禁有應時之作焉。

北固山店瓜州渡急維揚是處如詩感名園翠竹弔古墓黃題起

前劫甑風鑄地晚花零落猶剩殘枝墓雲沉蕭索微涼欹薄秋衣。

盛筵對酒訪紅樓歌繞鸞髮伴南國瀟湘芙蓉豆寇瘦舞聽支。

鬢鬢約人垂柳傷心綠淡月爭送越清盈湖水年年無奈當時。

周策縱 一九九三年壬申十二月六日于跌破左臁盡骨手術後療養中。

25.美国周策纵先生词柬

26.作者夫妇与叶嘉莹先生

宽堂先生著席
尊撰瓜饭楼重校评批红楼梦承以收藏编
号〇一三七号一部
授读日前李经国兄专程送到新正
雅贶祗谨拜受欣乐何极展玩装帧之美印
制之精先已眼明溯读校评则义理考据词
章锻铸炉冶浑化无迹红楼梦评点之学实
继光昌得此可卜甚盛甚盛请
容薰沐细读随时请益寒斋所藏友朋著作
之中永为镇斋之宝矣本当趋长升
堂面启谢恫而老病塞步缺礼至惭尚乞
原宥专此布达顺颂
文祺
　　　　　舒芜顿首拜

花解语玉生香一回评批涉及香妃一事近
见朱家溍先生故宫退食录中曾有论辩未
审曾入览否　　又及

27.舒芜先生来信

15

28.作者与李希凡先生

29.作者与吕启祥先生

30.作者与张庆善先生

31.作者在红楼梦学会常务理事会上与部分老同志欢叙（2010年7月）。前排左起：
胡文彬、张俊、段启明、刘世德、石昌渝、作者、李希凡、邓绍基、张书才、
蔡义江。后排左起：王慧、李虹、张云、谭凤嬛、孙伟科、沈治钧、孙玉明、
丁维忠、张庆善、林正义、杜春耕、任少东、曹立波、何伟国

目 录

上 册

目　录

下　册

目　录

《解梦集》自序
——读《红楼梦》

一部《红楼梦》，究竟有多少种解释，谁也说不清楚，我的这本小书，是否能算作一种解释，我也不敢说。

我认为《红楼梦》是康、雍、乾三朝的社会生活、社会矛盾、历史趋向的一个艺术的总概括和总反映。

它以贾宝玉、林黛玉的爱情悲剧为核心，以荣国府、大观园为典型环境，展开了一幅网式的波澜壮阔、层层曲折、四面辐射的历史画卷。它的画面，上至皇宫后妃、贪官污吏，下至贫苦农民，乃至县吏衙役、市井游侠、三姑六婆、道观寺庙等等。它以"四大家族"之一的贾府为具体描写对象，所有情节的开展，都以此为中心。贾宝玉、林黛玉的爱情由萌生到发展到生死不渝，是整个故事的一条主线，它是渐增的、发展的，而不是静止的。

《红楼梦》里写了两种毁灭，一种是新生事物的毁灭，这就是贾宝玉、林黛玉爱情的毁灭；另一种是古老的荣国府、宁国府的毁灭。前者的毁灭是新的生命由于它还未成熟，经不起狂风恶浪的摧折而毁灭，但它健壮的根系和茁壮的幼芽仍在适宜的土壤里保存着，"野火烧不尽，春风吹又生"，只要有适当的气候，它

1

会继续生长，最终长成大树。而后一种毁灭，是腐朽加腐烂，是生命的尽头，最终是化为粪壤，永远成为过去，不可能再生。

所以这两种毁灭，具有两种完全不同的社会意义。前者反映的是历史前进的客观趋势，后者反映的是由荣、宁二府象征的那种腐朽势力的必然死亡。

曹雪芹的笔是非常狡狯的，他一再声称此书"亦非伤时骂世之旨，及至君仁臣良父慈子孝，凡伦常所关之处，皆是称功颂德，眷眷无穷，实非别书之可比"。表面上说得非常好听，都是对封建皇帝和朝廷的歌功颂德，但一开头他就写了一桩贪赃枉法的人命案，同时带出了炙手可热的"贾、史、王、薛"四大家族。由此开头，也就开始了他对封建社会的大揭露、大批判。而这四大家族的代表，实际上就是荣国府和宁国府，这就是"贾、史、王、薛"里的"贾"。"史"，就是史太君，也就是贾母的娘家。但史家并未实写，只写了一个史湘云，已经败落了，所以从实写来说，就只是贾母。"王"，就是王夫人和王子腾。王子腾在《红楼梦》里并未出场过，也是虚写，不过从虚写中又使人隐隐感到他握有权力，但从实写来说，还就只是王夫人。"薛"，就是薛姨妈，是王夫人的妹妹，还有薛宝钗和薛蟠，他们又一起搬来住在贾府。贾府实际上就是四大家族的总代表。而贪赃枉法的贪官贾雨村，是全靠贾府一手提拔起来的，他枉断了薛蟠所犯的人命案以后，还直接向贾府和王子腾报告，这说明一切横行不法的事，都与这四大家族有关。通过对这个具体的"贾"府的描写，也就可以清楚地看到"这四家皆连络有亲，一损皆损，一荣皆荣，扶持遮饰，俱有照应"的具体情况，而且"各省皆然，倘或不知，一时触犯了这样的人家，不但官爵，只怕连性命还保不成呢"！这就是封建社会政治势力的一张关系网。

所以，"葫芦僧乱判"一案，实际上是对封建社会、封建官场的一个总揭露和总批判。

《红楼梦》还批判了当时官方的统治思想——程朱理学以及八股科举制度。

《红楼梦》还特别提出了尊重女性和反对妇女守节。

当然，《红楼梦》最最动人之处，是贾宝玉、林黛玉的生死不渝的爱情和他们的爱情悲剧，《红楼梦》是以宝、黛的爱情悲剧来贯通全局的。这个爱情悲剧的内涵是誓死捍卫爱情和婚姻的自主、自择权，主张爱情和婚姻的自由。

但是，《红楼梦》是小说，是文学艺术，而不是哲学也不是史学，所以它的表达方式不是哲学语言，也不是"本纪"、"列传"。《红楼梦》表达思想的方式是塑造典型形象，它使用的语言是生活语言。所以，要从《红楼梦》中寻觅我们上面所说的各项内容，从字面上是找不到的。这需要读者从人物形象、故事情节和语言中仔细体味琢磨，才能悟出它的真意。所以读《红楼梦》须要细心读、反复读，耐心参详。

《红楼梦》写了近千个人物，其中堪称典型的不下数十人。《红楼梦》里的人物形象，可以说是全新的，与传统小说中的人物形象无一雷同，但又是从传统中来，是传统的发展。例如：贾宝玉、林黛玉、薛宝钗、王熙凤、史湘云、贾探春、贾迎春、贾惜春、妙玉、贾母、王夫人、薛姨妈、夏金桂、刘姥姥、茗烟、晴雯、袭人、紫鹃、香菱、鸳鸯、司棋、麝月、莺儿、红玉、贾政、贾雨村、贾琏、贾环、贾瑞、薛蟠、平儿、尤二姐、尤三姐、赵姨娘、马道婆、铁槛寺老尼净虚等等，都可以说得上是"这一个"。读者闭起眼睛也能想得出这些人物的形象和说话的声音来。

以上这些人物，都是作者精雕细刻的（当然《红楼梦》里精雕细刻的人物不仅仅这些），《红楼梦》的作者还能只用寥寥数笔，就勾勒出人物的形象来，连带有鲜明个性特点的人物语言，都能让读者永远留在心头。例如第七回"焦大醉骂"，全部叙述不到一千字，但焦大这个人物，凡是读过《红楼梦》的人，就不会忘记他。特别是他那句"红刀子进去白刀子出来"的"醉汉嘴里混呓"（《红楼梦》第七回），就成为焦大的名句。光凭这一句话就能让人想到嘴里被塞满了马粪，捆翻在地的焦大的形象和这句惊天动地的话的声音。再如第二十四回写醉金刚倪二和贾芸的事，自"贾芸出了荣国府回家"起，直至"一面说，一面趔趄着脚儿去了"，一共一千八百字左右，却写了四个人：贾芸的舅舅卜世仁，贾芸的舅妈，醉金刚倪二和贾芸。前面三人虽然都只是寥寥数笔，但俱各传神，卜世仁夫妇的鄙吝和市井游侠倪二的仗义，皆历历如绘，雪芹之笔，真可谓勾魂摄魄。

还有："一碗茶也争，我难道手里有蜜！"这是初恋中的智能的语言，反映着她心里的甜意。"你忙什么！'金簪子掉在井里头，有你的只是有你的。'"这是金钏的语言，反映着她因为受到宝玉的心爱而心悦意肯，别无他虑的心态。尤其是第三十三回宝玉挨打前，要老婆子快去报信，老婆子却耳聋，竟把"要紧，要紧"误听成"跳井，跳井"，还笑着说："跳井让他跳去，二爷怕什么？"情势一缓一急，两相对照，一方是紧急待援，一方是木然无知，形成了鲜明对比，而"跳井，跳井"这一句话，也就把老婆子耳聋淡木的神态描摹殆尽。"'呦呦鹿鸣，荷叶浮萍'，小的不敢撒谎。"这是李贵的语言，反映着他护送宝玉读书，但不识字，也不理会读书，只是从旁听闻的状况。

《红楼梦》里最最能言善语的自然要数林黛玉、王熙凤、红玉、麝月这几个人了。林黛玉是慧心巧舌，聪明伶俐；王熙凤是先意承志，博取欢心；红玉是伶牙俐齿，如簧百啭；麝月在教训那些老婆子时的语言是词锋逼人，势猛气锐。我觉得《红楼梦》的作者对这四个人的语言特色是精心设计的，是特写。《红楼梦》

里其他人物的语言也都符合各个人物的身份和性格，包括湘云说话时的咬舌，把"二哥哥"说成是"爱哥哥"等等。所以读《红楼梦》品味各个人物的语言，如在社会生活中一样，一片天然，没有斧凿，真所谓"大匠不雕"。

鲁迅曾赞《史记》是"史家之绝唱，无韵之离骚"。我借用这句话改一个字，可说《红楼梦》是"说家之绝唱，无韵之离骚"。《红楼梦》在古典长篇小说中确已成为"绝唱"，这是毋庸争议的，但它还是一首不用韵的诗。这不仅仅是因为《红楼梦》里有许多诗，而是它从第一回至第八十回的叙述，也都有诗的素质，它的叙述与诗是交融的、是一体的。诗是什么？是抒情，抒喜怒哀乐各种各样的情而不是干巴巴的纪事，《红楼梦》确有这种抒情性的特点。实际上是因为曹雪芹在家败人亡之后，回思自己的百年世家，特别是它的败落，确有许多怨情、苦情和悲情，甚而至于有满腔愤世之情，所以它的叙事波澜起伏，有如一首长歌。

《红楼梦》的作者，不但是叙事的能手，也是写景的能手。一回"大观园试才题对额"，前人已经说过，等于是一篇大观园游记，而且具有大观园初建，尚未竣工的特色，而山石树木，泉水溪流，台榭亭阁，竹篱茅舍，回廊曲径，已经历历如绘，引人入胜了。但到元妃省亲时，还是这个大观园，却"只见园中香烟缭绕，花彩缤纷，处处灯光相映，时时细乐声喧，说不尽这太平气象，富贵风流"，又是另一番皇家的豪华气象。到了第三十九回和第四十回，贾母、刘姥姥游大观园，则竟又别出一番风光，另是一种游法。除了驾船引舟作水上游外，还观赏了潇湘馆、秋爽斋、蘅芜苑，然后是一场"老刘，老刘，食量大似牛，吃个老母猪不抬头"的豪宴，之后再去栊翠庵品茶，直到刘姥姥醉卧怡红院。作者前后三次描写大观园，竟是三副笔墨，无一处使人有重复感。

《红楼梦》里的写景文字，通常是与叙事紧密结合的。除了上举大观园的描写比较突出外，其他都是情与景合。如写潇湘馆，便是"两边翠竹夹路，土地下苍苔布满，中间羊肠一条石子漫的路"(第四十回)，"只见凤尾森森，龙吟细细，举目望门上一看，只见匾上写着'潇湘馆'三字。宝玉信步走入，只见湘帘垂地，悄无人声。走至窗前，觉得一缕幽香，从碧纱窗中暗暗透出。宝玉便将脸贴在纱窗上，往里看时，耳内忽听得细细的长叹了一声道：'每日家情思睡昏昏。'"以上两段文字，真是叙事与写景的天然结合，是情在景中，景与情合。特别是第五十回"芦雪广争联即景诗"和第四十九回的后半部分文字，都是洋溢着诗情画意的绝世妙文。例如下面这段文字：

> 凤姐儿也不等贾母说话，便命人抬过轿子来。贾母笑着，挽了凤姐的手，仍旧上轿，带着众人，说笑出了夹道东门。一看四面粉妆银砌，忽见宝琴披着凫靥裘站在山坡上遥等，身后一个丫鬟抱着一瓶红梅。众人都笑道："怪道少了两个人，他却在这里等着，也弄梅花去了。"贾母喜的忙笑道："你们瞧，这山坡上配上他的这个人品，又是这件衣裳，后头又是这梅花，像个什么？"众人都笑道："就像老太太屋里挂的仇十洲画的《双艳图》。"

这样的文字，实在是写景和叙事的最天然的结合，也是《红楼梦》富有诗的素质的一个重要原因。

我还感到读《红楼梦》要读出它的味外味、韵外韵来。这就是说，在你读完了一遍，领悟了一遍以后，过些时重读一遍，又会悟出它的新的意蕴、新的内涵来，这样以至于无数次的重复。

当你读到梨香院偶尔飘过来的一丝笛韵，读到林黛玉细嚼"如花美眷，似水流年"八个字的滋味，不觉心痛神痴、眼中落泪的时候，难道你每次的感受会是一样的吗？

当你读到第三十三回宝玉挨打的情景，第七十四回抄检大观园、第七十八回"痴公子杜撰芙蓉诔"的情景，难道你每次的感受也是一样的吗？

所以，《红楼梦》每次读，会有每次的味外味、韵外韵。不信，你就试着再读读看！

2007 年 2 月 6 日下午 3 时半于瓜饭楼

《论红楼梦思想》

自　序

　　我对《红楼梦》的研究，几十年来，只做了三件事：一是曹雪芹家世的研究，写出了《曹雪芹家世新考》，后来又出了增订本，篇幅增加了一倍。在研究过程中，发现了一系列的新材料，这些材料都是原始的曹家第一手档案性的资料，对研究曹家的历史有极其重要的作用，对确定曹家祖籍是辽阳，更是不可动摇的历史证据。任何企图用种种谬说来否定或歪曲这些史证的，到头来被否定的只能是他们自身而不是这些史证，因为历史是客观的又是无情的，任何妄图与历史较量的人，想涂抹、捏造、歪曲、掩盖历史真相的人，最后失败的不是历史而是那些妄图涂改历史的人。曹雪芹祖籍是辽阳，也是如此。

　　二是《红楼梦》脂本的研究。我写出了《石头记脂本研究》。最幸运的是我与吴恩裕先生一起发现并考证了己卯本是怡亲王府的抄本，并由此而推知己卯本的原本极可能来自曹家的原稿本。这是对研究曹雪芹原稿的至关重要的信息。可惜己卯本已散失了一半。然而，更意外地是我发现己卯本全稿却完好地保存在庚辰本里，而庚辰本至今尚很完整，只差两回。我写出了《论庚辰本》一书，揭示了这一发现，从此人们正确地认识了庚辰本的无比的珍贵价值——它是曹雪芹逝世前遗留下的最完整的最后的定稿本，虽然仍留有若干残缺，但这已经是天壤间最完整最确定的本子了，因为此后雪芹就逝世了，再也不可能有比此更完善、更定稿的本子了。

三是我对《红楼梦》的思想进行了研究，1983 年曹雪芹逝世 220 周年的时候，我写了《千古文章未尽才》一文，提出了《红楼梦》的思想是反映资本主义萌芽的新的民主思想，而不是封建的民主思想，之后，我一直没有放弃这一课题的研究，直到今年元月二日晚，我才完成了《论〈红楼梦〉的思想》这篇文章的写作。这篇文章断断续续，前后写了两年多，中间因病、因事搁置了一段时间，现在总算完成了。我是把《红楼梦》的思想、把作者曹雪芹放在当时的社会历史条件下来进行研究的，我研究了从明后期至清乾隆时期的社会历史状况、研究了这一历史大变革时期的社会政治、思想、经济、文化、习俗等的情况，研究了这一时期的外部世界和沟通的状况。我更加认识到《红楼梦》的思想是反映资本主义萌芽的新的民主思想，曹雪芹是超前的思想家，他的思想，上承明末的李卓吾，清初的黄宗羲、顾炎武，与同时代的唐甄、戴震、吴敬梓、袁枚等人的思想是共通的，虽然他们未必有交往，但他们同是属于这个反封建传统的行列里的，他们同时会感受到这个时代先进的脉搏。曹雪芹更是他的家庭的思想叛逆者，康熙六十年的《曹玺传》说曹寅"七岁能辨四声，长，偕弟子猷讲性命之学……颀字昂友，好古嗜学，绍闻衣德"。性命之学就是程朱理学，可见这个程朱理学，是他们家的传统，曹寅、曹宣笃信此学，曹颙也承继不替。曹寅在《楝亭诗别集》卷四：《辛卯三月二十六日闻珍儿殇书此忍恸，兼示四侄寄西轩诸友》三首之二说：

予仲多遗息，成材在四三。承家望犹子，努力作奇男。经义谈何易，程朱理必探。殷勤慰衰朽，素发满朝簪。

　　这首诗里，不仅表明了他自己是熟悉经义，笃信理学的，而且还希望后代以此来慰他的衰朽。然而曹雪芹在《红楼梦》里却大反程朱理学，说它是"杜撰"，说喜欢程朱理学、仕途经济的人是"国贼禄鬼"，这反对的是够激烈的了，曹寅的"殷勤慰衰朽"的愿望，算是彻底破产了！由此我想到曹雪芹在《红楼梦》开头就说自己："背父兄教育之恩，负师友规谈之德。"看来，曹雪芹说的完全是实话。曹雪芹确是他的家庭思想的叛逆者，不仅如此，曹雪芹通过元妃省亲等情节，批判封建皇帝"离散天下之子女，以奉我一人之淫乐"等等，他对封建专制皇权也是激烈的批判者、叛逆者。

　　在研究《红楼梦》的思想过程中，我同时研究了那个时代的社会，才更加体会到《红楼梦》里的"真假""有无""虚实"等等的概念，不仅仅是指书中的贾府，也不仅仅是隐指曹、李两家，而是具有更深远的社会现实意义的。因此，研究《红楼梦》，确应重视曹家和李家从煊赫到败落的家史，但不应该仅限于此，因为当时社会上真假、有无、虚实的情况太多，"落了片白茫茫大地真干净"的人家决不限于曹、李两家，因此它具有更广阔更深远的历史内涵和意义。所以，《红楼梦》的研究，应该与当时的社会联系起来，与当时的政治、思想、社会问题联系起来，这样，可能认识得会更全面些。我在我的这本书里，作了这方面的初步尝试。

　　《红楼梦》在典型人物的塑造，环境的描写，场景的转换，人物语言上的成就是卓越的，独一无二的，我在这方面虽偶有尝试，却实在无暇顾及了。

　　"不知筋力衰多少，但觉新来懒上楼"，这是辛弃疾的名句。往年，我七去新疆，两登 4900 米的帕米尔高原，涉流沙、抚昆仑、探冰川、仰雪峰、穷居延海、寻黑水城，种种艰难，从未感到疲劳，但近年病后，却忽然想到辛弃疾的这两句词，看来我也终于有点"懒上楼"的感觉了。但这句话我还有另一层意思，指的是《红楼梦》的这个"楼"，我虽然想"更上一层楼"，但终于是感到"难上层楼"了。

不过，我相信，《红楼梦》这座"楼"，愿意攀登、能够攀登的人，以至于真正能够登上"楼"顶的人，自有人在，我愿意看到这样攀登的盛况！

2002 年元月 4 日于瓜饭楼

论《红楼梦》的思想

　　《红楼梦》的思想，是红学研究中的一项重大课题。1974 年，我在几篇有关的论文里略略申述了我的意见，我认为《红楼梦》是反映了当时资本主义萌芽的思想的，但那时我只是简略的叙述，而且我也还未对此作深究。十年以后，即 1983 年，我写了《千古文章未尽才》一文，对《红楼梦》的思想稍稍作了一些深入的探讨。经过十年的揣摩，我更坚信《红楼梦》的思想，是反映了资本主义萌芽性质的思想，曹雪芹的思想，是初期的激进的民主主义思想，他的思想，与封建正统思想是完全对立的。

　　从 1983 年以来，转瞬间又已过了十七年了，在这个问题上，我始终没有停止思考和阅读有关的资料。十七年来，我对这个问题又读了一些书，稍稍增加了一些阅历，因而更加坚信我原先的认识。只是深深感到要深研这个问题，更需要潜心读书，更要放开眼界看问题，抱着一部《红楼梦》就事论事，是不可能参悟这部书的深奥之处的。我虽然前后对这个问题已经思考了二十五年，但仍深感读书不够，深思不够。近年来又加上多病，虽仍想多读书，然已感到体力不支，思考能力也大不如前。生怕已经反复思考的问题又会健忘，故先草此文，以为二十五年来一个老问题的继续。

一、《红楼梦》的时代

（一）明代资本主义的萌芽和发展

中国的封建社会，从明代嘉靖、隆庆到万历，共约一个世纪，也即是从十六世纪初（1522 年，嘉靖元年）到十七世纪初（1619 年，万历四十七年），这是中国历史上资本主义萌芽蓬勃发展的时期。顾炎武《天下郡国利病书》卷三十二引《歙县风土论》说：明弘①治时期，"家给人足，居则有室，佃则有田，薪则有山，艺则有圃，催科不扰，盗贼不生，婚媾依时，闾阎安堵，妇人纺织，男子桑蓬，臧获服劳，比邻敦睦。"这里描写的，完全是一幅中世纪式的封闭的纯自然经济的封建田园图，但是到了正德时期，也即是二十年后（弘治共十八年）情况就不同了，《风土论》又说：

> 寻至正德末嘉靖初，则稍异矣。商贾既多，土田不重。操赀交接，起落不常。能者方成，拙者乃毁。东家已富，西家自贫。高下失均，锱铢共竞。互相凌夺，各自张皇。于是诈伪萌矣，讦争起矣，纷华染矣，靡汰臻矣。

按正德共十六年（1506—1521），正德末，就算从正德十年（1515 年）算起，到嘉靖十五年（嘉靖共四十五年，刚好是三个十五年），一共才二十一年，然而从上述的描写，就可以看出一幅资本主义萌芽时期，重

---

① 原书"弘"字作"宏"。

商轻农，激烈竞争，互相凌夺，诈伪讦争的图画，接下去又说：

> 迨至嘉靖末、隆庆年间，则尤异矣。末富居多，本富益少。富者愈富，贫者愈贫。起者独雄，落者辟易。资爰有归，产自无恒。贸易纷纭，诛求刻覈。奸豪变乱，巨猾侵牟。

隆庆共六年，"嘉靖末"即从嘉靖三十年算起，则加上隆庆的六年又是二十一年。这二十一年的变化，比前更加剧烈，"末富居多，本富益少"，就是做生意的人愈来愈多，资本都集中到商业上去了，"本富愈少"就是靠土地收租，做田地经营的愈来愈少，也就是都去经商买卖，不愿投资到土地上做老式的地主了。"富者愈富，贫者愈贫"四句，更反映出两极分化，破产的破产，发财的发财。这里活生生地画出了一幅资本主义初期的现世相。虽然当时还只是资本主义的萌芽发展时期，但资本主义的本质特征，已经看得很清楚了。下面还说：

> 迄今三十余年则复异矣。富者百人而一，贫者十人而九。贫者既不能敌富者，少反可以制多。金令司天，钱神卓地，贪婪罔极，骨肉相残。受享于身，不堪暴殄。

这是写隆庆以后的三十年，也即是万历元年（1573 年）到万历三十年（1602 年），也即是 16 世纪末到 17 世纪开头。这个三十年，则已经到了"富者百人而一，贫者十人而九"，"金令司天，钱神卓地"的地步了。由此可见，当时资本主义萌芽时期的发展态势。

以上这段文字，虽然只是写安徽歙县一地，但事实上，从 16 世纪到 17 世纪，江南太湖周边及沿海的不少城镇，其资本主义萌芽和发展的情况，也大体类似。如果按照当时的发展态势，中国的资本主义进程，自然会发展得更快些，但历史总是曲折的，万历末年（1618 年），努尔哈赤以七大恨告天誓师伐明，崇祯二年（1629 年），李自成发动起义，从此，民族矛盾的战争与阶级矛盾的战争同时爆发，于是这种资本主义萌芽性质的经济，自然而然地遭到了摧残，不仅是经济遭到了破坏，就连人民的生活，也完全陷入了水深火热之中。

（二）清代前期的经济恢复和发展

清代经过顺治、康熙、雍正三代（1644—1735），将近一百年的时间，尤其是康、雍两朝的休养生息，战争的停止，政策的调整，政令的统一，于是社会得到复苏，人口开始孳生，城镇开始繁荣，工商业得到急剧的发展，到康熙中后期，社会生产基本上已恢复到明代的繁荣时期了。在这样的基础上，原先就已存在了将近两个世纪的资本主义萌芽的经济，这时自然就呈现出发展的态势了。

曹雪芹约生于康熙五十四年（1715 年），上距天命三年（1618 年）努尔哈赤以七大恨告天誓师伐明九十七年，上距崇祯二年（1629 年）李自成起义八十六年。曹雪芹的卒年为乾隆二十七年壬午除夕（1763 年 2 月 12 日），下距洪秀全的太平天国金田起义（1850 年）八十七年，下距孙中山先生的辛亥革命（1911 年）一百四十八年。曹雪芹生活的时代，正是在两次农民大起义的高潮之间，也就是清政权最为稳固的时代。所以封建的史学家称之为"康乾盛世"。

这个时代的时代特征是，清代到了康熙末年，经过将近百年的休养生息，已经从经济恢复走向繁荣了。首先是人口的增加，顺治九年

（1652年）经过战乱以后的全国农业人口为14,483,858丁口，[①] 至康熙五十年（1711年，曹雪芹出生之前三年）增至24,621,334丁口，自顺治九年至康熙五十年，这六十年间的人口，几乎增加了一倍。[②] 至乾隆时期则激增至242,000,000到250,000,000之间。[③] 中国是一个农业国，人口的激增，耕地面积自然也随之扩大。顺治十八年（1661年）全国耕地面积为5,493,576顷，到康熙五十年增至6,930,344顷。[④] 从顺治末年到乾隆中叶（曹雪芹卒于乾隆二十七年，已是乾隆中叶）的百来年中，全国耕地面积约增加了百分之四十左右。[⑤] 人口的孳生，耕地面积的扩大，意味着赋税的增加，国库的充实，所以到康熙五十一年颁布命令，以康熙五十年（1711年）的人丁数字24,620,000作为征收丁赋的固定数字标准，以后增加人口谓之"盛世孳生人丁"，永不加赋。[⑥]

在上述这种经济恢复发展和繁荣的基础上，全国的手工业和商业也得到了较大的发展。手工业方面发展最快的是纺织业，清代初年，对各地纺织业机房中的织机数目是有限制的，每机房织机不得超过百张。《江宁府志》[⑦] 说：

> 江宁机房，昔有限制，机户不得逾百张，张纳税当五十金。织造批准注册给文凭，然后敢织，此抑兼并之良法也。国朝康熙间尚衣监曹公寅深恤民隐，机户公吁奏免额税。公曰：

---

① 俞正燮《癸巳类稿》卷十二，第454页，商务印书馆1957年版。
② 俞正燮《癸巳类稿》卷十二，第454页，商务印书馆1957年版。
③ 李洵著《明清史》据陈长衡《中国近百八十年来人口增加之速及今后之调剂方法》一文中的推断。
④ 《明清史》据王氏《东华录》康熙卷八十八。
⑤ 《明清史》据《清朝文献通考》卷一至四，田赋考统计。
⑥ 《明清史》据王氏《东华录》康熙卷八十九，康熙《会典事例》卷一百五十七。
⑦ 蒋启勋、汪士铎《续纂江宁府志》卷十五《拾补》。

"此事吾能任之，但奏免易，他日思复则难，慎勿悔也。"于是
　得旨永免。机户感颂，遂祀公于雨花岗，此织造曹公祠所由建
　也。自此有力者畅所欲为，至道光间，遂有开五六百张机者。

这个材料说明，在南京一地，取消这种对织机的限制，恰恰是从曹寅开始的，取消限制后的发展，快速到"至道光间，遂有开五六百张机者"。同治《上元、江宁两县志》则说："乾嘉间机以三万余计。"① 这个数字看来是江宁一地的织机总数。虽然它似应包括官机在内，但它的发展，应该说是很明显的了。这里应该说明的是《江宁府志》所说的"至道光间，遂有开五六百张机者"，当是指的个体户，也就是现在习惯说的资本家，一个资本家而单独开五六百张机，其规模当然就不小了，那末，全城织机的总数，或当远远超过"乾嘉间机以三万余计"的总数了。

除了纺织业外，在全国范围内，还有矿业、陶瓷业、印刷业等等，也都有重大的发展，雍正时用铜活字印的《古今图书集成》，共有一万卷之多，到乾隆时，又创制木活字印刷术，使印刷业得到更大的发展。

清代的对外贸易，随着当时经济的恢复，政治的稳定，康熙二十三年，即部分开放海禁，当时主要是与西方各国交易。② 到雍正七年，即"大开洋禁，西南洋诸国，咸来互市"。③ 并开设闽、浙、粤等海关，扩大对外贸易，但到乾隆二十四年（1759 年）则又停止闽、浙关贸易，对外贸易都归广州一港。④ 清代除设海关、管理征税和稽查等事务外，还于康熙五十九年（1720 年）设立"公行"，以实际操纵和经理对外贸

---

① 《食货考》，同治《上元、江宁两县志》卷七。
② 李洵《明清史》，引王之春《柔远记》卷四。
③ 同上。
④ 参见李洵著《明清史》，210 至 211 页，1957 年人民出版社出版。

易事务，洎广州成为当时唯一的对外贸易口岸后，"公行"就迅速发展，成为国家对外贸易的垄断者。乾隆二十四年虽然停止了闽、浙海关，但实际上当时的外贸还是在发展中，据乾隆二十四年两广总督李侍尧的报告说：

> 外洋各国夷船到粤贩运出口货物，均以丝货为重，每年贩买湖丝并绸缎等货，自二十万余斤至三十二三万斤不等。统计所买丝货，一岁之中，价值七八十万两或百余万两，至少之年，亦买价至三十余万两之多。其货均系江浙等省商民贩运来粤，卖与各行商，转售外夷。①

可见当时的对外贸易仍在发展中。

（三）明清之际的西学东渐之风

明清之际的西学东渐之风，也是对当时社会思想起重大影响的一个方面。这次的西学东渐，与汉魏隋唐的中印文化交流和元代的基督教传布，都有所不同。这次的西学东渐，传播者的目的是为了传教，但接受者的主要目的，却更多的是西方的新学，即新的自然科学知识。这次的西学东渐，应以1583年，明万历十一年利玛窦来华为标志，其后汤若望（1622年，明天启二年来华）、南怀仁（1659年，顺治十六年来华）等一批传教士先后相继来华，他们来的时机正好是明末或清初，鉴于明朝的腐败，当时一批具有初期启蒙思想的社会精英分子，都想求取西方

---

① 《史料旬刊》第5期，第158页。此处转引自尚钺《中国历史纲要》第385页。

的先进科学知识来救国救民，而利玛窦等人，深知要让他们能在中国站住而达到传教的目的，必须首先使自己适应于中国的现实和中国高层知识分子的心理，所以利玛窦明确说："传道必须先获华人之尊重，最善之法，莫若以学术收揽人心，人心既服，信仰必定随之。"[①] 利玛窦的判断是正确的，所以他使一大批传教士在华站住了脚，同时他们也带来了许多西方的自然科学知识。他们带来了世界地图，使中国人第一次知道世界的概貌。利玛窦的世界地图，原称《山海舆地图》，经修改后称《坤舆万国图》，1602 年，明万历三十年刊于北京。数学方面，他们带来了欧几里得几何学。天文方面，他们带来了哥白尼的日心说。物理学方面，他们带来了《地震解》、《远镜说》等等。在生理学方面，他们带来了《泰西人说概》、《人身图说》，使中国人第一次知道"一切知识记忆不在于心，而在于头脑之内"（俞正燮《癸巳类稿》卷十四《书人身图说后》）。在医药方面，他们带来了西药制造术。此外，还有气象学、生物学等学科的新知识（以上均参引萧萐父、许苏民著《明清启蒙学术流变》第 61 页至 62 页）。另外还带来了教育学、古希腊哲学以及有关基督教的学说，其中包括"禁止纳妾"、"上帝面前人人平等"的思想等等（参同上）。耶稣会士们带来的这些新的自然科学知识，对明清时期的中国社会、政治、知识阶层起到了重大的影响。

（四）清代商业的发展和市民阶层的壮大

在农业、手工业长足发展的基础上，清代的商业在 18 世纪也达到了繁荣。因为出现了不少大城镇，如北京、南京、扬州、苏州、杭州、

---

① 费赖之《入华耶稣会士列传》，商务印书馆 1938 年版，此处转引自萧萐父、许苏民著《明清启蒙学术流变》第 61 页。

武昌、汉口等地，都是全国著名的都市。特别是除了这些大城市外，还出现了更多的农村的城镇，它们以常设的中小商店和集市贸易结合的方式，来展开全国性的普遍的商业活动，活跃了当时的农村经济。

由于当时大城市的发展，农业、手工业、工业和商业经济的繁荣，当然随之而生的是城市居民的增加和从事手工业、工业、商业活动的市民、资本家、商人和出卖劳力的人也相应地增多，即我们习惯地统称的市民阶层的增多，逐渐形成为一种社会力量。这就是说，在封建社会内部，在原有的农民和地主阶级的矛盾外，又增加了一对新的社会矛盾，这是封建社会内部发展的必然规律，而这一对新矛盾，就是旧矛盾的未来的取代者，中国当时封建社会的发展，也完全自然地在遵循这一规律前进。

（五）土地兼并和财富的集中

除了这一对完全崭新的社会矛盾外，还有两种社会现象，也在自然地发展着。一种是土地兼并，清朝经过顺、康、雍、乾四朝，整整一个半世纪的历程，由于社会从康熙朝起逐步稳定，大批的贵族、大官僚、大地主、地方豪绅们，他们将所搜刮的大量财富，用来兼并土地，有的甚至是掠夺所得，这些势家大族，一般都是凭权仗势，而且官官相护，代代相续，于是在全国范围内形成了大贵族、大官僚、大地主阶层，在他们少数人的手里却集中了全国绝大部分的土地。昭梿《啸亭续录》卷二"本朝富民之多"条云：

> 本朝轻薄徭税，休养生息，百有余年。故海内殷富，素封
> 之家比户相望，实有胜于前代。京师如米贾祝氏，自明代起

家，富逾王侯，其家屋宇至千余间，园亭瑰丽，人游十日未竟其居。宛平查氏、盛氏，其富丽亦相仿，然二族喜交结士大夫以为干进之阶，故屡为言官弹劾，致兴狱讼，不及祝氏退藏于密也。怀柔郝氏，膏腴万顷，喜施济贫乏，人呼为郝善人。纯皇帝尝驻跸其家，进奉上方水陆珍错至百余品，其他王公近侍以及舆儓奴隶，皆供食馔，一日之餐费至十余万云……

这里所说的致富之由等，当然是不可信的，值得我们注意的是"富逾王侯"、"膏腴万顷"，连乾隆皇帝都到他家去做客的事实。还有百一居士的《壶天录》卷一说：浙江奉化黄姓地主有"腴产数千顷"，钮琇《觚賸》续编卷三"季氏之富"条说：

江南泰兴季氏，与山西平阳亢氏，俱以富闻于天下。季自沧苇以御史回籍后，尤称豪侈，其居绕墙数里，中有复道，周巡健儿执铃柝者，共六十人。月粮以外，每夕犒高邮酒十瓮，烧肉三十盘。康熙九年，霖雨连旬，恐霉气浸浣，命典衣者曝裘于庭，张而击之，紫貂青狐，银鼠金豹，舍利狲之属，脱毛积地厚三寸许。家有女乐三部，悉称音姿妙选，阁谦宾筵，更番佐酒，珠冠象笏，绣袍锦靴，一妓之饰，千金具焉。及笄而后，散配僮仆与民家子，而娇憨之态，未能尽除，日至高春，晨睡方起，即索饮人参龙眼等汤，梳盥甫毕，已向午矣。制食必依精庖为之，乃始下箸。食后辄按牙歌曲，或吹洞箫一阕，又复理晚妆，寻夜宴。故凡娶季家姬者，绝无声色之娱，但有伺候之烦，经营之瘁也。

以上这些例子，充分说明了当时土地被兼并集中的严重情况。所以当时人说："近日田之归于富户者，大约十之五六，旧时有田之人，今俱为佃耕之户。"① 农民成为"佃耕之户"后，就要向地主交百分之五十以上的私租，因此农民一年生产的结果，"日给之外，已无余粒"，一遇到灾荒，只好"鬻妻子为乞丐以偿丁负"。由此可见，在盛世之下的社会现实和隐藏着的尚未爆炸的危机。

另一种社会现象就是财富的大量集中。上面所举的土地的大量集中的现象中，已经部分地包含着财富的大量集中，但这里指的是另一种情况，是指大地主以外的大商人。清代最大的也是最富的商人就是两淮的盐商和山西票号商人，另外还有徽州的徽商。《扬州画舫录》卷十五说：

> 汪廷璋，字令闻，号敬亭，歙县稠墅人。自其先世大千迁扬州以盐荚起家，甲第为淮南之冠，人谓其族为铁门限，父交如……守财帛，富至千万。

《淮鹾备要》卷七说：

> 闻父老言，数十年前，淮商资本之充实者，以千万计，其次亦以数百万计。商于正供完纳而外，仍优然有余力，以夸侈而斗靡。于是，居处饮食服饰之盛甲天下。迩者财力远逊于曩时，而商人私家之用有增无减。

又《从政录》卷二《姚司马德政图叙》说：

---

① 《清朝经世文编》卷三九《户政》，此处转引自李洵《明清史》第214页。

向来山西、徽歙富人之商于淮者百数十户，蓄资以七八千万（两）计。①

又《汪太函集》卷二《汪长君论最序》说：

> 新安多大贾，其居盐荚者最豪，入则击钟，出则连骑，暇则招客高会，侍越女，拥吴姬，四坐尽欢，夜以继日。

上引这些材料说明，从明代中后期起到清代康熙、乾隆的时代，社会上由于商业的巨大发展，涌现出了一大批富商，其中尤以盐商的势力最豪。这种社会财富的大量集中，即意味着社会上有大批的贫民，他们日日挣扎在饥寒线上而得不到解决，社会矛盾也因之而加深。

（六）残酷镇压读书人的文字狱

《红楼梦》时代的另一种特殊现象，就是残酷而频繁的"文字狱"。从中国的历史来看，清代以前也是有过因文字而贾祸的事例的，著名的苏东坡的"乌台诗案"就是一例，但这类情况，在以往的历史上只是偶尔发生，并不经见。惟独到了清代，尤其是康、雍、乾三朝，更为频繁，可以说是高潮迭起，惊波常涌，而这个时代，正是《红楼梦》诞生的前前后后，也就是曹雪芹出生的前前后后。

清代的"文字狱"与历史上以往的"文字狱"是大有区别的，以往的"文字狱"是偶发性的，而清代的"文字狱"是频发性的，以往的"文字狱"较多误解、误会的成分，而清代的"文字狱"是镇压禁

---

① 转引自《明清徽商资料选编》第103页。

锢人们的反抗意识的一种手段，误解之类的成分极少或只是少数几起。

清代的"文字狱"在顺治四年（1647 年）有函可和尚《变记》案。[①] 函可，俗姓韩，名宗騋，是明崇祯间礼部尚书韩日缵的长子，因感明末社会的腐败和世事无常，于崇祯十三年（1640 年）出家为僧。1644 年，明亡，福王朱由崧在南京建立弘光朝，函可即以"请藏经"为名到南京，但适逢左良玉起兵"清君侧"，弘光内乱，豫亲王多铎趁机自河南长驱直下，破徐渡淮，屠扬州，开镇江，直捣南京，弘光遂亡。函可亲历国破之痛，山河变色之惨，遂作《变记》，事发，函可"拷掠至数百"，"夹木再折，血淋没趾，无二语"，后解京再审，被流放沈阳。这是顺治初年的第一桩"文字狱"，从此开始了清代的"文字狱"。

在此案的十六年后，即康熙二年，鳌拜等四大臣辅政，即爆发了庄廷铖的《明史案》。庄家是浙江湖州南浔巨富，庄廷铖的《明史》原是明天启宰相朱国桢之旧稿，廷铖以重金买来后重加修整增补，更名《明史辑略》，作为庄廷铖自己的著作，但廷铖未及看到此书的刊刻就去世了。其父为不埋没儿子的一番心血，于顺治十七年（1660 年）刊刻出版。后为吴之荣告发。清统治者即借此案杀一儆百，以镇压当时心怀故国的汉族知识分子，故凡与此案有关的人全数逮捕，捕获入狱者竟达二千余人之多。此案结果斩决七十余人，其中凌迟处死者十八人，连抄写书稿者、刻字工人，校勘装钉者，买书者、藏书者均处斩。真是一场血腥的大屠杀。

此后又有朱方旦案、陈鹏年诗案。朱方旦被杀，陈鹏年初因曹寅援救，后又得李光地在康熙面前的赞誉，最后是因为噶礼的构陷太过无

---

① 关于"文字狱"一节，都参引杨凤城等著《千古文字狱》，南海出版公司 1992 年版。下同，不再注。

据，而康熙又经过曹寅、李光地等人的进陈，此案终于未成。

康熙五十年（1711 年），都察院左都御史赵申乔参劾当朝名士、现任翰林院编修戴名世。刑部在戴名世十年前刊印的《南山集偶钞》中查出《与余生书》内录写南明三王年号，并将南明政权与三国时的蜀汉，退守崖州的南宋相提并论。另外，在《与弟子倪生书》里又说清朝开端应是康熙元年，顺治不得为正统等等，以上这些言论使康熙震怒，刑部遂以"大逆"定罪。康熙五十一年（1712 年）正月（曹雪芹生前三年），刑部等衙门题奏："察审戴名世所著《南山集》《孑遗录》有大逆等语，应即行凌迟，已故方孝标所著《滇黔纪闻》内，也有大逆等语，应剉其尸骸。戴名世、方孝标之祖、父、子孙、兄弟之子，年十六岁以上者俱查出解部即行立斩。其母、女、妻妾、姐妹，子之妻妾，十五岁以下子孙、伯叔父及兄弟之子，亦俱查出给功臣家为奴。方孝标归顺吴逆，身受伪官，迫其投诚，又蒙恩免罪，仍不改悖逆之心，书大逆之言。令该抚将方孝标同族人，不论服之已尽未尽，逐一严查，有职衔者尽皆革退。除已嫁女外，子女一并即解刑部，发与乌喇、宁古塔、伯都纳等处安插。汪灏、方苞为戴名世悖逆书作序，俱应立斩。方正玉、尤云鹗闻拿自首，应将伊等妻子一并发宁古塔安插。"此案上奏后，因牵涉当朝官员及著名人士太多，康熙一直没有批。直到康熙五十二年（1713 年）二月初七日，因面临康熙的六十寿辰，觉得不宜大开杀戒，于是谕批："戴名世从宽免凌迟，着即处斩。方登峰、方云旅、方世樵俱从宽免死，并伊妻子充发黑龙江。此案内干连人犯俱从宽免治罪，着入旗。"

按此案为康熙后期的一次大狱，牵连达三四百人之多，朝野震动。特别是案中所说"方孝标归顺吴逆（指吴三桂）"云云，完全是康熙自己搞错了人，错把安徽桐城的方氏，当作安徽歙州方光琛的一族了，方光琛当年参与吴三桂的叛乱，为吴之宰相。吴三桂之乱被平定后，方光琛全家除一子在逃外，余皆伏法，而桐城的方孝标，除戴名世文中提到的《滇黔纪闻》确是方孝标的著作，记他亲自在云贵所闻南明之事，记南明的忠臣义士、遗民故老等等，根本就没有什么"归顺吴逆"之事，但这是皇帝的金口玉言，自然得据此拟罪。此案要不是碰上康熙六十大寿的话，很有可能又是一次"明史案"的重现。

雍正朝一共十三年，据统计有案可查的"文字狱"将近二十起。雍正三年（1725年）有汪景祺《读书堂西征随笔》案。汪景祺是年羹尧的幕僚，入幕不过一年左右，却因为年羹尧的倒台，查出了他在年幕写的《读书堂西征随笔》里有"悖谬狂乱，至于此极"的话，如说"皇帝挥毫不值钱"，说君主猜忌杀功臣，说康熙的谥号不宜称"圣祖"，说雍正的"正"字是"一止之象"等等，所以雍正上谕："立斩枭示。"汪景祺被斩后，其头颅长期悬挂在宣武门外菜市口，以警戒南来北往的汉族士大夫和一般读书人，直到雍正十三年雍正去世后，才奏请新皇将汪景祺等六人的头取下掩埋。

雍正七年，又有谢济世撰《大学注》、《中庸疏》以毁谤程朱案。同年，又有陆生楠《通鉴论》案。陆生楠以议论《资治通鉴》旁及时政，讥刺康熙。雍正认为"陆生楠罪大恶极，情无可逭"，即于军前正法。

雍正六年到十年，又有曾静派学生张熙投书岳钟琪策反案并牵引出吕留良反清著述案。结果已死的吕留良等戮尸，其子吕毅中等斩立决。而曾静、张熙则被宽释，留作反面教材，但到乾隆时又被下旨杀掉。

乾隆登基之初，文禁稍宽，但到乾隆十六年"伪造孙嘉淦奏稿"案起，就高潮迭起，到四十一年（1776年），据统计竟有七十起之多。而"伪造孙嘉淦奏稿"案波及全国，被缉捕人犯上千，最后只好找两个替罪羊卢鲁生、刘时达，前者被凌迟，后者被斩决。乾隆二十年（1755年），又有胡中藻《坚磨生诗钞》案，书中有"一把心肠论浊清"，出试题又有：《孝经》又有乾三爻不像龙说。于是胡中藻被处斩。

以上这些"文字狱"，有的是在曹雪芹出生之前，有的是曹雪芹当世，这些都会给曹雪芹以影响。曹雪芹卒于乾隆二十七年除夕。所以以下的"文字狱"就不再列举。

看了以上这些"文字狱"的例子，再想想曹雪芹于《红楼梦》里所写的：

> 满纸荒唐言，一把辛酸泪。
> 都云作者痴，谁解其中味？

就颇值得耐人寻味了！

2001 年 1 月 10 日于京东且住草堂

二、《红楼梦》时代的统治思想和社会思潮之一

清代的统治思想是继明代的统治思想——"程朱理学"而来的，所以谈《红楼梦》时代的统治思想和社会思潮，必须追本溯源，从明代谈起。

（一）明代的朱学及其反对者

明代自立国之始，就设置国子监以培养封建政权的各级接班人，并规定国子监的主要教材就是四书五经等。《明史·学校志》说："以孔子所定经书诲诸生，毋以仪、秦纵横坏其心术。"但明代所用儒家的经典都是经朱熹注释过的，明代的皇帝姓朱，所以特重朱熹，凡所解释，都

以朱熹为准，不得违背。除国子监外，明代的科举制度，也规定出题用四书五经，而这个四书五经，当然也是朱熹注释的本子。所以在明代朱学是国定的，人人不得违反的。其结果即如当时人宋濂说："自贡举法行，学者知以摘经拟题为志，其所最切者，惟四子一经之笺，是钻是窥，余则漫不加省。与之交谈，两目瞪然视，舌木强不能对。"①

但是，朱学从他自己的时代，就有对立面。朱学认为宇宙之理，普遍存在于世界的客观事物之中，只要就天下之事物，一一穷究其理，就能得"天理"，所以他主张"道学问"，也即是研究客观事物，著书立说。所以他一生对儒家的经典，作了认真的注释，并以自己的理解来注解孔孟。实际上孔孟之学到了朱熹手里，已经是朱学化了。

与朱熹同时的陆九渊，就一反朱熹之道，主张"尊德性"，即修养自己的心性，只要自己的心正了，就具备了一切了。因为天理既存在于万物之中，则人也是万物之一，人心当然也具备天理，故心即是理，理即是心，更无须外求，如果修养得心正了，那末天理也就得了，故而无需外求了。所以世称陆九渊的学问为"心学"，也称为"陆学"。

但到了明代中晚期，正德到嘉靖之间，王阳明提出了"致良知"之说。王阳明始则信奉朱学，遍读朱熹之书，并认真地进行格物致知，以至于格出病来也无所得，始悟朱学之非。到五十岁那年（正德十六年，1521年），提出了"致良知"之说。他自己说："我此'良知'二字，实千古圣圣相传一点滴骨血也。"又说："某于此'良知'之说，从百死千难中得来，不得已与人一口说尽。"又说："良知之外，别无知矣，故'致良知'是学问大头脑，是圣人教人第一义。"② 王阳明的学说，是继陆九渊的"心即理"的"心学"而来的。因此他认为人人都有良

① 宋濂《大明故中顺大夫、礼部侍郎曾公神道碑铭》序，《銮坡后集》卷七。
② 《传习录》中。

知，满街都是圣人，"心之本体即是天理"，所以只要恢复了"良知"，就能得天理。所以"天理"不在外在的伦理道德教条，而在于各人的本心。因此他说："学贵得之心，求之于心而非也，虽其言之出于孔子，不敢以为是也，而况其未及孔子者乎？求之于心而是也，虽其言之出于庸常，不敢以为非也，而况其出于孔子者乎？"① 又说："学，天下之公学也，非朱子可得而私也，非孔子可得而私也。"② 很明显他的学说完全是对程朱理学的反动，是反对程朱理学，特别是反对朱学的。《传习录》下记载一则故事，说：

王汝中、③ 省曾侍坐。

先生握扇命曰："你们用扇。"

省曾起对曰："不敢。"

先生曰："圣人之学不是这等捆缚苦楚的。不是装做道学的模样。"

汝中曰："观仲尼与曾点言志一章略见。"

先生曰："然。以此章观之，圣人何等宽洪包含气象。且为师者问志于群弟子，三子皆整顿以对，至于曾点，飘飘然不看那三子在眼，自去鼓起瑟来，何等狂态；及至言志，又不对师之问目，都是狂言。设在伊川，或斥骂起来了。圣人乃复称许他，何等气象。圣人教人，不是个束缚他通做一般，只如狂者便从狂处成就他，狷者便从狷处成就他，人之才气如何同得。"④

---

① 《传习录》中，《答罗整庵书》。
② 《传习录》下。
③ 王汝中，名畿，号龙溪，是王阳明的弟子，是王学"左派"，有《龙溪全集》。
④ 《传习录》下。

这则故事，清楚地说明王阳明反对程朱理学的捆缚人，扼杀人的生气勃勃的个性。他又说："心之体，性也，性即理也。"① "天理在人心，亘古亘今，无有始终，天理即是良知。"② 王阳明把程朱所宣扬的带有神秘色彩的"天理"，回归到人人皆有的良知，这就剥去了程朱理学的神秘色彩的外衣，使天理成为人人皆有的本性。所以他又说："良知良能，愚夫愚妇与圣人同"，"良知之在人心，无间于圣愚，天下古今之所同也。"③ 这就是说圣人与普通老百姓是一样的，是平等的。所以他又说："日用间何处莫非天理流行。"④ 程朱宣扬"存天理，灭人欲"，把"天理"与"人欲"对立起来，而且硬要灭绝"人欲"，扼杀"人欲"。王阳明则从根本上否定了与"人欲"对立的"天理"，而把"人欲"代替了"天理"。这样，凡是"人欲"，也即是"天理"。所以他又说："与愚夫愚妇同的，是谓同德；与愚夫愚妇异的，是谓异端"。⑤ 这样，就从根本上推翻了程朱理学，而把老百姓的"百姓日用即道"放到了正宗的地位。这样无异是对当时统治思想的一种"颠覆"。王阳明针对当时朱学"分知行为两事"，把"知"与"行"分裂开来的"空疏谬妄，支离牵滞"⑥ 空洞浮泛，言不符实，妄谎欺世的颓败学风，提出了"知行合一"的学说，他主张"着实体履"、"着实躬行"、"身亲履历"、"事上磨练"。他说："尽天下之学，无有不行而可以言学者。"⑦

王阳明提出了一系列的反对程朱理学的主张，对当时的统治思想进

---

① 《传习录》中。
② 《传习录》下。
③ 《传习录》中。
④ 《答成之》，《王阳明全书》卷四。
⑤ 《传习录》上。
⑥ 《传习录》上。
⑦ 《答顾东桥书》，《传习录》中。

行了抗议和颠覆，对当时中世纪式的黑暗混沌的思想统治、精神禁锢进行了冲决罗网，把混沌黑暗的禁锢世界捅了一个大窟窿。王阳明如此具有颠覆性的思想为什么没有受到统治阶级的政治干预呢？其根本原因是因为王阳明是站在统治阶级的立场，以挽救当时的社会"纪纲凌夷"、"病革临绝"，即当时的社会统治危机而提出来的。而他的思想实质和思想体系，也完全是从传统的主观唯心主义的思想体系来的，所以从当时的统治者看来，这是统治阶级内部不同的统治思想的差异，认识不到其中包含着根本性的变革。

（二）明代社会的虚伪颓靡之风

明代社会发展到王阳明的时代，已经经过了160年的统治，明代首尾一共只有277年，这时已过了将近三分之二了。在这160年的程朱理学的统治下，造成了士风、学风、文风、官风以及整个社会风气的虚伪颓靡、腐败溃烂的无可救药的风气。特别是虚伪的假道学，充塞于整个社会生活，使得整个社会成为一个虚伪狡诈的世界。因此社会舆论对假道学和虚伪风气的攻击，成为一时的思想潮流。与王阳明同时代的大画家唐寅，有一首《焚香默坐歌》，对当时的假道学揭露无遗，这首诗说：

> 焚香默坐自省己，口里喃喃想心里。
> 心中有何害人谋，口中有甚欺人语？
> 为人能把口应心，孝悌忠信从此始。
> 其余小德或出入，焉能磨涅吾行止。
> 头插花枝手把杶，听罢歌童看舞女。
> 食色性也无人言，今人乃以之为耻。
> 及至心中与口中，多少欺人没天理。

> 阳为不善阴掩之，则何益矣徒劳耳。
>
> 请坐且听吾语汝，凡人有生必有死。
>
> 死见先生面不惭，才是堂堂好男子。

　　这首诗，对当时欺人欺世的假道学揭露得淋漓尽致，入木三分。当时的文徵明也有揭露假道学的诗：

> 末郎旦女假为真，便说忠君与孝亲。
>
> 脱却戏衣还本相，里头不是外头人。
>
> 　　　　　　　　　　　——《子弟》

叶名澧《桥西杂记》记文徵明晚年征召赴京，适逢春节，见东西长安道上朝官逐逐，至官员府第前，不问识与不识，望门投刺，或有不下马，或不至其门，令人投刺者，乃作诗云：

> 不求见面唯通谒，名刺朝来满敝庐。
>
> 吾亦随人投数纸，世情嫌简不嫌虚。

寥寥二十八字，对当时社会虚浮之风，揭露无遗。在王阳明的时代，一切都是虚伪的，但却将蝇营狗苟、弄权营私、卖官鬻爵、贪贿勾结等等丑恶行为，统统披上仁义道德的外衣，外面看起来冠冕堂皇，骨子里却是肮脏腐臭，而理学家们仍在高唱"存天理，灭人欲"。一大群乡愿、伪君子，把这个虚伪的社会，粉饰得仁义道德，光昌流利。针对这种严重的社会危机，王阳明在《答聂文蔚》书里说：

> 后世良知之学不明，天下之人用其私智以相比轧。是以人

各有心，而偏琐僻陋之见，狡伪阴邪之术，至于不可胜说。外假仁义之名，而内以行其自私自利之实，诡辞以阿俗，矫行以干誉；掩人之善而袭以为己长，讦人之私而窃以为己直；忿以相胜而犹谓之徇义；险以相倾而犹谓之疾恶；妒贤忌能而犹自以为公是非，恣情纵欲而犹自以为同好恶；相陵相贼，自其一家骨肉之亲，已不能无尔我胜负之意，彼此藩篱之形……①

将上面这段话与唐寅、文徵明的诗互相对证，对当时虚伪的、以假作真的社会病态，不是可以看得一清二楚吗？

所以王阳明"心学"的产生，是当时程朱理学长期统治，造就了一批又一批的假道学、伪君子，造成了整个社会的虚伪风气，是程朱理学自身已日露其虚伪破绽的现实情况下产生出来的，也是当时严重的社会危机、道德危机的现实所造成的。由于有这样的社会现实的存在，所以尽管阳明的情辞愤激，而人们犹不以他是社会叛逆，但实际上，他的"心学"，对当时程朱理学的统治世界是地地道道的一种挑战，一种背叛。

（三）异端之尤的李贽

阳明以后三传至李贽。李贽的时代已经是明末，李贽在北京狱中自杀后三十年，就是甲申之变，就是顺治元年了。

李贽的思想，是直接继承王学"左派"而又有飞跃发展，正如沈德符所说："最后李卓吾出，又独创特解，一扫而空之。"② 李贽公然以"异端之尤"自居，说"弟异端者流也"，"今世俗子与一切假道学，共以异

① 《传习录》中。
② 沈德符《万历野获编》，卷二十七《紫伯评晦庵茶》。

端目我，我谓不如遂为异端，免彼等以虚名加我，何如?"① 李贽摆开了"堂堂之阵，正正之旗"，向以程朱理学为代表的一切假道学、一切腐朽的旧道德、腐朽的社会风气展开了全面的、猛烈的进攻。他公然提出"不以孔子之是非为是非"，他说：

> 前三代，吾无论矣；后三代，汉、唐、宋是也。中间千百余年而独无是非者，岂其人无是非哉? 咸以孔子之是非为是非，故未尝有是非耳。然则予之是非人也，又安能已?②

又说：

> 夫《六经》、《语》、《孟》，非其史官过为褒崇之词，则其臣子极为赞美之语。又不然，则其迂阔门徒，懵懂弟子，记忆师说，有头无尾，得后遗前，随其所见，笔之于书。后学不察，便谓出自圣人之口也，决定目之为经矣，孰知其大半非圣人之言乎? 纵出自圣人，要亦有为而发，不过因病发药，随时处方，以救此一等懵懂弟子、迂阔门徒云耳。药医假病，方难定执，是岂可遽以为万世之至论乎? 然则《六经》、《语》、《孟》，乃道学之口实，假人之渊薮也。③

又说：

> 夫天生一人自有一人之用，不待取给于孔子而后足也。若

---

① 李贽《答焦漪园》，《焚书》。
② 李贽《藏书·世纪列传总目前论》。
③ 李贽《焚书·童心说》。

必待取足于孔子，则千古以前无孔子，终不得为人乎？故为
"愿学孔子"之说者，乃孟子之所以止于孟子，仆方痛憾其非
夫，而公谓我愿之欤？①

李贽的这些愤激的言论，其实质是针对当时的统治思想程朱理学的，所
以他又说：

> 今之讲周、程、张、朱者可诛也。彼以为周、程、张、朱
> 者皆口谈道德而心存高官，志在巨富；既已得高官巨富矣，
> 仍讲道德，说仁义自若也；又从而哓哓然语人曰："我欲厉
> 俗而风世。"彼谓败俗伤世者，莫甚于讲周、程、张、朱者
> 也。②

李贽在猛烈地攻击程朱理学的假道学的同时，也提出了自己的道学观。
他说：

> 人即道也，道即人也。人外无道，而道外亦无人。③

又说：

> 自然之性，乃是自然真道学也。岂讲道学者所能学乎！④

---

① 李贽《焚书·答耿中丞》。
② 李贽《又与焦弱侯》，《焚书》卷二。
③ 《李氏文集》卷十九，《明灯道古录》卷下。
④ 李贽《笃义》，《初潭集》卷十九。

又说：

> 穿衣吃饭，即是人伦物理；除却穿衣吃饭，无伦物矣。世间种种，皆衣与饭类耳。故举衣与饭，而世间种种自然在其中，非衣饭之外，更有所谓种种绝与百姓不相同者也。①

又说：

> 市井小夫，身履是事，口便说是事，作生意者但说生意，力田作者但说力田，凿凿有味，真有德之言，令人听之忘厌倦矣。②

李贽一反程朱之假道学，直接把道学与老百姓结合起来，凡是合于老百姓的自然之性的，就是"自然真道学"，所以一切"穿衣吃饭，即是人伦物理"，也即是自然真道学。反之，凡与百姓日用无关的，外加给百姓的，用来捆缚愚弄甚至残害百姓的，都是假道学。

李贽不仅从理论上猛烈抨击假道学，而且针对当时身居高官的假道学耿定向进行了无情的揭露。他说：

> 试观公之行事，殊无甚异于人者。人尽如此，我亦如此，公亦如此。自朝至暮，自有知识以至今日，均之耕田而求食，买地而求种，架屋而求安，读书而求科第，居官而求尊显，博求风水以求福荫子孙。种种日用，皆为自己身家计虑，无一厘

---

① 李贽《答邓石阳》，《焚书》卷一。
② 李贽《答耿司寇》，《焚书》卷一。

为人谋者。及乎开口谈学，便说尔为自己，我为他人；尔为自私，我欲利他；……以此而观，所讲者未必公之所行，所行者又公之所不讲，其与言顾行、行顾言何异乎？①

又说：

我知公详矣，公其再勿说谎也，……何也？名心太重也，回护太多也。实多恶也，而专谈志仁无恶；实偏私所好也，而专谈泛爱博爱；实执定己见也，而专谈不可自是。②

李贽用这种匕首投枪式的语言，活生生地揭露出这个假道学虚伪欺诈的真面目，联系前面唐寅、文徵明的诗，可以看到这种假道学的社会现象多么根深蒂固，多么绵延不断，事实上这一严重的社会现象，仍在继续绵延下去，直到曹雪芹的时代，仍然是有增无减。

李贽在批判假道学的同时，又提出了"童心说"。批判假道学，是李贽对旧道德、旧社会风习的摧毁，而"童心说"，则是他对社会道德、社会风习的新的倡导和建树。他说：

夫童心者，真心也。若以童心为不可，是以真心为不可也。夫童心者，绝假纯真，最初一念之本心也。若失却童心，便失却真心；失却真心，便失却真人。人而非真，全不复有初矣。

童子者，人之初也；童心者，心之初也。夫心之初，曷可

———————

① 李贽《答耿司寇》，《焚书》卷一。
② 李贽《答耿司寇》，《焚书》卷一。

论《红楼梦》的思想

失也？然童心胡然而遽失也？盖方其始也，有闻见从耳目而入，而以为主于其内而童心失。其长也，有道理从闻见而入，而以为主于其内而童心失。其久也，道理闻见日以益多，则所知所觉日以益广，于是焉又知美名之可好也，而务欲以扬之而童心失；知不美之名之可丑也，而务欲以掩之而童心失。……童心既障，于是发而为言语，则言语不由衷；见而为政事，则政事无根柢；著而为文辞，则文辞不能达。……欲求一句有德之言，卒不可得。所以者何？以童心既障，而以从外入者闻见道理为之心也。

夫既以闻见道理为心矣，则所言者皆闻见道理之言，非童心自出之言也。言虽工，于我何与？岂非以假人言假言，而事假事文假文乎？盖其人既假，则无所不假矣。由是而以假言与假人言，则假人喜；以假事与假人道，则假人喜；以假文与假人谈，则假人喜。无所不假，则无所不喜。满场是假，矮人何辩也？①

"童心说"是李贽的哲学思想、文艺思想的主要观点。李贽所说的"童心"，是指未受假道学污染蒙蔽的"绝假纯真，最初一念之本心"。李贽的"童心说"对当时和后世影响很大，它直接影响了袁宏道的"性灵说"，也影响到汤显祖的"至情说"，冯梦龙的"惟情说"，以及袁枚的"反道统论"和"性灵说"。特别是曹雪芹的《红楼梦》受其影响尤为深刻和明显。

从"童心说"出发，李贽又提出了"蓄极积久，不平则鸣"的创作理论。李贽说：

---

① 李贽《童心说》，《焚书》卷三。

31

世之真能文者，比其初皆非有意于为文也。其胸中有如许无状可怪之事，其喉间有如许欲吐而不敢吐之物，其口头又时时有许多欲语而莫可所以告语之处，蓄极积久，势不能遏。一旦见景生情，触目兴叹；夺他人之酒杯，浇自己之垒块；诉心中之不平，感数奇于千载。既已喷玉唾珠，昭回云汉，为章于天矣，遂亦自负，发狂大叫，流涕恸哭，不能自止。宁使见者闻者切齿咬牙，欲杀欲割，而终不忍藏于名山，投之水火。①

李贽的创作论，是韩愈"不平则鸣"创作论的丰富和发挥，对后世的创作也有极大的影响。

李贽又提出了"万物造端于夫妇"的理论，以反对程、朱理学的天地始于"一"、"理"、"太极"的抽象唯心说教。李贽说：

夫妇，人之始也。有夫妇然后有父子，有父子然后有兄弟，有兄弟然后有上下。夫妇正，然后万事万物无不出于正矣。夫妇之为物始也如此。极而言之，天地，一夫妇也，是故有天地然后有万物。然则天下万物皆生于两，不生于一，明矣。而又谓"一能生二，理能生气，太极能生两仪"，不亦惑欤！

夫厥初生人，唯是阴阳二气，男女二命耳。初无所谓"一"与"理"也，而何"太极"之有！……故吾究物始，而但见夫妇之为造端也，是故但言夫妇二者而已，更不言"一"，

---

① 李贽《杂说》，《焚书》卷三。

亦不言"理"。……何也？恐天下惑也。①

李贽用通俗易懂的具象的"天地一夫妇"的观点，抨驳了程朱理学抽象的玄奥的宇宙观，然而李贽的"天地一夫妇"的观点，并不仅仅是一种哲学观点，而更具有社会观点的内涵，李贽的妇女观，就是从这一哲学观点产生出来的。

李贽又以大无畏的勇气，提出了"颠倒千万世之是非"的思想。他说：

> 人之是非，初无定质；人之是非人也，亦无定论。无定质，则此是彼非并育而不相害；无定论，则是此非彼，亦并行而不相悖矣。
>
> 然则今日之是非，谓予李卓吾一人之是非，可也；谓为千万世大贤大人之公是非，亦可也；谓予颠倒千万世之是非，而复非是予所非是焉，亦可也；则予之是非，信乎其可矣。
>
> ……夫是非之争也，如岁时然，昼夜更迭不相一也。昨日是而今日非矣，今日非而后日又是矣。虽使孔夫子复生于今，又不知作如何非是也，而可遽以定本行赏罚哉？②

李贽的这种是非无定质，无定论，是非如昼夜更迭的思想，完全是从当时社会现实出发的，与其说是一种哲学思想，毋宁说是对现实社会的讽刺与揭露。同时他的这些"理论"，实质上是他用以否定"以孔子之是非为是非"的前提和工具，并不是他的理论的内核，也并不是他提

---

① 李贽《初潭集·夫妇篇总论》。
② 李贽《藏书·世纪列传总目前论》。

倡无是非论，如果是无是非论，那末岂不是把他自己推翻前人之事非而另作的是非判断也一起推翻了吗？所以分析李贽的是非观，必须抓住他的理论的实质和核心，而不能以辞害意。更重要的是李贽提倡"颠倒千万世之是非"的目的，是为了要唤醒人们以自己的头脑去判别是非，不要被理学家们的是非观所捆缚，所以他挖苦"天不生仲尼，万古长如夜"的思想，说："怪得羲皇以上圣人尽日燃纸烛而行也！"① 李贽的这种提倡独立思考的思想，正表现了历史走出中世纪的黑暗与封闭的一种觉醒。

李贽从"颠倒千万世之是非"的观点出发，继攻击封建假道学之后，又提出否定封建的忠君"死谏"的思想，他说：

> 夫君犹龙也，下有逆鳞，犯者必死，然而以死谏者相踵也。何也？死而博死谏之名，则志士亦愿为之，况未必死而遂有巨福耶？②

又说：

> 夫忠、孝、节、义，世之所以死也，以有其名也。③

又顾宪成在《顾端文公遗书》卷十四《当下绎》里讲一则李卓吾的逸事说：

---

① 李贽《赞刘谐》，《焚书》卷三。
② 李贽《答耿司寇》，《焚书》卷一。
③ 李贽《何心隐论》，《焚书》卷三。

论《红楼梦》的思想

> 李卓吾讲心学于白门，全以当下自然指点后学，说人都是见见成成的圣人，才学，便多了。闻有忠、孝、节、义之人，却云都是做出来的，本体原无此忠、孝、节、义。

忠、孝、节、义是封建政权和封建社会的精神支柱，推倒了忠、孝、节、义，则封建社会和封建政权就没有了支柱，就会倒塌。李贽对于忠、孝、节、义的否定，其重要性可以与攻击程朱理学等。

李贽的妇女观点，也是"颠倒千万世之是非"的内涵之一。他首先肯定寡妇再嫁，称赞再嫁"好"，并痛斥封建礼法的卫道者为"不成人"，"大不成人"①。大家知道，程朱理学家最反对寡妇再嫁，认为再嫁就是"失节"，就是"淫"，甚至提出来"饿死事小，失节事大"的谬论，中国历史上自宋元以来，不知多少寡妇死于理学的反动说教之下，所以李贽的这种大胆倡言，无疑是对当时程朱理学的猛烈攻击。

李贽在《初潭集》卷二《才识》篇里，还对所记二十五位女性的事迹大加称赞，说：

> 此二十五位夫人，才智过人，识见绝甚，中间信有可为干城腹心之托者，其政事何如也。若赵娥以一孤弱无援女儿，报父之仇，影响不见，尤为超卓。李温陵长者叹曰：是真男子！是真男子！已而又叹曰：男子不如也！

李贽还说：

---

① 李贽《丧偶》，《初潭集》卷一。

谓人有男女则可，谓见有男女岂可乎？谓见有长短则可，
谓男子之见尽长，女人之见尽短，又岂可乎？①

在李贽看来，男女是平等的，没有轻重之分的。李贽还进一步提出"尧
舜与途人一，圣人与凡人一"的人人平等的思想。他说：

尔勿以尊德性之人为异人也，彼其所为亦不过众人之所能
而已，人但率性而为，勿以过高视圣人所为可也。尧舜与途人
一，圣人与凡人一。②

又说：

天下无一人不生知，无一物不生知，亦无一刻不生知
者。③

李贽认为高贵的人并不是异人，与凡人没有什么两样；天下之人，人人
都是生而知之，人与人是一样，平等的。这就非常明确地提出了男女平
等、众生平等的思想。李贽的这一系列惊世骇俗的思想，对于封建社
会，尤其是对于当时的正统思想程朱理学，无疑是具有爆炸力的。所以
封建统治者给他定的罪名是"敢倡乱道，惑世诬民"，将他逮捕，逼他
认罪，李贽坚不认罪，在狱中自杀。然而，李贽的社会影响是非常大
的，沈瓒《近事丛残》说李贽："好为惊世骇俗之论，务反宋儒道学之

---

① 李贽《答以女人学道为见短书》，《焚书》卷二。
② 《明灯道古录》卷下，《李氏文集》卷一九。
③ 李贽《答周西岩》，《焚书》卷一。

说。致仕后，祝发住楚黄州府龙潭山中，儒释从之者几千万人。其学以解脱直截为宗，少年高旷豪举之士，多乐慕之，后学如狂，不但儒教溃防，即释宗绳检，亦多所清弃。"

朱国桢《涌潼小品》说李贽学说"最能惑人，为人所推，举国趋之若狂"，"今日士风猖狂，实开于此。全不读《四书》本经，而李氏《藏书》、《焚书》，人夹一册，以为奇货。"

沈铁《李卓吾传》云："载贽再往白门，而焦竑以翰林家居，寻访旧盟，南都士更靡然向之。登坛说法，倾动大江南北。北通州马经纶以御史谪籍，延载贽抵舍，焚香执弟子礼，而燕冀人士望风礼拜尤盛。"

顾炎武《日知录》也说："士大夫多喜其书，往往收藏，至今未灭。"①

回顾明代的统治思想，先由程朱理学经过一百多年的绝对统治，到王阳明的时代，产生了阳明的心学，与程朱理学相对抗，阳明心学成为明代中后期的一个重要学派，影响至巨。阳明以后50年而李贽出，他在阳明心学的基础上，更加扩展发扬，并不惜以身殉学。李贽的学说，特别是他反程朱理学的斗争，对当时和后世产生了巨大的影响。研究《红楼梦》的思想是不能离开宋明以来的思想源流和思想斗争的。不论是程朱理学或阳明心学及李卓吾的思想，都是与《红楼梦》的思想有直接关系的。程朱理学，在《红楼梦》里无疑是一种对立的思想，而阳明心学和李贽的"童心说"等等，都被作者作为肯定的思想熔铸到贾宝玉、林黛玉等形象的血肉里，成为人物行动的思想依据。

2001 年 1 月 30 日于海南

---

① 以上沈瓒以下引文，特引自萧萐父、许苏民《明清启蒙学术流变》。

三、《红楼梦》时代的统治思想和社会思潮之二

（一）程朱理学的统治

清代自建立政权以后，一开始就完全继承了明代的一套统治思想。孔孟之道、程朱理学成为当时人人必须尊奉的思想。康熙本人就是朱熹的崇拜者，他说："宋之朱子注明经史，……皆明确有据，而得中正之理，今五百余年，其一句一字莫有论其可更正者，观此则孔、孟之后，可谓有益于斯文，厥功伟矣。"康熙自己曾说他即位以后，"辄以《大学》、《中庸》之训诂，咨询左右，必求得大意，而后予心始觉愉快，日日读书，必字字成诵，从不肯自欺。及四子书既已贯通，乃读《尚书》，于典谟训诂之中，体会古帝王孜孜求治之意。即欲使古昔治化，实现于今。"① 他称朱熹是"继千百年绝传之学，开愚蒙而立亿万世一定之归"的人物。并且于康熙五十一年，命令将朱熹的木牌从孔庙的东庑升入大成殿配祀孔子。同时又刊定《朱子全书》、《性理大全》，御纂《性理精义》等书。雍正七年的谢济世文字狱案，就是因为谢济世撰《大学注》、《中庸疏》以反对程朱，遂成大逆之罪。乾隆即位以后，更打起尊孔的旗号，亲自到曲阜去"朝圣"达九次之多，并推崇孔子"日月经天，江河行地，五百年闻知之统，独衍心传，七十子悦服之诚，长垂师表"。② 所以从明到清官方的统治思想，一贯是以程朱理学为其统治思想，任何人不得违反。因此，只要揣摩四书朱注之意，就可以登

---

① 王先谦《东华录》，康熙朝卷三十四。
② 乾隆三十年遣礼部左侍郎一庆祭孔，见《南巡盛典》卷六十七《祀典》。

仕进之途，尽管其他一窍不通，也毫无关系。在这样的教育制度和科举制度的长期实行下，明清两代的士风学风乃至官场习气，就养成了一套十足虚伪的作风，直到曹雪芹的时代，还愈演愈烈。

（二）程朱理学的反对者及清前期的学术盛况

尽管清代的统治思想继承了明代的统治思想一成不变，但清代的反统治思想与非统治思想，却因为明清易代的重大历史变故而有了新的内容。明清之际，是中国历史"天崩地解"的时代，既是政权的大转移（由明到清，由汉到满），也是经济的大变革（资本主义经济由萌芽到发展），而且更是思想的大动荡、大活跃、大吸收（出现了众多的反正统思想、非正统思想和从外国传来了种种新的科技知识、宗教人文思想），从对外关系来说，是从不开放到初开放、半开放，最后发展到被强迫开放（1840 年鸦片战争以后）。

总之，明末清初，是中国历史上大转折的时代，也是巨人辈出的时代，从世界范围来看，这个时代，正是处于欧洲文艺复兴以后和英国产业革命的时期，乾隆二十五年（1760 年）当曹雪芹的《石头记》庚辰本抄成的时候，正是英国因推行瓦特发明的蒸汽机而使资本主义化进程大大加速的时期。也就是说，明末清初的时期，正是西方中世纪黑暗统治的解体，人文主义思想，作为一种新的具有解放精神的思潮蓬勃发展和向世界扩展的时期，同时也是西方的资本主义迅猛发展并开始向世界扩张的时期。

正是这一时期，在中国资本主义经济由萌芽到发展；也正是在这一时期，在中国出现了一批思想精英分子，从王阳明、李卓吾一直到清初的傅山、黄宗羲、方以智、顾炎武、王夫之、唐甄、颜元、戴震、徐光启、李之藻、宋应星、王锡阐、梅文鼎等等，他们在各自的领域里，作出了自己的杰出贡献，从而代表了他自己所处的整个时代的政治思想、文化科学水平。下面我将这个时期思想和科技两方面的代表人物列出一表，以见大概：

表　一

李　贽	1527—1602	明嘉靖六年至万历三十年
汤显祖	1550—1616	明嘉靖二十九年至万历四十四年
袁宏道	1568—1610	明隆庆二年至万历三十八年
冯梦龙	1574—1646	明万历二年至隆武二年
陈　确	1604—1677	明万历三十二年至清康熙十六年
傅　山	1607—1684	明万历三十五年至清康熙二十三年
黄宗羲	1610—1695	明万历三十八年至清康熙三十四年
陆世仪	1611—1672	明万历三十九年至清康熙十一年
方以智	1611—1671	明万历三十九年至清康熙十年
归　庄	1613—1673	明万历四十一年至清康熙十二年
顾炎武	1613—1682	明万历四十一年至清康熙二十一年
王夫之	1619—1692	明万历四十七年至清康熙三十一年
吕留良	1629—1683	明崇祯二年至清康熙二十二年
唐　甄	1630—1704	明崇祯三年至清康熙四十三年
胡　渭	1633—1714	明崇祯六年至清康熙五十三年
颜　元	1635—1704	明崇祯八年至清康熙四十三年
阎若璩	1636—1704	明崇祯九年至清康熙四十三年
万斯同	1638—1702	明崇祯十一年至清康熙四十一年
石　涛	1642—1717	明崇祯十五年至清康熙五十六年
李光地	1642—1718	明崇祯十五年至清康熙五十七年
王鸿绪	1645—1723	清顺治二年至雍正元年
刘献廷	1648—1695	清顺治五年至清康熙三十四年

续表

全祖望	1705—1755	清康熙四十四年至乾隆二十年
曹雪芹	1715—1763	清康熙五十四年至乾隆二十七年除夕（已入 1763 年 2 月）
袁 枚	1716—1797	清康熙五十五年至嘉庆二年
王鸣盛	1722—1797	清康熙六十一年至嘉庆二年
戴 震	1723—1777	清雍正元年至乾隆四十二年
赵 翼	1727—1814	清雍正五年至嘉庆十九年
钱大昕	1728—1804	清雍正六年至嘉庆九年
章学诚	1738—1801	清乾隆三年至嘉庆六年

表 二

李时珍	1518—1593	明至德十三年至万历二十一年
朱载堉	1536—1611	明嘉靖十五年至万历三十九年
徐宏祖	1586—1641	明万历十四年至崇祯十四年
徐光启	1562—1633	明嘉靖四十一年至崇祯六年
李之藻	1569—1630	明隆庆三年至崇祯三年
李天经	1579—1659	明万历七年至清顺治十六年
王 徵	1571—1644	明隆庆五年至崇祯十七年
宋应星	1587—1666	明万历十五年至清康熙五年
王锡阐	1628—1682	明崇祯元年至清康熙二十一年
梅文鼎	1633—1721	明崇祯六年至清康熙六十年

　　以上两个简表，表一是学术思想方面的代表人物，表二是科技方面的代表人物。这两个表，对这两方面的人物都只是举例，并不能包罗无遗，且其上限只从李卓吾始，也即是从 16 世纪中期开始（欧洲文艺复兴的后期），其下限只到乾隆中期，也即是曹雪芹的时代。曹雪芹卒于1763 年，这时正当英国产业革命的开始，瓦特的蒸汽机是在曹雪芹的时

代完成并投入生产的。上述表中的许多人物，他们的学问是多方面的，广博的，而且是交叉的，即学术与科技并通的，列表只能是择其主要的一方面。另外还要说明的是这个时期文学方面的代表人物很多，如要列表，恐怕是长长的一大排，为了简省，为了本文还要论及，故未再列表，而代表正统思想方面的人物，即当时一批著名的理学家，本表也未列入，一是因为简约，二是因为本文不准备论列，但作为这一时期的文化思想的整体，他们也是不可缺少的一个有机部分。

（三）清前期学术思想的代表人物

关于思想和科技方面的代表人物的主要言论，也有必要稍稍摘述，以见这一时期的社会学术思潮。

明末清初，经过了一场政权的大变革，清初的学术思想，似乎与明末的形势有了大异，李卓吾式的冲决罗网、以死抗争并风靡天下的社会思潮转移了。这一时期主要的社会思潮是民族矛盾问题，如黄宗羲、顾炎武、王夫之等人，本身都是抗清的斗士，而他们的政治学术思想，无论是直接或间接，都是离不开这一根本问题的。然而它更多的表现方式，是政治学术思想，而不是赤裸裸的民族思想。

黄宗羲的《明夷待访录》，一向是被评价为 17 世纪中国的《民约论》的，这个评价，从历史的角度看，一点也不过分。黄宗羲在《明夷待访录》里，公然提出了尊重人性和保障人的天赋权利，他认为国家的真正主人应该是天下万民而不是君主，君主的产生是为了保障天下万民各自的"私利"，保障了万民的私利，排除了万民的"公害"，也就是做到了"天下之大公"。但实际上历来的君主，都以天下为私产。他说：

古者以天下为主，君为客，凡君之所毕世而经营者，为天下也。今也以君为主，天下为客，凡天下之无地而得安宁者，为君也。是以其未得之也。屠毒天下之肝脑，离散天下之子女，以博我一人之产业，曾不惨然，曰："我固为子孙创业也。"其既得之也，敲剥天下之骨髓，离散天下之子女，以奉我一人之淫乐，视为当然，曰："此我产业之花息也。"然则，为天下之大害者，君而已矣！向使无君，人各得自私也，人各得自利也。

所以他又说：

今也天下之人，怨恶其君，视之如寇仇，名之为独夫，固其所也。而小儒规规焉以君臣之义无所逃于天地之间，至桀纣之暴，犹谓汤、武不当诛之……岂天地之大，于兆人万姓之中，独私其一人一姓乎？是故武王，圣人也；孟子之言，圣人之言也。①

黄宗羲还深刻地指出封建国家所定的法规，都是保护封建帝皇的特权的"一家之法，而非天下之法也"，所以这是：

非法之法，前王不胜其利欲之私以创之，后王或不胜其利欲之私以坏之；坏之者固足以害天下，其创之者亦未始非害天下者也。……论者谓有治人无治法，吾以谓有治法而后有治人。②

黄宗羲早在三百多年前就提出了今天我们还有待解决的先要有法治而后

---

① 以上两段均见《原君》。
② 《原法》。

才有人治的问题,这就是他所说的"有治法而后有治人"。实际上,这是一个完全近代的民主政治的法治思想,可黄宗羲却远远地超前地提出来了。

黄宗羲更进一步地提出了"天下为主君为客"的思想。因为天下万民是"主",君只是"客","客"当然要听从"主"的,所以他又说:

> 故我之出而仕也,为天下,非为君也;为万民,非为一姓也。
> 吾以天下万民起见,非其道,即君以形声强我,未之敢从也。

他还说:

> 君臣之名,从天下而有之者也,吾无天下之责,则吾在君
> 为路人。(所以)臣不与子并称。①

这就是说,当自己为天下而出仕的时候,则自己与君有共事的关系,当自己离开了仕途,那君与自己便是路人,所以"臣不与子并称",即当臣与当儿子完全是两回事,君无权把臣当儿子看待,臣与君也无丝毫血缘纽带关系。黄宗羲这一思想更具有划时代的近代意义,他把儒家传统的所谓君君臣臣、父父子子的政治宗法思想传统完全打破了,完全从中世纪的黑暗宗法统治中走出来了,人真正成为完全的、自主的、独立的、自权的人!

与黄宗羲同时的顾炎武对黄宗羲的思想十分佩服,说自己的见解,"同于先生者十之六七"。② 顾炎武特别强调要尊重人的"自私"(也即

---

① 《原臣》。
② 《与黄太冲书》,《顾亭林诗文集》。

是个人的权利）。他说：

> 人之有私，固情之所不能免矣。故先王弗为之禁，非惟弗
> 禁，且从而恤之。……合天下之私，以成天下之公，此所以为
> 王政也。……世之君子必曰有公而无私，此后代之美言，非先
> 王之至训矣。①
>
> 天下之人各怀其家，各私其子，其常情也。为天子、为百
> 姓之心，必不如其自为。……圣人者，因而用之，用天下之
> 私，以成一人之公而天下治。②

顾炎武明确指出有"私"乃是人之常情，要老百姓做到完全无私，只有
公，是根本做不到的，也是违反人之常情的，所以他说："世之君子必
曰有公而无私，此后代之美言，非先王之至训矣。"要使老百姓人人无
私，只有一个"公"字，只是后世的一句好听的空话，是根本无法实现
的。不幸的是，这样简单朴素的真理，直到了300年后的"文化大革
命"，人们还在疯狂地推行"唯公灭私"的极端政策，明明是主观唯心
的历史观，明明是历史的大倒退，却打着马克思主义的革命旗号，岂不
令人浩叹！

顾炎武还说：

> 古之圣人，以公心待天下之人，胙之土而分之国；今之君
> 人者，尽四海之内为我郡县犹不足也，人人而疑之，事事而制
> 之。③

---

① 《日知录》卷三：《言私其豵》条。
② 万有文库本《顾炎武文》，《郡县论》五。
③ 《郡县论》一。

他还说:

> 为民而立之君,故班爵之意,天子与公、侯、伯、子、男一也,而非绝世之贵。代耕而赋之禄,故班禄之意,君、卿、大夫、士与庶人在官一也,而非无事之食。是故知天子一位之义,则不敢肆于民上以自尊;知禄以代耕之义,则不敢厚取于民以自奉。①

顾炎武还提出了反对天子独裁,主张天子分权,他说:

> 所谓天子者,执天下之大权者也。其执大权奈何? 以天下之权,寄之天下之人,而权乃归之天子。自公卿大夫至于百里之宰,一命之官,莫不分天子之权,以各治其事,而天子之权乃益尊。②

顾炎武还激烈反对当时的科举考试制度,对封建的科举考试制度作了充分的揭露,他说,历史上的生员:

> 即未至扰官害民,而已为游手之徒,足称五蠹之一矣。
> 其中之劣恶者,一为诸生,即思把持上官,侵噬百姓,聚党成群,投牒呼噪。……

所以他在《生员论》里说:

---

① 《周室班爵禄》,《日知录》卷七。
② 《守令》,《日知录》卷九。

今以书坊所刻之义谓之时文。舍圣人之经典，先儒之注疏与前代之史不读，而读其所谓时文，时文之出，每科一变，五尺童子能诵数十篇，而小变其文，即可以取功名；而钝者至白首而不得遇。老成之士即以有用之岁月，销磨于场屋之中，而少年捷得之者又易视天下国家之事，以为人生之所以为功名者惟此而已。故败坏天下之人才，而至于士不成士，官不成官，兵不成兵，将不成将，夫然后寇贼奸宄得而乘之，敌国外侮得而胜之。①

他还说：

八股之害，等于焚书，而败坏人材，有甚于咸阳之郊所坑者，但四百六十余人也。②

由于以上种种书之不尽的弊病，顾炎武力主废除科举制度，实行推选人才的选举制度。这实际上既是对科举制的反对，也是对程朱理学的反对。这种反君主独裁、主张分权，反对八股、主张选举的思想，很显然是早期市民阶层反对独裁政治超经济强制控制的反映，是中国近代化进程的一个重要标志，而且也是明末以来反程朱理学斗争的一种延续。

与顾炎武同时的傅山，提出扫除奴性、解放个性的主张。他骂依傍程朱，空谈无用，巴结皇帝的人是"奴儒"，骂维护封建礼法的人是"腐奴"，骂卖国投降的人是"降奴"，骂仗势欺人的各级封建专制统治者是"骄奴"，骂假道学是"奴小人"，骂真道学是"奴君子"。总之，

---

① 《生员额数·生员论》，《日知录》卷十七。
② 《拟题》，《日知录》卷十六。

他们都离不开"奴性"，所以他愤慨地提出把"奴俗龌龊意见打扫干净"，"不拘甚事，只要不奴，奴了，随他巧妙雕（刁）钻，为狗为鼠已耳"①。他的《方心》诗热情赞扬为爱而死的方姓女子，结句说：

　　黄泉有酒妾当垆，还待郎来作相如，妾得自由好奔汝。②

这样强烈地追求自由的呼声，在清初，与黄宗羲、顾炎武、王夫之等人的主张，实在是震撼长空的历史巨响，是人的觉醒思潮的明显标志。

　　比顾炎武略后一点的唐甄，一生穷厄，衣败絮，而陶陶然著书不辍。他曾经说："君子当厄，正为学用力之时，穷厄生死，外也、小也。岂可求诸外而忘其内，顾其小而遗其大哉！"③唐甄的这种穷而弥坚的著书精神，就令人起敬。

　　唐甄特别强调人的天赋人权，他说：

　　孙子曰："始吾以为天下之难治也，今闻先生之言，而后知天下之不难治也。苟达其情，无不可为。"……④
　　天地虽大，其道惟人；生人虽多，其本惟心；人心虽异，其用惟情；虽有顺逆刚柔之不同，其为情则一也。⑤

唐甄对于历来"君权神授"、"受命于天"等政治骗局，提出了最尖锐的揭露和批判。他说：

_____

① 《霜红龛集》卷三。
② 同上卷二。
③ 《清史列传·唐甄传》。
④ 《潜书·尚治》。
⑤ 《潜书·尚治》。

论《红楼梦》的思想

　　自秦以来，凡为帝王者皆贼也。……

　　杀一人而取其匹布斗粟，犹谓之贼；杀天下之人而尽有其布粟之富，而反不谓之贼乎！三代以后，有天下之善者莫如汉。然高帝屠城阳，屠颍阳；光武帝屠城三百。使我而事高帝，当其屠城阳之时，必痛哭而去之矣；使我而事光武帝，当其屠一城之始，必痛哭而去之矣，吾不忍为之臣也。……

　　若过里而墟其里，过市而窜其市，入城而屠其城，此何为者！大将杀人，非大将杀之，天子实杀之；偏将杀人，非偏将杀之，天子实杀之；卒伍杀人，非卒伍杀之，天子实杀之；官吏杀人，非官吏杀之，天子实杀之。杀人者众手，实天子为之大手。天下既定，非攻非战，百姓死于兵与因兵而死者十五六，暴骨未收，哭声未绝，目眦未干。于是乃服衮冕，乘法驾，坐前殿，受朝贺，高宫室，广宛囿，以贵其妻妾，以肥其子孙，彼诚何心而忍享之！若上帝使我治杀人之狱，我则有以处之矣。匹夫无故而杀人，以其一身抵一人之死，斯足矣；有天下者无故而杀人，虽百其身不足以抵其杀一人之罪。是何也？天子者，天下之慈母也，人所仰望以乳育者也。乃无故而杀之，其罪岂不重于匹夫！①

　　唐甄生于明崇祯三年，卒于康熙四十三年，他完全经历过了明清易代的大乱，骇人听闻的"扬州十日"、"江阴屠城"、"嘉定三屠"等等的大屠杀，他完全是耳闻目睹的人。他上述这些言论，看似讲历史，但何尝仅仅是讲历史，实际上更现实的是讲明末清初，尤其是清初的现实。"过里而墟其里，过市而窜其市，入城而屠其城"等等，不就是

──────────

　　① 《潜书》下篇下，《室语》。

49

"屠廓洗街新梦过"的现实历史吗？"自秦以来，凡为帝王者皆贼也"，此句话何尝有时间断限，虽然在此句之上，加了一句"大清有天下，仁矣"，但接下去却是这句震古烁今、天崩地裂的话，尤其是以下一大段论证种种杀人，归根结蒂是"天子实杀之！"这无异是说皇帝是最大的刽子手，那末"大清有天下，仁矣"岂不是一句明显的掩人耳目的官话！特别是接下去一段"若上帝使我治杀人之狱，我则有以处之矣。……有天下者无故而杀人，虽百其身不足以抵其杀一人之罪，是何也？天子者，天下之慈母也，人所仰望以乳育者也。乃无故而杀之，其罪岂不重于匹夫！"唐甄居然敢提出来要治天子杀人之罪，这句话，较前面"自秦以来，凡为帝王者皆贼也"，又大大前进了一步，骂帝王皆贼，已是骇人听闻，竟然要治帝王杀人之罪，这是千古所未有的，这是新的时代将要到来的新的历史声音！

纵观自黄宗羲、顾炎武等提出"天下为主君为客"，反对君主独裁，主张分治，提出"向使无君，人各得自私也，人各得自利也"，"合天下之私，以成天下之公"，反对皇帝"肆于民上以自尊"，反对"朋比胶固、牢不可解"，勾结胥吏，武断乡曲的封建科举制度，到唐甄的"自秦以来，凡为帝王者皆贼也"，天下之乱，"非君其谁乎！世之腐儒，拘于君臣之分，溺于忠孝之论，厚责其臣而薄责其君。彼乌知天下之治，非臣能治之也；天下之乱，非臣能乱之也"。① 以上这些言论，都有非常明显的反对君主独裁、保护人的自然权利的初期民主思想的特征，这一思想是与当时的世界思潮——人文主义思潮相一致的。

唐甄还提出了抑制君权的思想，他说：

　　人君之尊，如在天上，与帝同体。公卿大臣，罕得进见，

① 《潜书·远谏》。

变色失容，不敢仰视；跪拜应对，不得比于严家之仆隶，于斯之时，虽有善鸣者，不得闻于九天；虽有善烛者，不得照于九渊，臣日益疏，智日益蔽，伊尹、傅说不能诲，龙逢、比干不能谏，而国亡矣。①

所以他极力主张君臣平等，乃至君民平等，反对等级制度。尤其是唐甄还提出了"治民必先治官"的思想，这是一种真正了不起的民主思想，这一思想，至今并没有失去它的现实意义。他说：

虐取者谁乎？天下之大害莫如贪，盖十百于重赋焉。……彼为吏者，星列于天下，日夜猎人之财，所获既多……夫盗不尽人，寇不尽世，而民之毒于贪吏者，无所逃于天地之间。是以数十年以来，富室空虚，中产沦亡，穷民无所为赖，妻去其夫，子离其父，常叹其生之不犬马若也。②

所以他说：

天下难治，人皆以为民难治也，不知难治者，非民也，官也。

所以他更大胆地提出来：

以刑狐鼠之官，以刑豺狼之官，而重以刑匿狐鼠养豺狼之官。③

---

① 《潜书·抑尊》。
② 《潜书·富民》。
③ 《潜书·权实》。

唐甄还提出了人人有言论自由的权利，他说：

> 六卿六贰进讲陈戒，师箴，瞍诵，百工谏，士议于学，庶
> 人谤于道，皆谏官也。①

唐甄这里虽然是提出了"进谏"，但发言的范围不再是皇帝设定的谏官了，言论的范围一下扩大到了"百工"、"士子"、"庶民"了，这等于是提出了全民言论自由的要求！这种思想，从历史的潮流来看，我看是不能不把它看作是明清社会转变时期的一种合乎时代潮流的思潮的。

与唐甄基本上同时的王夫之更提出了不依赖于王者的天赋自然权利论，他说：

> 若土，则非王者之所得私也。天地之间，有土而人生其
> 上，因资以养焉。有其力者治其地，故改姓受命而民自恒畴，
> 不待王者之授之。②

所以王夫之还特别批判"以一人私天下"的封建君主特权，他主张"以天下论者，必循天下之公。天下非一姓之私也"。③ 这无疑是一种合乎时代潮流的民主思想。王夫之还说："不以一时之君臣，废古今夷夏之通义。"④ 这句话就是说：不能以一时（临时也）的君臣关系，取消了汉族与少数民族（实际是指满族）的界线。针对当时清朝刚建立起来

---

① 《潜书·省官》。
② 王夫之《噩梦》。
③ 《叙论一》，《读通鉴论》卷末。
④ 王夫之《黄书·宰制》。

的政权，王夫之的这种惊天动地的话，没有遭到像他前人那样残酷的文字狱，已经是万幸了。

王夫之还提出了"甘食悦色，天地之化机"的命题，他说：天地"既有是人也，则不得不珍其生"。① 他还说："甘食悦色，天地之化机也……天之使人甘食悦色，天之仁也。"他认为天地既然已经生了人就应该给他很好的生存权利，所以喜欢吃好的和喜欢美色，都是人的本性，是天赋的权利。因此他又说：

> 理尽（于己）则合人之欲，欲推（于己）则合天之理，于此可见人欲之各得，即天理之大同。②

> 人之施诸己者不愿，则以此度彼，而知人之必不愿也，亦勿施焉。以我自爱之心而为爱人之理，我与人同乎其情，则又同乎其道也。人欲之大公，即天理之至正矣。③

王夫之把人欲看作是人的本性，也即是天理，这与晚明的一批先驱者如王廷相、罗钦顺、吴廷翰、吕坤特别是李卓吾、袁宏道等的意见是一致的，这是继承明中叶以来批判程朱理学的禁欲主义的继续。④

同时期的颜元、李光地等也都是力反程朱理学，肯定人欲的合理性的，颜元说："生之谓性"（生命就是人性，先有了生命才有人性）⑤、

---

① 《思问录·内篇》。
② 《诗广传》卷四。
③ 《诗广传》卷四。
④ 王夫之、顾炎武等人是反对李卓吾的，但就其反理学，就其反僵化的封建传统，就其敢于提出人欲即天理，就其反禁欲主义的腐朽反动说教，就其公然承认人的私利（即个人天赋人权）等等主要的政治哲学思想来说，又是非常一致的。
⑤ 《四书正误》卷六。

"舍形即无性"（没有了人的形体，也就不存在"性"）。① 李光地直接反对程朱理学的"存天理，灭人欲"，他说："人欲者，耳目口鼻四肢之欲，是皆不能无者，非恶也。徇而流焉，则恶矣。"② 他认为人欲如耳目口鼻之欲，都是正常的，生活和生理所必需的，这根本不是恶。只有"徇而流焉，则恶矣。"这就是说只有官僚统治阶级纵欲无度，荒淫无耻，超出老百姓正常生活的"欲"，这种"欲"就是恶了。

与曹雪芹同时的戴震，出身于商人家庭，"自幼为贾贩，转运千里"，③ 师事江永，终成一代集大成的考据型学者。他首先提出"学者当不以人蔽己，不以己自蔽"。④ 他说：

　　学者当不以人蔽己，不以己自蔽；不为一时之名，亦不期后世之名。有名之见，其蔽二：非掊击前人以自表暴，即依傍昔贤以附骥尾。……私智穿凿者，或非尽掊击以自表暴，积非成是而无从知，先入为主而惑以终身；或非尽依傍以附骥尾，无鄙陋之心而失与之等……⑤

这就是说，作为学者，第一，要不为前人的谬说所蒙蔽。第二，不要把自己的谬说去蒙蔽别人。第三，学者不应该为了求名而去攻击损毁前贤，以显露自己，或者硬去攀附前贤的骥尾以求为自己留名。第四，学者应该追求真知，他说："知十而皆非真，不若知一之为真知也。"⑥ 他反对"先入为主"、"积非成是"、"私智穿凿"、"惑以终身"，也就是说

---

① 《性理评》，《存性编》卷一。
② 《读书笔录》，《榕村全集》卷二。
③ 《释戴》，《太炎文录初编》卷一。
④ 《东原文集·答郑用牧书》。
⑤ 同上。
⑥ 段玉裁《经韵楼集·娱亲雅言序》引戴震语。

反对自以为是，穿凿附会，信口解释，私智蔽人，贻误后学。

戴震的这些见解，在当时程朱理学作为官方哲学风行的时候，真是振聋发聩，拨云见日，醒人迷误的警世之言，也是对程朱理学的深刻批判。

戴震还说：

> 宋以前，孔孟自孔孟，老释自老释；谈老释者高妙其言，不依附孔孟。宋以来，孔孟之书尽失其解，儒者杂袭老释之言以解之。[①]

他还说：

> 呜呼，今之人其亦弗思矣！圣人之道，使天下无不达之情，求遂其欲而天下治。后儒不知情之至于纤微无憾是谓理，而其所谓理者，同于酷吏之所谓法。酷吏以法杀人，后儒以理杀人，浸浸乎舍法而论理，死矣，更无可救矣。[②]

他还说：

> 圣人治天下，体民之情，遂民之欲，而王道备。……
> 人死于法，犹有怜之者；死于理，其谁怜之！[③]

戴震的这些言论，深刻揭露了当时程朱理学的杀人本质，同时也是对当时社会的深刻揭露。

---

① 《孟子字义疏证·答彭进士允初书》，中华书局1961年版。
② 《孟子字义疏证·与某书》。
③ 《孟子字义疏证·理》。

与曹雪芹同时的袁枚（1716—1797，比曹雪芹晚生一年，晚死三十四年），不仅是一位著名的诗人，而且还是一位杰出的思想家。他公开反对程朱理学，对宋儒鼓吹孔孟的道统，把自己说成是孔孟道统的唯一继承者，袁枚予以无情的驳斥，他说：

> 道固自在，而未曾绝也。后儒沾沾于道外增一统字，以为今日在上，明日在下，交付若有形，收藏若有物，道甚公而忽私之，道甚广而忽狭之，陋矣！三代之时，道在上，而未必不在下；三代以后，道在下，而未必不在上。合乎道，则人人可以得之；离乎道，则人人可以失之。①

这就是说，道是客观的、公开的，不是私相授受之物。所以他又说：

> 昔秦烧诗书，汉谈黄老。非有施雠、伏生、申公、瑕丘之徒，负经而藏，则经不传；非有郑元（玄）、赵岐、杜子春之属，琐琐笺释，则经传不甚明，千百年后，虽有程朱奚能为？程朱生宋代，赖诸儒说经，都有成迹，才能参己见，成集解，安得一切抹煞，而谓孔孟之道，直接程朱也？②

在袁枚的时代，程朱理学，经康熙乾隆的大力提倡，康熙称赞朱熹对经传的注疏是"一句一字莫可更正者"，"孔孟之后，可谓有益于斯文，厥功伟矣"！说朱熹是"继千百年绝传之学"，并将朱熹的木牌升入大成殿配祀孔子。乾隆则称孔子是"日月经天，江河行地，五百年闻知之统，

---

① 《答雷翠亭祭酒书》。
② 《代潘学士答雷翠亭祭酒书》。

独衍心传"。这些话，无疑把程朱理学，特别是把朱熹作为孔孟以后唯一的道统化身，从而当时的程朱理学，也实际上成为封建专制统治的理论工具。袁枚的这些言论，是对程朱理学及其道统地位的尖锐驳斥。

袁枚还反对封建史学的正统观念，他说：

> 夫所谓正统者，不过曰有天下云耳。其有天下者，"天"与之，其正与否则人加之也。①

他竟然还大胆地提出把正统之说"一扫而空之"②。袁枚的这些言论，强烈地表现出一种反传统、反官方统治思想的叛逆精神。

袁枚对文学也主张摆脱封建的政治伦理说教，他反对"诗贵温柔不可说尽"的诗教，反对文学"必关系人伦日用"的纯实用观点。他说："宋儒硁硁然政事、文学、言语一绳捆束，驱而尽纳诸德行一门，此程朱之所以为小也。"③ 他认为不能把文学都纳入功利的范畴，不能用是否有实用来衡量文学艺术的价值，他说：

> 夫物相杂之谓文。布帛菽粟，文也；珠玉锦绣，亦文也；其他浓云震雷、奇木怪石，皆文也。足下必以适用为贵，将使天地之大，化工之巧，其专生布帛菽粟乎？抑能使有用之布帛菽粟贵于无用之珠玉锦绣乎？人之一身，耳目有用，须眉无用，足下其能存耳目而去须眉乎？是亦不达于理矣！④

---

① 《策秀才文五道》。
② 《随园随笔》卷四，《古无正统之说》条。
③ 《答朱石君尚书书》。
④ 《答友人论文书》。

他的这个比喻既生动而又切合实际，当然他这里并不是绝对排斥文学的社会功能，而是反对文学仅仅是实用的工具。

袁枚在诗歌上独主"性灵说"，人们称之为"性灵派"，他的诗歌主张随着他的诗歌创作和诗论（《随园诗话》）而产生了巨大的社会影响。他的"性灵说"的主张，是说"诗之为道，标举性灵，发抒怀抱"（《随园诗话》卷十二）。他认为"从三百篇至今日，诗之传者，都是性灵，不关堆垛"。（同上卷五）所以他的"性灵说"特别强调"先天真性情"①，"情以真而愈笃"②。袁枚的这些文学主张，显然是受李贽、袁宏道、汤显祖等人的影响。

袁枚在他的《随园诗话》卷二里，还提到了曹寅、曹雪芹和《红楼梦》，他说：

> 康熙间，曹练（楝）亭为江宁织造，每出拥八骑，必携书一本，观玩不辍。人问："公何好学?"曰："非也。我非地方官而百姓见我必起立，我心不安，故藉此遮目耳。"素与江宁太守陈鹏年不相中，及陈获罪，乃密疏荐陈。人以此重之。
>
> 其子雪芹撰《红楼梦》一书，备记风月繁华之盛，中有所谓大观园者。即余之随园也。明我斋读而羡之，当时红楼中有某校书尤艳，我斋题云……（下略）

袁枚所记曹雪芹撰《红楼梦》，这是曹雪芹当时的记载，说明义有咏红诗，并引出二首，也是极重要的记录，特别是谈到曹寅与曹雪芹的关系，虽然差误了一代，把孙子当作了儿子，但明确这层关系，也是极具

---

① 《再答李少鹤书》。
② 《答尹相国》。

史料价值的。尽管现在明义的诗早已发现，曹雪芹与曹寅是祖孙关系也早弄清，但袁枚是曹雪芹同时人，那末袁枚所感受到的当时的社会思潮和他所抨击的社会问题，也应该是曹雪芹所能感受到的，而且也应该是《红楼梦》诞生的时代背景的一个侧面。

2001 年 5 月 17 日于京东且住草堂

四、《红楼梦》时代的社会现实

（一）社会经济的恢复和发展

曹雪芹的时代，离开清朝入关，已将百年，原来遭战争破坏的社会经济，经过顺、康、雍三朝近百年的努力，到乾隆时期，社会经济已经恢复并超越了明后期最繁盛的时期。所以曹雪芹时代的社会现实之一，就是社会经济的恢复发展和繁荣。此时，无论是纺织业、矿业、陶瓷业、农业、交通运输等各方面，都有显著的进展。乾隆时期的程先甲在他写的《金陵赋》①里描写当时南京织缎业的情况说：

> 染人濯丝，麇至凫趋，（自注云：江宁缎机，以玄色著名，而染坊多近秦淮两岸，漂丝必于青溪、东水关、北铜管三水合流之间，其色乌亮，江潮上时染匠退休矣，见《机业琐记》。）机声轧轧，比户喧阗，万家籉火，世业相传，商贾云集，于此

---

① 据《桃溪客语及其他一种》（内含《金陵赋》），《丛书集成初编》，商务印书馆1939 年 12 月初版，1960 年补印。

懋迁。（自注云：金陵贡缎、宁绸之名，甲于天下。开机者谓之帐房，亦曰缎号，代客买卖者曰缎行，机匠领织曰代料。兵燹前，亦有雇机匠于屋内者，今皆为放料焉，机房以南城东西偏为最夥，绒机则在孝陵街。）

这里不仅反映了金陵（南京）当时机织业的发展盛况，还反映了当时机织业、印染业、商业的各种分科。又陈作霖的《凤麓小志》①说当时南京贡缎的行销市场是：

　　北趋京师，东进辽沈，西北走晋绛，逾大河，上秦雍甘凉，西抵巴蜀，西南之滇黔，南越五岭、湖湘、豫章、两浙、七闽、溯淮泗，道汝洛。冠服靴履，非贡缎，人或目笑之。

这段材料，不仅说明当时贡缎行销之广，而且还说明全国的交通和商业网络之畅通。

　　乾隆二年（1737 年）清政府下令开矿禁，在全国出现了"开矿热"。《清史稿·食货志五·矿政》云：

　　乾隆二年谕：凡产铜山场，实有裨鼓铸，准报开采。其金银矿悉行封闭。先是五年，允鲁抚朱定元请，开章丘、淄川、泰安、新泰、莱芜、肥城、宁阳、滕、峄、泗水、兰山、郯城、费、莒、蒙阴、益都、临朐、博山、莱阳、海阳各州县煤矿。而藁城知县高封请自备赀开峄、滕、费、淄、沂、平阴、

---

① 　陈作霖《志事·记机主第七》，《凤麓小志》卷三。

泰安银、铜，铅矿则禁之。然贵州思安之天庆寺、镇远之中峰岭，陕西之哈布塔海哈拉山，甘肃之扎马图、敦煌、沙州南北山，伊犁之皮里沁山、古内、双树子、乌鲁木齐之迪化、奎腾河、呼图壁、玛纳斯、库尔喀喇乌苏、条金沟各金矿，贵州法都、平远、达摩山，云南三嘉、丽江之回龙、昭通之乐马各银矿相继开采。……

广东自康熙五十四年封禁矿山，至乾隆初年，英德、阳春、归善、永安、曲江、大埔、博罗等县。广州肇庆两府铜铅矿均行开采，百余年来，云、贵、两湖、两粤、四川、陕西、江西、直隶报开铜铅矿以百数十计，而云南铜矿尤甲各行省，盖鼓铸铅铜并重而铜尤重，秦、鄂、蜀、桂、黔、赣皆产铜而滇最饶。滇铜自康熙四十四年官为经理，嗣由官给工本。雍正初，岁出铜八九十万，不数年，且二三百万。岁供本路鼓铸及运湖广、江西仅百万有奇。乾隆初，岁发铜本银百万两，四五年间，岁出六七百万或八九百万，最多乃至千二三百万。户、工两局，暨江南、江西、浙江、福建、陕西、湖北、广东、广西、贵州九路，岁需九百余万，悉取给焉。

以上所叙，是关于金、银、铜、铅、煤矿的开采，嗣后煤、铁等矿的开采亦有迅速发展。乾隆三十一年云贵总督杨应琚奏称："滇省今年来矿厂日开，各处各小厂聚集砂丁人等不下数十万人，现在各省来滇者亦络绎不绝，其间江、楚等省流寓倍于滇省。"自乾隆二年开矿禁，到三十一年，仅云南一省就有矿工"不下数十万人"，则可见全国范围内矿业发展之大概了。

其他如陶瓷业、茶业、农业、木材业等等，也都有相应的发展。

由于商业的繁荣，渐次形成了商业性的行帮，当时最有势力的是两淮盐商，山西的票号商，徽州的盐业、典当业、茶业、木材业商等，总称徽商。还有因新兴矿业而暴富的矿商等等。

以上各行业生产的发展，其中尤其是矿业和丝织业的发展，以及各种商业性行帮的形成和林立，说明着这一时代的社会经济，确实有别于它以前的时代了。

（二）商业大都市的出现和富商们对奢侈生活的追求

曹雪芹时代的社会现实之二，就是在以上这种经济发展的基础上，全国出现了一批规模较大的商业都市，其中南京、苏州、扬州、汉口、广州、杭州、北京、天津等等，都是著名的商业城市，除了这种大城市以外，全国还出现了不少商业集镇，与各地的商业城市相组合，形成了全国性的商业网络，因为全国有许多大中型的商业城市出现，于是也就增加了一大批商业人口，其中有许多成为城市居民，也就是市民。

由于商业的繁荣，市民的剧增，社会风气也就随之变化。

有一批巨商，在经商致富后，就经营宅第，如昭梿《啸亭续录》卷二《本朝富民之多》条说："京师如米贾祝氏，自明代起家，富逾王侯。其家屋宇至千余间，园亭瑰丽，人游十日，未竟其居。宛平查氏、盛氏，其富丽亦相仿。""怀柔郝氏，膏腴万顷，喜施济贫乏，人呼为'郝善人'。纯皇帝（乾隆）尝驻跸其家，进奉上方水陆珍错至百余品，其他王公近侍以及舆僮奴隶，皆供食馔，一日之餐，费至十余万。"以上数例，都是属北京及北京地区的，又《扬州画舫录》卷六记盐商之奢丽豪富说：

　　　　初，扬州盐务，竞尚奢丽，一婚嫁丧葬，堂室饮食，衣服舆马，动辄费数十万。有某姓者，每食，庖人备席十数类，临食时，夫妇并坐堂上，侍者抬席置于前，自茶面荤素等色，凡不食者摇其颐，侍者审色则更易其他类。或好马，蓄马数百，每马日费数十金，朝自内出城，暮自城外入，五花灿著，观者目眩。或好兰，自门以至于内室，置兰殆遍。或以木作裸体妇人，动以机关，置诸斋阁，往往座客为之惊避。其先以安麓村为最盛，其后起之家，更有足异者，有欲以万金一时费去者，门下客以金尽买金箔，载至金山塔上，向风扬之，顷刻而散，沿江草树之间，不可收复。又有三千金尽买苏州不倒翁，流于水中，波为之塞。有喜美者，自司阍以至灶婢，皆选十数龄清秀之辈。或反之而极，尽用奇丑者，自镜之以为不称，毁其面以酱敷之，暴于日中。有好大者，以铜为溺器，高五六尺，夜欲溺，起就之。一时争奇斗异，不可胜记。

《扬州画舫录》卷六还记载了扬州园林"卷石洞天"之胜：

"卷石洞天"在"城闉清梵"之后，即古郧园地，郧园以怪石老木为胜，今归洪氏。以旧制临水太湖石山，搜岩剔穴，为九狮形，置之水中。上点桥亭，题之曰"卷石洞天"，人呼之为小洪园。园自芍园便门过"群玉山房"长廊，入"薜萝水榭"。榭西循山路曲折入竹柏中，嵌黄石壁，高十余丈。中置屋数十间，斜折川风，碎摇溪月。东为"契秋阁"，西为"委宛山房"。房竟多竹，竹砌石岸，设小栏点太湖石。石隙老杏一株，横卧水上，夭矫屈曲，莫可名状。人谓北郊杏树，惟法净寺方丈内一株与此一株为两绝，其右建修竹丛桂之堂，堂后红楼抱山，气极苍莽。其下临水小屋三楹，额曰"丁溪"，旁设水马头。其后土山逶迤，庭宇萧疏，剪毛栽树，人家渐幽，额曰"射圃"，圃后即门。

"群玉山房"联云："渔浦浪花摇素壁（司空曙），玉峰晴色上朱栏（李群玉）。"过此，构廊与河蜿蜒，入"薜萝水榭"。后壁万石嵌合，离奇夭矫，如乳如鼻，如腭如脐。石骨不见，尽衣萝薜。榭前三面临水，欹身可以汲流漱齿。联云："云生硐户衣裳润（白居易），风带潮声枕簟凉（许浑）。"狮子九峰，中空外奇，玲珑磊块，手指攒撮，铁线疏剔，蜂房相比，蚁穴涌起，冻云合遝，波浪激冲；下水浅土，势若悬浮，横竖反侧，非人思议所及。树木森戟，既老且瘦。夕阳红半楼飞檐峻宇，斜出石隙。郊外假山，是为第一。

楼之佳者，以夕阳红半楼、夕阳双寺楼为最。桥之佳者，以九狮山石桥及春台旁砖桥、"春流画舫"中萧家桥、九峰园美人桥为最。低亚作梗，通水不通舟。

"薜萝水榭"之后，石路未平，或凸或凹，若踶若齧，蜿蜒隐见，绵亘数十丈。石路一折一层，至四五折。而碧梧翠柳，水木明瑟，中构小庐，极幽邃窈窕之趣。曰"契秋阁"，联云："渚花张素锦（杜甫），月桂朗冲襟（骆宾王）。"过此又折入廊，廊西之折；折渐多，廊渐宽，前三间，后三间，中作小巷通之。覆脊如工字。廊竟又折，非楼非阁，罗幔绮窗，小有位次。过此又折入廊中，翠阁红亭，隐跃栏槛。忽一折入东南阁子，蹑步凌梯，数级而上，额曰"委宛山房"。联云："水石有余态（刘长卿），凫鹥亦好音（张九龄）。"阁旁一折再折，清韵丁丁，自竹中来。而折愈深，室愈小，到处粗可起居，所如顺适。启窗视之，月延四面，风招八方，近郭溪山，空明一片。游其间者，如蚁穿九曲珠，又如琉璃屏风，曲曲引人入胜也。

循"委宛山房"而出，渐入修竹丛桂之堂。联云："老干已分蟾窟影（申时行），采竿应取锦江鱼（林云凤）。"

"卷石洞天"今扬州尚存，我曾进去参观过，扬州历经战乱，此应是劫后补建，当时未能细究，但也看到了多处山石是旧园的遗存。

在这种极力追求奢靡的风气下，富豪们还竞相追求洋货，以洋为贵，唯洋是尚。梁章钜（1775—1849）《退庵随笔》卷七《政事》二引乾隆时人陈鳣（1753—1817）的话说：

> 夫居处之雕镂，服御之文绣，器用之华美，古之所谓奢也，今则视为平庸无奇，而以外洋之物是尚。如房屋舟舆，无不用玻璃，衣服帷幕，无不用呢羽，甚至食物器具曰洋铜、曰洋磁、曰洋漆、曰洋锦、曰洋布、曰洋青、曰洋红、曰洋貂、曰洋獭、曰洋纸、曰洋画、曰洋扇。遽数之，不能终其物。而南方诸省，则通行洋钱，大都自日本、流球、红毛、英吉利诸国来者，内地出其布帛菽粟——民间至不可少之物，与之交易。有识者方惜其为远方所欺，无如世风见异思迁，一人非之，不敌众人慕之。其始达官贵人尚之，浸假而至于仆隶舆台；浸假而至于倡优婢嫔。外洋奇巧之物日多，民间布帛菽粟日少，以致积储空虚，民穷财尽，可胜叹哉！……窃怪夫达官贵人，竞相夸靡，曾不虑其大为风俗之害。

以上所引各条，自豪华宅第园林，日用消费排场，以至于争奇斗异，竞尚洋货洋器等等，与《红楼梦》的描写，大体上都能合拍。由此可见，

《红楼梦》之出现，并不是遗世独立的产物，而是有深厚的现实社会生活为基础的。

(三) 城市繁荣掩盖下农村的贫困

曹雪芹时代的社会现实之三，就是与城市繁荣相对立的农村的贫困，康熙时期的思想家唐甄 (1630—1704，明崇祯三年到清康熙四十三年) 在他的《潜书·存言》篇里说：

> 清兴，五十余年矣。四海之内，日益困穷，农空，工空，市空，仕空。谷贱而艰于食，布帛贱而艰于衣，舟转市集而货折赀，居官者去官而无以为家，是四空也。金钱，所以通有无也。中产之家，尝旬月不睹一金，不见缗钱。无以通之，故农民冻馁，百货皆死，丰年如凶。良贾无算；行于都市，列肆焜耀，冠服华膴。入其家室，朝则囷无烟，寒则蜎体不申。吴中之民，多鬻男女于远方；男之美者为优，恶者为奴，女之美者为妾，恶者为婢，遍满海内矣。困穷如是，虽年谷屡丰，而无生之乐。由是风俗日偷，礼义绝灭，小民攘利而不避刑，士大夫殉财而不知耻。谄媚愔淫，相习成风，道德不如优偶，文学不如博弈，人心陷溺，不知所底。此天下之大忧也。[①]

对于唐甄的这段话，后来章太炎评论说：

---

① 唐甄《潜书·存言》，中华书局 1963 年版，第 114 页。

昔康熙中祀，名为家给人足，诔者直书，雷同无异词。独唐甄生其时，则曰："清兴，五十余年，四海之内，日益困穷。中产之家，尝旬月不睹一金，不见缗钱。无以通之，故农夫冻馁，丰年如凶。良贾行于都市，列肆焜耀，冠服华膴。入其家室，朝则卤无烟，寒则蜎体不伸。吴中之民，多鬻男女于远方，遍满海内。"（《潜书·存言篇》）由此言之，宽假之令，免赋之诏，皆未施行也，众诔之言，仰戴仁帝，以为圣明，虽直者犹倾之，惟甄发其覆蒙。[①]

从唐甄《存言》篇的文字，可知在康乾之世，虽称盛世，但实际上城市的繁荣，并不能掩盖农村的饥寒，这恰好说明了《红楼梦》里刘姥姥女婿王狗儿家以及众多的丫环仆妇家庭和与他们联结着的广大农村的实际情况。这种社会现实，正是《红楼梦》时代社会生活的最基本的一面——不过在书中是表现得较为隐蔽的一个侧面。

（四）八股科举制度毒害下的虚伪世风

曹雪芹时代的社会现实之四，就是清政府长期实行以八股取士的科举制度。这项制度，规定考试的题目以四书、五经的章句为限，而且规定《四书》和《诗》都用朱熹注，《易》主程《传》、朱子《本义》等等，还规定只准作者"代圣贤立言"，不准有自己的思想，文章的格式体例又严格规定是"八股"。这样从内容到形式，都死死地捆缚住了，其结果是把人们的思想紧紧地捆缚住了。科举制度，仅仅成为一种利禄

---

① 章太炎《检论·哀清史》，此处章太炎所引文字，与《潜书》原文略有差异，故仍全引。

之途，成为人们升官发财，追求富贵荣华的一条捷径，撞对了可以一朝发迹，富贵立致，撞不对就终身困于场屋，老死牖下。因此不少士子为了博取功名富贵，就不惜弄虚作假，所以顾炎武《日知录·拟题》说：

> 今日科场之病，莫甚乎拟题。且以经文言之，初场试所习本经义四道，而本经之中，场屋可出之题不过数十。富家巨族延请名士馆于家塾，将此数十题各撰一篇，计篇酬价，令其子弟及僮奴之俊慧者记诵熟习。入场命题，十符八九，即以所记之文抄誊上卷，较之风檐结构，难易迥殊。《四书》亦然。发榜之后，此曹便为贵人，年少貌美者多得馆选，天下之士靡然从风，而本经亦可以不读矣。……因陋就寡，赴速邀时。昔人所须十年而成者，以一年毕之。昔人所待一年而习者，以一月毕之。成于抄袭，得于假倩。卒而问其所未读之经，有茫然不知为何书者。故愚以为八股之害等于焚书，而败坏人材，有甚于咸阳之郊所坑者，但四百六十余人也。①

《日知录集释》卷十七《生员额数》：

> 今以书坊所刻之义谓之时文。舍圣人之经典，先儒之注疏与前代之史不读，而读其所谓时文，时文之出，每科一变，五尺童子能诵数十篇，而小变其文，即可以取功名，而钝者至白首而不得遇。老成之士既以有用之岁月，销磨于场屋之中，而少年捷得之者又易视天下国家之事，以为人生之所以为功名者惟此而已。故败坏天下之人才，而至于士不成士，官不成官，

---

① 《日知录集释》卷十六《拟题》，岳麓书社1994年版，第590页。

兵不成兵，将不成将。夫然后寇贼奸宄得而乘之，敌国外侮得而胜之。苟以时文之功，用之于经史及当世之务，则必有聪明俊杰通达治体之士起于其间矣。故曰：废天下之生员，而用世之材出也。①

在本段引文之前，顾炎武还说到：

天下常以劳苦之人三，奉坐待衣食之人七，而今则遐陬下邑亦有生员百人，即未至扰官害民，而已为游手之徒，足称五蠹之一矣。……

其中之劣恶者，一为诸生，即思把持上官，侵噬百姓，聚党成群，投牒呼噪。②

顾炎武对科举制度为害之深，可以说是作了最深切的揭露。与曹雪芹同时代的吴敬梓，借用《儒林外史》中的人物王冕的口说："这个法（指八股取士之法）却定的不好！将来读书人既有此一条荣身之路，把那文行出处都看得轻了。"（第一回）他又借书中马二先生的口说：

举业二字，是从古及今人人必要做的。就如孔子生在春秋时候，那时用"言扬行举"做官，故孔子只讲得个"言寡尤，行寡悔，禄在其中"，这便是孔子的举业。讲到战国时，以游说做官，所以孟子历说齐梁，这便是孟子的举业。到汉朝用"贤良方正"开科，所以公孙弘、董仲舒举贤良方正，这便是

---

① 《日知录集释》卷十七《生员额数》，岳麓书社 1994 年版，603—604 页。
② 《日知录集释》卷十七《生员额数》，岳麓书社 1994 年版，第 601 页。

汉人的举业。到唐朝用诗赋取士，……所以唐人都会做几句诗，这便是唐人的举业。到宋朝又好了，都用的是些理学的人做官，所以程朱就讲理学，这便是宋人的举业。到本朝用文章取士，这是极好的法则。就是夫子在而今，也要念文章，做举业，断不讲那"言寡尤，行寡悔"的话。何也？就日日讲究"言寡尤，行寡悔"，哪个给你官做？

马二先生是热衷于宣扬科举的，在他的心目中，科举就是做官，做官就意味着飞黄腾达，就意味着发财。人们为了做官，更是为了发财，也就只有走这条仕途经济的路，因此就不惜用各种手段，弄虚作假，自然也就导致了官场的弄虚作假，也就是顾炎武所揭露的。由科场的这种弄虚作假，自然也导致了官场的弄虚作假，或者说由官场的弄虚作假，导致了科场的弄虚作假，总之是互为因果，沆瀣一气。再进而深入商界，深入社会，于是假名士、假道学、假斯文、假……，总之，只要有利可图，一切都可以作假，一部《儒林外史》把科举八股之毒害人心、败坏世风写得淋漓尽致、入木三分。"范进中举"写八股之毒害人心、疯魔人心，竟至于令人发狂，虽是小说，却实际上是社会的真实。而其中最根本的问题，是整个社会风气都是弄虚作假，以假乱真，最后至真假不分，真即是假，假即是真。所以《红楼梦》里"假作真时真亦假"的联语，以及甄宝玉、贾宝玉的形象，实质上就是这种社会现象讽刺性的写照。

《儒林外史》里写了一个典型的假名士权勿用。此人隐居深山，被人称赞是"管、乐的经纶，程、朱的学问。此乃是当时第一等人"。（第十二回）"这人真有经天纬地之才，空古绝今之学，真乃处则不失为真儒，出则可以为王佐。"（第十一回）由于他用种种手段，制造假相，散布舆论，一时竟把人瞒过，致使杨执中把他看作是"真儒"，是"当时

70

第一等人"。但他的这种弄虚作假，却瞒不过他的乡人，他的乡人说：

> 是他么？可笑的紧！……你不知道他的故事，我说与你
> 听。他在山里住，祖代都是务农的人。到他父亲手里，挣起几
> 个钱来，把他送在村学里读书。读到十七八岁，那乡里先生没
> 良心，就作成他出来应考。落后他父亲死了，他是个不中用的
> 货，又不会种田，又不会做生意，坐吃山崩，把些田地都弄的
> 精光。足足考了三十多年，一回县考的复试也不曾取。他从来
> 肚里也莫有通过，借在个土地庙里训了几个蒙童，每年应考，
> 混着过也罢了；不想他又倒运：那年遇着湖州新市镇上盐店里
> 一个伙计，姓杨的杨老头子来讨账，住在庙里，呆头呆脑，口
> 里说甚么天文地理，经纶匡济的混话。他听见就像神附着的发
> 了疯，从此不应考了，要做个高人。（第十二回）

这样一个假名士、假道学、假儒，是否完全是吴敬梓凭空虚构的呢？完
全不是。据《儒林外史》的研究者们的共识，这个假名士、假道学权勿
用，他的真人就是江阴的是镜。阮葵生在《茶余客话》卷八《是镜之
诈伪》条说：

> 江阴是镜，诡诈诞妄人也。胸无点墨，好自矜饰，居之不
> 疑。海宁陈相国为其所惑，高东轩相国亦信之。尹继徐侍郎督
> 学江左，因二公之言，造庐请谒，结布衣交。镜遂辟书院，招
> 生徒，与当时守令往还，冠盖络绎。常州守黄静山永年，亦与
> 过从。其后因嘱托公事，不复往。镜因书院静室中，供陈、
> 高、尹、黄四木主，——俗所谓"长生禄位"也。稍有识者，
> 皆非笑之。辛未，雷翠庭先生督学至，广文以为言，先生贻书

令其来见，以觇其学；镜不往，而令广文通意，欲先生造庐，如尹故事。先生笑曰："吾固知贤士不可召见，但恐吾往见后，则四公木主之外，又增一人，故不为耳。"后数年，镜为乡人告讦，亡命，不知所终。镜居村，去市数里，有小路，逾沟而行，稍近数十步。镜平生必由正路过桥，不趋捷也。一日，自市归，途遇雨，行至沟旁，四顾无人，一跃而过。有童子匿桥下避雨，惊曰："是先生亦跳沟耶？"镜饵以一钱，嘱以勿言。童子归，父诘钱所从来，争传"是先生跳沟"，声名大损。

一个胸无点墨的人，竟俨然装成一个真儒，一个道学家，一个怀有管、乐之才的人物，连当朝的相国都被骗过了，这不能不说是曹雪芹时代的一个极大的讽刺剧。也可以想见，当时这种假名士、假道学、假文人、以假乱真的社会风气多么严重，无怪曹雪芹要在他的《红楼梦》里大书特书了。

（五）康乾盛世下的贪官污吏

曹雪芹时代的社会现实之五，是官吏的贪渎。历史上著名的大贪污犯和珅，就是乾隆朝的宰相，一直到嘉庆四年正月初八，才被查抄。其贪污赃款数字，据薛福成《庸盦笔记》所载：

> 已估者二十六号，合算共计银二万二千三百八十九万五千一百六十两。……

> 夹墙藏金二万六千余两，私库藏金六千余两，地窖埋藏银百余万两，为十八罪。通州、蓟州均有当铺钱店，查计赀本不下十余万两，为十九罪。……余犹疑和珅定罪时，其家产尚未

72

钞竣，此系后来陆续所钞之数。……乾隆中叶，最为天下全盛之时，不幸和珅入相，倚势弄权，贪惏罔忌，自督抚以至道府，往往布置私人，或畏其势焰，竞营献纳，以固其位，寖至败坏吏治，刻剥民生，酿成川楚教匪之变。[①]

薛福成这最后几行话，等于是画出了一张贪官污吏的网络图，这张网，遍布全国。这里再举一个大贪官，也即是这张网上的一员，此人名叫郑源璹。乾嘉时人姚元之（1776—1852，乾隆四十一年至咸丰二年）的《竹叶亭杂记》卷二说：

> 郑方伯源璹之伏法也，或谓侍郎罗国俊劾之。余于史馆曾见弹章，衔名由内裁去，略曰：如湖南布政司郑源璹者，凡选授州县官到省，伊即谕以现有某人署理，暂不必去，俟有好缺以尔署之。有守候半年、十月者，资斧告匮，衣食不供。闻有缺出，该员请示，伊始面允，而委牌仍然不下。细询其故，需用多金，名为买缺，以缺之高下定价之低昂，大抵总在万金内外。该员财尽力穷，计无所出，则先晓谕州县书吏、衙役人等务即来省伺候。书役早知其故，即携重资而来，为之干办。及到任时，钱粮则必假手于户书，漕米则必假手于粮书，仓谷、采买、军需等项则必假手于仓书，听其率意滥取，加倍浮收。上下交通，除本分利。至于衙役以讼事入乡，先到原告家需索银两，谓之启发礼。次到被告家，不论有理无理，横行吓诈，家室惊骇，餍饱始得出门。由此而入族保、词证各宅，逐一搜求，均须开发。迨到案时，不即审结，铺堂、散班之费，莫可

---

① 薛福成《查抄和珅住宅花园清单》，《庸盦笔记》卷三。

限量。盖名有所挟，积渐之势使然也。是以贼盗蜂起不敢申报，报则枉费银两，不为缉获，获即受贿放去，毫无裨益。谚云："被盗经官重被盗。"凡此，皆由署事官员贻害之所致也。盖不见机取利，则瓜代者又至矣。内有一二自好者，任其摆弄，不肯曲从。如长沙府属之湘乡县知县张博实授已七年，在任不满四月；湘潭县知县卫际可实授已五载，至今并未到任。大率好缺皆然，不胜枚举。巡抚姜晟近在同城，岂无闻见，衹以其纳贿和珅，莫可谁何，盖自守则有余，而振刷则不足也。且闻郑源璹在署，家属四百余人外，养戏班两班，争奇斗巧，昼夜不息。昨岁九月，因婚嫁将家眷一分送回，用大船十二只，旌旗耀彩，辉映河干。凡此靡费，皆民膏脂。是以楚南百姓富者贫，贫者益苦矣。①

这份材料，历叙郑源璹贪污索贿的种种手段，从"买缺"到衙役下乡的种种勒索，官场的黑暗，历历在目，而最终受害的还是老百姓，因为种种费用，最终还是加到老百姓的头上，特别是"被盗经官重被盗"，说明官与强盗本质上没有什么分别。郑源璹之所以敢如此横行，是因为有和珅这个靠山。

那末是否只是乾隆朝吏治如此的腐败黑暗，其他朝如康熙朝，素称盛世，是否要好些呢？翻检康熙朝的史书，情况也是一样，如康熙朝的大臣徐乾学、高士奇、李光地、王鸿绪等，也都是贪官。与徐乾学同朝的左副都御史许三礼疏劾徐乾学说：

……更奇者，乾学律身不严，教子无方，秽迹昭著，有案

①　《竹叶亭杂记》，中华书局1982年版，第52页。

可据；尚敢肆口狂言，好讲忠孝大义，希图簧惑圣聪。不得不列款纠参，恳乞穷究：一、乾学于丁卯乡试、戊辰会试，在外招摇门生亲戚有名文士，各与关节，务期中试。有苏州府贡生何焯往来乾学门下，深悉其弊，特做会试墨卷序文，刊刻发卖，寓言讽刺。乾学闻知，即向书铺将序抽毁，刻板焚化，嘱托江苏巡抚访拿何焯，至今未结。一、乾学发本银十万两交盐商项景元，于扬州贸易，每月三分起利。本年七月间，令伊孙婿史姓、家人李潮押同景元于八月二十四日到京算账，共结本利一十六万余两。又布商程天石新领乾学本银十万两，现在大蒋家胡同开张当铺。其余银号、钱店，发本放债，违禁取利，怨声满道。一、乾学以门生李国亮为江苏按察使，代为料理。国亮差刘管家送银一万两，交乾学管家吴子彦、吴子章收。遇节送银四百两，小礼银四十两，生日送银一千两，吴子彦为张汧事发逃回，吴子彦胞弟子章收。伊弟元文入阁办事，国亮差刘管家送贺礼银五千两，交吴子章收缴。一、乾学认光棍徐紫贤、徐紫书二人为侄，通同扯牵，得赃累万。徐紫贤、徐紫书现造烂面胡同花园、房屋。书办之子，一朝富贵，胡为乎来，乾学之赃半出其手。一、乾学因弟拜相后，与亲家高士奇更加招摇，以致有"去了余秦桧，来了徐严嵩"，"乾学似庞涓，是他大长兄"之谣，又有"五方宝物归东海，万国金珠贡澹人"之对，京城三尺童子皆知。若乾学果能严绝苞苴，如此丑语何不加之他人，而独加之乾学耶？一、乾学遣弟徐宏基遍游各省抽丰，克剥民膏，独于河南磁州、彰德等处，久恋一载有余，放赌宿妓，良民受害，怨声载道。一、乾学买宪臣傅感丁在京房屋一所，价银六千余两，买学士孙在丰在京房屋一所，价银一千五百两，买慕天颜无锡县田一万顷，京城绳匠胡同与横街新造房屋甚多，不能枚举。苏州、太仓、昆山、吴县、长洲、常熟、吴江等州县俱系徐府房屋、田地。一、乾学子侄徐树屏、徐树声于甲子科夤缘中式，弊发黜革，行止有亏，莫此为甚。以上各款，百未尽一。乾学身受国恩，乃敢植桃李于一门，播腹心于九洲，横行聚敛，不顾枉直，顺之则生，逆之则死。势倾中外，权重当时，朝纲可紊，成例可灭。伏乞皇上立赐处分，国家幸甚，万民幸甚！①

徐乾学是康熙朝的名臣，但其贪污劣迹却如此昭著。再看左都御史郭琇疏劾高士奇说：

"……乃有植党营私、招摇撞骗，如原任少詹事高士奇、原任左都御史王鸿绪等，表里为奸，恣肆于光天化日之下，罪有可诛，罄竹难悉，试约略陈之：高士奇出身微贱，其始也徒步来京，觅馆为生。皇上因其字学颇工，不拘资格，擢补翰林，令入南书房供奉，不过使之考订文章，原未假之与闻政事。为士奇者，即当竭力奉公，以报君恩于万一。计不出此，而日思结纳谄附大臣，揽事招权，以图分肥。凡内外大小臣工，无不知有士奇之名。夫办事南书房者，先后岂止一人，而他人之声名总未著闻。何士奇一人办事而声名赫奕，乃至如此？是其罪之可诛者，一也。久之羽翼既多，遂自立门户，结王鸿绪为死党，科臣何楷为义兄弟，翰林陈元龙为叔侄，鸿绪胞兄王顼龄为子女姻亲，俱寄以腹心，在外招揽。凡督、抚、

<hr>

① 《徐乾学列传》，《满汉名臣传》卷三，黑龙江人民出版社 1991 年版，第 1482—1483 页。

藩、臬、道、府、厅、县，以及在内之大小卿员，皆王鸿绪、何楷等为之居停哄骗，而夤缘照管者，馈至成千累万。即不属党护者，亦有常例，名之曰'平安钱'。然而，人之肯为贿赂者，盖士奇供奉日久，势焰日张，人皆谓之曰'门路真'，而士奇遂自忘乎其为撞骗，亦居之不疑，曰'我之门路真'。是士奇等之奸贪坏法，全无顾忌，其罪之可诛者，二也。光棍俞子易在京肆横有年，惟恐事发，潜遁直隶天津、山东洛口地方，有虎房桥瓦房六十余间，价值八千金，馈送士奇，求托照拂。此外，顺城门外斜街并各处房屋，总令心腹出名置买，何楷代为收租。打磨场士奇之亲家陈元师、伙计陈季芳开张缎号，寄顿各处贿银，资本约至四十余万。又于本乡平湖县置田产千顷，大兴土木，修整花园杭州西溪，广置田宅苏、松、淮、扬。王鸿绪等与之合伙生理，又不下百余万。窃思以觅馆糊口之穷儒，而今忽为数百万之富翁，试问金从何来？无非取给于各官。然官从何来？非侵国帑即剥民膏。夫以国帑民膏而填无厌之溪壑，是士奇等真国之蠹而民之贼也，其罪之可诛者，三也。……更可骇者，王鸿绪、陈元龙鼎甲出身，亦俨然士林之翘楚，竟不顾清议，为人作垄断而不以为耻，且依媚大臣无所不至，即人之所不屑为者，亦甘心为之而不以为辱。苟图富贵，伤败各教，岂不玷朝班而羞当世之士哉？总之，高士奇、王鸿绪、陈元龙、何楷、王顼龄等豺狼其性，蛇蝎其心，鬼蜮其形。畏势者既观望而不敢言，趋利者复拥戴而不肯言。臣若不言，有负圣恩，臣罪滋大。故不避嫌怨，仰请皇上立赐罢谴，明正典刑，人心快甚，天下幸甚。"疏入，得旨："高士奇、王鸿绪、何楷、陈元龙、王顼龄俱著休致回籍。"时解任尚书徐乾学管修书总裁事，左副都御史许三礼以士奇既奉旨回籍，乾学亦不应留京。疏劾乾学、士奇为子女姻亲，其招摇纳贿，相为表里，有"五方宝物归东海，万国金珠贡澹人"之谣。①

上引郭琇的劾文，不仅仅是揭出了高士奇大量的贪渎劣迹，而且又是揭出了以高士奇、王鸿绪为首的一张贪污网，有关徐乾学、高士奇等人贪渎的事迹，乾嘉时人姚元之的《竹叶亭杂记》还有记载，可见当时这些人的劣迹是颇为人知的。

根据以上这些事迹，再来看《红楼梦》。《红楼梦》里只写了一个小贪官贾雨村，还有王熙凤贪图三千两贿银，勾结长安节度使云光，拆散了张金哥与原任长安守备之子的婚姻，致使张金哥与长安守备之子双双自杀；还有大明宫掌宫内相戴权以一千二百两银子出卖"防护内廷紫禁道御前侍卫龙禁尉"的虚衔等等，比起上面所引郑源璹、徐乾学、高士奇等人的贪贿来，真是小巫见大巫，简直算不了什么。但是从《红楼梦》本身来说，它能在这部以爱情故事为主来宣扬反程朱理学思想和全新的爱情理想、社会理想的书里，写上一笔这个"盛世"里的黑暗面，也就是很不容易了。

还有姚元之《竹叶亭杂记》卷二，反映当时下层官吏差役们虐害人民的真相说：

> 州县中差役之扰乡民，其术百端。同年程次坡御史条陈川省积弊，有"贼开花"等名目。言民间遇有窃案，呈报之后，差役将被窃邻近之家资财殷实而无顶带者，扳出指为窝户，拘押索钱。每报一案，牵连数家，名曰"贼开花"。乡曲无知，

---

① 《高士奇列传》，《满汉名臣传》卷三，第1491—1492页。

惧干法网，出钱七八千至十数千不等。胥役欲壑既盈，始释之，谓之"洗贼名"。一家被贼，即数家受累，如此数次，殷实者亦空矣。①

这则记载，有助于我们理解《葫芦僧乱判葫芦案》一事的社会内涵，可见当时赃官受贿，衙役如虎狼横行，黎民百姓不堪其害，官匪一家，"被盗经官重被盗"等这些社会现实都是真实的，所以贾雨村这个贪官的形象，也是当时官场贪污、吏胥横行、鱼肉百姓的社会现实的真实反映。

（六）程朱理学毒害下悲惨的妇女命运

曹雪芹时代的社会现实之六，就是统治阶级大力提倡程朱理学，大力表彰妇女的节烈。清政府规定，凡守寡达 30 年以上的"节妇"，以及夫死殉夫的"烈妇"，未婚夫死而以死殉的"烈女"，都为之树立贞节牌坊，并免去其家赋役。这实质上是名利相结合的欺骗与诱惑，但老百姓哪经得起这种名利双攻的欺骗，自然就纷纷上当了。《儒林外史》里王玉辉女儿殉节的故事是典型性很强的一个故事。故事说王玉辉的女儿决定绝食自杀殉夫，她的公婆都出来劝阻，王玉辉却说：

"亲家，我仔细想来，我这小女要殉节的真切，倒也由着他行罢。自古心去意难留。"因向女儿道，"我儿，你既如此，这是青史上留名的事，我难道反拦阻你？你竟是这样做罢。我今日就回家去叫你母亲来和你作别。"……又过了三日，二更

---

① 《竹叶亭杂记》，中华书局 1982 年版，第 56 页。

天气，几个火把，几个人来打门，报道："三姑娘饿了八日，在今日午时去世了。"老孺人听见，哭死了过去，灌醒回来，大哭不止。王玉辉走到床面前说道："你这老人家真正是个呆子！三女儿他而今已是成了仙了，你哭他怎的？他这死的好，只怕我将来不能像他这一个好题目死哩！"因仰天大笑道："死的好！死的好！"大笑着，走出房门去了。

次日，余大先生知道，大惊，不胜惨然。即备了香楮三牲，到灵前去拜奠。拜奠过，回衙门，立刻传书办备文书请旌烈妇。二先生帮着赶造文书，连夜详了出去。二先生又备了礼来祭奠。三学的人，听见老师如此隆重，也就纷纷来祭奠的，不计其数。过了两个月，上司批准下来，制主入祠，门首建坊。到了入祠那日，余大先生邀请知县，摆齐了执事，送烈女入祠。阖县绅衿，都穿着公服，步行了送。当日入祠安了位，知县祭、本学祭、余大先生祭、阖县乡绅祭、通学朋友祭、两家亲戚祭、两家本族祭，祭了一天，在明伦堂摆席。通学人要请了王先生来上坐，说他生这样好女儿，为伦纪生色。

以上所引，虽然是一段故事，但却都是以真实的历史生活为素材的，故事中的王玉辉，就是汪洽闻，他是徽州府歙县人，余大先生是金榘，曾做休宁县训导，歙县与休宁是紧邻。据金榘之子金光燕所写《汪阆洲七十寿序》说：

乾隆戊辰（乾隆十三年，1748 年）先君子作休邑司训，休邑与歙相邻比，有事谒郡守，则沿歙之西南乡以往。常携兆燕过槐塘，欲求阆洲订交而不可得；槐塘有汪洽闻者，古君子也。①

可见金榘（余大先生）与汪洽闻是相闻知的，另金兆燕还有一首长诗《古诗为新安烈妇汪氏作》（新安即徽州），这首诗，无疑是以上这个故事的本事，诗中所描写的情节，与小说可以一一印证：

醴泉必有源，芝草必有根。荆山剖良璞，异光烛乾坤。我友汪洽闻，赋性朴且惇。养母能笃孝，孝名著一村。一男三女子，食贫朝复昏。训之以古诫，教之以敦伦。长女失所天，矢志不再嫁，幼女初适人，婉顺播姻娅；次女生最慧，早岁能诗书，手辑列女传，温惠与人殊。笄年归夫家，綦缟甘粝粗，举止必端正，邻女奉楷模，事夫未数载，夫病遂缠绵，女心日如焚！蓬发局且卷。南市谒医药；北市卜筮簪。归来坐床头，一灯昏不然。中夜四壁静，斗杓明高悬，女子跽中庭，涕泗独涟涟！愿天减儿算，必赐儿夫痊。执手问良人："有语嘱妾无？"良人瞪目视，拊枕但长吁！生死从此隔，勿复多悲歔。女子垂涕言："自我事君子，偕老本初愿，宁复殊生死？君今但先行，妾岂久留此！"晨鸡方三号，白日惨无光！阴风入庭户，簌簌吹衣裳。鬼伯何催促，不得少彷徨。女子泪洗面，车轮回九肠。三日为营奠，七日为营斋。北邙宅幽宫，千年不复开。踯躅里舍门，检点旧裙襦；绝粒卧空床，酸风冷微躯。阿爷向女言："汝志既坚决；所悲颓龄叟，顿使肝肠裂。"阿姊向妹言：

---

① 金兆燕《棕亭古文钞》卷八。此据何泽翰著《〈儒林外史〉人物本事考略》第116页，古典文学出版社1957年版。

"尔我命何屯？昔为三株树，今为霜草根。幸无太自苦，少慰
泉下人。"阿兄前致词："一言试告汝，守节与殉节，理一本自
古。"女子启阿爷："儿已有成言；此言不可食，勿复强迁
延。"瞑目遂长逝，奄奄赴黄泉。闻者为叹息，见者为悲酸。
灼灼桃李花，繁霜萎春日。苦竹抱贞心，根断节不易。我闻新
安郡，自古产大贤。理学炳千载，薵宗隆几筵。陵夷至靡极，
道学空言筌。升堂为都讲，躬行或不然。安得此女子？慷慨殉
所天。乃知本庭训，身教已有年。今人自教儿，但知圭组妍；
萧娘与吕姥，往往遂比肩。试与言此女，安得不汗颜？①

虽然这首诗的作者并不是在批判这种吃人的礼教，但它却客观上证实了
王玉辉女儿的惨剧，不是作者的杜撰，而是当时的社会现实。下面再举
一则同类的惨剧，马荣祖《陈烈妇墓表》云：

> 烈妇周氏，江宁人。随其夫陈国材迁扬州，国材一夕暴
> 卒，誓从死，举夫所授遗财授其族子某曰："明年寒食，好举
> 一爵酹坟也。"父闻状，趣渡江，相对唏嘘不已。妇曰："爷听
> 儿去，儿此去好，勿误儿。"每晨起，哭尽哀，端拱上食，夜
> 则蒲伏棺旁。——先是，烈妇语人曰："死易耳；但不忍毁伤
> 肢体。"连吞金环不死，遂不食。邻媪日数辈至，譬慰百端，
> 卒不可夺。咸咋指叹息。二十日勺水不入口。烈妇素健，绝粒
> 七日，犹坐语，已而委顿甚；乃伏枕。当是时，眸子陷入欲
> 枯，光注灵柩不转，两手据荐席爬搔，草寸寸碎裂。死时年二

---

① 金兆燕《棕亭古文钞》卷八。此据何泽翰著《〈儒林外史〉人物本事考略》第
117页，古典文学出版社1957年版。

十有六。雍正九年辛亥三月二十日也，距其夫死五十有一日。烈妇适陈甫半载，不逮事舅姑，无嗣子。决计一死，其审义至明，更历许时不回不激。其守义最力，闻者哀之。予既感其事，因遍讯在旁知状者，语悉合。摭实而表之，固郡人之志也。墓在郡北平山堂之西。其左为裔烈妇暨霍、池二烈女四冢，比立如鳞次。十余年间，后先相望也。①

上引王玉辉的女儿之死和此引周氏之死，都是自觉自愿的。没有任何强迫，这可见礼教的毒人之深，那些写诗的人、写墓表的人，也都是以赞叹的口气写的，并没有半点对封建礼教揭露批判之意。更有甚者，是康熙三十年杭州胡氏的惨剧。据《说铃·旷远杂志》卷下"守节自焚"条载：

湖州胡氏女，归杭州潘某。潘故长斋，既婚后，妇亦愿长斋。未几，潘以疾卒。妇谓徒死不如立节，遂弃衣饰，兼戒烟火，食日费一钱买腐蒸饭釜啖之，不知饥。家居敬事大士像，持梵呗外为女红，馀钱辄输僧。一日谒灵峰寺僧命法名曰寂念。预置一龛寄他处。康熙辛未六月既望，移龛至，旋请师来举火，遂用香煎汤。浴毕，倩邻妇扶入龛，手拈香三炷。俄顷，火延龛顶，出五色烟，香气四达，男女送者数百人，咸异之，时年四十有一。②

这个故事更令人骇异，一个人举火自焚，竟请和尚来点火，还有数百人

---

① 马荣祖《陈烈妇墓表》，载《扬州足征录》引《力本文集》卷九，此处引同前注。
② 道光刊本《说铃·旷园杂志》卷下。

围观，可见封建礼教已经把人的思想毒害到麻木不仁的地步。无怪当时的大思想家戴震要愤怒地指责程、朱理学是"忍而残杀之具"，"人死于法，犹有怜之者；死于理，其谁怜之!"戴震是休宁人，据《休宁志》记载，清代以前的节烈妇女仅有478人，而到乾嘉年间就猛增到2191人。① 上述这种种现实，说明曹雪芹时代的妇女问题是社会的严重问题，这不是说以前的社会妇女问题不严重，而是说经康、雍、乾的大力推行程朱理学后，妇女死节的问题更加严重了。

这个妇女死节问题的更实质性的问题，是妇女的社会地位、妇女的人权、妇女的命运，乃至妇女的婚姻问题等等。曹雪芹在《红楼梦》里不仅仅是写了一个青春守寡的李纨，更重要的是写了大观园内和贾府的所有妇女的命运问题，所谓"千红一窟（哭），万艳同杯（悲）"。曹雪芹对妇女问题寄予如此深切的关注和同情，正是当时严重的社会妇女问题突出的反映。

（七）封建社会的病疮——娼优与娈童

曹雪芹时代的社会现实之七，是自明朝以来流行的男风，至康乾之世而变本加厉。明末清初的张岱，曾自称"好美婢，好娈童"。② 同时的钱谦益、吴梅村、冒辟疆、李渔、陈维崧、查继佐，乾隆时期的和珅、袁枚、郑板桥等，也都有这样的癖好。赵翼《檐曝杂记》卷二《梨园色艺》条说：

> 京师梨园中有色艺者，士大夫往往与相狎。庚午、辛未间

① 参见许苏民著《戴震与中国文化》，第27页，贵州人民出版社2000年版。
② 见张岱《嫏嬛文集·自为墓志铭》。

（按乾隆十五至十六年），庆成班有方俊官，颇韶靓，为吾乡庄本淳舍人所昵。本淳旋得大魁。后宝和班有李桂官者，亦波峭可喜。毕秋帆舍人狎之，亦得修撰。故方、李皆有状元夫人之目，余皆识之。二人故不俗，亦不徒以色艺称也。本淳殁后，方为之服期年之丧。而秋帆未第时颇窘，李且时周其乏。以是二人皆有声缙绅间。后李来谒余广州，已半老矣。余尝作《李郎曲》赠之。近年闻有蜀人魏三儿者，尤擅名，所至无不为之靡，王公、大人俱物色恐后。①

蒋士铨《忠雅堂诗集》卷八，有《戏旦》一诗，可以与上文对看：

朝为俳优暮狎客，行酒灯筵逞颜色。士夫嗜好诚未知，风气妖邪此为极。古之嬖幸今主宾，风流相尚如情亲。人前狎昵千万状，一客自持众客嗔。酒阑客散壶签促，笑伴官人花底宿。谁家称贷买珠衫，几处迷留僦金屋。蜻蜓转丸含异香，燕莺蜂蝶争轻狂。金夫作俑愧形秽，儒雅效尤惭色庄。觍然相对生欢喜，江河日下将奚止？不道衣冠乐贵游，官妓居然是男子。②

崔旭《念堂诗话》卷一说：

近日诗家，袁、蒋、赵同称。心余性情颇正，其《戏旦》诗有"风气妖邪此为极"之句，痛骂都下恶风。即此便为扶

---

① 赵翼《檐曝杂记》卷二，第37页，中华书局1982年版。
② 《忠雅堂诗集》卷八，上海古籍出版社1993年版，第707页。

持名教。

以上这几则记载，已可概见当时男风盛行的社会风气，又金埴《不下带编》卷六说：

> 康熙初间，海宁查孝廉伊璜继佐，家伶独胜，虽吴下弗逮也。娇童十辈，容并如姝，咸以"些"名。有"十些班"之目，小生曰"风些"，小旦曰"月些"，二乐色尤蕴妙绝伦，伊璜酷怜爱之，数以花舲载往大江南北诸胜区，与贵达名流歌宴赋诗以为娱，诸家文集多纪咏其事。至今南北勾栏部必有"风月生"、"风月旦"者，其名自查氏始也。……①

这是一则关于家乐的记载。又《金台残泪记》卷三《杂记》说：

> 《燕兰小谱》记京班旧多高腔，自魏长生来，始变梆子腔，尽为淫靡。……
> 乾隆末，魏长生车骑若列卿，出入和珅府第。……
> 魏长生于和珅有断袖之宠。《燕兰小谱》所咏"阿翁瞥见也魂消"是也。……②

又黄均宰《金壶遁墨》卷二《伶人》条说：

> 京师宴集，非优伶不欢，而甚鄙女妓。士有出入妓馆者，

---

① 《不下带编》卷六，中华书局1982年版，第116页。
② 《清代燕都梨园史料》，第250—251页，中国戏剧出版社1988年版。

众皆讪之。结纳雏伶，征歌侑酒。则扬扬得意，自鸣于人，以
为某郎负盛名，乃独厚我。①

以上这些材料，共同说明，在曹雪芹的时代，这种狎优蓄僮的风气是很
严重的，但上举材料，都是属于优伶，至于娈童，则大都是自幼买来豢
养的，纪晓岚《阅微草堂笔纪》卷六说：

王兰洲，尝于舟次买一童，年十三四。甚秀雅，亦粗知字
义。云父殁，家中落，与母兄投亲不遇，附舟南还。行李典卖
尽，故鬻身为道路费。与之语，羞涩如新妇，固已怪之，比就
寝，竟弛服横陈。王本买供使令，无他念，然宛转相就，亦意
不自持。已而童伏枕暗泣，问："汝不愿乎？"曰："不愿。"
问："不愿何以先就我？"曰："吾父在时，所蓄小奴数人，无
不荐枕席。有初来愧拒者，辄加鞭笞。曰：'思买汝何为？愦
愦乃尔！'知奴事主人，分当如是，不如是则当捶楚，故不敢
不自献也。"②

根据以上这些康、乾时期的社会实录，③ 来看曹雪芹的《红楼梦》，就
容易理解书中所写的同类情节了，例如三十三回忠顺王府长史来索琪官
（蒋玉菡）时说：

我们府里有一个做小旦的琪官，一向好好在府里，如今竟

① 《笔记小说大观》合订本第十三册，第 182 页，广陵古籍刊印社 1984 年版。
② 《阅微草堂笔纪》卷六，《笔记小说大观》合订本第十册，第 273 页。
③ 请参阅吴存存《清代士人狎优蓄童风气叙略》，载《中国文化》第 15、16 期合刊，并此致谢。

三五日不见回去，各处去找，又摸不着他的道路。因此各处访察，这一城内十停人倒有八停人都说，他近日和衔玉的那位令郎相与甚厚。……因此启明王爷，王爷亦云："若是别的戏子呢，一百个也罢了。只是这琪官随机应答，谨慎老诚，甚合我老人家的心意，断断少不得此人……"①

这里所说的这个琪官，实际上是忠顺王府里的一个小旦，为什么忠顺王爷离不开他，为什么他与贾宝玉有那么多的缱绻情意，也就可以思过半了。又七十五回写贾珍、邢大舅夜赌的场面说：

此间伏侍的小厮，都是十五岁以下的孩子，若成了男子就到不了这里了。故尤氏方潜至窗外偷看，其中有两个十六七岁娈童，以备奉酒的，都打扮的粉妆玉琢。……薛蟠此时兴头了，便搂着一个娈童吃酒，又命将酒去敬傻大舅，傻大舅是输家，没心绪，吃了两碗便有些醉意，嗔着两个娈童只赶着赢家，不理输家了，因骂道："你们这起兔子，就是这样专洑上水，天天在一处，谁的恩你们不沾？"……众人见他带酒，忙说很是很是，果然他们的风俗不好，因喝命："快敬酒赔罪！"两个娈童都是演就的局套，忙都跪下奉酒说："我们这行人，师父教的，不论远近厚薄，只看一日有钱有势就亲敬，便是活佛神仙，一日没了钱势了，就不去理他。况且我们又年轻，又居这个行次，求舅大爷恕些，我们就过去了。"

这里所写的是娈童，与琪官又有区别。《红楼梦》里类似的情节还有，

----

① 据《脂砚斋重评石头记》庚辰本，1957 年人民文学出版社出版。下同。

这里不再一一列举。这些情节，在《红楼梦》虽然是较小的情节，① 但也是当时社会现实的真实反映，不是无源之水，无根之木。

*　　　*　　　*

以上是曹雪芹时代的社会现实的几个方面，以往研究《红楼梦》，较多地注意研究曹雪芹的家世以及他的亲戚舅祖李煦等的家世，这是完全必要的，因为《红楼梦》的主要素材，取自曹家的家世以及李煦等的家世。但是《红楼梦》的素材来源，并不仅仅是取材曹李两家，如果把我们的研究限制在曹李两家的家世上，那对《红楼梦》的研究是远远不够的，为此我把我的研究，扩大到曹雪芹时代的社会现实。但是曹雪芹时代的社会现实，有如大海，无边无际，究竟如何来选取自己的研究点呢？我考虑再三，决定选择与《红楼梦》有密切关系的一些社会现实来进行研究，所以才有上面七个方面的叙述。

当然，与《红楼梦》有关的社会现实，远不止这七个方面，这只是一个开头，我希望因为这个开头，能使《红楼梦》的研究更走向深远和广阔的境界，也才能证明《红楼梦》确是一部意旨遥深，宏博富丽的书，而决不仅仅是曹、李两家的家传故事。

2001 年 12 月 14 日夜 11 时

五、论《红楼梦》的思想

关于论证《红楼梦》的思想问题，我认为必须首先考虑曹雪芹所处

---

① 按琪官一事，引起贾政打宝玉，所以事虽小，其作用却大。

的时代特征。曹雪芹的时代，是 18 世纪初期（曹雪芹约生于 1715 年，清康熙五十四年）到 18 世纪中期（曹雪芹卒于 1763 年，清乾隆二十七年壬午除夕）。这时中国的外部世界已是欧洲文艺复兴结束后一个来世纪，又是英国工业革命进入高潮的时期；从内部世界来说，自明中后期以来的资本主义萌芽的经济因素，已经得到了恢复并得到了显著的发展；而从上层建筑来说，自明中后期一直到曹雪芹的时代，反正统（程朱理学）的思潮和主张民主、主张变革的思潮一直不断，而且见解越来越深刻，越来越鲜明。所以研究《红楼梦》的思想，我们必须考虑到曹雪芹是生活在这样一个历史环境之中，曹雪芹的思想，并不是天上掉下来的，也不是孤立的无源之水，无本之木，他实际上是当时众多的进步思想家行列中的一员，而不是孤立的一个。

　　理解了以上这些前提后，还必须注意到《红楼梦》是一部小说，它的表达方式与思想家的表达方式很不一样，更何况他处在一连串的文字狱的恐怖气氛中，他的表达更需要曲折而不是直白。正因为如此，求之过深，则容易穿凿而失其本意，求之太浅，则容易忽略他涵有深意的语言，所以作者自己就担心到这一点，写下了"满纸荒唐言，一把辛酸泪；都云作者痴，谁解其中味"的诗句，他担心人们不能理解他在这许多荒唐言里蕴藏着的深意，不能解出其中之味。这些都是时代的烙印，我们只有谨慎地去索解它，直到真正"解味"为止，除此之外，没有第二种办法。

（一）《红楼梦》里的现实世界

　　《红楼梦》里的两个世界，是余英时先生的话，他是指《红楼梦》里的"大观园"居住着贾宝玉、林黛玉、薛宝钗等人，是一片干净土地，这是一个"世界"；"大观园"外的贾府以及贾府以外的天地，是一个污浊的天地，是另外一个世界。我现在借用他的这句话来表达另一种意思。我在 1983 年写的《千古文章未尽才》一文里曾说："《红楼梦》这部书，不仅是对二千年来的封建制度和封建社会（包括它的意识形态）的一个总批判，而且它还闪耀着新时代的一线曙光。它既是一曲行将没落的封建社会的挽歌，也是一首必将到来的新时代的晨曲。"①我在 1994 年"莱阳全国《红楼梦》学术研讨会"的《开幕词》里还说：

> 曹雪芹是有很深远的理想的，那么他的理想是什么呢？曹雪芹对人，对身边的被压迫、被损害的人充满着仁爱之情。在他笔下所揭示的人际关系，也是：权势、相互利用、相互排斥甚而至于相互构陷。那么他的人的概念和人的理想究竟是怎样的呢？曹雪芹笔下最最动人、最最哀感顽艳、最最万劫不磨的，自然是贾宝玉与林黛玉的爱情及其毁灭。这一对爱情典型的深刻的描写，包含着曹雪芹种种的社会理想，其中最主要的是对人的理想，对爱情和青春的理想，对人的自我造就、自我完善的理想，对人的社会关系的理想。②

1997 年，我在《'97 北京国际〈红楼梦〉学术研讨会开幕词》里还说：

> 曹雪芹是一位超前的思想家，他的理想不属于他自己的时代。他的批判是属于他自己的时代的，他的理想却是属于未来

---

① 见拙著《夜雨集》，第 102 页，中国友谊出版公司 1999 年版。
② 见拙著《夜雨集》，第 143 页，中国友谊出版公司 1999 年版。

的时代的。所以他只给贾宝玉、林黛玉以美好的理想而且让这个理想在他的时代彻底毁灭，这就表明他的理想是属于未来的世纪的。①

上面这些话的意思是说：在《红楼梦》里，揭露批判着一个现实世界，呼唤向往着一个理想世界。对现实世界的批判是具体的、真实的、深刻的，而对理想世界的呼唤则是朦胧的、原则的、概念的。

我现在来说说《红楼梦》里对现实世界的批判。曹雪芹对现实世界的批判，笔锋所向，无远勿届，上至封建朝廷及其后宫，下至市井世俗、和尚道士、三姑六婆。他借用小说人物贾宝玉的嘴，批判封建忠君思想说：

> 那些个须眉浊物，只知道文死谏，武死战，这二死是大丈夫死名死节，竟何如不死的好！必定有昏君他方谏，他只顾邀名，猛拼一死，将来弃君于何地？必定有刀兵他方战，猛拼一死，他只顾图汗马之名，将来弃国于何地？所以这皆非正死。
> ……
> 还要知道，那朝廷是受命于天，他不圣不仁，那天地断不把这万机重任与他了。（三十六回）

上面这些话，不就是李卓吾说的"死而博死谏之名，则志士亦愿为之，况未必死而遂有巨福耶"，"夫忠、孝、节、义，世之所以死也，以有其名也"这两段话吗？李卓吾激烈直露的语言，曹雪芹却赋之以形象，而且是一个"似傻如狂"的少年形象。这些话，从正面看，似乎是在批判

---

① 见拙著《夜雨集》第149—150页。

那些只知愚忠的"忠臣",但从侧面看,连"昏君","不圣不仁"的字眼都出来了,这不是"机带双敲"拐着弯骂人吗?从这两句话来看,曹雪芹又比李卓吾骂得更痛快、更直截了,但这是一个"似傻如狂"的孩子说的,真是嬉笑怒骂皆成文章!然而在封建社会里,"忠君"思想,是封建皇帝最需要的,岂可加以批判。乾隆时宗室诗人爱新觉罗·永忠《延芬室集》有《因墨香得观〈红楼梦〉小说吊雪芹》诗三首,永忠的堂叔、乾隆的堂兄弟弘旿在这三首诗的书眉上批云:

> 此三章诗极妙,第《红楼梦》非传世小说,余闻之久矣,
> 而终不欲一见,恐其中有碍语也。

弘旿听说《红楼梦》里有碍语,连看都不敢看。这说明当时文字狱的威胁和株连有多严重。那末,究竟哪些是《红楼梦》里的"碍语"呢?我看上面这类的话,应该就是"碍语"。它比起乾隆二十年胡中藻的"一把心肠论浊清"这句诗来,比起乾隆三十九年徐述夔的"明朝期振翮,一举去清都"这样的诗句来,总要厉害得多、直露得多罢?胡中藻的结局是蒙恩免胡中藻凌迟,即行处斩。一向欣赏胡中藻的诗,并和胡中藻有唱和之雅的满人鄂昌,被乾隆宣示为"满洲败类",赐令自尽。徐述夔的结局是乱刀砍尸,抛于荒郊,首级砍下,悬挂示众(因徐述夔已死)。收藏徐述夔诗集的徐家后人徐食田、徐食书和为徐述夔诗集校字的徐首发、沈成濯等均判斩立决,后改为秋后处决。因为上面这三句诗,竟酿成如此杀身大祸,并株连无辜,这就怪不得弘旿对《红楼梦》连看都不敢看了。弘旿这段批语的可贵之处,在于它给我们留下了当时多少有点谈"红"色变的历史记录。

《红楼梦》第十七、十八回写元妃省亲,元妃到"贾母正室,欲行家礼,贾母等俱跪止不迭"。书中说:

　　贾妃满眼垂泪,方彼此上前厮见,一手挽贾母,一手挽王夫人,三个人满心里皆有许多话,只是俱说不出,只管呜咽对泣。邢夫人、李纨、王熙凤,迎、探、惜三姊妹等俱在旁围绕,垂泪无言。

　　半日,贾妃方忍悲强笑,安慰贾母、王夫人道:"当日既送我到那不得见人的去处,好容易今日回家,娘儿们一会,不说说笑笑,反倒哭起来,一会子我去了,又不知多早晚才来。"说到这句,不禁又哽咽起来。

　　……

　　贾政至帘外问安。贾妃垂帘行参等事,又隔帘含泪谓其父曰:"田舍之家,虽齑盐布帛,终能聚天伦之乐,今虽富贵已极,骨肉各方,然终无意趣。"

　　脂砚斋在"只管呜咽对泣"句下批云:"《石头记》得力擅长,全是此等地方。"在"又哽咽起来"句下批云:"追魂摄魄,《石头记》传神模影,全在此等地方,他书中不得有此见识。"一场泼天大喜事,临了却是一场"呜咽对泣"。这确是绝大的笔力,更是绝大的"见识",他书中是"不得有此见识"的。试想九重深宫,人间天上,在曹雪芹的笔下,却像冰冷的牢狱,没有一丝一毫人间温情,令人一提起来就泪如雨下,这不就是"离散天下之子女,以奉我一人之淫乐"吗?那末,谁是制造这种人间悲剧的罪魁祸首呢? 黄宗羲说:"为天下之大害者,君而已矣!"思想家黄宗羲的语言,曹雪芹却以形象出之,这岂不更是对封建帝皇的揭露和批判吗? 由此也可以看到,曹雪芹确是当时反正统思潮中的一支如椽之笔。

　　封建社会,是以家庭为其最基层的结构的,所以儒家主张"齐家、治国、平天下"，可见"家"是封建社会的最小单位。《红楼梦》里写了两个封建贵族官僚大家庭宁国府和荣国府，他们原是同父母的一家，宁国府是长房，荣国府是二房，合起来仍是一家。曹雪芹在《红楼梦》里写了宁、荣二府，这是有深意的。二知道人《红楼梦说梦》说："太史公纪三十世家，曹雪芹只纪一世家。……然雪芹纪一世家，能包括百千世家。"二知道人算是说到根本上了，曹雪芹写一宁、荣世家，无异就是解剖了封建社会的一个活体细胞，通过这个细胞，就看到了整个封建社会，看到了这个社会的最终趋势。那末我们先来看一看宁国府。宁府现存最长一辈是贾敬，《红楼梦》第二回说：

> 当日宁国公与荣国公是一母同胞弟兄两个。宁公居长，生了四个儿子。宁公死后，贾代化袭了官，也养了两个儿子，……只剩了次子贾敬袭了官，如今一味好道，只爱烧丹炼汞，余者一概不在心上。幸而早年留下一子，名唤贾珍，因他父亲一心想作神仙，把官倒让他袭了。他父亲不肯回原籍来，只在都中城外和道士们胡羼。这位珍爷倒生了一个儿子，今年才十六岁，名叫贾蓉。如今敬老爹一概不管。这珍爷那里肯读书，只一味高乐不了，把宁国府竟翻了过来，也没有人敢来管他。

这就是宁国府的祖孙三代。贾敬后来是烧丹炼汞，吞金服砂，烧胀而殁。他一辈子除袭了官外，什么事也没有做。贾敬的下一代是贾珍，冷子兴说，他"那里肯读书，只一味高乐不了，把宁国府竟翻了过来"。那末，他是怎样高乐的呢？且听焦大的醉骂：

> 众小厮见他（焦大）太撒野了，只得上来几个，揪翻捆倒，拖往马圈里去。焦大越发连贾珍都说出来，乱嚷乱叫说：

"我要往祠堂里哭太爷去。那里承望到如今生下这些畜生来！
每日家偷狗戏鸡，爬灰的爬灰，养小叔子的养小叔子，我什么
不知道？咱们'胳膊折了往袖子里藏'！"

这是一个晴天霹雳，是一声天崩地塌的巨响，这声巨响，揭出了两件丑
事，一是"爬灰的爬灰"。这是指贾珍与儿媳贾蓉之妻秦可卿通奸，这
是乱伦的丑事。二是"养小叔子的养小叔子"。这书里没有明写，却来
了一句"凤姐和贾蓉等也遥遥的闻得，便都装作没听见"。这是不写之
写，是笔锋的辐射，听的人心里明白，看书的人心里也能感知，他的话
里还藏有暧昧。这件事，就从宁府一直牵扯到了荣府。贾珍的第三件大
事是书里说："贾珍、贾蓉等素有聚麀之诮"。这又是一桩乱伦丑行，而
且连贾琏也是明知其事的，这事从宁府又一次牵扯到了荣府。贾珍的第
四件事是与贾蓉一起开夜赌，玩娈童。事见七十五回。以上就是宁国府
三代人的实迹，无怪柳湘莲要说："你们东府里除了那两个石头狮子干
净，只怕连猫儿狗儿都不干净"了（六十六回）。这是作者有意对宁国
府的总抹一笔。

　　现在再来看看荣国府。荣国府长房是贾赦，二房是贾政。先说长房
贾赦。贾赦有两件事可以说，第一是四十六回，贾赦要讨鸳鸯作妾，鸳
鸯在贾母面前断发明誓，誓不嫁人，贾母痛斥邢夫人，贾赦只好作罢，
但仍用八百两银子买了一个十七岁的嫣红作妾。第二是四十八回贾赦勾
结奸官贾雨村，诬陷石呆子拖欠官银，将石呆子珍藏的扇子统统抄没，
然后作了官价送给贾赦，弄得石呆子坑家败业，生死不知。以上两件
事，是贾赦一生的剧迹。贾赦之子是贾琏，贾琏可说的事有三件，一是
二十一回借女儿出痘之机，与多姑娘私通，遂成相契。二是四十四回凤
姐生日，贾琏与鲍二媳妇私通，被凤姐撞破撕打，反而惹怒贾琏拔剑大
闹，后来被贾母制止，鲍二媳妇则上吊自杀身亡。三是六十四、六十五

两回，贾琏听贾蓉的谄掇，偷娶尤二姐，终使尤二姐被凤姐谋害，吞金而死。再说二房贾政，贾政在《红楼梦》中完全是一个用封建主义的模子压出来的人物，此人一是迂腐，不知世务；二是无能，但封建主义的原则性、警惕性却很强，他竟要预先置宝玉于死地；三是他与贾雨村倒很投缘，四十八回平儿骂贾雨村说："都是那贾雨村什么风村，半路途中那里来的饿不死的野杂种！认识了不到十年，生了多少事出来！"平儿此骂，虽然是因贾赦打贾琏而引起的，但认识贾雨村，却是从贾政开始（由林如海推荐），这十年中生了多少事，文章虽未点明，但这是文章的激射法，声东击西，一击两鸣，这十年多少事，决不是单指贾赦。洪秋蕃评贾政说：

> 红楼妙处，又莫如讥讽得诗人之厚，褒贬有史笔之严。贾政不学无文，惟耽博奕，然状其为人，颇类迂拘之学究，严以教子，似承诗礼之名家，且携儿辈应酬，常赴诗坛文会，膺简命出使，居然视学衡文，固未尝诋其不文也。然而题联额于新园，吟髭捻断，拟破承为程式，只字无成，虽不诋其不文，终不予以能文也。①

许叶芬更明白地说：

> 贾政，庸人也，盖为言假正。当其盛时，詹光、程日兴居于外，赵姨、周姨居于内，不闻交一正人。及其败也，惟有搓手顿足，付之浩叹，不闻筹一要策。且其在官则任李十儿之播弄，居家则任凤姐之欺瞒，朝廷安贵有是无用之臣，家庭安贵

---

① 《红楼梦卷》第一册，第242页，中华书局1963年版。

　　有是无用之子？政之言正，政也负其名矣。而顾矫言无欲，以
　　之垂示子弟也，是亦不可以已乎！①

　　贾政是贾府中唯一的"正面"人物，洪秋蕃、许叶芬都指出此人是
"假正"，是假道学，假文人。虽然他们有些指摘涉及后四十回的事，但
就前八十回曹雪芹原意来说，洪、许等人的见解，不为无据。应该注意
到揭露社会的虚假面，揭露世风的庸俗虚伪，以假乱真，这是《红楼
梦》非常重要的一面。贾政，就是按封建模子刻出来的样板，其虚伪不
是一般常见的虚伪，而是本性的虚伪，骨子里头的虚伪，他的虚伪，不
需要做作，不是装假，而是本质的虚伪，所以贾政，亦即是"假真"，
亦即是"假"即是"真"，"真"即是"假"，太虚幻境"假作真时真
亦假"的联语，首先是针对贾政的。因为他虚伪到骨子里，因为封建官
场、世俗社会都是这一流人物，所以人们一时无法看出他的虚伪。难辨
他的真假，对他来说，真假都是一样，真即是假，假即是真。既然真假
混一到这种高度，那末你何以能辨别出来呢？关于这一点，曹雪芹还是
给我们留了一道缝隙的，一是看这个人整日相与为伍的没有一个学者、
诗人、名士，而是詹光、程日兴之流，二是他的两个妾，一个是赵姨
娘，一人是周姨娘，赵姨娘之令人作呕，已经无庸多说了，何况她还有
一个密友、同盟马道婆。贾政竟能与赵姨娘生出一个贾环来，而且在七
十五回赏中秋的时候，贾政居然能讲出一个舔老婆的脚的笑话来，则其
人庸俗可鄙到何等的程度！则其人的品味又如何？曹雪芹不是已预设了
答案了吗？读《红楼梦》而能识破贾政之为"假真"、"假正"，这是破
了一道最难破的魔障，得了一分最难得的雪芹的真意。

　　贾政的下一代是贾宝玉，他被目为贾府的叛逆，不在贾府的思想正

---

①　《红楼梦卷》第一册，第 231 页，中华书局 1963 年版。

统之内，此处暂不叙他，其他贾环和贾兰，都还小，无与于家事，也不必叙。

此外，荣府中有三位女性，分掌着一定的内政，这就是贾母、王夫人和王熙凤。

贾母是宁、荣两府中唯一的最高长辈，是老祖宗，她是封建宗法的象征性人物，每到封建宗法的根本利益、封建宗法的原则发生危机时，都由她出来作最后的裁夺和调节，有时，封建家庭内部发生局部冲突时，也可由她以权威的身份作决断，前者如贾政打宝玉，竟要狠命地打死宝玉时，贾母便以雷霆万钧的压倒之势迫使贾政低头于她的权杖之下；也是从这种宗法利益的原则出发，贾母从最初无限疼爱林黛玉到后来渐渐冷却这种热情，五十七回因紫鹃一句戏言，说黛玉要回苏州去，竟吓得宝玉"死了大半个了"，等到宝玉醒过来时，贾母竟说："林家的人都死绝了，没人来接她的。"贾母这句近似诅咒的语言，表明贾母对黛玉的疼爱热度，已经降到很低点了，贾母的这种感情升降，也是出于贾府的宗法利益的原则，因为她感到林黛玉与宝玉的婚姻，对贾府不利。后者如贾琏仗酒要杀王熙凤、贾赦要讨鸳鸯作妾，也都由贾母最终裁夺，予贾琏、贾赦以训诫了事。所以贾母在贾府，是封建宗法的象征，当然也是封建贵族官僚家庭享乐主义的象征。

王夫人的原则，基本上与贾母一样，可以说是贾母的补充。凡是她感到会危及宝玉的，就会提前设防，在这个原则下，她怒责金钏，致使金钏跳井自杀；她狠撵晴雯，致晴雯含冤而死；她在宝玉身边安上了密报，使宝玉的动静她可以随时掌握。她还导演了一场抄检大观园的闹剧，又因为司棋与表兄潘又安的爱情而把司棋逐出大观园，到后四十回司棋撞墙自杀。王夫人的这一切举动，都是一个目的，保护她的儿子宝玉这个封建宗法的维系者，也是她自身利益的维系者，所以当贾政毒打宝玉时，她就以死相拼地保护宝玉，但她保护的是宝玉的身体和生命，而不是宝玉的思想。

王熙凤是王夫人的内侄女，是荣国府的管家奶奶。王熙凤在荣府大权在握，为了牢牢把握这个权力，她千方百计讨贾母的欢喜，也讨王夫人的信任和满意。她千方百计地显示出珍宠贾宝玉，爱护贾宝玉，也是为了讨贾母、王夫人的欢心，以巩固她的地位和权力。除此之外，她就独断专行，无所顾忌，心狠手辣，瞒上欺下。第一，她毒设相思局，趁着贾瑞的邪念发作，她一步步引他上钩，终至将他害死。贾瑞之死是他自取其咎，但凤姐一开始就不是加以严正训教，而是故意设计引诱，令他不能自拔，所以贾瑞之死，从贾瑞来说是自作自受，从凤姐来说，是蓄意构陷。第二，她弄权铁槛寺，勾结老尼，再勾结长安节度使云光，拆散了张金哥的婚姻，致使金哥和长安守备之子双双自杀，她却"坐享了三千两"银子。第三，她设计诱骗尤二姐，使尤二姐进她的牢笼，然后百般凌辱虐待，逼使尤二姐吞金自杀。另一方面，她又使人买通尤二姐订婚之夫张华，出来状告贾琏，又攀出贾蓉，然后凤姐大闹宁国府，讹诈贾蓉五百两银子。转身又命旺儿将张华处死灭口，幸亏旺儿觉得"人命关天，非同儿戏"，让张华走了完事，对凤姐只说张华已被截路人打死，就此了结。第四，她扣发丫环小姐的月钱，私放高利贷。第五，她利用职权卖空缺。王夫人房中的金钏死了，空出缺来，众人都想谋取，许多仆人都向凤姐送礼，凤姐的主意是他们"'送什么来，我就收什么，横竖我有主意。'凤姐儿安下这个心，所以自管迁延着，等那些人把东西送足了，然后乘空方回王夫人"（三十六回）。第六，她不仅拆散张金哥的婚姻，还包办婚姻，她的狗腿子来旺的儿子"酗酒赌博，而且容颜丑陋"，却要娶王夫人房里的丫环彩霞，彩霞不愿意，凤姐却先向彩霞之母来说媒。"那彩霞之母满心纵不愿意，见凤姐亲自和她说，何等体面，便心不由意的满口应了出去。"（七十二回）。第七，她还有焦大醉骂中辐射到的那件暧昧事，其实说暧昧也并不暧昧，曹雪芹的笔下凤姐毒设相思局害贾瑞，却让贾蓉、贾蔷去捉贾瑞，第六回贾蓉向凤姐借玻璃炕屏，王熙凤与他风言风语，眉来眼去。贾蓉去了又叫回来，回来后又低头不语，然后又说："晚饭后你来再说罢！"这种种传神的描摹，读者早已心领神会了！

凤姐的绰号叫"凤辣子"，"辣"字的意思是褒是贬，还可两解，听贾琏小厮的话就明白了，兴儿对凤姐有一个评价，他说："提起我们奶奶来，心里歹毒，口里尖快。""奶奶（指尤二姐）千万不要去。我告诉奶奶，一辈子别见他（凤姐）才好。嘴甜心苦，两面三刀；上头一脸笑，脚下使绊子，明是一盆火，暗是一把刀，都占全了。"（六十五回）凤姐自己也有几句表白，她说："你（指铁槛寺的老尼）是素日知道我的，从来不信什么是阴司地狱报应的，凭是什么事，我说要行就行。"（十五回）。这两段话，才是说出了一个真正的王熙凤。

以上，就是宁、荣二府主要人物的介绍。从上述这些人的实迹来看，偌大一个封建贵族官僚大家庭，确是没有一个务正业的，正如冷子兴说的："如今生齿日繁，事务日盛，主仆上下，安富尊荣者尽多，运筹谋画者无一，其日用排场费用，又不能将就省俭，如今外面的架子虽未甚倒，内囊却也尽上来了，这还是小事。更有一件大事：谁知这样钟鸣鼎食之家，翰墨诗书之族，如今的儿孙，竟一代不如一代了！"（第二回）。冷子兴的这段话，恰好是宁荣二府的一个总结，而且是相当精要的总结，"如今的儿孙，竟一代不如一代了"这句话，是最精彩的一句话，是个警句。

维护这样一个封建大家庭是靠什么呢？一是靠封建制度赋予的特权，朝廷的俸禄和大地主阶级向农奴的剥削，宁国府乌进孝送来的大批实物和现银，就是此种剥削的真实纪录。二是靠封建的上层建筑：封建礼法和封建伦理道德的维系。"宁国府除夕祭宗祠"，就是这种封建宗法关系的象征。

　　奇怪的是这样一个巍巍然的封建大家庭，作者一路写来，读者只觉得如长江大河，滔滔汩汩，日夜流泻不息，全书中这么多的人物，都是贾府的忠实分子，包括醉骂的焦大，也是忠于贾府的，作者并没有另设一个或两个批判者来对这个封建大家庭执行批判，其一切批判的效果，都是从作者卓越的叙事中自生的，他用生活本身来说明这个封建大家庭已经腐朽得不能再有一点生机了。

　　所以，《红楼梦》的现实世界，在曹雪芹的笔下，又是一个被暴露的世界，被批判的世界。

　　然而，在曹雪芹的笔下，这个正在没落的世界，却依然是春花秋月，依然是华堂灯火，依然是言笑晏晏，依然是一个人间天上的世界。还是戚蓼生说得好，他说：

　　　　观其蕴于心而抒于手也，注彼而写此，目送而手挥，似谲而正，似则而淫，如《春秋》之有微词，史家之多曲笔。试一一读而释之：写闺房则极其雍肃也，而艳冶已满纸矣；状阀阅则极其丰整也，而式微已盈睫矣；写宝玉之淫而痴也，则多情善悟，不减历下琅琊；写黛玉之妒而尖也，而笃爱深怜，不啻桑娥石女。他如摹绘玉钗金屋，刻画芗泽罗襦，靡靡焉几令读者心荡神怡矣，而欲求其一字一句之粗鄙猥亵，不可得也。盖声止一声，手止一手，而淫佚贞静，悲戚欢愉，不啻双管之齐下也！

这段话，可以借用来作为对《红楼梦》里这个现实世界的总述。曹雪芹笔下《红楼梦》里的现实世界就是在春花秋月、花团锦簇、豪华阔绰的掩盖下逐渐走向自身的消亡的。

（二）《红楼梦》里的理想世界

《红楼梦》里的现实世界是具体的，形象的，实在的，而《红楼梦》里的理想世界，却是抽象的，理念的，虚的。因为《红楼梦》里的理想世界，只存在在贾宝玉和林黛玉的头脑里、观念里、希望里，而且他们俩的这个观念和希望，也只是原则的，模糊的，并不是具体的，明晰的，所以也可以说，一部《红楼梦》里所具体描写的，除了梦境以外，都可以看作是现实世界，而且连梦也是真实的实在的，包含在现实世界里的，只有梦里的情景，才是虚的，缥缈的。而《红楼梦》里的理想世界却只存在于贾宝玉、林黛玉的头脑里。

我提出这个问题，并不意味着要区别究竟是哪一部分重要的问题，我认为现实世界是产生理想世界的根据和土壤，而理想世界是现实世界的发展，如果贾宝玉、林黛玉不熟悉这个现实世界，不洞察并厌恶、扬弃这个现实世界，那末就不可能产生理想世界。所以从辩证法的原则来看，这现实世界与理想世界是互为依存的。因此《红楼梦》里的两个世界，并不因为虚实而分轻重，不过《红楼梦》里的现实世界是从现在式向过去式转化的世界，而《红楼梦》里的理想世界，却是从未来式向现在式转化的世界。

重要的是曹雪芹能从这个腐朽的世界里，看到它的新的不可抑制的生机，从暗夜中看到了一线黎明。贾宝玉、林黛玉这两个形象，就是从腐朽转化出来的神奇。

《红楼梦》里理想世界的内涵，第一是贾宝玉、林黛玉所走的人生道路。现现成成地摆在贾宝玉面前的人生道路，至少有两条：一条是"仕途经济"，即走科举考试，八股取士，然后做官的道路，也就是贾雨村所走的这条路。这是明、清两代读书人共同所走的道路（明清以前不考八股），也是贾府上下，贾政、贾母、王夫人，包括薛宝钗、史湘云等人所希望他走的道路。这条道路，贾宝玉如果肯走的话，那是一帆风顺的康庄大道，是富贵绵绵、福禄齐全的黄金之路。另一条路是贾赦、贾珍乃至贾琏所走的路，袭着祖宗的恩荫，守着祖宗的家业，享着富贵清福，过着骄奢淫逸的生活。这也是现现成成的生活道路，不费一点力气现成地就顺流而成了。可是贾宝玉对这两条现成的生活道路却一概不取。不仅不取，而且对前一条道路还深恶痛绝。七十三回说：

> 更有时文八股一道，因平素深恶此道，原非圣贤之制撰，焉能阐发圣贤之微奥，不过作后人饵名钓禄之阶。虽贾政当日起身时选了百十篇命他读的，不过偶因见其中或一二股内，或承起之中，有作的或精致、或流荡、或游戏、或悲感，稍能动性者，偶一读之，不过供一时之兴趣。究竟何曾成篇潜心玩索。

三十六回说：

> 那宝玉本就懒与士大夫诸男人接谈，又最厌峨冠礼服贺吊往还等事，今日得了这句话（指贾母吩咐不让宝玉出去会客应酬等），越发得了意，不但将亲戚朋友一概杜绝了，而且连家庭中晨昏定省益发都随他的便了……却每每甘心为诸丫鬟充役，竟也得十分闲消日月。或如宝钗辈有时见机导劝，反生起气来，只说"好好的一个清净洁白女儿，也学的钓名沽誉，入了国贼禄鬼之流。这总是前人无故生事，立言竖辞，原为导后世的须眉浊物。不想我生不幸，亦且琼闺绣阁中亦染此风，真真有负天地钟灵毓秀之德！"因此祸延古人，除四书外，竟将

104

别的书焚了。众人见他如此疯颠，也都不向他说这些正经话
了。独有林黛玉自幼不曾劝他去立身扬名等语，所以深敬黛
玉。

上面这些话，可见宝玉对"仕途经济"是何等的决绝，他说八股科举，
不过是"后人饵名钓禄之阶"，说宝钗等劝他留心"仕途经济"是"也
学的钓名沽誉，入了国贼禄鬼之流"。贾宝玉对八股科举的评论，真是
一针见血，它的批判精神，与明末的李卓吾、清初的顾炎武以及同时代
的戴震、吴敬梓等人的批判精神是完全一致的。

贾宝玉一方面强烈反对"仕途经济"的人生道路，同时也反对贾
赦、贾珍、贾琏等走的另一条路。贾宝玉虽然与他们同属贾府，共同在
一起生活，但是对他们这些人的生活道路，却不屑一顾，从来没有涉足
过，也从来没有与他们一起活动的纪录，以上这些人的生活道路，对贾
宝玉来说简直是风马牛不相及，所以在《红楼梦》里根本就没有贾宝玉
的这类情节。

但是，在那个时代，"仕途经济"是人人必走的道路，不走这条路，
那末，重一点说就是背叛，轻一点说，就是不肖。《红楼梦》第三回咏
贾宝玉的两首《西江月》就是由此而来的，词云：

无故寻愁觅恨，有时似傻如狂。纵然生得好皮囊，腹内原来草
莽。　　潦倒不通世务，愚顽怕读文章。行为偏僻性乖张，那
管世人诽谤！

富贵不知乐业，贫穷难耐凄凉。可怜辜负好韶光，于国于家无
望。　　天下无能第一，古今不肖无双。寄言纨绔与膏粱：莫
效此儿形状！

这两首词，完全是嘲讽口气，作者是站在封建正统的立场上来评论贾宝玉这个特殊人物的，在正统者（例如贾政）的眼里，贾宝玉的人生道路，完全"于国于家无望"，是"古今不肖无双"，是"行为偏僻性乖张"，是要遭"世人诽谤"的，其实何止诽谤，在贾政看来，贾宝玉走的完全是一条叛逆的道路，"明日酿到他弑君杀父"的地步的！

但是，如果换一个角度来读这两首词，也会感到这两首词大部分都是说的实话，并没有无中生有的诬蔑。这种情况，说明什么问题呢？它正好说明了同一事物或人物，在不同人的眼里，会是完全不同的看法。例如，贾宝玉这个人物，在正统派的眼光里是离经叛道，是叛逆，但在革新派的眼光里，却是先进，是进步。贾宝玉所处的社会环境，当时还是沉沉的暗夜，虽然暗夜终将过去，但毕竟还有一段路程，而黎明虽有朕兆，毕竟还要较长的时间才能到来，所以贾宝玉所走的这条人生道路，只能是在暗中摸索，只能是处处荆棘。

那末，贾宝玉所走的这条人生道路，究竟是什么样的人生道路呢？回答是：他走的是自由人生的道路。他一不走"仕途经济"的道路，二不走世袭恩荫的道路，三不受封建礼法、封建正统思想的拘缚，他反对八股时文，也不相信程朱对儒家经典的训释，他说："除《四书》外，杜撰的太多，偏只我是杜撰不成？"（第三回），这句看来是随便说说的话，却蕴藏着一则与曹雪芹同时代的思想家戴震的故事，戴震幼年读朱熹注释的《大学章句》时，发出了一连串的疑问，使塾师无言以对。段玉裁《戴东原先生年谱》说：

> 授《大学章句》，至"右经一章"以下，问塾师："此何以知为孔子之言而曾子述之？又何以知为曾子之意而门人记之？"师应之曰："此朱文公所说。"即问："朱文公何时人？"

曰："宋朝人。""孔子、曾子何时人？"曰："周朝人。""周朝、宋朝相距几时矣？"曰："几二千年矣。""然则朱文公何以知其然？"师无以应，曰："此非常儿也。"①

戴震的这一连串问话，不明明是说朱熹的《四书集注》（其中包括《大学章句》）是杜撰吗？比戴震略早一点的康熙年间的颜元，就提出过"须破一分程朱，方入一分孔孟"，这同样是指斥程朱曲解孔孟。所以贾宝玉的这段话，正隐括着上面这段故事，而与颜元的思想，也是相通的。贾宝玉说："除《四书》外，杜撰的太多。"这里的《四书》当然是指《四书》的本文，而不包括朱熹的注释，这不分明是拐着弯说朱熹是杜撰吗？更妙的是下面一句"偏只我是杜撰不成"，真是童言不忌！把朱熹等人对孔孟的注疏而且是经过"钦定"的正统学说，一下说成是谁都可以"杜撰"的无足轻重的东西了！试想在文字狱恐怖弥漫的年代，曹雪芹是多大的胆子啊！《红楼梦》真正的思想，就是这样严密地包裹着的，无怪曹雪芹会担心"谁解其中味"了！而《红楼梦》里的贾宝玉，正是这样摆脱了当时种种传统思想的捆缚，才走向自己的思想自由、人生自由的自由人生之路的。所以贾宝玉的自由人生之路，是一条坚决反传统的路，同时又是一条向往自由自在、无拘无束的人生之路。

《红楼梦》理想世界的第二个内涵，是恋爱自由，婚姻自由。

曹雪芹通过对贾宝玉、林黛玉的生死爱情的描写，充分表达了他的爱情观和婚姻观。宝、黛爱情比起以往文学作品中的爱情来，无论是思想性或文学性，都是一个极大的质的飞跃。

宝、黛爱情的特点之一，是完完全全的自由恋爱，是接近现代社会的自由恋爱，贾宝玉与林黛玉，自开始见面到耳鬓厮磨，逐渐产生爱

---

① 段玉裁《戴东原先生年谱》，《戴震集》，第454页，上海古籍出版社1980年版。

情，完全是自由选择的，而且这种选择并不是开始于初见面，而是渐进的、萌发式的，因此，这种爱情的发生，连贾母、王夫人等都不知道，更没有什么外力的促成。所以它与传统的封建婚姻方式，什么"父母之命，媒妁之言"，"门当户对"，一见倾心，后花园私订终身之类的模式，完全是相排斥的。

宝、黛爱情的特点之二，是有一个相当曲折复杂而漫长的恋爱过程，也就是相互的认识和理解的过程，读《红楼梦》，很难确指哪一天以前贾、林是两小无猜的孩提世界，哪一天、哪一情节开始，是进入恋爱状态了，不像《西厢记》，一见倾心，事情简单而明了，《红楼梦》就细腻自然多了。细心地读《红楼梦》，留心观察宝、黛的爱情过程，你会发现，这种爱情是自然地慢慢地从心头滋生的，也许连他们自己都不知道爱情已经在他们各自的心头滋生了，正是这样，这种爱情的描写，就要作者有极深的生活洞察力，甚至是自身的经历。也正是由于这样，《红楼梦》里宝、黛爱情的漫长过程，有着丰富的爱情心理描写，这是《红楼梦》大大超越以往的小说而使它在世界文学名著中居于先进的地位。

例如第二十八回这段文字：

刚洗了脸出来，要往贾母那里请安去，只见林黛玉顶头来了。宝玉赶上去笑道："我的东西叫你拣，你怎么不拣？"林黛玉昨日所恼宝玉的心事早又丢开，又顾今日的事了，因说道："我没这么大福禁受，比不得宝姑娘，什么金什么玉的，我们不过是草木之人！"宝玉听她提出"金玉"二字来，不免心动疑猜，便说道："除了别人说什么金什么玉，我心里要有这个想头，天诛地灭，万世不得人身！"林黛玉听他这话，便知他心里动了疑，忙又笑道："好没意思，白白的说什么誓？管你什么金什么玉的呢!"宝玉道:"我心里的事也难对你说,日后自然明白。除了老太太、老爷、太太这三个人,第四个就是妹妹了。要有第五个人,我也说个誓。"林黛玉道:"你也不用说誓,我很知道你心里有'妹妹',但只是见了'姐姐',就把'妹妹'忘了。"宝玉道:"那是你多心,我再不的。"

这时,宝黛的爱情,互相都在试探阶段,虽然宝玉说出了"除了老太太、老爷、太太这三个人,第四个就是妹妹了"这样的话,但实际上仍在相互探索、相互了解之中,所以黛玉说:"我很知道你心里有'妹妹',但只是见了'姐姐',就把'妹妹'忘了。"所以下文才有"再看看宝钗形容,只见脸若银盆,眼似水杏,唇不点而红,眉不画而翠,比林黛玉另具一种妩媚风流,不觉就呆了"的一段描写。再如二十九回的这段文字:

> 原来那宝玉自幼生成有一种下流痴病,况从幼时和黛玉耳鬓厮磨,心情相对;及如今稍明时事,又看了那些邪书僻传,凡远亲近友之家所见的那些闺英闱秀,皆未有稍及林黛玉者,所以早存了一段心事,只不好说出来,故每每或喜或怒,变尽法子暗中试探。那林黛玉偏生也是个有些痴病的,也每用假情试探。因你也将真心真意瞒了起来,只用假意,我也将真心真意瞒了起来,只用假意。如此两假相逢,终有一真。其间琐琐碎碎,难保不有口角之争。
>
> 即如此刻,宝玉的心内想的是:"别人不知我的心,还有可恕,难道你就不想我的心里眼里只有你!你不能为我烦恼,反来以这话奚落堵我。可见我心里一时一刻自有你,你竟心里没我。"心里这意思,只是口里说不出来。那林黛玉心里想着:

"你心里自然有我,虽有'金玉相对'之说,你岂是重这邪说不重我的。我便时常提这'金玉',你只管了然自若无闻的,方见得是待我重,而毫无此心了。如何我只一提'金玉'的事,你就着急,可知你心里时时有'金玉',见我一提,你又怕我多心,故意着急,安心哄我。"

看来两个人原本是一个心,但都多生了枝叶,反弄成两个心了。那宝玉心中又想着:"我不管怎么样都好,只要你随意,我便立刻因你死了也情愿。你知也罢,不知也罢,只由我的心,可见你方和我近,不和我远。"那林黛玉心里又想着:"你只管你,你好我自好,你何必为我而自失。殊不知你失我自失。可见是你不叫我近你,有意叫我远你了。"如此看来,却都是求近之心,反弄成疏远之意。如此之话,皆他二人素习所存私心,也难备述。

这段文字,写出了宝、黛两人虽"早存一段心事,只不好说出来",因而仍是互相试探摸索,又互怜互怨互爱的复杂心理,这时双方心里各自早已萌发了爱慕对方的爱情,比上回又深化了一大步,故有"你心里自然有我"这一大段双方的内心独白,但是还没有能相互表白,以上这种心理状态,仍是属于宝黛爱情的前期阶段。下面再看看三十二回这段文字:

林黛玉听了这话,不觉又喜又惊,又悲又叹。所喜者,果然自己眼力不错,素日认他是个知己,果然是个知己。所惊者,他在人前一片私心称扬于我,其亲热厚密,竟不避嫌疑。所叹者,你既为我之知己,自然我亦可为你之知己矣;既你我为知己,则又何必有金玉之论哉;既有金玉之论,亦该你我有之，则又何必来一宝钗哉！所悲者，父母早逝，虽有铭心刻骨之言，无人为我主张。况近日每觉神思恍惚，病已渐成，医者更云气弱血亏，恐致劳怯之症。你我虽为知己，但恐自不能久待；你纵为我知己，奈我薄命何！想到此间，不禁滚下泪来。待进去相见，自觉无味，便一面拭泪，一面抽身回去了。

这里宝玉忙忙的穿了衣裳出来，忽见林黛玉在前面慢慢的走着，似有拭泪之状，便忙赶上来，笑道："妹妹往那里去？怎么又哭了？又是谁得罪了你？"林黛玉回头见是宝玉，便勉强笑道："好好的，我何曾哭了。"宝玉笑道："你瞧瞧，眼睛上的泪珠儿未干，还撒谎呢。"一面说，一面禁不住抬起手来替她拭泪。林黛玉忙向后退了几步，说道："你又要死了！作什么这么动手动脚的！"宝玉笑道："说话忘了情，不觉的动了手，也就顾不的死活。"林黛玉道："你死了倒不值什么，只是丢下了什么金，又是什么麒麟，可怎么样呢？"一句话又把宝玉说急了，赶上来问道："你还说这话，到底是咒我还是气我呢？"林黛玉见问，方想起前日的事来，遂自悔自己又说造次了，忙笑道："你别着急，我原说错了。这有什么的，筋都暴起来，急的一脸汗。"一面说，一面禁不住近前伸手替他拭面上的汗。

宝玉瞅了半天，方说道"你放心"三个字。林黛玉听了，怔了半天，方说道："我有什么不放心的？我不明白这话。你倒说说怎么放心不放心？"宝玉叹了一口气，问道："你果不明白这话？难道我素日在你身上的心都用错了？连你的意思若体贴不着，就难怪你天天为我生气了。"林黛玉道："果然我不明白放心不放心的话。"宝玉点头叹道："好妹妹，你别哄我。果然不明白这话，不但我素日之意白用了，且连你素日待我之意也都辜负了。你皆因总是不放心的原故，才弄了一身病。但凡宽慰些，这病也不得一日重似一日。"

林黛玉听了这话，如轰雷掣电，细细思之，竟比自己肺腑中掏出来的还觉恳切，竟有万句言语，满心要说，只是半个字也不能吐，却怔怔的望着他。此时宝玉心中也有万句言语，不知从那一句上说起，却也怔怔的望着黛玉。两个人怔了半天，林黛玉只咳了一声，两眼不觉滚下泪来，回身便要走。宝玉忙上前拉住，说道："好妹妹，且略站住，我说一句话再走。"林黛玉一面拭泪，一面将手推开，说道："有什么可说的。你的话我早知道了！"口里说着，却头也不回竟去了。

宝玉站着，只管发起呆来。原来方才出来慌忙，不曾带得扇子。袭人怕他热，忙拿了扇子赶来送与他，忽抬头见了林黛玉和他站着，一时黛玉走了，他还站着不动，因而赶上来说道："你也不带了扇子去，亏我看见，赶了送来。"宝玉出了神，见袭人和他说话，并未看出是何人来，便一把拉住，说道："好妹妹，我的这心事，从来也不敢说，今儿我大胆说出来，死也甘心！我为你也弄了一身的病在这里，又不敢告诉人，只好掩着。只等你的病好了，只怕我的病才得好呢。睡里梦里也忘不了你！"袭人听了这话，吓得魄消魂散，只叫"神天菩萨，坑死我了！"便推他道："这是那里的话！敢是中了邪？还不快去？"宝玉一时醒过来，方知是袭人送扇子来，羞得满面紫胀，夺了扇子，便忙忙的抽身跑了。

这段文字，比前推进了一大步，也是宝、黛爱情决定性的一段情节。黛玉因听到宝玉在众人面前夸她不劝他走"仕途经济"的人生道路而引为知己，林黛玉感到贾宝玉说她的话，要她放心，"竟比自己肺腑中掏出来的还觉恳切"，这样双方爱情的互感，已经达到十分相知、相爱的程度，特别是宝玉误对袭人说的那段话，真是掏尽肺腑之言，而宝、黛爱情，通过这一段特殊方式的对话，已经到了万劫不磨的地步了。但是双方各自的心里虽都各自明白，然在形式上仍只能存之心头而不可能直接表白，这是这个时代的历史特征。再如三十六回这段文字：

> 这里宝钗只刚做了两三个花瓣，忽见宝玉在梦中喊骂说："和尚道士的话如何信得？什么是金玉姻缘，我偏说是木石姻缘！"薛宝钗听了这话，不觉怔了。

这段心理独白，又采取了更深入一步的方式，让宝玉在梦里竟直喊出来，他要的是"木石姻缘"而不是"金玉姻缘"，这进一步写出了宝黛爱情的魂牵梦萦境界，而且这话直接冲着宝钗说出来，更具有思想冲突性。再看看第五十七回的这两段文字：

> （宝玉）一面说，一面咬牙切齿的，又说道："我只愿这会子立刻我死了，把心迸出来你们瞧见了，然后连皮带骨一概都化成一股灰——灰还有形迹，不如再化一股烟——烟还可凝聚，人还看见，须得一阵大乱风吹的四面八方都登时散了，这才好！"一面说，一面又滚下泪来。

这段话是紫鹃说宝玉已定了亲，故意试宝玉的，惹得宝玉咬牙切齿地说恨不得"把心迸出来你们瞧见了"，话已经说到如此痛切的程度，宝、黛的爱情当然已经是金石盟心、万世不渝了！而下面紫鹃的这段话，等于是宝、黛爱情的一个归结，爱情在双方之间已经没有任何阻隔了，已经是充分地心心相印了，所以紫鹃就劝黛玉赶快用法定的形式把它确定下来，但无父无母的孤女林黛玉，处在封建时代，有谁能来为她作主呢！

　　紫鹃停了半晌，自言自语的说道："一动不如一静。我们这里就算好人家，别的都容易，最难得的是从小儿一处长大，脾气情性都彼此知道的了。"黛玉啐道："你这几天还不乏，趁这会子不歇一歇，还嚼什么蛆。"紫鹃笑道："倒不是白嚼蛆，我倒是一片真心为姑娘。替你愁了这几年了，无父母无兄弟，谁是知疼着热的人？趁早儿老太太还明白硬朗的时节，作定了大事要紧。俗语说，'老健春寒秋后热'，倘或老太太一时有个好歹，那时虽也完事，只怕耽误了时光，还不得趁心如意呢。公子王孙虽多，那一个不是三房五妾，今儿朝东，明儿朝西？要一个天仙来，也不过三夜五夕，也丢在脖子后头了，甚至于为妾为丫头反目成仇的。若娘家有人有势的还好些，若是姑娘这样的人，有老太太一日还好一日，若没了老太太，也只是凭人去欺负了。所以说，拿主意要紧。姑娘是个明白人，岂不闻俗语说：'万两黄金容易得，知心一个也难求。'"

　　黛玉听了，便说道："这丫头今儿不疯了？怎么去了几日，忽然变了一个人。我明儿必回老太太退回去，我不敢要你了。"紫鹃笑道："我说的是好话，不过叫你心里留神，并没叫你去为非作歹，何苦回老太太，叫我吃了亏，又有何好处？"说着，竟自睡了。

　　黛玉听了这话，口内虽如此说，心内未尝不伤感，待他睡了，便直泣了一夜，至天明方打了一个盹儿。次日勉强盥漱了，吃了些燕窝粥，便有贾母等亲来看视了，又嘱咐了许多话。

以上这些文字，真实地描写了宝、黛恋爱的漫长而曲折的过程，深刻地描摹了他们的爱情心理状态，这些描写，使《红楼梦》超前地呈现了近现代文学的风貌，更是中国古典小说中爱情心理描写的独特篇章，这样复杂而细腻真实的心理状态，是宝、黛恋爱所处的特殊环境和特定时代的反映。而宝、黛相互之间忠贞纯洁的爱情，遂为文学上的不朽典型。

宝、黛爱情特点之三，是他们俩的相爱，不仅仅是外貌，更重要的是思想的一致和人生道路的一致。在贾宝玉的周围，并不是只有林黛玉一个少女，他还面对着薛宝钗和史湘云。尤其是薛宝钗，不仅长得"妩媚风流"，还有金锁与他相配。特别是宝玉对宝钗，确曾动过艳羡之心，二十八回当宝钗褪下臂上的红麝串时，"宝玉在旁看着雪白一段酥臂，不觉动了羡慕之心"，宝玉确曾有过一段拿不定主意的时候的，究竟最后是如何拿定主意的呢？三十二回有一段文字回答了这个问题：

> 湘云笑道："还是这个情性不改。如今大了，你就不愿读书去考举人进士的，也该常常的会会这些为官做宰的人们，谈谈讲讲些仕途经济的学问，也好将来应酬世务，日后也有个朋友。没见你成年家只在我们队里搅些什么！"宝玉听了道："姑娘请别的姊妹屋里坐坐，我这里仔细污了你知经济学问的。"袭人道："云姑娘快别说这话。上回也是宝姑娘也说过一回，他也不管人脸上过的去过不去，他就咳了一声，拿起脚来走了。这里宝姑娘的话也没说完，见他走了，登时羞的脸通红，说又不是，不说又不是，幸而是宝姑娘，那要是林姑娘，不知又闹到怎么样，哭的怎么样呢。提起这个话来，真真的宝姑娘叫人敬重，自己讪了一会子去了。我倒过不去，只当他恼了。谁知过后还是照旧一样，真真有涵养，心地宽大。谁知这一个

反倒同他生分了。那林姑娘见你赌气不理他，你得赔多少不是呢。"宝玉道："林姑娘从来说过这些混帐话不曾？若他也说过这些混帐话，我早和他生分了。"

这里回答得清清楚楚，宝玉之所以喜欢黛玉，是因为黛玉理解他，黛玉所持的人生道路与宝玉完全一样，黛玉从来不说"仕途经济"的话。林黛玉的《葬花吟》说："愿奴胁下生双翼，随花飞到天尽头。天尽头，何处有香丘？"这种对现实世界的厌弃，与宝玉所说的"等我化成一股轻烟，风一吹便散了的时候，你们也管不得我，我也顾不得你们了。那时凭我去，我也凭你们爱那里去就去了"是同一思路。所以，宝、黛爱情，是宝、黛思想的结合，人生道路的结合，文化涵养、生活情趣的结合等等。而其中，思想的结合、人生道路的结合、自由个性的结合，是他们生死爱情的灵魂。

《红楼梦》理想世界的第三个内涵，是关于妇女的命运问题。

《红楼梦》一开头就说：

> 但书中所记何事何人？自又云："今风尘碌碌，一事无成，忽念及当日所有之女子，一一细考较去，觉其行止见识，皆出于我之上。何我堂堂须眉，诚不若彼裙钗哉？实愧则有余，悔又无益之大无可如何之日也！……我之罪固不免，然闺阁中本自历历有人，万不可因我之不肖，自护己短，一并使其泯灭也。"

《红楼梦》第五回"此茶名曰'千红一窟'"。此句旁脂批云："隐'哭'字"，意即是"千红一哭"，下文"此酒乃是百花之蕊，万木之汁，加以麟髓之醅、凤乳之麯酿成，因名为'万艳同杯'。"此句旁脂批云："与'千红一窟'一对，隐'悲'字"。意即是"万艳同悲"。这两句话合起来，意即是：为"千红万艳"（普天下的女子）同悲一哭。曹雪芹在一开头就表明自己的书是为普天下的女子同悲一哭，这说明《红楼梦》的作者，确是怀着极大的悲哀来关怀妇女的命运，来为普天下妇女同声一哭的。曹雪芹的这一思想，与宝、黛的爱情悲剧，非但没有丝毫冲突，而且更显得宝、黛爱情悲剧的历史深度。试看《红楼梦》里所有的青年女子有哪一个得到了真正的幸福，有哪一个得到了异性的真正的爱护痛惜？书中惟一能够心心相印，息息相通，结成生死爱情的，只有宝、黛两人，但这样一对美好的婚姻，也只能是以悲剧结束。曹雪芹通过宝、黛的爱情，充分表达了他的恋爱观，这就是宝、黛各自心里默语的那番知心话，但这些话，毕竟还较文雅，还不够直白。曹雪芹又通过尤三姐的口说：

> 终身大事，一生至一死，非同儿戏。我如今改过守分，只要我拣一个素日可心如意的人方跟他去。若凭你们拣择，虽是富比石崇，才过子建，貌比潘安的，我心里进不去，也白过了一世。（六十五回）

这"终身大事，一生至一死，非同儿戏"，"我心里进不去，也白过了一世"。说得多么直白明了啊！这标明着一个人的自我觉醒，对自身价值的极端珍惜。特别是后两句话，说明婚姻的结合，不仅仅是"性"的结合，更重要的是心灵的结合、意志的结合、思想情感的结合。尤三姐的话，实际上是把宝、黛两人的千言万语直白化了。所以，曹雪芹笔下宝、黛的恋爱、爱情和婚姻，还有尤三姐的单方面的想法，却再也不是《西厢记》、《牡丹亭》时代的恋爱、爱情和婚姻了，它表明了人的觉醒以后的爱情观、人生观了。但是，曹雪芹是一个先行者，他的思想是超前的思想，而它的时代还沉浸在中世纪式的封建黑暗之中。因此《红楼梦》里的女性，只能忍受封建黑暗的煎熬，哪怕元春贵为皇妃，何尝享受过一丝一毫的爱情。只不过是关在笼子里供人玩弄的金丝鸟而已。至于尤三姐，虽然她自己已有这样的觉醒，但她不知道，爱情是双方的，不是单方面的，柳湘莲尽管长得漂亮，但却没有尤三姐的这份觉醒，所以终究成为悲剧。这一情节更加说明了曹雪芹所理想的爱情，已经是近现代式的爱情，已经是懂得人的自我价值的爱情。站在曹雪芹的高度来看他眼中的妇女命运，当然只能是"千红一窟（哭）"、"万艳同杯（悲）"了！

曹雪芹笔下不仅仅是同情妇女们"千红一哭"，"万艳同悲"的命运，他还大声疾呼地说出了"女儿是水作的骨肉，男人是泥作的骨肉，我见了女儿，我便清爽，见了男子，便觉浊臭逼人"（第二回）、"凡山川日月之精秀，只钟于女儿，须眉男子不过是些渣滓浊沫而已"、"把一切男子都看成混沌浊物，可有可无"（二十回）这样惊天动地的话来。自从社会从母系社会转变成父系社会后，几千年来，妇女的地位一直从属于男子，虽然各个时期也有个别的杰出妇女产生，作出了杰出贡献，甚至还当了皇帝，但妇女的社会地位却一直没有能改变，特别是程、朱理学风行以后，"饿死事小，失节事大"便成为妇女头上一把无形的杀人刀。戴震说"后儒以理杀人"是千古名言，这个"以理杀人"，妇女受其害尤甚，尤其是曹雪芹的时代。《永宪录》卷一载康熙六十一年"督学浙江翰林院侍讲马豫题旌遂安监生方引禩妻毛氏贞烈"条云：

> 氏适引禩，结褵五日夫亡，登楼坠地、吞金皆不死。迨扶柩而南，爱立后嗣，守节十载，夫柩既葬，绝粒九日卒。
> 按康熙六年，准民妇三十岁以前守节至五十岁以后照例旌表。十四年，准节妇已经核实在部者虽病故亦得旌表。二十九

年，停夫亡死节旌表。五十五年，正红旗护军六格聘瓦色之
女，夫故，往夫家守节三年，以身殉。礼臣请旨，诏照例旌
表。迫雍正九年，又准守节合例。已亡故者概得补旌，乾隆
初，更准青年守节未至五十亡故者并予旌表。每年八月汇
题。①

又《闽杂记》卷八载："福州旧俗，以家有烈女贞妇为荣，愚民遂有搭
台死节之事。女有不愿，家人或诟骂辱之，甚至有鞭挞使从者。"② 封
建礼教的毒害，政府的提倡鼓励，妇女们便被陷于水深火热之中，曹雪
芹在他的呕心沥血的著作中，一开头就提出"闺阁中本自历历有人"，
提出"女儿是水作的骨肉，男人是泥作的骨肉"这是对当时社会的批判
和鞭挞，因为当时的社会是男权社会，制造这种害人的理论的、执行这
种害人的政策的都是男人，试看贾府里所有的男人，除贾宝玉是贾府的
叛逆外，有哪一个男人是干净的，贾宝玉处在这样一个现实家庭环境中
（实际上是作者曹雪芹观察他的现实社会），怎么会不感到男人是污浊的
呢？而妇女一直处在被压迫的地位，当然是清白无辜的了。但是贾宝玉
还说，女人一嫁了男人，染了男人气味，也就变坏了，这也是事实，因
为女人出嫁了，帮着男人一起干那些事了，也帮着掌握一定的权力了，
于是她就再也不是干净的了。

　　最关键的是贾宝玉提出女儿比男子好，见了女儿便清爽，见了男子
便觉浊臭逼人，"须眉男子不过是些渣滓浊沫"。这样就把男尊女卑的社
会传统，彻底翻了个个儿，变成女尊男卑了。这是曹雪芹针对当时残酷
迫害妇女的现实而提出来的男女平等的强烈呼声，这一呼声，具有深刻

---

① 《永宪录》，第 32 页，中华书局 1997 年版。
② 转引自许苏民著《戴震与中国文化》，第 27 页，贵州人民出版社 2000 年版。

的历史意义和透露着历史转型的某些信息。

《红楼梦》理想世界的第四个内涵,是贾宝玉人际关系的平等思想,仁爱思想。

贾宝玉的自由人生道路,一是不愿意受封建礼法和世俗人情的拘束,二是也不愿意用封建礼法和世俗人情去拘束人。《红楼梦》第二十回说:

> 宝钗素知他家规矩,凡作兄弟的,都怕哥哥。却不知那宝玉是不要人怕他的。他想着:"弟兄们一并都有父母教训,何必我多事,反生疏了。况且我是正出,他是庶出,饶这样还有人背后谈论,还禁得辖治他了。"……弟兄之间不过尽其大概的情理就罢了,并不想自己是丈夫,须要为子弟之表率。是以贾环等都不怕他,却怕贾母,才让他三分。

第九回又说:

> 宝玉终是不安本分之人,竟一味的随心所欲,因此又发了癖性,又特向秦钟悄说道:"咱们俩个人一样的年纪,况又是同窗,以后不必论叔侄,只论弟兄朋友就是了。"

这是说贾宝玉不愿意以兄长的身份或叔辈的身份去拘管辈份比他低的人,也就是说,他不愿遵守这封建伦理道德规范。

《红楼梦》第六十六回说:

> 成天家疯疯癫癫的,说的话人也不懂,干的事人也不知。外头人人看着好清俊模样儿,心里自然是聪明的,谁知是外清

而内浊，见了人，一句话也没有。所有的好处，虽没上过学，
倒难为他认得几个字。每日也不习文，也不学武，又怕见人，
只爱在丫头群里闹。再者也没刚柔，有时见了我们，喜欢时没
上没下，大家乱顽一阵；不喜欢各自走了，他也不理人。我们
坐着卧着，见了他也不理，他也不责备。因此没人怕他，只管
随便，都过的去。

这是说贾宝玉对待下人，也不摆主人架子，"喜欢时没上没下，大家乱
顽一阵"，在贾宝玉这里，封建等级制度的主仆界限，主人的尊严，奴
婢的卑微身份全没有了，一概是平等相待。

《红楼梦》第六十回又说：

"我且告诉你句话：宝玉常说，将来这屋里的人，无论家
里外头的，一应我们这些人，他都要回太太全放出去，与本人
父母自便呢。你只说这一件可好不好？"他娘听说，喜的忙问：
"这话果真？"春燕道："谁可扯这谎做什么？"婆子听了，便
念佛不绝。

这是说，贾宝玉对待奴仆，不仅没有主仆的等级界限，而且还要把他们
统统放出去"与本人父母自便"。这就是说要释放奴仆，给他们人身自
主和自由。

第五十八回芳官的干娘克扣芳官的钱，又不给洗头的"花露油并些
鸡卵、香皂、头绳之类"东西，芳官不服，芳官干娘还骂她：

袭人道："一个巴掌拍不响，老的也太不公些，小的也太
可恶些。"宝玉道："怨不得芳官。自古说：'物不平则鸣。'

他少亲失眷的，在这里没人照看，赚了他的钱，又作践他，如
何怪得。"

……

宝玉恨的用拄杖敲着门槛子说道："这些老婆子都是些铁
心石头肠子，也是件大奇的事。不能照看，反倒折挫，天长地
久，如何是好！"

贾宝玉不但不以主子身份欺压下人，还为被欺压的奴仆抱不平，同情他
们的反抗，说"物不平则鸣"，还骂这些克扣别人钱的老婆子是"铁心
石头肠子"，这又进一步写出了贾宝玉对人的仁爱之心。鲁迅说贾宝玉
"爱博而心劳"，这是最为精要的评语。第四十一回栊翠庵妙玉请黛玉、
宝钗喝茶，用名贵的茶杯，并用自己常用的绿玉斗斟茶与宝玉喝，宝玉
未解妙玉的深意，也不识此绿玉斗乃是奇珍，反说："常言'世法平
等'，他两个就用那样古玩奇珍，我就是个俗器了。""世法平等"是佛
家语，出自《金刚经》："是法平等，无有高下。"谢灵运注云："人无
贵贱，法无好丑，荡然平等，菩提（觉、悟）义也。"李文会注云：
"上至诸佛，下至蝼蚁，皆有佛性，无所分别，故一切法皆平等，岂有
高下也。"① 按此句《金刚经》本义，就是人人平等的意思，这里曹雪
芹借用佛语，让贾宝玉以一句戏言，说出了一个具有人的觉醒，奴婢的
解放意义的思想。

上面所举的由贾宝玉所展示出来的这一系列关于人的思想，在他所
处的现实世界里，是不可能存在的，这只能是属于理想世界，属于未
来。

————————————

① 影印永乐内府本《金刚经集注》，第 240 页，上海古籍出版社 1984 年版。

（三）释《红楼梦》里的真假、有无、虚实、梦幻

1. 真与假

《红楼梦》第五回"太虚幻境"的石牌坊两边有一副对子：

假作真时真亦假

无为有处有还无

这里有两组概念。一组是"假与真，真与假"的概念，另一组是"无与有，有与无"的概念。这两组概念，在《红楼梦》的研究中，似乎还没有得到确解、深解。但这却是解读《红楼梦》至关重要的事，我现在试着作一次尝试性的解释。

先说"假作真时真亦假"的问题。

我理解这句话，似含有多层的意思：

第一层意思是指本书的创作。曹雪芹创作《石头记》，是采取写实与虚构结合的写作方式，其写实的部分，多采自己家庭和亲戚家庭的历史，但也有采自当时的社会现实，而其思想的针对性，则主要是针对当时的社会现实和社会思潮。当时由于社会环境，不可能无所顾忌地全面暴露，所以作者在本书一开头就说：

> 作者自云：因曾历过一番梦幻之后，故将真事隐去，而借"通灵"之说，撰此《石头记》一书也。故曰"甄士隐"云云。
>
> ……
>
> 虽我未学，下笔无文，又何妨用假语村言，敷演出一段故

123

事来，亦可使闺阁昭传，复可悦世之目，破人愁闷，不亦宜乎？故曰"贾雨村"云云。

"真事隐"、"假语存"就是他当时采用的一种写作手法。当然并不是所有真事都隐没了，有些真事，仍旧照样被他写在书里的，不过，一般的读者无法区分而已，但熟悉曹雪芹生活的脂砚斋却一眼就看出，故往往予以批出，如："盖此等事作者曾经，批者曾经，实系一写往事，非特造出，故弄新笔。"（庚辰本七十四回）"况此亦此（是）予旧日目睹亲问（闻），作者身历之现成文字，非搜造而成者"。（庚辰本七十七回）连作者自己也说："亦不过实录其事，又非假拟妄称。"可见"真事隐"、"假语存"只是他的基本方法，而不是绝对方法。

第二层意思是指书中江南的甄府和都中的贾府。虽然一是甄（真），一是贾（假），但其含义却并不是说甄府是真的，贾府是假的，而是甄、贾互补的，它们的关系，不是真伪的关系，而是分合的关系，是一而二，二而一的关系。所以先有江南甄府的抄家，随即也就有后来贾府的抄家（曹雪芹未及写这一部分，但已多次暗示了）。所以读《红楼梦》应该知道，应该把甄府和贾府的事合起来看，不要被表面的甄（真）、贾（假）弄迷糊了。

第三层意思是指甄宝玉与贾宝玉。是写思想的合而分的问题。按曹雪芹的原意，是要写出甄（真）宝玉实则是假宝玉，而贾（假）宝玉却是真正的真宝玉。《红楼梦》第二回贾雨村介绍甄宝玉说：

这一个学生，虽是启蒙，却比一个举业的还劳神。说起来更可笑，他说："必得两个女儿伴着我读书，我方能认得字，心里也明白；不然我自己心里糊涂。"又常对跟他的小厮们说："这女儿两个字，极尊贵、极清净的，比那阿弥陀佛、元始天

124

尊的这两个宝号还更尊荣无对的呢！你们这浊口臭舌，万不可唐突了这两个字要紧。但凡要说时，必须先用清水香茶漱了口才可，设若失错，便要凿牙穿腮等事。"其暴虐浮躁，顽劣憨痴，种种异常。只一放了学，进去见了那些女儿们，其温厚和平，聪敏文雅，竟又变了一个。因此，他令尊也曾下死笞楚过几次，无奈竟不能改。每打的吃疼不过时，他便"姐姐""妹妹"乱叫起来。后来听得里面女儿们拿他取笑："因何打急了只管叫姐妹做甚？莫不是求姐妹去说情讨饶？你岂不愧些！"他回答的最妙。他说："急疼之时，只叫'姐姐''妹妹'字样，或可解疼也未可知，因叫了一声，便果觉不疼了，遂得了秘法：每疼痛之极，便连叫姐妹起来了。"你说可笑不可笑？

这里的甄宝玉，与贾宝玉可以说是完全一样，没有什么区别。再看五十六回贾宝玉与甄宝玉梦中相会的一段：

> 宝玉心中便又疑惑起来：若说必无，然亦似有；若说必有，又并无目睹。心中闷了，回至房中榻上默默盘算，不觉就忽忽的睡去，不觉竟到了一座花园之内。宝玉诧异道："除了我们大观园，更又有这一个园子？"
>
> 正疑惑间，从那边来了几个女儿，都是丫鬟。宝玉又诧异道："除了鸳鸯、袭人、平儿之外，也竟还有这一干人？"只见那些丫鬟笑道："宝玉怎么跑到这里来了？"宝玉只当是说他自己，忙来陪笑说道："因我偶步到此，不知是那位世交的花园，好姐姐们，带我逛逛。"众丫鬟都笑道："原来不是咱家的宝玉。他生的倒也还干净，嘴儿也倒乖觉。"
>
> 宝玉听了，忙道："姐姐们，这里也更还有个宝玉？"丫

鬟们忙道："宝玉二字，我们是奉老太太、太太之命，为保佑他延寿消灾的。我叫他，他听见喜欢。你是那里远方来的臭小厮，也乱叫起他来。仔细你的臭肉，打不烂你的。"又一个丫鬟笑道："咱们快走罢，别叫宝玉看见，又说同这臭小厮说了话，把咱熏臭了。"说着一径去了。

宝玉纳闷道："从来没有人如此涂毒我，他们如何更这样？真亦有我这样一个人不成？"一面想，一面顺步早到了一所院内。宝玉又诧异道："除了怡红院，也更还有这么一个院落。"忽上了台矶，进入屋内，只见榻上有一个人卧着，那边有几个女孩儿做针线，也有嘻笑顽耍的。只见榻上那个少年叹了一声。一个丫鬟笑问道："宝玉，你不睡又叹什么？想必为你妹妹病了，你又胡愁乱恨呢。"

宝玉听说，心下也便吃惊。只见榻上少年说道："我听见老太太说，长安都中也有个宝玉，和我一样的性情，我只不信。我才作了一个梦，竟梦中到了都中一个花园里头，遇见几个姐姐，都叫我臭小厮，不理我。好容易找到他房里头，偏他睡觉，空有皮囊，真性不知那去了。"宝玉听说，忙说道："我因找宝玉来到这里。原来你就是宝玉？"榻上的忙下来拉住："原来你就是宝玉？这可不是梦里了。"宝玉道："这如何是梦？真而又真了。"一语未了，只见人来说："老爷叫宝玉。"唬得二人皆慌了。一个宝玉就走，一个宝玉便忙叫："宝玉快回来，快回来！"

这一段描写，两个宝玉似乎仍还没有分开，长安都中的宝玉"空有皮囊，真性不知那去了"，是因为贾宝玉的真性到金陵来找甄宝玉了，并不是没有真性。所以在前八十回曹雪芹的原稿里，甄贾宝玉还没有区分，基本上还是一人，这当然不是曹雪芹的完整的构思。现在先看后四十回的情节。后部一一五回，两个宝玉见面了交谈后，贾宝玉向宝钗说：

> "相貌倒还是一样的。只是言谈间看起来并不知道什么，不过也是个禄蠹。"宝钗道："你又编派人家了。怎么就见得也是个禄蠹呢？"宝玉道："他说了半天，并没个明心见性之谈，不过说些什么文章经济，又说什么为忠为孝，这样人可不是个禄蠹么！只可惜他也生了这样一个相貌。我想来，有了他，我竟要连我这个相貌都不要了。"

到这时，贾宝玉与甄宝玉开始分开了。贾宝玉依旧是原来反对仕途经济的贾宝玉，甄宝玉却热衷于仕途经济，于是两人的人生道路判然有别了。甄宝玉走仕途经济的人生道路，虽然是后四十回的续作，但我个人认为是符合曹雪芹原意的。曹雪芹就是要写出人的最初都是葆有童心的，后来受了当权者正统的教育，受了世俗社会的熏染，就失去了童心、真心，变成了"假人"了。李卓吾说：《六经》、《语》、《孟》，"道学之口实，假人之渊薮也"。甄宝玉就是受了熏染，走"仕途经济"的道路，入了国贼禄鬼之列。这样名义上的甄（真）宝玉，实质上已变成"假宝玉"，名义上的贾（假）宝玉，实质上却是"真宝玉"。这样才能切合联语"假作真时真亦假"的意思。再说在一部书里写两个一模一样的人物，也就更不可思议了。

第四层意思，我认为是指贾政。

贾政是一个从封建模子里刻出来的人物，他早已没有了真性情，用李卓吾的意思来说，就是被《四书》、《五经》熏染得完全失去了童心，同时也是被封建社会的官场习俗、社会恶习，污染得完全失去了童心，也即是失去了真心，所以经封建文化、封建教育、封建官场、封建社会培育出来的人，都是些假人。贾政在《红楼梦》里，看来好像是个正派人、正面人，但他却从根本上就是没有真性情的人，是个十足的假人，因此，他是"假正"。而这个贾政，他的本质就是假，因此"假"才是他的"真"，而他的"真"，也即是"假"。所以贾政是"假正"和"假真"两层意思的合体。所以揭去贾政外部的包装，才能认识他"假正"、"假真"的本体和实质。所以"假作真时真亦假"这句联语，更深一层的谜底是说贾政，是说贾政的的确确是"真即是假，假即是真"，对他来说，真假都是一回事，一个样！

第五层意思，是讽世的意思。雪芹针对当时社会弄虚作假的普遍风气：假名士、假道学、假诗人之类的骗子到处招摇撞骗。一如曹雪芹同时人吴敬梓《儒林外史》所写的那样，社会上真假不分，以假作真，对于这些惯于弄虚作假、以假乱真的人来说，他们可以把假的说成是真的，把真的说成是假的，把没有的说成有的，把有的说成是没有的，真是颠倒是非，混淆黑白，对于这种人来说，真是"假作真时真亦假，无为有处有还无"，所以曹雪芹用这两句话来概括他们的行径，给予他们以辛辣的讽刺。

2. 有与无

再说"无为有处有还无"这个问题。

这也有两层意思。一层是曹雪芹针对自己的家庭和亲戚李煦的家庭的。这两个封建贵族大家庭，在雍正上台后，先是李煦被抄家，李煦七十三岁的老人，被流放东北打牲乌拉，最后冻饿而死。李煦的家产被抄没，家人被标价发卖，整个一个封建贵族官僚大家庭，转眼间化为乌有。曹雪芹自己的家，雍正五年底到六年初，也遭到了同样彻底覆灭的命运。他们两家同样都从"有"转化为"无"。而有些官僚则因抄家有功或别的功劳，立刻加官晋爵。隋赫德因抄曹家有功，雍正就将曹家的"所有田产、房屋、人口等项"全部赏给隋赫德，隋赫德便成为"无还有"。一方面是倾家荡产，家破人亡，而另一方面是升官发财，飞黄腾达，这就是"无为有处有还无"的本意，这是一层意思，也是这句联语的主要所指。《红楼梦》第一回末的《好了歌》和甄士隐作的《好了歌解》，就是对这种"有还无"、"无为有"的作者自己家庭命运的感叹。还有一层意思是指当时普遍的社会现实。黄卬《锡金识小录》说："雍正间汇追旧欠，奉行不善，凡系旧家大抵皆破。"可见当时这种突然的升沉变化还是很多的，所以这个"有还无"和"无为有"也是指当时普遍的社会现实。因此，《红楼梦》里所描写的这个封建贵族官僚家庭的败落，具有特定历史时期的典型意义！

3. 虚与实

《红楼梦》里还有一个"太虚幻境"，究竟应该如何来认识它的意义？从写作的角度看，是为了虚构这样一个情节以预示书中人物的结果，对读者起提示作用，同时也达到吸引读者阅读本书的兴趣，这一点是比较容易理解的。但除此以外，从思想方面来说，我认为它暗示读者"虚中有实，实中有虚"。太虚幻境当然是虚的，它叫就叫幻境，当然不是实境。但这个幻境里预示的这些人物及其结果，却都是实的，并不是虚无的不存在的。所以是虚中有实。但是另一方面，这些眼前实有的人物，包括宁、荣二公的贾府，到头来一场浩劫，也都化为乌有，这又是实成为虚。所以我认为这个"太虚幻境"，从思想意义上来看，它是提醒读者，眼前现实存在的实的，它转眼就会成为不存在的虚的！

4. "梦"与"幻"

《红楼梦》第一回的回目，就是"甄士隐梦幻识通灵"。正文一开

头即说:

> 作者自云:因曾历过一番梦幻之后,故将真事隐去,而借
> "通灵"之说,撰此《石头记》一书也。故曰"甄士隐"云
> 云。

以下又说:

> 自欲将已往所赖天恩祖德、锦衣纨袴之时,饫甘餍肥之
> 日,背父兄教育之恩,负师友规训之德,以至今日一技无成、
> 半生潦倒之罪,编述一集,以告天下人。
> ……
> 此回中凡用"梦"用"幻"等字,是提醒阅者眼目,亦
> 是此书立意本旨。
> ……
> 那红尘中有却有些乐事,但不能永远依恃;况又有"美中
> 不足,好事多魔"八个字紧相连属,瞬息间则又乐极悲生,人
> 非物换,究竟是到头一梦,万境归空。
> ……
> 原来就是无材补天,幻形入世,蒙茫茫大士、渺渺真人携
> 入红尘,历尽离合悲欢,炎凉世态的一段故事。后面又有一首
> 偈云:
>> 无材可去补苍天,枉入红尘若许年。
>> 此系身前身后事,倩谁记去作奇传?
> 诗后便是此石坠落之乡,投胎之处,亲自经历的一段陈迹
> 故事。

论《红楼梦》的思想

……

其中大旨谈情，亦不过实录其事。

以上摘录的这些话，都在《红楼梦》第一回开卷第一页到第七页。《红楼梦》第一回共十九页，可见这些话都是集中在开头部分说的。仔细研读上面这些话，其主要意思有四点：一是说作者曾经历过一番梦幻；红尘中究竟是到头一梦，万境归空。这就是说，他所经历的现实生活（红尘），是万境归空的一场梦。二是说，他所记的事，是将真事隐去，借通灵玉的故事，撰此《石头记》一书。这就是说，作者将真事隐去了，通灵玉的故事是假借的，也即是编撰的。三是说作者把自己半生潦倒的身世，亲自经历的一段陈迹故事，编成了这部传奇故事。四是说他背叛了父兄的教育之恩（此点后文详谈）。

以上四点，是作者在上引这些文字里反复向读者交待的。说得虽然前后参差，忽隐忽现，但归纳起来，确是以上四点意思。作者在开头写的"满纸荒唐言，一把辛酸泪。都云作者痴，谁解其中味？"也是这个意思。"满纸荒唐言"，也就是"假语村言"；"一把辛酸泪"，也就是作者说的"乐极悲生，人非物换"，这就是他自身经历的"离合悲欢，炎凉世态"的种种事实。最后一句是怕人们看不懂他在这部书里所深藏的真意。

作者还特别提醒："此回中凡用'梦'用'幻'等字，是提醒阅者眼目，亦是此书立意本旨。"那末，作者究竟如何"提醒阅者眼目"的呢？却查无下文。但仔细阅读这开头的文字，就会恍然大悟。实际上，作者就是说，他过去的生活经历，等于是一场梦境。所以，他对过去的"锦衣纨袴之时，饫甘餍肥之日"的繁华生活（而现在已经完全失去了的东西）当作是"一番梦幻"，而现在写下来的虽然是"假语村言"，但都是真实的自身经过的"身前身后"事，是"亲自经历的一段陈迹故事"，是"实录其事"。这样，我们就明白了作者的真实用意。原来作者是用"梦"用"幻"等字来指过去经历过而现在已经失去了的豪华生活。而通灵故事，只是他的杜撰，是正面文章也是表面文章；在这些杜撰故事的背后，却隐藏着作者辛酸的亲身经历，这才是真实的历史，但这却是背面文章，作者虽时时有所透露，却无法把它写出来。

所以，初读《红楼梦》，觉得《红楼梦》里用"梦"用"幻"的地方很多，一开始就会令人摸不着头脑。实际上是作者处在他的特殊的时代，文字狱的恐怖一直笼罩着，不得不用这些隐隐约约，闪闪烁烁的文字，来躲过文字狱的灾难。事实上，《红楼梦》一开头，又是"梦"，又是"幻"，又是"茫茫大士"、"渺渺真人"，又是"空空道人"，又是"太虚幻境"，又是"警幻仙子"，确实令人有点眼花缭乱，如读神话一样，但实际上这些都是作者的苦心设计。而作者的真实用意，不过是说梦幻是指过去的事，通灵故事不过是假语村言，在这些假语村言里，却蕴藏着作者大苦大悲的辛酸历史，读者千万要体察作者的苦心和深心，不要辜负了作者的一片深意！

按"梦幻人生"，本是传统文学中常用的一个比喻。自从庄子在《齐物论》里提出梦蝶的故事以后，"人生如梦"的思想就不断地在文学史中出现，李白有"浮生若梦"的名句，杜甫也有"乍见翻疑梦"，"夜阑更秉烛，相对如梦寐"的诗句。宋赵令畤《侯鲭录》载："东坡老人在昌化（按：今海南岛儋州中和镇），尝负大瓢行歌田亩间，所歌者，盖《哨遍》也。馌妇年七十，云：'内翰昔日富贵，一场春梦！'坡然之。里人呼此媪为'春梦婆'。"再有如《枕中记》、《南柯太守传》等，也是富贵一梦，瞬息繁华的意思。所以，曹雪芹借用"梦"、"幻"等字，来说明"昔日富贵，一场春梦"，并最后定此书名为《红楼梦》，都是出于这一用意。他还特意点明用"梦"、"幻"等字，"是提醒阅者眼目，亦是此书立意本旨。"所谓"本旨"者，其实就是说，虽然是说"梦"说"幻"，其实是说人生也。作者在篇首就反反复复，三致意焉，可见他确是希望读者不要真的把此书当作"梦"来看，而要知道这"满纸荒唐言"里，都是作者的"一把辛酸泪"！

还有一点，《红楼梦》里所有虚设的虚无飘渺的人物，作者在名字上就加以标明了。如警幻仙姑、空空道人、茫茫大士、渺渺真人、绛珠仙子、神瑛侍者等，这些人的名字，都有虚幻、神、仙之类的字眼，标明这是虚设的人物，与小说中的真实人物有别。

初读《红楼梦》，容易被这些梦幻、虚无、神仙的名字和情节所迷惑，但当你发现了这些"秘密"以后，也就容易加以区别和把握了。

（四）论《红楼梦》的思想

1. 特定的时代

要了解《红楼梦》的思想，首先要了解《红楼梦》作者曹雪芹的时代。曹雪芹的时代，是 18 世纪初期到中期，康熙五十四年（1715 年，约）到乾隆二十七年（1763 年）除夕。这时的外部世界已是英国工业革命的高潮，而中国自身自明中后期发展起来的资本主义萌芽性质的新的经济因素，经过清顺、康、雍三朝的休养生息，政策的调整，到乾隆时期，已经取得了较大的发展，而且自明朝以来，西洋的传教士不断来华，他们不仅仅是传教，对中国来说，更重要的是沟通了外部世界，带来了西洋的科学和现代技术，这正是中国当时最需要的。所以我们必须认识到，当时的中国，并不是封闭的完全与世界隔绝的，西洋的科学技术能传进来，西洋的工业革命的信息当然也能传进来。而且，中国自身的资本主义萌芽的经济因素已经有了较前更多的发展，已经出现了一批较大的商业城市，纺织业、陶瓷业、矿业、盐业、茶业、木材业、交通运输业也有了相应的发展，全国的商业网络也逐渐形成，特别是在以上的经济基础上，城市居民、商民快速地增长。以上这一切，都会影响到社会的意识形态，尽管正统的思想仍占绝对的统治地位，但反正统和非正统的思潮，非但禁而不绝，却愈见扩大。以上这些情况说明，曹雪芹的时代，中国的封建社会，由于长时期以来资本主义萌芽性质的经济因素的增长发展，当时的社会，已经在缓慢地开始转型，再也不是中世纪式的单纯的固封的封建社会了。以上这些新的历史情况说明，中国古老的封建社会，它已经进入了较以前不同的一个具有新的历史特点的时期了。

以上这种时代的特色，我认为是我们考察《红楼梦》思想必须充分认识的一个前提。

2. 新的思想

前面已经分析到，《红楼梦》理想世界的四个方面的内涵，这就是，一、以反封建正统为前提的贾宝玉所走的自由人生的道路。这是一条历史上从未有过的崭新的人生道路，它具有特殊的历史意义。二、贾宝玉、林黛玉共同以无限忠贞纯洁的爱情和宝贵的生命为代价来追求、争取的恋爱自由，婚姻自主的权利，这是亘古未有的一种充满着反封建的斗争精神的全新观念，这是人类自我完善的最为重大而艰难的一步，但也是伟大的一步。三、是贾宝玉"女儿是水作的骨肉，男子是泥作的骨肉"这种重女轻男的强烈的呼声，这是男女平等的矫枉过正的呼声，这对几千年来的男权社会是一次最强级的地震，但它却是人类发展的前景，是必然要到达的前景。四、是贾宝玉所提出来的人际关系的无等级的、平等的、仁爱的、真诚无私的原则。

从以上四个方面来看《红楼梦》的思想，它决不可能是属于封建的民主思想，而只能是属于资本主义萌芽性质的经济因素的意识形态。因为最明显的是，上述四个方面的思想对封建社会、封建秩序不仅是不利而且完全是破坏性的，而对于资本主义萌芽性质的经济因素，则完全是有利的。由于《红楼梦》的思想是属于资本主义萌芽性质的新的民主思想，因此《红楼梦》是一部具有鲜明的历史进步性的伟大古典名著。在曹雪芹的时代，曹雪芹是属于反传统思潮的、反程朱理学的进步思想家行列里的重要一员，他是文学上的一个世界巨人。

3. 新的冲突

第三十三回贾宝玉挨打，是封建正统思想与反封建正统思想的一次激烈的思想冲突，这一情节，是作者为了点明本书的思想而特意安排的，不是单纯地为了故事热闹或为冲突而冲突。贾政下死劲的要把宝玉打死，其原因是为了杜绝贾宝玉将来闹到"弑君杀父"的地步，这就点明了冲突的思想性质。所以，三十三回是画龙点睛的一回，如果光有前面所举的《红楼梦》理想世界的四个方面的思想内涵，而没有三十三回这一特殊情节，那末，《红楼梦》的思想性质虽然仍然探索得到，但就不会有现在这样鲜明、明朗。所以《红楼梦》的三十三回，在全书中具有特殊重要的作用。

4. 新的形象

因为《红楼梦》的思想是全新的，不属于封建思想体系的，相反，却是它的叛逆。在表达这样一种全新的思想的时候，应该采取什么形式，也即是赋予这一思想以什么形象，这是摆在曹雪芹面前的最大的一个难题。很明显，原有的张君瑞的形象和柳梦梅的形象都不能适用。读者请试想一想，能让张君瑞来说"女儿是水作的骨肉"或者"男子都是须眉浊物"这样的话吗？一想到这里，就会令人啼笑皆非。因为张君瑞这样的形象的思想内涵，它倒确是属于封建的民主思想的范畴的，所以他纵然在一定条件、一定范围内冲破了封建礼防，取得了一定的自由，但当他的目的达到之时，也就是他的自由思想熄灭之时，崔莺莺也是一样，因为他们的目的仅止于此。而贾宝玉却只认"木石前盟"，其他一概不管。特别是贾宝玉的思想容量，张君瑞是无法作比的，贾宝玉的思想已经是近现代的思想，而张君瑞完全是封建暗夜的历史时期的思想。所以贾宝玉这样的形象，在传统的形象里是找不到答案的，只能赋予他全新的形象，而曹雪芹也确是创造了一个全新的贾宝玉的形象。这个形象亦大亦小，不大不小；这个形象，聪明绝顶亦憨顽绝顶；这个形象，"似谲而正，似则而淫"；这个形象"非庄非谐，亦庄亦谐"。总之，这是亘古未有之形象，亦是空前绝后之形象，这个形象，只能用来作为贾宝玉思想的载体，别人一丝一毫也沾不上。所以这是文学史上唯一的独特的全新的形象，它之所以新，完全是因为它的思想新，而不是离开了思想而单从形象上故作新奇。

5. 新的评论

因为贾宝玉、林黛玉的形象是全新的，以往从未有过的，所以也就带来了对这两个形象的全新的评论，这是新的艺术在推动和促进人们新的理论认识。庚辰本第十九回脂砚斋对贾宝玉、林黛玉有两段评，其一云：

> 按此书中写一宝玉，其宝玉之为人是我辈于书中见而知有此人，实未目曾亲睹者。又写宝玉之发言，每每令人不解。宝玉之生性，件件令人可笑，不独于世上亲见这样的人不曾，即阅今古所有之小说奇传中，亦未见这样的文字，于颦儿处更为甚，其囵囵不解之中实可解，可解之中，又说不出理路。合目思之，却如真见一宝玉，真闻此言者，移之第二人万不可，亦

不成文字矣。予阅《石头记》中至奇至妙之文，令（全）在宝玉、颦儿至痴至呆囫囵不解之语中。其诗词雅谜酒令奇衣奇食奇玩等类，固他书中未能，然在此书中评之，犹为二着。①

其二云（批在"没的我们这种浊物倒生在这里"句下）：

这皆宝玉意中心中确实之念，非前勉强之词。所以谓今古未（有）之一人耳。听其囫囵不解之言，察其幽微感触之心，审其痴妄委婉之意，皆今古未见之人。亦是未见之文字。说不得贤，说不得愚，说不得不肖，说不得善，说不得恶，说不得正大光明，说不得混账恶赖，说不得聪明才俊，说不得庸俗平（平），说不得好色好淫，说不得情痴情种。恰恰只有一颦儿可对，令他人徒加评论，总未摸着他二人是何等脱胎，何等骨肉。余阅此书，亦爱其文字耳，实亦不能评出此二人终是何等人物。后观情榜曰："宝玉情不情，黛玉情情。"此二评自在评痴之上。亦属囫囵不解，妙甚。②

请看脂砚斋这两段评，写得何等有鉴赏力，两篇评合起来，实际上是一篇最早的典型论，至少是包含了鲜明的典型论思想的。可是曹雪芹和脂砚斋的时代，早出马克思、恩格斯一个来世纪。这难道不能说是文艺评论上的一大创新吗？

合以上新的时代、新的思想、新的冲突、新的形象、新的评论诸端来看，说《红楼梦》的思想是反映资本主义萌芽性质的经济因素的新的

---

① 《脂砚斋重评石头记》（庚辰本），第406页，1975年人民文学出版社出版。
② 《脂砚斋重评石头记》（庚辰本），第417页，1975年人民文学出版社出版。

民主思想，它是与纯封建时代的文艺截然有别的一种具有鲜明的新思想的文艺，理由难道还不够充分吗？

（五）作者的立场

《红楼梦》第一回开头的"作者自云"里，有这样两句话："背父兄教育之恩，负师友规谈之德。"这是非常值得注意的两句话。曹雪芹的师友究竟是指哪些人？目前还无法弄清楚，"友"还可以找出几个，"师"就实在无从说起了。但是曹雪芹的祖父一辈和父亲一辈都还是很清楚的。祖父是曹寅，叔祖父是曹宣。如果雪芹是曹𫖯的儿子的话，那曹宣就是亲祖父，曹寅就是继祖父，但现在还很难论定，所以暂定曹寅为祖父，曹宣为叔祖父。新发现的《曹玺传》说：

> 寅，字子清，号荔轩。七岁能辨四声，长，偕弟子猷讲性命之学……
>
> ……
>
> 𫖯字昂友，好古嗜学，绍闻衣德，识者以为曹氏世有其人云。
>
> ——康熙六十年刊《上元县志·曹玺传》

子猷，是曹寅的弟弟曹宣（荃）。"性命之学"是指程朱理学。这就是说，曹寅和曹宣都讲究程朱理学。而曹𫖯呢？依传中所说（见引文），也应是继承曹寅、曹宣的家学的。特别是在曹寅《楝亭诗别集》卷四里的这首诗：

> 辛卯三月二十六日闻珍儿殇，书此忍恸，兼示四侄寄西轩

论《红楼梦》的思想

诸友三首其二

> 予仲多遗息，成材在四三。承家望犹子，努力作奇男。经
> 义谈何易，程朱理必探。殷勤慰衰朽，素发满朝簪。

曹寅这首诗说得非常明白，希望自己的子侄辈（曹頫是四侄，过继给曹寅）能够认真学习、继承程朱理学，以慰他的衰朽之年。

前面已经说过，康乾之世，是程朱理学作为正统学术思想风行的时代，曹寅他们信奉程朱理学是必然的。信奉程朱理学，也等于信奉忠顺于康熙皇帝。可是到了曹雪芹，却完全不是那么回事了。曹雪芹在《红楼梦》里，通过贾宝玉却大反程朱理学，说程朱理学是杜撰，甚至把四书以外的书都烧了。这不言而喻，把程朱理学的书也都烧了。不仅如此，《红楼梦》的思想主旨之一，就是反程朱理学，这对于当时的正统思想来说，是大胆的叛逆，而对于他的父祖来说，也是不折不扣的背叛。曹寅本来希望他的子侄能继承他的家学——程朱理学来慰他的衰朽残年的，哪想到竟出来一个孙子，大反他的家学传统，幸而曹寅早已不在世上，否则不知将何以堪！

由此，再来读一读上引的"背父兄教育之恩，负师友规谈之德"这两句话，不能不让人相信，曹雪芹完全是讲的真话、实话，他确是背叛了父祖辈的家学传统。也由此可以确知，曹雪芹的反封建正统思想、反程朱理学、反"仕途经济"，包括反自己家庭的思想传统等等，都是一种自觉的清醒的行为，不是主观动机以外的客观效果。

因此，我们可以说，曹雪芹的立场，是自觉的反封建正统思想、反封建政治道路、反封建礼法等等，总之，是反封建社会的一切现存秩序，向往着他理想中的自由人生之路！

这就是曹雪芹的立场！

余　论

这篇文章，断断续续写了两年多一点时间，主要是经常被临时的事打断，后来又患病住院，就被迫只好完全停下来了。之后，又去赶写别的文章了，所以思路经常被打乱，文章前后也偶有重复。但考虑到文章篇幅长，有些内容的复述也是必要的，否则全要翻看前面，反倒增加麻烦，所以就没有再作删削。

写完这篇文章后的感觉，是觉得最好能抛开一切其他的事，让我专门读几年书，这样也许可以深入一些，否则总觉得有点草草。我深感《红楼梦》研究是一门大学问，研究者的知识越多越好。可惜我已心有余而力不足，我不可能再得到从头学起的机会了，看着前辈学人和并辈的俊彦，真感到自己深深的不足。何况当代新的学问层出不穷，古代的简牍不断出土，敦煌的大批文献从海外归来，可以从头细读，西部大开发声中流沙遗址遗物不断出现，真有满眼是宝、目不暇给之感。我对《红楼梦》作了家世、抄本、思想三方面的初步研究，都是粗浅的尝试而已。

我们有幸能从"文革"过来，又逢这样的大好时代，可做的学问实在太多了，我希望天假余年，让我再边学边干，再多获一点知识。清代的戴震认为，读书人做学问，寻求客观真理就是目的，更没有其他的目的。他还主张要"解蔽"，不以古人蔽我，不以我蔽后人，更不能自蔽，这是何等的胸怀啊！面对着先哲，岂敢稍有自蔽，岂敢不更加奋勉哉！

2002 年元月 2 日夜 12 时于京东且住草堂

千古文章未尽才

——为纪念曹雪芹逝世 220 周年而作

　　伟大的天才作家曹雪芹离开人间已经 220 周年了。[①] 在这两个多的世纪中，他的名字从不为世人所知，到渐为世人所知，到举世皆知其名，皆读其书，这是一个多么艰难和曲折的过程啊！杜甫说："千秋万岁名，寂寞身后事。"这两句诗，仿佛是预为曹雪芹写的。然而，实际上翻开中国的历史，有几个伟大的作家能摆脱这个命运的规律呢？

　　曹雪芹是天才的作家，但不是天上掉下来的作家。曹雪芹这样天才作家的出现，是有它深刻的社会历史原因的。

---

　　① 曹雪芹的卒年主要有三种说法：一、壬午除夕。乾隆二十七年，公元 1763 年 2 月 12 日。二、癸未除夕。乾隆二十八年，公元 1764 年 2 月 1 日。三、甲申春。乾隆二十九年，公元 1764 年春。（1983 年 8 月原注）

　　按：1992 年夏天，张家湾重新公布了"文革"（1968 年）中出土的"曹雪芹墓石"，上有"壬午"的纪年。经专家鉴定，认为墓石是可靠的。关于雪芹的卒年，原有甲戌本脂评"壬午除夕，芹为泪尽而逝"的批语，还有夕葵书屋本与上述相同的批语，现在又得到墓石上"壬午"的纪年，一事而得三证，因此雪芹卒年已可定为"壬午除夕"即乾隆二十七年，公元 1763 年 2 月 12 日。

天才的诞生

曹雪芹经历了康、雍、乾三个时代，他的家庭的历史，则更经历了从明末到清初顺、康、雍、乾整整一个大变革时代。

清朝是在明代的极端腐朽的社会基础上建立起来的。清皇朝的建立，固然荡涤了明皇朝的一些污垢，但是这一场变革，是让当时的人民付出了惨重的代价的，而且清皇朝在确立以后，还差不多经历了整整40年的时间，战争才基本上结束，社会才趋于稳定。

清政权的建立和稳定，不过是改朝换代，社会的性质没有任何改变，依旧是封建的生产关系。封建社会的基本矛盾，农民和地主阶级的矛盾不仅依然存在，而且日益尖锐，日趋激化。尽管这样，封建地主阶级并没有放慢他们掠夺兼并土地的步伐，因此劳动人民只能呻吟于地主的残酷剥削之下，直到最后走向反抗。

不过，进入了一个新的历史时期的清皇朝，毕竟有它不同于以往的历史特点。这就是从明中叶发展起来的萌芽状态的资本主义生产关系继续有所发展，市民阶层有所扩展，市民运动日益高涨。马克思、恩格斯在《共产党宣言》里曾经说过："从这个市民等级中发展出最初的资产阶级分子。"他们还说："资本主义的经济结构是从封建社会的经济结构中产生的，后者的解体使前者的要素得到解放。"① 市民阶层的形成和壮大，市民运动的不断发生和发展，无异是封建社会固有的矛盾之外，又增添了一对具有崭新意义的矛盾，这是封建社会内部的一种具有新的历史意义的变化。它表明封建制度已经到了末期，已经面临着"解体"的历史命运。必将取代它的一种新的生产关系（资本主义生产关系）虽

① 《马克思恩格斯全集》第23卷，第296页。

然还在萌芽状态，它的力量还很微弱，但毕竟已经出现在地平线上，它预示着与这种新的生产关系相适应的一种新的社会制度，必将取代封建制度。"忽喇喇似大厦倾，昏惨惨似灯将尽"，这两句曲文就像是曹雪芹为封建制度的历史命运所作的伟大的"预言"。

已经建立并巩固起来的清朝统治阶级的政权，实际上它内部的矛盾和斗争，却始终没有停止过，有时还异常地尖锐激烈。斗争集中在皇权的继承问题上。这种斗争，在崇德八年（1643年）皇太极暴死顺治继位时，在顺治初年摄政王多尔衮辅政时，在康熙初年玄烨清除辅政大臣鳌拜时，在康熙废立太子的问题上，在康熙末年雍正继位时，都格外激烈。曹家的败落，与康、雍时期的政权争夺的斗争，是有着密切关系的。而曹家的败落，却直接决定着伟大作家曹雪芹的命运，决定着《红楼梦》这部书的诞生。

清初的统治者，为了巩固他们所建立起来的政权，曾大力提倡儒家思想以及程朱理学。康熙自己对《四书》不仅"日日读书"，而且还"字字成诵"，他推崇朱熹是儒家"集大成而继千百年绝传之学，开愚蒙而立亿万世一定之规"的人物。乾隆上台以后曾九次到曲阜去"朝圣"，鼓吹孔子"日月经天，江河行地，五百年闻知之统，独衍心传，七十子悦服之诚，长垂师表"。在封建统治者的大力提倡下，出现了一批理学名儒和名臣，如张履祥、陆世仪、陆陇其、李光地、魏象枢、魏裔介、熊赐履、张伯行、朱用纯（即《治家格言》的作者朱柏庐）等等，都是康熙时代的理学名家。张履祥曾说："三代以上，折衷于孔孟，三代以下，折衷于程朱。"又说："朱子于天下古今事理无不精究而详说之，三代以下，群言淆乱，折衷于朱子而可矣。"（《备忘录》卷一）陆陇其则说："吾辈今日学问，只是遵朱子，朱子之意即圣人之意，非朱子之意，即非圣人之意。"（《松阳讲义》卷一）熊赐履也说："孔子集列圣之大成，朱子集诸儒之大成，此古今之通论，非一人之私言也。"又说：

"夫朱子之道，乃尧、舜、禹、汤、文、武、周、孔、颜、曾、思、孟、周、程之道也。"（《学统》卷九）他攻击王学（阳明）说："邪焰之炽，烈于猛火，蔓延流毒，猝难灭熄，百余年来，瞿昙陋习，中人心髓，东鲁之书，悉化而为西竺之典，名为孔氏六经，实则禅家六籍矣。"（同上）从这些言论中，我们可以感到当时孔孟之道和程朱理学的势力多么大！这一情况实际上也并不难于理解，因为站在这些人后面的，就是当时的最高统治阶级，他们的"占统治地位的精神力量"，不过是当时"占统治地位的物质力量"的表现而已。①

然而从明代后期发展起来的反理学的斗争，到了清代康、雍、乾时期，非但没有停止，相反却愈见炽烈，当着作为官方哲学的程朱理学在大肆泛滥的时候，却涌现出了一批具有初步民主主义思想和激烈反对程朱理学的思想家，其中较为著名的有黄宗羲（1610—1695）、顾炎武（1613—1682）、王夫之（1619—1692）、唐甄（1630—1704）、戴震（1723—1777）等人。他们尖锐反对封建皇权，指斥封建皇帝，说"天下之人怨恶其君，视之如寇仇，名之为独夫"，说封建皇帝"敲剥天下之骨髓，离散天下之子女，以奉我一人之淫乐"，揭露封建君主的专制制度是"天下之大害"（黄宗羲）。"自秦以来，凡为帝王者皆贼也"（唐甄）。他们批判理学家提出的"去欲存理"的反动说教，指出了"欲即天之理"（王夫之）。他们揭露理学的本质是在"以理杀人"（戴震）。揭露当时的社会现实已经是"四海之内，日益困穷，农空、工空、市空、仕空。……是四空也"。老百姓都卖男鬻女，"无生之乐"（唐甄）。总之，他们从各个不同的角度，对封建皇权、程朱理学、科举制度、民生问题、妇女问题、土地问题等等，都提出了尖锐的批判，他们

---

① 《德意志意识形态》，《马克思恩格斯选集》第一卷。

明确地提出了"工商皆本"（黄宗羲）的主张。① 很明显，这些进步思想家提出的这许多问题，都带有鲜明的时代的特点，实质上这些思想，正是当时资本主义萌芽的生产关系在不同程度上的反映，是当时新兴起来的市民阶层的愿望要求在意识形态领域里的表现。从思想的传统来说，上述这些人的思想，在不同程度上大都是受到了明代后期王学左派反理学的勇士——李卓吾的影响，是这一斗争在新的条件下的继续。②

　　清代统治者为了镇压民族反抗，强化思想统治，除了正面提倡孔孟之道和程朱理学外，还大搞文字狱，用血腥镇压的恐怖手段以钳制知识分子和广大人民的反抗意识，所以在顺、康、雍、乾四朝，迭兴大狱。顺治十四年（1657年）有科场案，因考试舞弊兴起大狱，顺天、江南等地的主考和分房考官被杀被流者甚多。康熙二年（1663年）又有庄廷钺的"明史案"，此狱共死七十余人。康熙五十年（1711年），又有戴名世的"南山集案"，此案被杀者百余人，流徙者数百人。雍正三年（1725年）有汪景祺案，汪因著《读书堂西征随笔》，中有"讥讪圣祖仁皇帝（康熙），大逆不道"，立处斩。雍正四年（1726年）有查嗣庭案，查因出试题"维民所止"被指为"维、止"乃"雍正"二字去头，嗣庭瘐死后仍被戮尸，亲属或杀或流。雍正七年（1729年）又有曾静案，曾静用吕留良遗著，著《知新录》一书，发表反清思想，揭露雍正夺位的阴谋，并遣人劝说川陕总督岳钟琪反清，为岳告发，遂兴大狱。雍正亲自传旨审问，吕留良被戮尸，其子毅中被杀，子孙发宁古塔为奴。曾静、张熙（即说岳钟琪者）被释用以宣传清廷旨意。雍正并编撰《大义觉迷录》一书颁发全国，以图消除曾静、吕留良反清思想的影响。

---

　　① 见黄宗羲《明夷待访录·财计三》原文是："世儒不察，以工商为末，妄议抑之，夫工固圣王之所欲来，商又使其愿出于途者，盖皆本也。"
　　② 以上这些思想家，都各有自己的特点，他们的思想也并非都一致，其中王夫之对李卓吾还有尖锐的批判。这里是就其反传统的理学而说的。

但到乾隆时，又收回《大义觉迷录》，杀曾静、张熙。此外，还有同年的谢济世案、陆生楠案，雍正八年（1730 年）的徐骏诗案。到了乾隆时期，则有杭世骏案（乾隆八年）、胡中藻案（乾隆二十年）。①撤毁钱谦益诗文集（乾隆三十四年）、新昌举人王锡侯因撰《字贯》未避康熙、雍正的讳论斩等案（乾隆四十二年）。后两案虽在雪芹身后，但也足见所谓"乾隆盛世"文网之酷烈。

清代统治者在推行这种恐怖屠杀政策以镇压知识分子的同时，又开"博学鸿词科"，专门笼络当时有影响的明遗民和著名的学者文人，以达到巩固政权和强化思想统治的目的。

伟大作家曹雪芹就是诞生和生活在这样一个大的历史时代里的，②也可以说，曹雪芹就是由这样的一个特定的历史时代所孕育成长的，因此他的生活、思想和创作，不可能不受这个时代环境的影响，或者是讴歌赞颂这个时代，或者是对这个黑暗王国进行无情的揭露和批判，但不论采取哪一种立场，总归离不开这个时代的影响，总归只能是这个时代的产物。这就是我们在研究天才作家曹雪芹诞生的社会条件时所不可逾越的一个基本立足点，因为曹雪芹只能是他们自己的时代的宠儿，他不可能属于任何别的时代。③

当然，这样一位天才作家的成长，更离不开他自己家庭的哺育。曹

---

①　谢济世注《大学》，雍正认为谢是用《大学》内见贤而不能举两节指斥人君用人之道，以泄其怨望诽谤之私，令其终身服苦役。陆生楠著《通鉴论》，雍正斥其借古讽今，以泄其对朝廷不满，时陆已革职遣戍，即交军前正法。徐骏以其诗集中有"清风不识字，何故乱翻书"等句，其所出试题又有"乾三爻不象龙说"。乾隆认为这是攻击他不配当皇帝，诗句是攻击清朝，被弃市。杭世骏因时务策论中有"意见不可先设，轸域大可太分，满洲才贤虽多，较之汉人，仅十之三四……何内满而外汉也"等激切之言被革职。

②　曹雪芹的生年和卒年都很难确定，生年我倾向于认为生于康熙五十四年乙未（1715 年），卒年我赞成壬午说，即乾隆二十七壬午（1763 年）除夕，活了虚龄48岁。

③　这里叙述的是一个大的历史时期，因为曹雪芹总是不可避免地要受这个大的历史环境的影响。

雪芹的家史，很值得研究者们注意的，我认为孕育曹雪芹的，不仅仅是曹雪芹时代的曹家，而且还有曹雪芹出生前的曹家的历史。研究曹雪芹而讳言曹家的家世，好像曹家的家世对曹雪芹没有产生过影响，好像曹雪芹真是天上掉下来的一块石头，好像《红楼梦》纯粹是曹雪芹的头脑里的产物，不需要社会生活作为他的创作素材的，因此与他家庭（包括家庭的历史）和他个人的经历无关。其实，这种忌讳是不必要的，对于研究曹雪芹和《红楼梦》是没有什么好处的。

曹雪芹的家史确实是很"复杂"的。据近年来的研究，曹家的祖籍是辽阳，[①] 曹家在明末原是明朝驻守辽阳的下级军官，始祖曹世选曾任沈阳卫的某种官职，高祖曹振彦大约在天命六年（1621 年，明天启元年）归附后金，在佟养性属下任"教官"，以后又改隶多尔衮属下，任"旗鼓牛录章京"（佐领），他的身份是包衣。崇祯十七年（1644 年）又随多尔衮在山海关参加对农民军李自成的决战，随即随多尔衮入关进京。曹振彦在清代开国的战争中是立过战功的。进关以后还曾参加过平定山西姜瓖的叛乱，旋即任山西吉州知州，过了二年又升任阳和府知府，[②] 这以后大概就改任文职官了。曹振彦的儿子即曹雪芹的曾祖曹玺，曾任宫廷侍卫，平姜瓖之乱时，曹玺也曾到山西参加战斗。曹玺的妻子即曹寅的母亲孙氏，在康熙幼年曾被选为康熙的乳母，因此进一步加深了曹家与宫廷的关系。曹寅幼年曾任康熙的伴读，青年时期，又任宫廷侍卫。康熙即位以后，曹玺即出任江宁织造。康熙二十三年曹玺死后，又简拔曹寅继任织造之职。[③] 曹家一门先后继任江宁织造竟达 60 多年，

① 请参阅拙著《曹雪芹家世新考》（增订本），文化艺术出版社出版。
② 请参阅张书才同志《曹振彦档案史料的新发现》及中国第一历史档案馆《新发现的一件曹振彦的奏本》，均见 1980 年《红楼梦学刊》第 3 辑。
③ 请参阅拙文《曹雪芹家世史料的新发现》，见拙著《梦边集》，陕西人民出版社出版。

从曹玺到曹寅这两代，大大提高了曹家在当时政权中的实际的政治地位，成为康熙的亲信。特别是在曹寅的时代，凭借着他家与康熙的特殊关系，也凭借着他的才干和文采，得到了康熙的特殊信任。曹寅本身是一个颇有修养的文人，他的诗、词、文章、戏曲、书法都有较高的水平。由于这个原因，他得以与江南的许多著名文人（其中包括着一部分明朝的遗民）亲密往来，因此在曹寅的周围聚集着一批颇有声望的诗人、画家、学者。曹家的这个相当规模的文学家庭是在曹寅手里建立并完成的，曹寅亲手缔造的这个文学家庭和官僚家庭，客观上对后来曹雪芹的文学才华的培养起着一定的作用。我们看一看现在还保存在北京图书馆的曹寅藏书书目的原件，就可以知道他藏书范围之广和收藏之精（这个书目还只是他的藏书的一部分），尤其是他主持刊刻的书籍，由于校雠的精审，刻工的优美，款式的疏落大方，世称为"康板"，可见其为士林珍视的程度。从曹寅的藏书来看曹雪芹知识学问之宏博，虽然我们不能说曹雪芹的知识和文才是从曹寅的藏书中培养出来的，但至少不能排除这个家庭对他的某种程度的积极作用，只可惜曹家败落以前，曹雪芹的年纪太小。

由于曹寅阔绰的日用排场和应酬挥霍，其中尤其是康熙的南巡，大大加重了曹寅的亏空，使得这个封建官僚大家庭日日如坐在冰山之上，一种无可挽救的没落心理一直笼罩在曹寅全家的心头，曹寅常爱讲的"树倒猢狲散"这句禅语，就是这个封建官僚大家庭必然没落的预感，是他们的一种心理反应。曹寅临终时无可奈何地"哀鸣"，给人以十分深刻的印象，① 它预示着大家庭已接近"家业凋零"、"金银散尽"，"终有个家亡人散各奔腾"了。终于在雍正五年十二月到雍正六年正月，曹

---

① 见《关于江宁织造曹家档案史料》（中华书局出版）第99页《苏州织造李煦奏请代管盐差一年以盐余偿曹寅亏欠折》。"哀鸣"二字，是李煦奏折里的原话。

颁被先后奉旨革职查抄了。① 抄家的原因，据最近发现的档案说是由于驿站骚扰案，② 是否还有其它的隐蔽的原因，不得而知。抄家以后仅知道曹颁是被枷号，其"京城家产人口及江省家产人口，俱奉旨赏给隋赫德。后因隋赫德见曹寅之妻孀妇无力，不能度日，将赏伊之家产人口内，于京城崇文门外蒜市口地方房十七间半、家仆三对，给与曹寅之妻孀妇度命"③。至于其他人等下落如何，杳无消息。④ 但其情景总不能不是悲惨的结局，否则为什么一无他们的踪迹？如果看一看曹家的亲戚，康熙要求曹（寅）、李（煦）、孙（文成）三家视同一体的李煦，抄家后本人以73岁的暮年，被发遣到打牲乌拉，后来饥冻疲惫而死。其他家中人口，交崇文门标价发卖，此情此景，其惨可知。曹家其他人口是否也是如此，史无明文，不得而知，但于此也可仿佛一二。特别是曹家那些妇女，尤其是那些少女，不知是何结局，更无从模拟。但是曹雪芹一而再、再而三地念念不忘"当日所有之女子"，恐怕也不是无因的。

在我看来，曹家的飞黄腾达，宾客盈门，牙签玉轴，烟海缥缈，固然是对曹雪芹的培养，而曹家的大树飘零，沦为贫民，流于市井，从另一个角度来看，这也是一种"培养"。《孟子》说："天将降大任于斯人也，必先苦其心志，劳其筋骨，饿其体肤，空乏其身，行拂乱其所为，所以动心忍性，增益其所不能。"⑤ 这是孟子的人才观，在他看来，吃点苦头，甚至吃点大苦头，也是人才成长的重要因素。我认为这个观点

---

① 见《关于江宁织造曹家档案史料》。
② 《新发现的有关曹雪芹家世的档案》，中国第一历史档案馆。见《历史档案》1983年第1期。
③ 见《刑部为知照曹颁获罪抄没缘由业经转行事致内务府移会》（雍正七年七月二十九日），《历史档案》1983年第1期。
④ 请参阅张书才同志的《新发现的曹颁获罪档案史料考析》一文，见《历史档案》1983年第2期。
⑤ 《孟子·告子下》。

是从历史的实践中总结出来的，在旧社会虽不能说人才培养惟此一途，但它却无疑是极为重要的一个方面。因此，曹雪芹这个天才的成长，在某种意义上来说，又是这个特殊的家庭促成的。所以，我们说，这个震古烁今的天才不仅是属于他的时代的，还应该是属于他的家庭的。当然，从思想来说，曹雪芹是这个家庭的叛逆，而不是这个封建官僚家庭的继承人，这一点应该是不言而喻的。

然而，以上这些，还不是曹雪芹这个天才出现的全部社会原因，否则在那样的一个时代里和那样的一个家庭里，曹家抄家时还有"家人大小男女一百十四口"①，为什么只出现一个曹雪芹而没有涌现出一批曹雪芹？

由此可知这个天才的成长，还有一个十分重要的方面，这就是他个人的禀赋和个人的勤奋，可惜关于曹雪芹的传记资料留下来的太少了，以至于我们竟然无从具体了解。但是一部《红楼梦》不正是了解曹雪芹的最好依据么？

曹雪芹是死于乾隆二十七年壬午（1763 年）除夕的，如果曹雪芹是活了四十八岁（虚岁，因旧时都以虚岁计算），那么，他应该生于康熙五十四年乙未（1715 年）。今传有最早纪年的《石头记》抄本是"甲戌本"②，上写"至脂砚斋甲戌抄阅再评，仍用《石头记》"。"甲戌"是乾隆十九年（1754 年），雪芹此时为虚岁 40 岁。按《石头记》第一回说："后因曹雪芹于悼红轩中披阅十载，增删五次，纂成目录，分出章回。"则这个"披阅十载"的时间，当然应该从乾隆十九年再上溯十

---

① 见《江宁织造隋赫德奏细查曹頫房地产及家人情形折》，载《关于江宁织造曹家档案史料》187 页，中华书局 1975 年版。

② 甲戌是乾隆十九年。这个纪年是原本上的纪年，现传的甲戌本已是过录本，不是乾隆十九年的原抄本。这个过录本原由胡适收藏，现存美国，这个本子笔者曾仔细验看过，虽不是乾隆十九年的原本，但确是一个珍贵的乾隆抄本。

年，即乾隆九年，那时曹雪芹虚岁为三十岁。大体说来，曹雪芹开始写作《石头记》的时间，可能在乾隆九年即曹雪芹三十岁以前，即从二十五六岁到二十七八岁之间，曹雪芹以这样的青年时期（按孔夫子的说法也还没有到"而立"之年）就开始写此巨著，到40岁前已经完成了八十回，① 这充分说明了他的思想的先进敏锐，他的学识的渊博而又多才多艺，他的知识的广泛和精深以及他惊人勤奋的写作毅力，说明了曹雪芹这个天才确实是出于勤奋。有的同志惋惜曹雪芹没有得到先进思想和理论的指引，我以为这是一种误解。实际上曹雪芹正是站在当时的先进思想家的行列里的。从《红楼梦》里所表达的一系列反封建的具有初期民主主义的思想来看，难道还能怀疑曹雪芹思想的先进性吗？曹雪芹是在吸收了传统先进思想和传统文化的精神的基础上，才自我造就成为天才式的人物的。实际上曹雪芹的天才，是在个人的勤奋学习和社会给予他的重重苦难中磨炼出来的。不能忘记当他家庭败落的时候，他还只有十三岁（如按生于雍正二年说，则抄家时他还只有虚龄四岁），他在十三岁以前，曾度过"繁华"的岁月，但十三岁以后，他就沉沦在生活的苦海中了，社会或者说"天道"对于他，好像分外的苛刻，不让他多一点"称心"的"岁月"（曹寅有"称心岁月荒唐过"的诗句）。所以这样一位天才的成长，就他个人方面来说，主要是他自我奋斗成功的。完整地来说，是时代、家庭和个人三方面的条件的统一，才促使这样一位天才的成长。

这样一位天才的陨落，确实是值得人们惋惜的。但是，惋惜什么呢？毫无疑问，令人千载以还永远惋惜的是他的书没有写完，是他的才华没有用尽，而不是惋惜他没有得到先进思想和理论的指引。乾隆二十

---

① 按今传的"甲戌本"只有十六回，胡适因而说乾隆十九年的时候，曹雪芹只写了此十六回，而且是跳着写的。胡适的这个说法是完全不能成立的，已经有不少同志加以驳正，这里不再重复。

七年除夕曹雪芹的突然逝世，就像太空中一颗巨星的陨落，人们这才感到大地失去了光明，自己失去了知音。他实在凋谢得太早了，连五十岁都还没有到，真正是"千古文章未尽才"！

《红楼梦》的思想性质

曹雪芹遗留给我们的，是一部未完成的不朽巨著。是一首封建制度和封建贵族世家的丧歌。是一幅交织着人生的痛苦和欢乐，忧愁和哀伤，繁华和零落，正直和邪恶，爱情和淫欲，以及权势者的专横和卑贱者的呻吟的现世相。是一曲青春、爱情和理想的颂歌。

曹雪芹以他的如椽之笔，为末世的封建社会描绘了一幅精确而生动的图画。曹雪芹对这个社会，从它的社会制度到全部上层建筑作了一次深刻的总批判，从而宣判了社会和它的制度已经临近死亡的历史命运。从这个批判中，表现了他对美好事物和美好理想的讴歌、眷恋和执著的追求。

《红楼梦》是一首无韵的《离骚》，也是一部"说"家之绝唱。自从《红楼梦》问世以后，中国的古典小说再也没有超越它的作品出现了。《红楼梦》是一部"前不见古人，后不见来者"的千古绝唱！

不能离开曹雪芹的时代对曹雪芹提出过高的要求。曹雪芹生活在两次农民大起义的高潮中间，他的生年上距李自成的大顺政权（1644 年建于北京）七十来年，他的卒年下距太平天国（1853 年建于南京）八十多年，他正好生活在一个封建统治政权相对稳定的时期。他离 1911 年孙中山领导的旧民主主义革命则更远，相隔了一个半世纪。曹雪芹时代的中国，真是一个封建的黑暗王国。政治上封建专制政权的统治，思想上孔孟之道和程朱理学的禁锢，在文化政策上又大狱迭兴，动辄抄家论斩或流配发卖，面对着这样的现实，曹雪芹不得不为自己的作品涂上一层神秘的保护色，不得不借用一些猜谜式的情节和语言以掩盖自己的思想，但是这样做了以后，必然会给作品带来一些误解，所以曹雪芹又不由得感慨深沉地写下了那首"满纸荒唐言，一把辛酸泪。都云作者痴，谁解其中味！"的诗来，向读者稍稍透露一些他的内心的隐曲。

曹雪芹对封建社会的批判，显示了他非凡的思想才能和战斗的勇气，显示了他的卓越的艺术才华。古老的 18 世纪的中国封建社会的风习，在曹雪芹的笔下，一一现出它的原形：封建皇帝是如何专横；宫廷生活是如何痛苦；封建衙门如何贪赃枉法；贵族官僚大家庭的生活是如何奢侈浪费；他们是如何残酷地无餍足地剥削农民；他们表面上是如何地诗礼簪缨，暗地里又是如何地荒淫无耻，这些贵族官僚子弟的精神是如何地空虚和堕落，以至于使人明显地看出这个阶级已经后继无人；在这个封建贵族大家庭的内部：父子、兄弟、妯娌、姐妹、姑嫂、叔伯、夫妇、妻妾之间，是如何地充满着不可调和的矛盾；而这个家庭里的总管、庄头、管家以及各房的丫鬟仆妇、书僮小厮和各色执事人等，又是如何地各依主子、各仗势力。特别重要的是作家写出了贯穿于这个贵族大家庭的上下主仆之间的一个共同心理、共同情绪是：盛筵将散、好景不长的预感。作者在故事刚开头，就让秦可卿托梦给王熙凤，提出了"常言'月满则亏，水满则溢'；又道是'登高必跌重'。如今我们家赫赫扬扬，已将百载，一日倘或乐极悲生，若应了那句'树倒猢狲散'的俗语，岂不虚称了一世的诗书旧族了！"（十三回）接着作者在第二十三回里，又让丫鬟红玉说："俗语说得好：'千里搭长棚，没有个不散的筵席。'谁守谁一辈子呢，不过三年五载，各人干各人的去了，那时谁还管谁呢。"到了第七十四回，作者又让探春说："你们别忙，自然连你们抄的日子有呢！你们今日早起不曾议论甄家，自己家里好好的抄家，果然今日真抄了。咱们也渐渐的来了。可知这样大族人家，若从外头杀来，一时是杀不死的，这是古人曾说的'百足之虫，死而不僵'，必须先从家里自杀自灭起来，才能一败涂地！"凤姐和可卿的一段谈话，代表这个大家族里的当权者的隐忧，探春的话，是这个家族的下一代的思想反映，而红玉的说话，则是反映了这个家庭的下层奴仆的心理。就是这样，作者深刻地揭示出了弥漫于这个家庭的主仆上下之间的这种没落情绪和没落心理。这是一种世纪末的心理，是当时的社会心理在作者笔下的反映，它不仅仅是这个封建大家族一家人的心理状态。

有人统计，《红楼梦》全书写了 975 人。我粗略地计算一下，书中主子和半主子约有 80 人左右（包括薛姨妈、史湘云等人在内）。这些人都是这个家庭的可靠成员，其中找不到一个敌对的人物，曹雪芹也没有另外创造出几个"批判者"的形象，来专门为读者揭发批判这个封建官僚家庭，从而宣布它的必然灭亡的命运。曹雪芹就是通过这些主子和半主子自身的具体行动，让读者明确地感到这个封建贵族官僚大家庭已经不配有更好的命运，等待着他们的只有没落的结局。曹雪芹给予读者的印象是那么深刻生动，那样地有说服力。他让读者最突出地感觉到的是这个家族的腐败和腐朽。作者在一开头就让冷子兴介绍说："如今生齿日繁，事务日盛，主仆上下，安富尊荣者尽多，运筹谋画者无一；其日用排场费用，又不能将就省俭，如今外面的架子虽未甚倒，内囊却也尽上来了。这还是小事。更有一件大事：谁知这样钟鸣鼎食之家，翰墨诗书之族，如今的儿孙，竟一代不如一代了！"寥寥数语，不是把贾府里腐败和腐朽的面貌活画出来了吗？再看看贾府里的主要的成员。贾政是一个用封建政治和封建礼教的模子压制出来的人物，除了一套僵死的官样文章外，其余一概不知。贾赦一味只想讨小老婆，其余一概不管。贾敬则一心想成仙，干脆住到庙里去了，终于服丹胀死。贾珍、贾琏、贾蓉则更是整天偷鸡摸狗，荒淫无耻到行同禽兽。在这个男权社会里，贾府的这几个主要男子腐败不堪到如此地步，那么这个家庭还能有什么希望呢！妇女中的王熙凤是有才干的，但也同样是行为放荡、贪赃弄权、放高利贷，她根本不顾大家族的利益，只求满足个人的私欲。探春、薛宝钗虽然是有识之士，但"生于末世运偏消"，也挽回不了既倒的狂澜。至于贾母、王夫人、邢夫人等，都是各种不同类型的腐朽了的人物，他们袭祖宗之余荫，享现成的清福，有时寻欢作乐，有时发发威风。这个封建大家庭里的男男女女的生活，长年累月，就是如此而已：死气沉沉，用各种新鲜的方式来消遣时光，消磨生命，生活有如一潭死水，没有一丝半毫的新鲜气息和生的活力！这一切都显示出这个封建贵族官僚家庭的末世的征兆。无怪乎脂砚斋在冷子兴演说荣国府的一回要连批："记清此句，可知书中之荣府已是末世了。""作者之意，原只写末世。此已贾府之末世了。"腐败和腐朽是没落的前奏，一个封建官僚家庭里的主要人物已腐败和腐朽到如此程度，等待他们的除了没落以外，难道还会有别的命运吗？曹雪芹就是这样用逼真的描写，用人物自己的具体行动，给你揭示出一种不可挽回、无法遏止的历史趋势和生活流向，使你感到这个贵族大家庭的没落之势，已经如东流逝水，无可奈何了！

这样一个充满着腐败和霉烂气息的官僚家庭里，曹雪芹也塑造了几个有清醒的头脑，或有新的思想，对现实抱有强烈的反感，洋溢着那个时代的时代精神的人物，其中最主要的就是贾宝玉和林黛玉。他们是这个封建大家庭的孽子贰臣，是这个家庭的叛逆，是从这个腐朽的封建大家庭中分化出来的异端分子。事物总是依着辩证的规律发展的，物极必反，腐败到了极点，反抗的力量也就必然从中产生了。曹雪芹在实践中使自己的认识符合了朴素的辩证法。

贾宝玉和林黛玉，对这个封建大家庭和封建社会的一切，都抱着揶揄嘲弄和蔑视的态度。林黛玉把"圣上亲赐"给北静王，北静王又转赠给贾宝玉的一串鹡鸰香串珠，竟任性地说："什么臭男人拿过的！我不要他。"遂掷而不取。（十六回）贾宝玉则坚决反对"仕途经济"，不愿意走统治阶级规定的政治道路，他骂热衷于"仕途经济"的人叫"国贼禄鬼"。他反对科举制度和八股文，对八股文"平素深恶"，说这"原非圣贤之制撰，焉能阐发圣贤之微奥，不过作后人饵名钓禄之阶"（七十三回）。他说："除了'四书'外，杜撰的太多。"（三回）"只除'明明德'外无书，都是前人自己不能解圣人之书，便另出己意混编纂出来的。"（十九回）他甚至"除'四书'外，竟将别的书焚了"（三十六回）。他反对忠君思想，说："那些个须眉浊物，只知道文死谏，武死战，这二死是大丈夫死名死节。竟何如不死的好！必定有昏君他方谏，他只顾邀名，猛拼一死，将来弃君于何地！必定有刀兵他方战，猛拼一死，他只顾图汗马之名，将来弃国于何地！所以这皆非正死。""那武将不过仗血气之勇，疏谋少略，他自己无能，送了性命，这难道也是不得已！那文官更不可比武官了，他念两句书汗在心里，若朝廷少有疵瑕，他就胡谈乱劝，只顾他邀忠烈之名，浊气一涌，即时拚死，这难道也是不得已！"（三十六回）贾宝玉还反对封建等级制度，主张"世法平等"，他对待下人"也没刚柔"、"没上没下"（六十六回），全没有一点主子的架子，倒"甘心为诸丫鬟充役"（三十六回），并且还说要把他们"全放出去，与本人父母自便"（六十回）。他还支持芳官反抗她的干娘克扣月钱，说："怨不得芳官。自古说，'物不平则鸣'。他少亲失眷的，在这里没人照看，赚了他的钱，又作践他，如何怪得。"（五十八回）对待家庭里的下一辈，他根本不愿贾环对他有敬畏之心，他要秦钟对他"以后不必论叔侄，只论弟兄朋友就是了"（九回）。在婚姻问题上，他反对封建的由父母包办的"金玉良缘"，主张婚姻自由，他坚持与林黛玉的"木石前盟"。在睡梦中也喊骂说："和尚道士的话如何信得？什么是金玉姻缘，我偏说是木石姻缘！"（三十六回）贾宝玉与林黛玉的爱情在全书中居于十分重要的地位，作者巧妙地把这个封建贵族大家庭的没落过程和这两个人的爱情成长过程紧密地结合了起来，人们清楚地感到这个封建大家庭是何等的腐朽，它已经没有一丝一毫的生机，而这一对青年男女的爱情，以及由这种爱情表现出来的一种新的反封建传统的思想和精神、道德、意志，却是何等地具有不可摧毁的生命力！尽管他们的爱情的理想被垂死的封建礼法和封建势力扼杀了，但是作者通过他们所宣布的思想原则（婚姻自由）和道德原则（相互之间真挚的爱和执著地永不屈服的追求），却闪耀着近代思想的光辉。

贾宝玉和林黛玉，他们的叛逆思想和叛逆行为，充分体现了那个时代思想界的先进思想和斗争精神。可以说，他们是一对洋溢着18世纪中期的时代精神的典型。他们在意识形态领域里，起到了启蒙的作用。

还应该指出的是，天才作家曹雪芹笔下的这部《红楼梦》的故事和他塑造的人物，都不是处在静止的状态，无论是贾府的衰败或是宝黛爱情的成长，都是在发展的过程中。作者写贾府的衰败，但仍旧着力地描写了可卿大丧、元妃省亲等热闹场面，然而作者却借梦中可卿之口一笔点醒："也不过是瞬息的繁华，一时的欢乐，万不可忘了那'盛筵必散'的俗语。"（十三回）因此作者又在极度的热闹繁华之中，提醒读者，眼前的荣华不过是垂死前的回光而已。曹雪芹笔下的贾府一族人的生活，就像一股滔滔汩汩的浩荡逝川，虽然有时还不断激起一些巨浪，但终究是向着下流而去，不可能再有"吴楚东南坼，乾坤日夜浮"的浩渺气象了。

同样，作者在描写贾宝玉和林黛玉的爱情时，也时时点明了他们是从青梅竹马、两小无猜到爱情的萌芽，经过了相互探索，思想上的了解，终于互相引为知己。经过了这样一个曲折的过程以后，最后才建立了生死不渝的爱情。结果是黛玉因为失去了宝玉而同时失去了自己的生命，宝玉因发现与自己结婚的并不是黛玉而终于从此成为一个失去了神智的白痴式的人物。[①] 这样动人的爱情悲剧所要说明的是什么呢？首先

---

① 这个情节是后四十回的，但大体上还维持了曹雪芹悲剧结尾的构思。

说明他们的爱情是在长期的相互认识，相互理解，相互爱慕的基础上成长起来的，而他们爱情的最牢固的基石，是思想的完全一致。而这种爱情本身，就是根本区别于以往一见倾心式的爱情的。如果说《西厢记》里的张生、莺莺是一见倾心，那么，《牡丹亭》里的杜丽娘则是"梦"见倾心。这两部作品都各自有它的不朽的价值，有它产生的社会原因，而且都对《红楼梦》产生了积极的影响，在爱情的描写上，是《红楼梦》的先驱。但是曹雪芹把真挚的海枯石烂不变其心的动人的爱情，建筑在真实的相互了解以至于引为知己这样的社会生活的基础上，这样的认识的基础上，可见他要描写并歌颂的爱情，是有这样的一个原则："终身大事，一生至一死，非同儿戏"，"只要我拣一个素日可心如意的人方跟他去"，"我心里进不去，也白过了这一世了"，这虽然是尤三姐的话，难道不正是贾宝玉和林黛玉心中意中之事吗？曹雪芹不让林黛玉说这样直白的话，是因为人物的身份、性格、修养不同，不是因为被称为纯洁的、真挚动人的、千古不灭的爱情可以有不同的质的要求。

　　贾宝玉对待爱情，确实有过"见了姐姐就把妹妹忘了"的过程，并且还有过与袭人等人的暧昧关系，由于这些问题，研究者们往往对这个形象产生了非议。这是因为不理解曹雪芹所要写的这种爱情，已经与《西厢记》、《牡丹亭》的模式大大不同了，他所要描写的是高度真实的人，也就是说带有他自己的时代和家庭的旧印记同时又是摆脱这些旧印记，最后达到一个新的高度的爱情的典型。贾宝玉的"见了姐姐就把妹妹忘了"以及与袭人等人的暧昧关系，当然是18世纪旧中国封建婚姻的多妻制在他精神上的反映。除此之外，他身上还具有浓厚的贵族公子的生活习气和脾性等等，这一些，当然不是贾宝玉的优点，更不应该去赞扬它，但是也应该看到这些印记，有些是在被扬弃过程中，最难得的是贾宝玉在爱情上能自觉地扬弃这些旧印记而到达一个新境界，达到了相互之间生死不渝的境界。这一点，就连清代的评论家都已经指出来了，他们说："宝玉之痴情于黛玉，刻刻求黛玉知其痴情，是其痴到极处，是其情到极处。""宝玉之钟情黛玉，相依十载，其心不渝，情固是其真痴，痴即出于本性。假使黛玉永年，宝玉必白头相守，吾深信之，吾于其痴而信之。今之士女，特患其不痴耳。"① 可见宝玉对爱情，最后是在扬弃了一切旧传统的侵蚀而达到了"痴到极处"、"情到极处"的境界的。所以，我们说贾宝玉、林黛玉的爱情具有近代社会的意义，完全不是指这些旧印记而是指对这些旧印记的扬弃，指他们的共同思想的社会性质，因此我们也不妨说，贾宝玉和林黛玉这两个艺术典型确是具有新人的显著特征的。

贾宝玉和林黛玉对自己的"木石前盟"的生死不渝，显得封建的"金玉良缘"不过是依靠封建礼法而存在的一具"活尸"而已，它是行将解体的封建社会、封建制度的一种象征，它最终要被扫进历史的垃圾堆。

曹雪芹在《红楼梦》里写到的爱情，尤三姐的悲剧是另一种典型。程高刻本《红楼梦》把尤三姐改为品行毫无缺点的人，纯粹是柳湘莲误信人言，错冤好人，这并不符合曹雪芹的原意。据《石头记》的早期抄本，尤三姐与尤二姐因寄食贾家，才受到贾珍、贾蓉、贾琏等人的凌暴，尤二姐本身意志不坚，终于被毁灭了。尤三姐虽然失身，但她决心要从污泥的陷坑中挣扎出来，而且她确实从此坚贞自守，另走新路了。然而可怕的社会现实不让一个即将灭顶的人再抬起头来，舆论如刀，尤三姐终于在鸳鸯剑下自刎了。实质上杀死尤三姐的还是封建礼教，也就是戴震所揭露的理学家的"以理杀人"。如果说贾宝玉、林黛玉爱情的生死不渝是因为相互了解，思想一致，那么，柳湘莲对尤三姐恰好是全凭道听途说，仅仅是追求天下绝色的女子，并没有一点点思想方面的要

① 二知道人：《红楼梦说梦》。

159

求，对柳湘莲来说，实际上并没有什么"爱情"。"冷郎君"之所以"冷"，就是在爱情问题上毫无生活和思想的基础，连一见倾心的"见"都没有做到，因而在可怕的传言的侵袭下，他的心一下"冷"了。这从另一角度，又说明了曹雪芹的一个原则：那种一见倾心式的爱情是不可靠的，真正的爱情必须是思想一致，真正的了解，只有这样才能产生真正的不怕任何袭击的爱情。①

《红楼梦》里还写了另一种类型的男女关系，这就是贾琏、贾珍、贾蓉等所代表的，贾瑞也属于这个行列，但他是纯粹的自作自受的"受害"者。曹雪芹所以写出这些，当然具有与宝黛爱情对照的意义。由于宝黛的爱情，人们更可以看到上述这些人的行为不过是禽兽而已。曹雪芹所歌颂的和所批判的，原是十分鲜明的，并不存在含糊不清的地方。

有的研究者对《红楼梦》里没有写到农民起义斗争感到惋惜，感到比起《水浒》来，总觉得逊色。这是爱之惟恐不至，求全者责其备了。《红楼梦》里并非没有写农民起义斗争，第一回里写"偏值近年水旱不收，鼠盗蜂起，无非抢田夺地，鼠窃狗偷，民不安生。因此官兵剿捕，难以安身"。抢田夺地至于官兵剿捕，当然决不是一般的小偷小摸或一般的打家劫舍，如是一般的情况，也决不至于迫使甄士隐要把"田庄都折变了"，"投他岳丈家去"。第五十三回作者还着重写了乌进孝进租这一重要情节，写明了地主阶级最主要的经济来源是靠剥削农民，封建社会的主要矛盾是地主阶级与农民的矛盾。这一点，曹雪芹不可能从理论上来认识它，但他能在这部以一个封建贵族大家庭的败落和一对青年男女的生死不渝的爱情为素材的小说里，写到农民抢田夺地的斗争和庄头向地主交租的事实，这就已经难能可贵了。此外就大可不必更加苛求。

---

①　与贾宝玉、林黛玉的爱情有相同意义的还有司棋和潘又安的爱情。鸳鸯坚决抗拒贾赦的暴力，矢志不屈，也有与此相通的一面，本文不再一一叙论。

《红楼梦》一书所包括的社会内容确实是十分丰富、十分广阔的，本文不可能一一加以论述。重要的是曹雪芹在《红楼梦》里所表达的上述思想究竟是属于什么性质？一种意见认为是封建社会传统的民主主义思想，它不是资本主义萌芽的生产关系在意识形态上的反映；另一种看法，则认为贾宝玉的和林黛玉的这种反对封建皇权主义，反对封建的意识形态孔孟之道和程朱理学，反对仕途经济，反对科举制度，反对封建的婚姻制度，反对封建的伦理道德，反对封建的等级制度等等的思想，以及与此相表里的主张"世法平等"，主张自由，主张个性解放，主张婚姻自主等等的思想，已经不仅仅是在封建的生产关系的基础上产生的传统的民主主义思想，而是资本主义萌芽的生产关系的反映。

那么，我们究竟应该如何来分析判断上面这个问题呢？马克思告诉我们："在不同的所有制形式上，在生存的社会条件上，耸立着由各种不同情感、幻想、思想方式和世界观构成的整个上层建筑。"[①] 马克思又说："物质生活方式制约着整个社会生活、政治生活和精神生活的过程，不是人们的意识决定人们的存在，相反，是人们的社会存在决定人们的意识。""这个意识必须从物质生活的矛盾中，从社会生产力和生产关系之间的现存冲突中去解释。"[②] 很清楚，我们分析曹雪芹在《红楼梦》里所表现出来的上面引述的这些"意识"，也不能仅仅根据这些"意识"本身来加以解释，而必须要"从物质生活的矛盾中，从社会生产力和生产关系之间的现存冲突中去解释"。由此可见判断这些意识并找出了这些意识的最初的出处，从而认为这些意识是"古已有之"，认为就是封建社会传统的民主主义的表现，我认为这样的分析方法是不符合上述原则的，因而根据这种分析方法得出的结论也是不可靠的。仅仅

---

① 马克思《路易·波拿巴的雾月十八日》。

② 马克思《政治经济学批判序言》。

从意识本身去解释意识，仅仅为书中人物的某些情节和作者的某些行为或癖好找出"古已有之"的一些例子或出处，这并不困难，更不能说明问题。因为问题不在于某些思想或意识是否"古已有之"，问题是在于即使是"古已有之"的这些思想或意识，又重新在新的历史条件下出现，它是否具有新的意义？这才是我们应该认真研究加以解决的问题。更何况贾宝玉和林黛玉的思想，有一些并不是"古已有之"。

列宁说："在分析任何一个社会问题时，马克思主义理论的绝对要求，就是要把问题提到一定的历史范围之内。"① 我们现在要讨论的这个问题的历史范围，大体可以确定为明代中叶到曹雪芹逝世的乾隆时期。大家知道，由于近 20 年明清经济史学家们的认真研究，绝大多数的同志认为：明代中叶以来到乾隆年间，中国封建社会内部，不仅产生了资本主义生产关系的萌芽，而且有了相当的发展，与此同时在中国封建社会内部也形成了资产阶级的前身——市民阶层。而且这种情况扩展到了许多重要的经济领域里，其中包括着农业经济；与此相适应的是市民运动的急剧高涨。这本来是一种历史的必然，因为既然产生了新的生产关系，那么代表这种新的生产关系的物质力量——商人和手工业作坊主以及出卖劳动力的手工业工人，必然要反映自身的愿望和要求。问题不在于提出这些思想的人本身是否是市民阶层，问题也不在于这部作品市民阶层能否读懂，② 大家清楚马克思主义的创始人本身并不是工人阶级，马克思主义的一些著作，也不是无产阶级很容易就读懂的，问题的实质是在于提出的这些思想对谁有利？是维护谁的利益和破坏谁的利益

---

① 列宁《论民族自决权》。

② 按：作者在第一回里借"石头"的嘴说："市井俗人喜看理治之书者甚少，爱适趣闲文者特多。""只愿他们当那醉余饱卧之时，或避世去愁之际，把此一玩，岂不省了些寿命筋力？"曹雪芹所说的"市井俗人"，颇近乎我们现在所说的"市民阶层"，或者是包括"市民阶层"在内的广大群众。可见曹雪芹当时是考虑到他的读者对象的。当然《红楼梦》这部书的读者面是十分广泛的，决不仅仅限于"市民阶层"。

的？前面提到了《西厢记》和《牡丹亭》，我们不妨用这两部作品来作一比较。这两部作品在一定程度上，都是冲击和破坏了封建礼法的，因为他（她）们在婚姻问题上都违反了封建礼法所规定的"父母之命，媒妁之言"。然而，这两部作品的另一个共同点，是作品的主人公都是以高中状元后大团圆的喜剧结局的。也就是说在婚姻问题上他们虽然背叛了封建礼教的规定，但在仕途经济上，也即是政治道路上却完完全全是按照封建统治阶级的规范亦步亦趋的，所以它的最后结局又完全符合了封建统治阶级的利益。由此可见，这两部作品所要求的，只不过是在婚姻问题上的一点点有限的自主权，而且连这一点有限的自主权，最后还打上了封建统治者的合法印记。然而，《红楼梦》里的贾宝玉却不是这样，他在一系列的重大问题上，都与封建主义唱反调，贾政一眼就看出了"明日"要"酿到他弑君杀父"的地步（三十三回）。而按照曹雪芹的构思，贾宝玉的结局是"悬崖撒手"，遁入了空门。也就是说《红楼梦》的主角，始终没有向封建势力屈服。① 很明显，这样的作品是不会符合封建统治阶级的利益的，它只会对封建统治阶级起破坏作用。

我们再从《红楼梦》里所提出的平等、自由、婚姻自主、个性解放，反对封建礼法，反对封建的等级制度和伦理道德等等的思想方面来看，这些思想都只能对市民阶层及广大群众有利，对封建统治阶级是根本不利的。因为上述这些思想，正是市民阶层必然会从"物质生活的矛盾中，从社会生产力和生产关系之间的现存冲突中"提出来的。他们要求摆脱种种封建性的限制和束缚，要求有更多的自由，他们反对封建等级制度给予他们的种种障碍，他们要求有更多的市场，他们反对封建特权的种种剥削。

---

① 现在通行本上贾宝玉"身上披着一领大红猩猩毡的斗篷，向贾政倒身下拜"的结局，是续作者写的，与曹雪芹的原意不符。

　　事实是：现实的社会生活中资本主义生产关系的萌芽已经起码有了整整两个世纪的历史，到了曹雪芹的时代更有了普遍的迅速的发展，市民运动已经在历史上不断发展。这一切都说明从明中叶到乾隆时期的中国封建社会内部，一方面是旧的生产关系还占据着牢固的统治地位；另一方面，是新的资本主义萌芽的生产关系已经不可遏止地出现了。我们要寻求《红楼梦》里的这些引人注目的思想的社会物质基础，解释这些思想的性质，不从实际的这一时期的社会生产关系的变化来求得解答，难道还有别的方法可以得到正确的解答吗？"古已有之"的论点是不科学的，因此是经不起辩驳的。既然"古已有之"，那么，《红楼梦》这部书，为什么不在二百年、三百年以前产生？[①] 或者退一步说，为什么不在曹雪芹以前一百年产生，为什么要到乾隆时期曹雪芹时代产生？

　　研究《红楼梦》产生的社会原因可以看出《红楼梦》这部书，正是当时社会物质生活的矛盾，政治领域和意识形态领域里的斗争，传统文化的孕育和发展所造成的丰硕成果。它的出现，决不是历史的偶然，它是深深扎根于现实的社会生活的土壤中的。伟大作家曹雪芹，是从他的现实生活和斗争中汲取他的创作的诗情和灵感的，因此他的这部巨著，响彻的是当代人们的心声，而不是遥远的古老历史的回响。

　　在分析这一问题时，我们还应该注意的是，不要把传统的民主主义思想和反映资本主义萌芽的生产关系的民主主义思想割裂开来和对立起来，应该看到这两种思想的天然的联系，后者对于前者的天然的继承性，在后者的思想里，必然包括前者即传统的民主主义思想的精华。当然，后者对于前者除了这种继承性外，更重要的是它在新的历史条件下具有新的思想内容，具有新的质。这就是后者区别于前者的主要标志。

---

　　① 以文学的形式来说，在曹雪芹逝世前四百年，即元末明初，中国文学史上就出现了《水浒传》、《三国演义》这样的长篇小说；在曹雪芹逝世前二百年左右，就出现了吴承恩的长篇小说《西游记》和兰陵笑笑生的长篇小说《金瓶梅》。

例如曹雪芹提出的理想的婚姻应该是建立在长期了解，思想一致，互相引为知已的基础上的，他根本反对"父母之命，媒妁之言"的封建婚姻，甚至还反对一见倾心式的婚姻，这显然是婚姻自由思想的一大发展，它既包含了以往的要求婚姻自由的思想的精华，又具有了与以前不同的新的思想内容。又如贾宝玉反对"仕途经济"，即反对做官。简单地看，在中国历史上不愿做官的人很多，似乎没有什么新意。其实不然，贾宝玉的不愿做官，不仅不是想去当隐士以显示出士大夫的清高，甚至连别人热衷于做官他都反对，他竟把热衷于"仕途经济"的人骂作"国贼禄鬼"，这种思想就显然不是什么"古已有之"了。大家知道，"学而优则仕"是封建统治阶级为当时的读书人早就规定好了的一条惟一的"光荣"道路，但曹雪芹笔下的贾宝玉却从根本上否定了这条道路。他既不是为了个人的退隐，也不是另有个人的"终南捷径"，而是对这种"仕途经济"的道路采取根本否定、不屑一顾，连提都不愿意提的态度。这就明显地与历史上如嵇康、陶渊明等人的不愿做官的性质大不一样了，显然具有新的社会内容。曹雪芹笔下的贾宝玉和林黛玉是对封建的"仕途经济"道路的全盘否定，这一否定，当然会导致对封建制度的否定。

在分析这一问题时，我们应该注意不能因为小说人物的某些口号在历史上早已有人提过，因而忽视它在新的历史条件下重复出现时具有的新的内涵。例如"天下为公"是《礼记·礼运》篇里的话，但孙中山却借来宣传资产阶级民主革命，我们当然不能否认孙中山的"天下为公"是资产阶级民主革命的口号，不能把孙中山的"天下为公"的口号的思想内容和宣传目的与成书于战国或汉初的《礼记·礼运》篇的"天下为公"的思想内容等量齐观，抹杀两者之间的质的区别。同样我们也不能说《礼记·礼运》篇的时代，就已经有了孙中山的资产阶级民主革命思想，抹杀这同一句话在前后不同历史时期内的不同内涵。归根结底，在分析这些问题时，我们必须联系当时社会实际，不能离开了当时的实际而去根据这些口号或思想最初出现时的情况来确定它后来在新的历史条件下重复出现时的性质。马克思曾经说过："使古人复生是为了赞美新的斗争，而不是勉强模仿旧的斗争。"① 这种披着古人的外衣来演出历史的新场面的斗争是各个历史时期都会出现的，如果不注意这种区别，我们就会陷入历史循环论的迷途而看不到已经发展了的历史的新面貌，尽管在这种新面貌上可能还蒙有一层旧的尘土。

目前，我们对《红楼梦》的思想性质的分析，也必须注意这一点。

弄清《红楼梦》的思想性质对评价《红楼梦》是至关重要的。如果说上述这些思想是"古已有之"，是封建制度下的传统的民主主义思想，那么，它当然就不是资本主义生产关系的萌芽的反映，因而也就没有什么新的思想可言。如果真是这样，那么，对《红楼梦》这部书的评价，也就需要重新考虑了。我个人的看法是倾向于后者，我认为曹雪芹在《红楼梦》这部书里，通过正面人物贾宝玉和林黛玉，提出了一系列的反封建传统的思想，提出了"世法平等"、婚姻自主、个性解放和自由等等具有初期民主主义的思想。这些思想，是当时已经发展了的资本主义生产关系萌芽的反映，是一种与封建主义对立的新的思想体系，是洋溢着当时先进的时代精神，它尽管与传统的民主主义思想有着天然的继承关系，但它已经不能完全归属于封建社会传统的民主主义思想，而是在传统的民主主义思想的基础上有了新的内涵了。尽管提出这些思想的人本身，还保留着旧思想的烙印，而且这些新思想本身，也还与传统的民主主义思想以及某些其他落后的思想纠缠在一起，它新得并不那么"纯粹"，但这正好说明了这些思想的早期状况，这与当时新的生产关系的萌芽状态恰好是相适应的。

---

① 马克思《路易·波拿巴的雾月十八日》，《马克思恩格斯选集》第二卷。

因此，我认为《红楼梦》这部书，不仅是对两千年来的封建制度和封建社会（包括它的意识形态）的一个总批判，而且它还闪耀着新时代的一线曙光。它既是一曲行将没落的封建社会的挽歌，也是一首必将到来的新时代的晨曲。

《红楼梦》的现实意义

近年来《红楼梦》研究有了很大的进展，红学研究者们作出了很多成绩，这是红学界和学术界的同志所共同认识到的。但是我们必须看到我们的研究还有很多不足之处，还有很多缺漏，例如《红楼梦》研究对我们今天究竟有些什么积极意义？我们今天究竟应该向《红楼梦》吸取些什么？这个问题几乎就一直没有研究，其实这是一个很值得研究的问题，也是不少朋友经常向我们提出的问题。我现在试着陈说一下我的浅见，以就正于大家。

大家知道，《红楼梦》是一部具有深广的文化内涵和高度的思想内涵的奇书，《红楼梦》是中华民族五千年传统文化思想的最高综合和体现，所以学习研究《红楼梦》当然有它重大的现实意义，这是丝毫不容怀疑的事实。但是学习《红楼梦》的现实意义，不能采取立时见效的实用的态度。譬如用药，有些药是补药，久服可以延年强身，有些药是治病的药，可以立见功效或在较短时间内见效，但如果患急病而用滋补缓药，当然劳而无功，如果患虚病弱症而用补药，事久必然有效。《红楼梦》是药中的大补，当治患文化虚弱之症，久服必定有效，所以学习《红楼梦》的现实意义，首先是在提高人们的文化艺术修养，提高人们的思想精神境界，提高全民的文化素质！

既然《红楼梦》是中华民族五千年传统文化的最高综合，那么作为现代中国的一个知识分子，岂能对此不认真学习。清代的《竹枝词》说："开谈不说《红楼梦》，读尽书诗也枉然。"可见清代的老百姓已经懂得用读不读《红楼梦》来作为衡量一个读书人的文化水准了。那么，在今天就更应该把这一条作为衡量一个知识分子文化修养的起码标准了。说"起码标准"，就是指读没读过《红楼梦》。读过《红楼梦》与没有读过《红楼梦》，应该是一种文化修养的区别。毛主席提出《红楼梦》至少要读五遍，才能有发言权。这是更进一步的要求，是取得讨论《红楼梦》的发言权的要求。这当然更是正确的。

其实，学习研究《红楼梦》的这一基本原则，与学习研究其他古典文学的原则是完全一样的，它的深远的现实意义就是在于培养人才，在于提高全民的文化修养。有人指出，21 世纪是东西方文化交流、冲突、竞争的世纪。在以往的岁月里，西方资本主义凭借它们的经济实力，以至于长期以来，人们只知道西方文化的神圣可贵，而对东方文化了无所知或所知不多，更谈不上对它有足够的评价。然而，21 世纪将是东方经济，具体地说，主要就是中国经济的腾飞，赶上甚或超过某些西方国家的世纪。随着这种经济的腾飞，中国的传统文化和艺术正将显示出它的崇高的魅力。到那时世界将要以熟悉多少中国文化来作为衡量一个文化人的"价值"的准则了！与此同时，中国的传统文化艺术，也将成为人们崇拜的对象，一如以往人们崇拜西方文化艺术一样。

从《红楼梦》本身来看，我曾说过："曹雪芹的《红楼梦》是一部伟大的现实主义巨著，它精确地反映了我国清代康、乾时期的社会历史面貌，塑造了栩栩如生的典型形象。特别要指出的是它比欧洲最早的现实主义大师法国的司汤达（1783—1842）、福楼拜（1821—1880）要早出一个来世纪，比巴尔扎克（1799—1850）要早出 80 多年，比俄国的现实主义大师果戈理（1809—1852）和列夫·托尔斯泰（1828—1910）要早出将近一个世纪或更多一点。也就是说，世界文学史上由作家创作的现实主义文艺的强烈光芒，是由东方的中国遥遥领先地放射出来的。"当前的《红楼梦》研究即"红学"，已经成为世界文化交流的一项主要内容。由此也可知《红楼梦》到 21 世纪，在东方文化艺术成为世界热点的时候，它将如何受到人们的珍视了！那么，熟悉不熟悉《红楼梦》也自然将成为人们衡量你对东方文化修养深浅的一杆标尺！

所以，学习研究《红楼梦》的现实意义，首先应该从这个发展的、广阔的视角来看，从培养 21 世纪的人才的角度来看，才是从根本意义上看到了它的现实意义，如果离开了这个根本而仅仅看到一些枝节的、实用的现实意义，那就是"明察秋毫而不见舆薪"！

学习研究《红楼梦》，除了这个最根本、最大的现实意义外，当然还有具体的可资借鉴的方面，例如：

1. 学习研究《红楼梦》，要学习曹雪芹对传统文化的刻苦学习和创造性的继承。一部《红楼梦》，证明了曹雪芹具有惊人的社会历史、思想文化和社会生活等等各方面的丰富知识和渊博学问。曹雪芹对传统文化的修养，达到了很高的境界，他对西洋的科学文化，也有相当的了解。在思想上他是当时初期民主主义的激进派，他更是一位超前的思想家，他的思想远远超越了他生活的时代，因此，他对封建社会的批判不仅带有愤激的情绪，而且预示了封建地主阶级必然灭亡的历史趋势，这在当时的思想家中是极为难得的。《红楼梦》是几千年来传统文化的结晶，没有几千年传统文化的孕育，是不可能有《红楼梦》的。所以它的文化积淀，远远超过《诗经》、《楚辞》，也远远超过了《史记》、《汉书》等等。很显然，曹雪芹在学习传统文化上，足可以作为我们的楷模。①

---

① 我们今天学习文化遗产，当然首先要用马克思主义作为指导，这里是就曹雪芹对传统文化知识的广博和精深而说的，不是说我们可以不要马列主义，像曹雪芹一样地学习传统文化。

从某种意义上来说，也可以认为曹雪芹的天才，是他刻苦学习传统文化，是从几千年的优秀传统文化中孕育出来的。在《红楼梦》里可以说凡是中国古典文学的各种形式，几乎都运用到了，而且用得那么自然和巧妙，如果不是曹雪芹对传统文化的刻苦学习，怎么有可能做到这一点呢？

认真地学习我们的传统文化，吸取它的精华，扬弃它的糟粕，是建设我们今天的一代新文化的关键。外国的先进的科学文化，我们应该积极地吸收，这是毫无疑问的，但是如果只知道吸取外来的文化，甚而至于不辨好坏，不知道学习和尊重我们自己的文化传统，那么，我们就会数典忘祖，将来开出来的花朵，也许就会变质或变种。传统文化对于发扬爱国主义和巩固民族团结的心理，也是极为重要的。一部《红楼梦》可以使世界上的红学爱好者团结起来，这种精神的力量多么伟大！我们的传统文化，已经被荒落了若干年了，目前正在得到重视。

学习研究《红楼梦》的现实意义，就是我们应该更加深刻认识到学习传统文化的重要性。认识到新文化是从传统文化中发展出来的，不重视传统文化的继承，必将影响到新文化的发展。

当然，我们这里说的传统文化，不仅仅指《红楼梦》，而是指我们伟大祖国五千年来所创造的全部光辉灿烂的文化遗产。

2. 学习研究《红楼梦》使我们可以进一步地认识到，一个优秀的作家首先必须要有进步的世界观，必须站在进步思潮的前列，必须具有战斗的勇气。

有一种看法，认为曹雪芹的世界观没有超越释道儒三家的范围。大家清楚，释道儒都不是什么进步的世界观，恰好相反，是落后甚至反动的世界观。释、儒二家，在曹雪芹生活的时代以及清初，这都是官方和半官方哲学。顺、康、雍、乾四朝一贯提倡儒学，提倡孔孟之道和程朱理学。① 清代统治者提倡宗教迷信，除佛教而外，还崇奉喇嘛教，这也是众所周知的。说曹雪芹的世界观没有超越释道儒三家的范围，也就是否认曹雪芹有反儒家传统思想的叛逆思想，否认曹雪芹思想的主导方面的进步性，这就无异是说，曹雪芹以落后的世界观写出了进步的全面批判封建社会的不朽巨著。

这样的看法当然是不符合事实的。

曹雪芹在乾隆时期以及在此以前直到清初的思想界，毫无疑问是属于激进者的行列，他的思想的主导方面，是反映资本主义萌芽的初期民主主义思想。他的思想，就其历史渊源来说，与明末清初进步思想家的思想是一脉相承的，就其现实的情况来说，曹雪芹是站在当时思想斗争的最前列的，所以曹雪芹无疑是属于从李卓吾到戴震这一战斗的行列的。他只不过是用他自己的方式——文学的方式参加了这一场持久的思想斗争而已。

正是因为曹雪芹站在了进步思想的前列，所以他才有可能"给旧时代作了一个总的判决"，"几乎批判了整个封建社会的上层建筑和整个封建统治阶级，并且提出了一些关于人的合理的幸福的生活的梦想"②。试想这样的批判，用儒释道的思想能行吗？用"古已有之"的民主主义思想能行吗？我认为都不行。前者是根本不可能进行这样的批判的，后者的批判不可能达到曹雪芹那样的高度，更不可能提出什么新的理想来。

《红楼梦》里反映出了曹雪芹世界观的某些落后面，也反映出了曹

---

① 顺治朝时间甚短，且是入关之初，旨在安定。但大学士冯铨、洪承畴等即已奏请"帝王修身治人之道，尽备于六经，伏祈择满汉词臣，朝夕进讲，则圣德进而治道光矣。"顺治即采纳其议，经筵日讲不辍，并御制敕纂《人臣儆心录》、《资政要览》、《孝经衍义》、《易经通注》诸书。

② 何其芳《论红楼梦》。

雪芹对封建家庭的批判带有无可奈何的哀挽的情绪，这正反映了曹雪芹从旧家庭、旧营垒里叛逆出来的历史痕迹。曹雪芹能从这样的一个旧营垒里叛逆出来是实在不容易的，实在需要有先进的思想武器和战斗的勇气的，因为二千年来封建主义的思想统治和积习的捆缚，早已使人们麻木了。曹雪芹举起《红楼梦》这面叛逆的大旗，需要有多么大的勇气和毅力呀！

由此可见，一个作家要能够写出优秀的无愧于时代、无愧于人民的作品来，首先必须有先进的思想来观察和分析社会生活，必须有战斗的勇气来真实地再现生活，评价生活。这一点，古今中外概莫能外。学习研究《红楼梦》的现实意义可以使你再次确认这一点。

3.《红楼梦》告诉我们，一个优秀的作者，必须熟悉生活，深入生活，拥有生活。

大家知道《红楼梦》的一部分素材，是来源于作者的家庭生活，其中有一部分人物，也是以他熟悉的家庭中的人为原型的，特别是典型形象贾宝玉，还融合着作者自己的生活。在这种情况下，作者熟悉生活那是十分自然的事，事实上曹雪芹不但熟悉这些生活，而且对这些生活还自然而然地流露出追怀和惋惜的情绪，一种"惜往日"的心情始终贯穿在全书的叙述中，不仅他本人如此，连同他的创作上的知己脂砚斋，也不时从批语中透露出来。例如脂砚斋在甲戌本第一回"满纸荒唐言，一把辛酸泪"一诗的眉批上说：

能解者方有辛酸之泪，哭成此书。① 壬午除夕，书未成，芹为泪尽而逝。余尝哭芹，泪亦待尽。（下略）

---

① 着重点是笔者所加，下同。

172

庚辰本十三回"若应了那句'树倒猢狲散'的俗语"上眉批说：

> 树倒猢狲散之语，今犹在耳，屈指三十五年矣，哀哉伤哉，宁不痛杀。

庚辰本第二十五回"又向贾母道：祖宗老菩萨，哪里知道那经典佛法上说的利害"句上眉批说：

> 一段无伦无理信口开河的混话，却句句都是耳闻目睹者，并非杜撰而有，作者与余，实实经过。

庚辰本第三十八回"便命将那合欢花浸的酒烫一壶来"句下双行小字批说：

> 伤哉，作者犹记矮䫪舫前以合欢花酿酒乎，屈指二十年矣。

上面这些批语，都清楚地说明，《红楼梦》里描写的这些生活情节，都是作者身经的往事，所谓"的真实事，非妄拟也"。不过，要作者熟悉这样的属于他自己的生活，是并不困难的。我在这里提出来的，主要的也不是指这类生活，而恰恰是指这类生活以外的各种生活。这一点，曹雪芹确实是有非凡的才能的。在他的笔下，各色各样的生活，都能再现得逼真活现。例如小说开头写刘姥姥的女婿狗儿一家的困顿生活，第二十四回写贾芸的舅父卜世仁夫妇的悭吝势利，同回写市井无赖醉金刚倪二的仗义，八十回写天齐庙里江湖骗子王道士的满嘴江湖气，十五回写铁槛寺老尼的阴狠毒辣。其他如马道婆的阴贼，赵姨娘的卑微，贾雨村的贪狠，都被表现得入木三分，淋漓尽致。《红楼梦》所描写的生活面是十分广阔的。大场面如元妃省亲，可卿大丧，除夕祭祖等等，都是搏龙搏虎之笔，其它各色各样，美的丑的生活场面，就举不胜举了。可以毫不夸张地说，清代康、雍、乾时期整个社会风习都被曹雪芹用极精细的笔触，收入了这幅巨大的历史画卷。因此，《红楼梦》对于今天的读者来说，又具有很高的认识价值。恩格斯在评价巴尔扎克的《人间喜剧》时曾说："巴尔扎克，我认为他是比过去、现在和未来的一切左拉都要伟大得多的现实主义大师，他在《人间喜剧》里给我们提供了一部法国'社会'特别是巴黎'上流社会'的卓越的现实主义历史"，"他汇集了法国社会的全部历史，我从这里，甚至在经济细节方面（如革命以后动产和不动产的重新分配）所学到的东西，也要比从当时所有职业的历史学家、经济学家和统计学家那里学到的全部东西还要多。"① 这段评语对曹雪芹也是非常合适的，曹雪芹拥有非常丰富和广阔的社会生活，可以说，在他的胸中，储藏着一部当时现实社会的完整而生动的历史画卷，其中关于贵族社会的图画尤其来得精细和传神。

　　拥有社会生活的多和少，是决定作家成就大小的一个非常重要的因素，曹雪芹在这方面的经验也是值得我们借鉴的。

　　4. 艺术要创新，作品要求精。曹雪芹在本书一开头就说，他"于悼红轩中批阅十载，增删五次，纂成目录，分出章回"，并且声明要"令世人换新眼目，不比那些胡牵乱扯"，"满纸才人淑女"等"通共熟套之旧稿"。在这里，曹雪芹提出的是一个严肃的课题，这就是要求作家在艺术上要创新，要摆脱"通共熟套之旧稿"。学习研究《红楼梦》，更要学习曹雪芹在艺术上的这种创新精神。前面说过，曹雪芹是充分继

---

① 恩格斯《致玛·哈克奈斯》（1884 年 4 月初），《马克思恩格斯选集》第四卷，第462—463 页。

承了传统文化的精华的，一部《红楼梦》就是优秀的传统文化的结晶。但这只是问题的一面，问题的另一面，是曹雪芹不仅是优秀传统文化的继承者，而且更是思想和艺术上的创新者。《红楼梦》不仅在思想上大大超越了前人，达到了一个新的高度，而且在艺术上也有了重大的突破，有了杰出的创新，从而使我国古典小说的艺术放射出了眩人眼目的光辉。

《红楼梦》在艺术上创新，首先表现在作者创造了两个具有崭新意义的典型。贾宝玉和林黛玉，无论从思想还是从艺术上来看，都是具有崭新意义的，是过去的文学作品从未出现过的。特别应该指出，贾宝玉艺术形象的新，首先是因为这个形象的思想上的新。是人物的崭新思想，要求有崭新的形象来表现它，如果不是现在的贾宝玉的形象，就很难表达作者赋予他的这些具有崭新的内容的思想。很显然，如果仍旧用张君瑞或柳梦梅式的形象，就断然表现不了贾宝玉的思想，那就将令人感到啼笑皆非。庚辰本十九回有一段极为重要的脂批：

> 按此书中写一宝玉，其宝玉之为人，是我辈于书中见而知有此人，实未目曾亲睹者。又写宝玉之发言，每每令人不解，宝玉之生性，件件令人可笑。不独于世上亲见这样的人不曾，即阅今古所有之小说奇传中，亦未见这样的文字。于颦儿处更为甚。其囫囵不解之中实可解，可解之中又说不出理路。合目思之，却如真见一宝玉，真闻此言者，移之第二人万不可，亦不成文字矣。余阅《石头记》中至奇至妙之文，全在宝玉颦儿至痴至呆囫囵不解之语中。（下略）

看这一段文字，可知贾宝玉、林黛玉这两个典型的崭新的意义，就在脂砚斋当时，早已经明确地认识到了。当然他不可能认识这个形象的新的性质，这一点是无需说明的。

曹雪芹在人物性格的塑造上，也同样表现了他的创新精神。中国的古典小说，较早而影响较大的，无过于《三国演义》和《水浒传》。这两部小说在人物塑造上，有一个共同的特点，就是比较集中突出地介绍人物性格的某一方面，例如诸葛亮就突出了他的智慧，曹操就突出了他的奸诈，刘备就突出了他的仁厚，如此等等。这样写，尽管突出了这些形象的性格特征的某一面，但却忽略了其它方面，使得人物的性格仍不免显得单薄，甚而至于流为简单的好人和坏人之分。但到了曹雪芹的手里，就有了很大的发展。他笔下的一些主要形象，都是性格比较丰满的，都不是可以简单地以好人坏人来分。其中如薛宝钗、王熙凤、贾探春、史湘云、尤二姐、尤三姐等等就更是如此。他们都是活生生的个性，而非简单的好人或坏人。

人物的心理描写，《红楼梦》也是非常突出的。在此之前，中国古典小说的人物描写，着重外部动作和形象的外形塑造比较多，内心活动描写得比较少，《水浒》和《三国演义》里的一些典型形象，都是主要靠他们的行动的进展，人物的性格就逐渐展现了。《水浒》里的武松、林冲、石秀都是如此。但《红楼梦》里塑造典型的方法就大不相同了。可以说，曹雪芹在塑造贾宝玉和林黛玉这两个典型时，由于作者赋予这两个典型的思想容量比较大，作者用这种手法，来深刻地发掘和描写这两个典型的内心世界和个性心理，从而使这两个典型达到了思想和性格的两方面的丰满和高度的统一。曹雪芹的这种对典型人物的心理描写，在中国古典小说的人物画廊里，是居于十分突出的地位的，是典型塑造的一大发展。

《红楼梦》的结构艺术，也大大突破了传统的手法，有了崭新的意义。《红楼梦》在情节结构上摆脱了中国早期长篇小说的话本痕迹，做到了完全从生活内容出发，来创造出新的适合于表现这种生活内容的最好的形式。《红楼梦》是一座千门万户的艺术宫殿，是一座整体的艺术结构而不是孤立的、各不相属的亭台楼阁，这在中国的古典小说史上，也是崭新的光辉的一页。

《红楼梦》在叙述语言、人物的对话，以及典型环境的塑造上，也有令人注目的新的创造。如果把《红楼梦》里人物的对话按照现代话剧的手法排列起来，可以看到现代话剧的一些对话手法，曹雪芹基本上都运用到了。在典型环境的描写上，曹雪芹善于把中国古典诗词的意境、古典园林的意境以及中国山水画的意境，吸收融化到自己的艺术天地里去，创造出富有民族气派、富有传统美学的韵味而又具有崭新意义的新的境界来。《红楼梦》不愧是一座巍巍峨峨的民族文化的宫殿！

以上这些，我认为是至今仍然不失其新意的方面，是仍然值得我们借鉴的方面。

我认为这就是我们所理解的学习研究《红楼梦》的现实意义的主要方面。

当然《红楼梦》是我国古典文学史上的一座大山，它给予人们的东西，常常是要看人们自身的修养和态度而定的。我入"山"不深，因之所见自浅，上述这些，不过是拾取了浮空烟岚的一滴余翠而已！

哲人云逝，来者可追。我们应该携起手来，共同追赶我们时代逝去的岁月！

我们应该对我们的时代、我们的人民作出新的贡献！

> 1983 年 7 月 13 日至 25 日凌晨写毕于宽堂
> 8 月 13 日改，9 月 4 日再改定
> 1996 年 12 月 16 日至 20 日
> 再改于第五次作家代表大会

附记：据徐恭时同志统计：《红楼梦》全书共写了男 495 人，女 480 人，合计 975 人，见《上海师院学报》1983 年第 2 期。

又据顾平旦同志统计，共计写了 774 人，此数只计有名字或有绰号的，没有名字或绰号的未计入内。

本文校毕时，正值曹雪芹逝世 234 周年忌日，书此以为纪念。1997 年 2 月 12 日，宽堂记。

曹雪芹对未来世纪的奉献

——曹雪芹和《红楼梦》

　　曹雪芹，是伟大小说《红楼梦》的作者，他的名字，已并列于世界伟大作家之林。

　　曹雪芹，名霑，字梦阮，号雪芹，又号芹溪、芹圃。祖籍今辽宁省辽阳市。①

　　他的上世有可靠史料证明的是六世祖曹世选和五世祖曹振彦。世选又名锡远，单名"宝"，汉族。他们原是明朝驻防辽东的军官，曾任沈阳中卫指挥使。约在后金天命六年（明天启元年，公元 1621 年）努尔哈赤攻破沈阳、辽阳时归附后金。后入满洲正白旗包衣，于天聪八年（明崇祯七年，1643 年）任佐领。

　　曹振彦于顺治元年四月（明崇祯十七年，1644 年）随多尔衮经山海关之战破李自成进北京。后又随多尔衮平山西大同姜瓖之乱，任平阳府吉州知州，阳和府知府，升两浙都转运盐使司盐法道，从此开始由武职改为文职。

---

　　①　详见拙著《曹雪芹家世新考》（增订本），文化艺术出版社 1997 年版。

曹振彦生二子：曹玺和曹尔正。曹玺生二子：曹寅和曹宣。

曹寅生子颙，颙早卒。据有的红学家研究认为曹雪芹即曹颙的遗腹子；但有的红学家则认为曹雪芹是曹寅嗣子曹頫之子。两说尚不能定。

曹家自高祖曹振彦从辽阳随多尔衮入关后，即因功升迁。曹玺的妻子孙氏又当了康熙帝的保姆。康熙即位后，康熙二年，特简曹玺任江宁织造。织造一职，属内务府，是专为皇帝驻京外办差的。除江宁织造外，还有苏州织造、杭州织造等。

康熙二十三年曹玺死，其子曹寅继任江宁织造，后复兼两淮巡盐御史，为康熙帝之亲信。曹寅才干出众，诗文词曲书画并擅，为一时之人望。曹家于曹振彦后，复经曹玺、曹寅两代数十年之经营，已为东南巨宦，文酒风流，极一时之盛，天下名士，多与唱游。康熙六次南巡，有四次由曹寅于江宁承办接驾大典，并驻跸于江宁织造署，可见康熙对曹寅之荣宠。而曹家亦因此落下巨额亏空，沦入困境。①

康熙五十一年（1721 年），曹寅死。子颙继任三年，颙又死，康熙特命曹寅之弟曹宣之第四子曹頫过继接任，以维护曹家。康熙六十一年（1722 年），康熙帝死，曹家失去了靠山。雍正五年（1727 年）末，曹頫即因骚扰驿站案、织造亏空案被革职抄家枷号。六年初，曹家回北京，住崇文门外蒜市口，时雪芹约虚岁十四岁。

曹家回北京时，曹頫仍在枷号中，雍正七年（1729 年）尚未宽释，直至乾隆元年始得宽免。曹家此后的情况就再无消息。

曹家虽然在江宁 60 余年，但他们在北京原有家业，曹頫在奏折里说："所有遗存产业，惟京中住房二所，外城鲜鱼口空房一所，通州典地六百亩，张家湾当铺一所。"② 这些财产在抄家时例应抄没，但无明

---

① 有关曹雪芹家世的考证资料，均可见《曹雪芹家世新考》（增订本）。

② 见《关于江宁织造曹家档案史料》第 131 页，《江宁织造曹頫覆奏家务家产折》，中华书局 1975 年版。

载。然在抄家以后雍正七年的"刑部移会"里说："京城崇文门外蒜市口地方房十七间半，家仆三对，给与曹寅之妻孀妇度命。"① 这是很确切的记载。另外，曹家在京郊有祖坟，所以曹玺、曹玺之妻孙氏、曹寅三人在南方去世后，均北归葬于京郊的祖坟。曹頫是在北京去世的，故李煦在奏折里说："于本月内择日将曹頫灵柩出城，暂厝祖茔之侧。"② 则可见曹家的祖茔确在京郊。

曹雪芹自北归以后，曾一度在右翼宗学任"瑟夫"（教习）。因而结交宗室敦敏、敦诚。后雪芹移居西郊，与张宜泉交，此三人皆留有赠雪芹的诗篇。

曹雪芹约于乾隆九年（1744 年）前后开始写作《石头记》。据我们所知，纪年最早的《石头记》稿本，是乾隆十九年（1754 年）的甲戌本，现有此本的过录本传世。可知此时《石头记》前八十回已基本完成。后来雪芹贫病交迫，乾隆二十七年壬午（1762 年）又殇子，禁不起丧子之痛，此年除夕（1763 年 2 月 12 日）雪芹病逝，终年虚岁 48 岁。

1992 年 7 月，北京郊区通县张家湾农民李景柱，献出了在 1968 年"文革"中平地时发现的"曹雪芹墓石"，上刻"曹公讳霑墓"五个大字，左下端刻"壬午"二字，经国家文物鉴定委员会的专家鉴定，认为墓石是可靠的，从而确证雪芹卒于"壬午"，与脂砚斋批"壬午除夕，芹为泪尽而逝"合，且确知其祖坟在张家湾。③ 雪芹逝后，留有"新妇"，不知所终。

---

① 见拙著《曹雪芹家世新考》（增订本），第 197 页。
② 见《关于江宁织造曹家档案史料》第 127 页，《苏州织造李煦奏支排曹頫后事折》，中华书局 1975 年版。
③ 见拙文《曹雪芹墓石目见记》，《漱石集》第 116 页，岳麓书社 1993 年版；又见冯其庸编《曹雪芹墓石论争集》，文化艺术出版社 1994 年版。

曹雪芹生于荣华，中经巨变，历尽沧桑，于世态所味甚深，而又博学通识，才华富赡，胸多波澜，笔无滞碍，才得成此绝世之作。

曹雪芹的《红楼梦》，是以自己和亲戚家庭的败落为创作素材的，因此带有一定的回忆性质；但他创作的《红楼梦》是小说而不是自传，不能把《红楼梦》作为曹雪芹的自传看待。

《红楼梦》总的主题思想是反封建主义，在这个总主题下，作者通过贾宝玉、林黛玉两个典型人物，对当时现存正统的封建社会秩序都表示反对，因而这两个典型就成为封建社会的叛逆形象。

在曹雪芹的笔下，象征着封建社会的荣国府和宁国府，就是腐败不堪的两个封建大家庭，作者借用柳湘莲的话说："你们东府里，除了那两个石头狮子干净，只怕连猫儿狗儿都不干净。"这是作者对这个封建大家庭的总抹一笔，是最尖锐深刻的揭露和批判。读者可以看到，这两个封建官僚家庭里的大大小小的主子们，除了享乐，除了做那些见不得人的肮脏事外，没有一件正经的事干，而且他们勾结官府，草菅人命；在曹雪芹的笔下，连当时的封建朝廷都不过是"见不得人的去处"。贾妃回府，只是"满眼垂泪"，"呜咽对泣"，其他的人也都是"垂泪无言"。作者笔下的这幅省亲图，除了虚有其表的空排场外，动到真情实感的就是这一副哭泣的场面。

作者通过贾宝玉，反对"文死谏、武死战"，说"有昏君方有死谏之臣"。骂那些官僚是"国贼禄鬼"。说孔孟的经典之作，也不过是"杜撰"的。作者还通过探春之口，说："登利禄之场，处运筹之界者，窃尧舜之词，背孔孟之道。"说理学大师朱熹的话，也不过是"虚比浮词，那里都真有的？"大家知道孔孟之道和程朱理学，在清代是封建法规的准绳，是治国之大纲，人人违反不得的，而曹雪芹却用这些亦庄亦谐的话，来加以轻蔑和否定。

贾宝玉特别反对"仕途经济"，即反对去走读书做官的道路。这

"仕途经济",是历来封建政权得以世世延续的根本制度,也即是众所周知的科举制度。曹雪芹通过贾宝玉反对"仕途经济",无异是将动摇封建政权的基础。

《红楼梦》里作者着力描写的是贾宝玉与林黛玉的爱情及其悲剧。这个爱情故事具有深刻的内涵,与以往所有的爱情故事都有所不同。首先,贾宝玉、林黛玉的爱情不是一见倾心式的爱情,而是在长期相处、共同生活中产生的爱情,这样,这个爱情也就有了生活和思想的基础。其次,他们的爱情是以共同的生活理想和社会理想为基础的,这就是共同的反封建的思想,这是他们爱情牢固的基础,薛宝钗就是因为缺少这一点,贾宝玉终于选择了林黛玉。第三,是他们的个性气质相投,贾宝玉崇尚自然天真,喜欢自由,摆脱封建思想和封建礼法的束缚,摆脱世间一切俗套,追求个性的自由和解放,这恰好符合林黛玉的个性和脾气,而这正好说明他俩所共同追求的是个性解放!

在中国的婚姻史上,以以上三个原则作为婚姻选择标准的,在古代是绝无可能的。实际上曹雪芹在这里已经提出了一个现代婚姻的原则。而这一原则到今天在全世界也没有真正能实现。因为这一原则是具有超前性的,是对人类自身的文明和发展的一个进步。

以往我们研究《红楼梦》,较多地注重《红楼梦》对封建社会的批判和揭露,很少注意创建新的社会理想和生活理想,现在看来这未免有点片面。曹雪芹对封建社会的批判无疑是深刻的,但他同时就提出了新的生活的理想,在曹雪芹笔下贾宝玉、林黛玉的爱情描写,实际上就是曹雪芹的新的社会理想和生活理想的反映和追求。曹雪芹的批判是属于他自己的现实社会的,而他的理想却是属于未来社会的。

曹雪芹通过贾宝玉还提出了反对封建的等级制度,主张自由和平等等。特别是曹雪芹通过贾宝玉提出了重女轻男的主张,甚至说:"男人是泥做的骨肉",见了男人"浊臭逼人"。孤立地看这句话,似乎不可理解，但从历史的角度看，中国的封建社会，一直是男权社会，男尊女卑是天经地义。贾宝玉的这句话，无疑是对男权社会的一个否定，是男女平等的一种矫枉过正的呼吁。

贾宝玉的这种反封建思想，究竟是什么性质呢？有人认为是封建的民主思想，我认为这是不符合事实的。封建的民主思想是对封建统治有利的思想，贾宝玉的思想是对封建社会的叛逆，是与贾政所代表的思想对立的，所以贾政说贾宝玉弄到后来要"弑君杀父"，因而要趁早打死他。这一情节，把贾宝玉和贾政所代表的两种思想的对抗性交代得十分明确。何况在乾隆时代，中国从明代开始发展起来的资本主义萌芽性质的经济，已经有较大的进展了，自觉或不自觉地反映这种新的生产关系的思想家在明代后期已经出现，这就是激进的初期民主主义思想家李卓吾，而《红楼梦》的思想显然是受他的影响的。所以从《红楼梦》所反映的反封建的内容来看，从贾宝玉、林黛玉的爱情内涵来看，从贾宝玉与贾政的思想冲突的实质来看，再从《红楼梦》的思想渊源来看，我认为《红楼梦》的民主思想，已是具有资本主义萌芽性质的民主思想，这种思想是与封建正统思想对立的，是具有历史的进步性的。只不过，它是借用一个特殊的典型形象并用特殊的语言方式来表现的，与哲学语言的直观性不同罢了。

《红楼梦》共写了700多个人物，其中称得上典型的也有数十人。如贾宝玉、林黛玉、薛宝钗、王熙凤、晴雯、袭人、史湘云、妙玉、贾母、刘姥姥等都是家喻户晓的人物。

小说是凭借它所创造的典型形象以传世的，《红楼梦》拥有这么多的栩栩如生的典型形象，这在中外的古典小说中，也是非常突出的。

曹雪芹留下来的《红楼梦》只有八十回的抄本，八十回以后也写了一些，但一直未流传下来。今传的后四十回是高鹗和程伟元在乾隆五十六年辛亥用木活字排印《红楼梦》时加上去的，其稿本的来源据程伟元的序言里说是从"鼓担"上买来的，也有人说是高鹗续写的，但以前一说较为可信。

乾隆末年到嘉庆年间，《红楼梦》的续书很多，但仍以程高印续的较好，故程高续本能流传至今，然与雪芹原作比较，其差距还是很大的。

《红楼梦》的思想内涵和文化内涵是非常丰富和深邃的，所以研究《红楼梦》的学问被称为"红学"。

《红楼梦》在世界现实主义小说史上，是居有领先地位的，它比欧洲最早的现实主义大师法国的司汤达（1783—1842）、福楼拜（1821—1880）要早出一个来世纪；比巴尔扎克（1799—1850）早出 80 多年；比俄国的现实主义大师果戈理（1809—1852）和列夫·托尔斯泰（1828—1910）也要早出将近一个世纪或更多一点。因此，在世界文学史上，由作家创作的现实主义小说的强烈光芒，是由曹雪芹的《红楼梦》首先放射出来的。

曹雪芹的《红楼梦》既是现实主义的又是理想主义的。他对 18 世纪中国封建社会的批判是现实主义的，而他对宝黛爱情深刻动人的描写，他们至死不渝的追求和对美好的自由幸福生活的渴望，则既是现实主义又是理想主义的，而这种对理想生活的渴望和追求，正是曹雪芹对未来世纪的奉献！

> 1998 年 11 月 12 日夜 1 时于京东
> 且住草堂，11 月 28 日改定

林黛玉、薛宝钗合论

——启功先生论红发微

　　启功先生是著名的文史专家、书画大师、古书画鉴定大师，又是"红学"专家。启功先生还是清宗室的嫡系，于满族的历史、文化、习俗、掌故的熟悉与研究，更具有权威性。由于以上这许多方面的特殊条件，所以启功先生对《红楼梦》的研究更非一般人所能及。启功先生曾主持程甲本的校注工作，还曾写过《读〈红楼梦〉劄记》、《〈红楼梦注释〉序》等重要文章。我曾反复研读过启先生的文章，获益匪浅，特别是关于满族的风俗习惯，《红楼梦》中关于真假、虚实以及有意回避清代的种种写法，启先生更是发人之未发，对"红学"的研究启迪甚多。兹谨就我拜读启先生的论红大著所获得的启示，略述一二，虽名之谓"发微"，实未必能有"微发"，只能说是学习的初步体会而已，如果我说错了，那是我体会错了，自与启老的宏论无关。

一

　　启先生说：

　　《红楼梦》里的诗，和旧小说中那些"赞"或"有诗为证"的诗，都有所不同。同一个题目的几首诗，如海棠诗（三十七回）、菊花诗（三十八回）等，宝玉作的，表现宝玉的身份、感情。黛玉、宝钗等人作的，则表现她们每个人的身份、感情。是书中人物自作的诗，而不是曹雪芹作的诗。换言之，每首诗都是人物形象的组成部分。

　　启老这段话，讲得十分确切而富有启发性。在20世纪70年代，我曾遇到过这样一件事，有人告诉我发现了曹雪芹的诗集。这当然是一个极其重要的信息，及至拿来看时，虽然封面上写着曹雪芹诗集的题签，但一看，却都是辑录的《红楼梦》里的诗，一首也没有《红楼梦》以外的诗。这说明这位辑录者，并不懂得《红楼梦》里的这些诗，都是曹雪芹为《红楼梦》里这些人物作的诗，是代言，而不是自咏。

　　从《红楼梦》里的这许多诗来看，我认为只有"满纸荒唐言，一把辛酸泪。都云作者痴，谁解其中味"这首诗可以算作是曹雪芹自己的诗。因为它不是代别人说，而是作者自抒胸怀。另一首："无材可去补苍天，枉入红尘若许年。此系身前身后事，倩谁记去作奇传。"这首诗虽然仍是说本书的故事是作者的"身前身后事"，但语气已是"石头"的语气，而不是作者自己的语气了，所以这已是代言而不是作者的直言。还有一首是甲戌本"凡例"第五条的一首律诗，诗曰："浮生着甚苦奔忙。盛席华筵终散场。悲喜千般同幻渺，古今一梦尽荒唐。漫言红袖啼痕重，更有情痴抱恨长。字字看来皆是血，十年辛苦不寻常。"这首诗，胡适把它看作是曹雪芹自己的诗，并亲自把诗的最后两句题在影印甲戌本的前面，还加上"甲戌本曹雪芹自题诗"一行题记，明确说这是曹雪芹的诗，这是完全不对的。这早已有人指出过，我也写过文章认为这是脂砚斋的诗，因为从语气和诗的内容来看，都不像是作者自己的诗作。诗的前六句是概括《红楼梦》的故事内容，没有什么特别的地方，而且诗语也极俗套，毫无精警之意，"红袖""情痴"对仗也极泛，几不成对。而最后两句，虽很动人，却完全不是雪芹自己的口气，而是评书人的口气。作为评书人的话，说曹雪芹写此书"字字看来皆是血，十年辛苦不寻常"，则充满了赞赏和同情之意，说得精要而恰当。如作为曹雪芹自己的诗，则变成曹雪芹自吹自擂，则与"满纸荒唐言"一首相距太远。"满纸荒唐言"一首写得深沉而又含蓄，令人回味无穷，低徊三思；而这首诗则一览无余，末了还要自我吹嘘，这样较为肤浅的诗，当然不是雪芹的诗。何况《红楼梦》开头的一系列诗和对句，脂砚斋都有批。如批"无材可去补苍天"一首云："书之本旨"，"惭愧之言鸣咽如闻"。批"满纸荒唐言"一首云："此是第一首标题诗。"批"假作真时真亦假"对句云："叠用真假有无字妙。"批"惯养娇生笑你痴"一首云："为天下父母痴心一哭。"等等，连批五句。批"未卜三生愿"一首云："这是第一首诗，后文香奁闺情皆不落空。余谓雪芹撰此书中，亦为传诗之意。"总之，这一系列小说里的诗，都有脂砚斋的批语，那末为什么在最前的这首诗，脂砚斋反倒无一语评批呢？道理很明白，因为这是脂砚斋自己写的诗，所以就没有批。说到底，《红楼梦》里除"满纸荒唐言"一首是雪芹自己的诗外，其他都是为小说故事而写，更多的是为小说的人物所作，是曹雪芹创作小说人物的手段之一。所以启功先生说《红楼梦》里的"每首诗，都是人物形象的组成部分"，这是说得非常确切而精到的。下面我们就试扼要分析林黛玉、薛宝钗两个人的诗，看看它们与小说人物塑造的关系。

二

先说林黛玉。林黛玉是小说的中心人物之一，是第一女主人公，她在《红楼梦》中的重要性，可以说等同于贾宝玉、薛宝钗。要了解林黛玉的诗是否切合林黛玉这个人物，是否达到了个性化，还须要对林黛玉有一个总体的了解。林黛玉与贾宝玉一样，完全是中国小说史上创新的人物，在此之前，在中国文学史上，还没有同一类型的形象。但是，林黛玉这个艺术形象，又不是天上掉下来的，而是从中国传统文化、传统美学理想，经过曹雪芹崭新的思想而孕育化生出来的。析而言之，她有藐姑仙子的仙和洁，她有洛水神女的伤，她有湘娥的泪，她有谢道韫的敏捷，她有李清照的尖新和俊，她有陶渊明的逸，她有杜丽娘的自怜，她有冯小青的幽怨，她有叶小鸾的幼而慧，娇而夭，她更有自身幼而丧母复丧父的薄命，……总之，在她的身上，集中了传统性格和传统美学理想的种种特点和优点，而镕铸成一个完美的活生生的独特个性。这个个性是孕育化生而成的，不是集合而成的。曹雪芹之所以必须创造这样一个崭新的形象，是因为以往任何女性形象都不能载负他所要赋予的全新的独特的思想，很明显，林黛玉的思想要用杜丽娘或者崔莺莺的形象来载负是完全不可能的，所以林黛玉这样崭新的女性形象的出现，是因为曹雪芹要赋予以往历史上从未有过的新的思想。对于这个崭新的形象，脂砚斋倒是有一定的认识的，他说："真可拍案叫绝，足见其以兰为心，以玉为骨，以莲为舌，以冰为神，真真绝倒天下之裙钗矣。"又在此段的书眉上墨批云："真冰雪聪明也！"（甲戌本第八回第八页 B面）清代的西园主人在《〈红楼梦〉论辨》中则说：

林颦卿者，外家寄食，茕茕孑身，园居潇湘馆内，花处姊妹丛中，宝钗有其艳而不能得其娇，探春有其香而不能得其清，湘云有其俊而不能得其韵，宝琴有其美而不能得其幽，可卿有其媚而不能得其秀，香菱有其幽而不能得其文，凤姐有其丽而不能得其雅，洵仙草为前身，群芳所低首者也。

西园主人还说：

盖以儿女之私，此情只堪自知，不可以告人，并不可以告爱我之人，凭天付予，合则生，不合则死也。

汇合以上这些意见，可以形成对林黛玉的一个总的认识，这样我们来验读林黛玉的诗，就可以感受到是否诗如其人，是否如启老先生所说的"每首诗都是人物形象的组成部分"了。

现在先说二十七回的《葬花吟》。此诗的起因是上回黛玉晚访怡红院，却因晴雯未听清黛玉的声音，误把黛玉拒于门外，黛玉又耳听着宝玉、宝钗笑语之声，眼看着宝玉、袭人等送宝钗出怡红院，因而触景生情，使本来就是多感的黛玉：

自己又回思一番：虽说是舅母家如同自己家一样，到底是客边，如今父母双亡，无依无靠，现在他家依栖，如今认真淘气，也觉没趣。一面想，一面又滚下泪珠来。……

与此相对衬的是第二天芒种节，园中诸人都来祭饯花神，"满园里绣带飘飘，花枝招展，更兼这些人打扮得桃羞杏让，燕妒莺惭。"黛玉孤零无依的身世，又意外遭到闭门坚拒的冷落，再对照着园中诸人的热烈情绪，于是逼出了这首字字血泪的《葬花吟》。此诗共51句，可说自首到尾，字字精警，句句动人，如："桃李明年能再发，明年闺中知有谁？"
如："一年三百六十日，风刀霜剑严相逼。明媚鲜妍能几时！一朝飘泊
难寻觅。"都是紧切黛玉身世的感叹，特别是：

> 愿奴胁下生双翼，随花飞到天尽头。
> 天尽头，何处有香丘？
> 未若锦囊收艳骨，一抔净土掩风流。
> 质本洁来还洁去，强于污淖陷渠沟。
> 尔今死去侬收葬，未卜侬身何日丧？
> 侬今葬花人笑痴，他年葬侬知是谁？
> 试看春残花渐落，便是红颜老死时。
> 一朝春尽红颜老，花落人亡两不知！

这些诗句，真真是杜鹃啼血，长歌当哭，无一不是从黛玉的特定身世、
特定心情、特定环境中自然流出来的。这些诗句，没有一丝一毫是做出
来的，完全是自然的流露，是心头的泣诉，特别是诗中提出了"何处有
香丘"的问题，提出了"质本洁来还洁去，强于污淖陷渠沟"的问题，
这表明着她向往理想世界而厌弃罪恶的现实世界，要保持自己的"洁
来""洁去"，不愿陷身于像渠沟一样污浊的现实社会。脂评说："余读
葬花吟，凡三阅，其凄楚感慨，令人身世两忘。举笔再四，不能加批。"
脂评当然只是从文字上、诗的感情上来激赏这首诗，对于诗中的理想世
界是不可能有所认识的。

再如她的题帕诗：

> 眼空蓄泪泪空垂，暗洒闲抛却为谁？
> 尺幅鲛绡劳解赠，叫人焉得不伤悲！

抛珠滚玉只偷潜，镇日无心镇日闲。

枕上袖边难拂拭，任他点点与斑斑。

彩线难收面上珠，湘江旧迹已模糊。

窗前亦有千竿竹，不识香痕渍也无?

这三首诗，集中写了黛玉的"泪"，起因是因为宝玉挨打，受伤甚重，黛玉去看他，心痛不已，又不能都用言辞来倾诉自己的痛惜。宝玉对黛玉也是一样，虽心甚系念，而无从沟通，不得已宝玉只好遣唯一的知心小婢晴雯去传达自己的心意，但又不能明说，只好借送手帕这件事，来传达自己的心意。特别应该注意的是，此时的宝、黛已是经过三十二回"诉肺腑"之后，宝玉嘱咐黛玉"你放心"，黛玉"听了这话，如轰雷掣电，细细思之，竟比自己肺腑中掏出来的还觉恳切"，所以宝玉的手帕，实是不言之言，是"此时无声胜有声"。慧心的黛玉自然终于领悟了宝玉的深意。所以，从《葬花吟》到题帕诗，是宝、黛感情的飞跃和深化，以前黛玉的眼泪，是由于误会和外因，如开头的摔玉，如夜访时晴雯闭门不纳。这些都是由外因引起的，而这次的题帕诗的"泪"，却是由于内因，是由于双方互相进一步的沟通和感悟而引起的，所以黛玉这次的"泪"，是双方思想感情完全沟通并深化的一个标志。"眼泪"，对黛玉来说，实际上就是她的语言，她心头有所感触，不能用言语来表达，就自然地用眼泪来表达。因为眼泪的包容性大，各种内心的感触，都可借用眼泪来表达，从外部来看，眼泪只有一种形式，但其内涵却往往有很大的差别。眼泪更是黛玉生命的象征，二十二回脂批说黛玉"将来泪尽夭亡"，则可见黛玉的"泪"，更是黛玉生命的"量"词，现在黛玉为宝玉而大量抛洒自己的眼泪，也无异是为宝玉而不惜自己的生命。题帕诗的第三首，是用的湘娥斑竹的典故，这是一种化用，而不是死板的照搬，作者只是用来说明黛玉眼泪之多之悲，说明她为宝玉而椎心泣血，不惜自己的生命。从人物形象创作的角度看，作者正好用这种诗的手段，来深化人物的内心世界、思想感情。这三首诗的内容，如果要用叙述文字来加以表达，其效果和所能达到的深度，肯定比不上这三首诗的功能，所以这三首诗，不仅仅是切合林黛玉的身份口气，而且是大大深化和丰富了林黛玉这个形象。

《红楼梦》里关于黛玉的诗，还有很多，这篇文章里不可能一一细说，但七十六回的"冷月葬诗魂"，却不能不说。此句庚辰本作"冷月葬死魂"，"死"字点去，原笔旁改为"诗"字，全句为"冷月葬诗魂"。作"诗魂"者，还有程甲本、甲辰本、列藏本。作"冷月葬花魂"的有戚序本系统的三个本子，即戚序本、蒙府本、南京图书馆藏本，还有杨本。实际上戚序本系统的三个本子是一个来源，其数据是虚的，且戚本和杨本的时间都是乾隆末年，而庚辰本其底本是乾隆二十五年，现存的抄本至晚也是乾隆三十二三年（见拙著《论庚辰本》），程甲本刊印的时间是乾隆五十六年，但其底本也当是乾隆中期的抄本，甲辰本是乾隆四十九年的抄本，列藏本约是乾隆末或嘉庆初年的本子，而以后者的可能性较大。所以从抄本的角度看，作"诗魂"的四个本子，有三个是乾隆中期的本子，一个是嘉庆初期的本子，而作"花魂"的本子，都是乾隆末年的本子，特别是戚本是经人整理过的本子，其可信的程度是有限度的。主张"花魂"说的同志，认为"死"字与"花"字形近，是形近而误。其实这是不足为据的。因为无论是正写、行写、草写，"花"字起头的两笔总是少不了的，如：花、花、花，这就是"花"字的正、行、草三种基本写法，它无论如何与"死"字形近不了，最显眼的是"死"字起笔是一平画，与"花"字起笔的两竖笔，无论如何不能混淆，因为"死"字无论如何行写或草写，都不可能在一平画上面再添加笔画，明白了这个道理，可知"形近而误"的说法，是一种想当然的想法。①　特别是庚辰本上"死"字点改为"诗"字，是原抄者的改笔，此回"诗"字甚多，读者可将七十六回此句旁改"诗"字与非旁改的正文抄写的"诗"字作比较验看，就可以明白是抄手听错了读音而误抄，因为当时是一个人念，一个人抄，所以易致音近而误；而抄者并非看着书抄，所以也不可能发生"形近而误"。就在本回，音近而误的还可举出数例，如第 1876 页倒数第 4 行"海棠诗四手"，实是"海棠诗四首"，因"首""手"音近而误；如 1877 页第 3 行末"黛玉笑道：'正是故人常说'"，实是"古人常说"，因"古""故"音近而误；如 1887 页第 4 行末"只是故于颓败"，实是"只是过于颓败"因"故""过"音近而误；如 1891 页倒数第 4 行"我有择息的病"，实是"我有择席的病"，因"息""席"音近而误。以上这些例子，都能充分说明当时抄手音近而误甚多，发现后随手就改在旁边，上举二、三两例，就是原笔旁改的，这种原笔旁改的例子实在太多了，只要认真细研影印庚辰本或验看原本，就可明白吾言不虚。

以上是从版本（抄本）的依据和抄写时的音误、形误的角度来分析的。下面再从"诗魂"和"花魂"这两个词的内涵方面作一些分析。

大家知道，在《红楼梦》里外形特别美的女子并不是仅仅林黛玉一个。如第五回警幻送宝玉"至一香闺绣阁之中，……更可骇者，早有一位女子在内，其鲜艳妩媚有似乎宝钗，风流袅娜，则又如黛玉"。这里，宝钗与黛玉同举，而且以宝钗为首。再如六十三回《寿怡红群芳开夜宴》，诸人抽象牙花名签子，宝钗：

①　读者还可参看各种行草法帖，查一查"死"字的写法与"花"字的写法是否有形近之处。最易见的《圣教序》，其中"花"字两见，"死"字也两见，看看是否能混淆或是否有形近的可能。

伸手掣出一根，大家一看，只见签上画着一支牡丹，题着"艳贯（冠）① 群芳"四字。下面又有镌的小字一句唐诗，道是：

任是无情也动人

又注着：在席共贺一杯，此为"群芳之贯（冠）"……众人看了都笑说："巧得很，你也原配牡丹花。"说着大家共贺了一杯。宝钗吃过。

这里，更是把宝钗的美凸出到"艳冠群芳"的地位，而且用花中之王牡丹来比喻她，还让大家说"你也原配牡丹花"，更加坐实了宝钗居花中之王，艳冠群芳的地位。而同回黛玉：

伸手取了一根，只见上面画着一枝芙蓉，题着"风露清愁"四字，那面一句旧诗道是：

莫怨东风当自嗟

注云：自饮一杯，牡丹陪饮一杯。众人笑说："这个好极，除了她别人不配作芙蓉。"黛玉也自笑了，于是饮了酒。

显然作者在这里用以比喻黛玉的是秋天冷清的芙蓉花，并且"黛玉也自笑了"，也即是认可了。在上面这个情节里，不是作者用花作比喻，把宝钗放到"艳冠群芳"的地位了吗？再如第二十一回宝玉续《庄》云："戕宝钗之仙姿，灰黛玉之灵窍"，这里称宝钗是"仙姿"，称黛玉是"灵窍"，可见宝钗之美是非常突出的。再如第二十八回《薛宝钗羞笼红麝串》。宝玉要看宝钗手臂上的红麝串，宝钗：

---

① 此处又是音近而误一例。

少不得褪了下来。宝钗生的肌肤丰泽，容易褪不下来，宝
玉在旁看着雪白一段酥臂，不觉动了羡慕之心，暗暗想道：
"这个膀子要长在林妹妹身上，或者还得摸一摸，偏生长在他
身上。"正是自恨没福得摸。忽然想起金玉一事来，再看看宝
钗形容，只见脸若银盆，眼似水杏，唇不点而红，眉不画而
翠，比林黛玉另具一种妩媚风流，不觉就呆了……

这里，作者不仅正面描写了薛宝钗的美，而且还说"比林黛玉另具一种
妩媚风流"，连宝玉都看呆了。以上种种描写，不是非常突出了宝钗之
美，宝钗居"群芳之冠"的地位吗？所以在《红楼梦》里，第一，有
不少人都被用花来比喻过，因此不少人都有资格用花来作代称。也因此
这个"花魂"，究竟是指哪一朵花的"魂"呢，就产生了疑问。第二，
真正居花中之王的并不是林黛玉而是薛宝钗，黛玉只是芙蓉，宝钗才是
花中之王的牡丹。所以，如果要用"花"或"花魂"来形容比喻大观
园中的诸艳，则首推薛宝钗，而不能理所当然地把这个比喻专属林黛
玉。

我们再进一步地进行探讨，曹雪芹在《红楼梦》里塑造的林黛玉，
究竟是怎样的一个理想人物呢？曹雪芹是想塑一个绝世美女，来超过历
史上所有的美女吗？我认为完全不是。我认为曹雪芹所要塑造的是一个
有新的社会理想的女性，当然这个女性的外形也是非常美的，但并非美
是第一或唯一，而是理想第一、思想第一。也就是说，林黛玉并非单纯
是一个美女。这一点，在《红楼梦》里是有反复的强调的。请看三十二
回的这段话：

湘云笑道："还是这个情性不改。如今大了，你就不愿读

书去考举人进士的，也该常常的会会这些为官做宰的人们，谈谈讲讲些仕途经济的学问，也好将来应酬世务，日后也有个朋友。没见你成年家只在我们队里搅些什么！"宝玉听了道："姑娘请别的姊妹屋里坐坐，我这里仔细污了你知经济学问的。"袭人道："云姑娘快别说这话。上回也是宝姑娘也说过一回，他也不管人脸上过的去过不去，他就咳了一声，拿起脚来走了。这里宝姑娘的话也没说完，见他走了，登时羞的脸通红，说又不是，不说又不是，幸而是宝姑娘，那要是林姑娘，不知又闹到怎么样，哭的怎么样呢。提起这个话来，真真的宝姑娘叫人敬重，自己讪了一会子去了。我倒过不去，只当他恼了。谁知过后还是照旧一样，真真有涵养，心地宽大。谁知这一个反倒同他生分了。那林姑娘见你赌气不理他，你得赔多少不是呢。"宝玉道："林姑娘从来说过这些混帐话不曾？若他也说过这些混帐话，我早和他生分了。"

这是交待得最为清楚的一段，还有前引二十八回宝钗褪串的一段。按《红楼梦》的描写，宝钗的美，决不在黛玉之下，甚至"另具一种妩媚风流"。但是宝玉还是没有喜欢他，其中最重要的一个选择标准，就是生活道路和社会理想。只有林黛玉是完全理解他，与他完全一致的。这就是说，黛玉除了美以外，更重要的是具备与贾宝玉一样的全部新的社会理想，而薛宝钗的理想却是与他完全相反。所以贾宝玉认为只有林黛玉才是他的生死知己。这样，我们就明白了曹雪芹所要塑造的并非仅仅是一个美女，而是要塑造一个完全具备新的社会理想的新型的女性，这个女性当然也是美的，甚至是极美的。薛宝钗并不是没有社会理想，只不过她的社会理想，也就是封建教育所灌输的一套封建的社会理想，三从四德的封建礼教和封建的全部社会道德、人际关系。两个外形都很美的女性，却从思想上判然分别开来了。于是，读者就会明白，"花魂"这个词，用来指林黛玉是不确切的，它不足以负荷这样的新的思想内涵，因而不足以代指林黛玉。因此戚本系统的"花魂"这个词显系后人的误改。

不错，林黛玉在《葬花吟》里是两次用到"花魂"这个词的，在二十六回末尾的叙述文字里，曹雪芹也是用了"花魂"这个词的。这就是说，在曹雪芹的《红楼梦》里已经三次用"花魂"这个词了。一个词，即使最好，也经不起这样反复使用的，何况曹雪芹这样的天才，能窘迫到没有更好的新词，只能反复用一个已经用了三次的旧词吗？更何况，曹雪芹笔下的林黛玉，是具有新的社会理想，是厌弃透了封建贵族社会的一切陈腐俗套，是具有超时代的诗人气质的一个新的女性形象，曹雪芹用"诗魂"一词来指她，是最恰当不过的了，怎么可能舍此不用，而去用已经用过三次的"花魂"这个旧辞呢？不能忘记，黛玉除《葬花吟》外，还有《秋窗风雨夕》、《桃花行》等长歌，还有著名的菊花诗和柳絮词，这些都是富于社会内涵的绝唱。应该注意到《红楼梦》里写诗特多的是林黛玉，仅长歌就有三首，还有联句两篇。"冷月葬诗魂"就是在与湘云联句互争高下时才突然迸发出来的不朽名句，雪芹特意让湘云与她互争胜负，而以此绝世佳句属黛玉，这是人物塑造上特意的安排，阅者万万不能辜负雪芹的苦心！除此而外，黛玉还有律、绝诗和词，整部《红楼梦》里，没有第二个人的诗在数量和质量上能超过她，这种安排，当然是曹雪芹匠心设计的。那末，从诗的人物个性化来说，"诗魂"不正好是诗才横溢的林黛玉个性的呈现吗！再者，在《红楼梦》第五回《金陵十二钗》正册里关于薛宝钗和林黛玉的诗是："可叹停机德，堪怜咏絮才。"曹雪芹特意将谢道韫敏捷的诗才比黛玉，这说明他是用诗人的品格来塑造黛玉的，所以，这个"诗魂"，当然非黛玉莫属。

"诗魂"和"花魂"，虽然只有一字之差，却关系到黛玉这个形象的整体，关系到曹雪芹究竟要塑造一个什么样的艺术形象的问题，关系到《红楼梦》一书的思想主题。因此，虽只一字，也不能含糊，必须明辨！

三

下面，我们再说薛宝钗。

薛宝钗是有名的"冷美人"，在《红楼梦》第五回《金陵十二钗》正册里，就写着"可叹停机德，堪怜咏絮才"。这第一句就是指薛宝钗有符合封建道德规范的妇德，第二句是指林黛玉有谢道韫一样敏捷的诗才。在同回《红楼梦十二支曲》：《终身误》里有一句指薛宝钗的曲词说："空对着山中高士晶莹雪。"这句曲词，一般的解释，都是把"山中高士"解释为薛宝钗，"晶莹雪"又解释为薛宝钗。我认为这样的解释，词意重叠而不确切。我的理解，这句曲词，应分词面的意思和词后所隐的意思两层来解释。词面的意思是：山中高士——晶莹雪。意思是这"山中的高士"就是晶莹的"雪"。这"晶莹雪"是指物而不是指人。也就是说在这绝高的山上只有冰雪。这是一种极冷极冷的境界。第二层所隐的意思就是指薛宝钗。就是隐指她的"冷"。这里的差别就在于这"山中高士"不是用来称赞薛宝钗的。因为薛宝钗是一个热衷入世的人，是"时宝钗"，而没有一点"山中高士"的意思，与她后来的结局也毫不相干。下句："世外仙姝①寂寞林"的解法也一样，词面是指世外一片仙界的树林，"姝"谐"株"，词后所隐的意思是指林黛玉。

———————————

① 姝，甲戌、己卯、戚序、杨藏、程甲、舒序各本皆作"姝"，蒙府本误抄作"妹"，其底本当亦作"姝"，列本缺，惟庚辰本作"姑"，其底本己卯本作"姝"，可见是抄误。此从各本作"姝"。

这个"冷美人"究竟"冷"到何种程度呢？一、金钏投井死了，人人都感到伤感，连王夫人都受到良心的谴责，承认"岂不是我的罪过"，袭人也"不觉流下泪来"。但薛宝钗却能作出意想不到的解释，她说：

> 据我看来，她并不是赌气投井，多半她下去住着，或是在井跟前憨顽，失了脚掉下去的。她在上头拘束惯了，这一出去，自然要到各处去顽顽逛逛，岂有这样大气的理？纵然有这样大气，也不过是个糊涂人，也不为可惜。……姨娘也不必念念于兹，十分过不去，不过多赏她几两银子发送她，也就尽主仆之情了。(三十二回)

面对着血淋淋的事实，她居然能说是"在井跟前憨顽，失了脚掉下去的"，这说得多么轻松自在，简直是把金钏的被撵当作是放假了！最后是"不过多赏她几两银子"，"也就尽主仆之情了"。这就是薛宝钗的主仆之情，也就是薛宝钗的"冷"，"冷"到连一丝一毫的人情暖意都没有了，只有一片冰冷的冰雪世界！二、尤三姐自刎后，连贾珍、贾琏都感到"不胜悲悼"，连薛蟠也满面泪痕地跑回来把这事告诉大家，薛宝钗却说："这也是他们前生注定"，"如今已经死的死了，走的走了，依我说，也只好由他罢了"。又是一片冰冷的世界，别人悲惨遭遇她丝毫无动于衷！三、三十三回宝玉挨毒打后，大家都疼惜他，都来看望他，宝钗来看望的情形是这样写的：

> 只见宝钗手里托着一丸药走进来，向袭人说道："晚上把这药用酒研开，替他敷上，把那淤血的热毒散开，可以就好了。"说毕，递与袭人，又问道："这会子可好些？"宝玉一面

道谢，说："好了。"又让坐。

宝钗见他睁开眼说话，不像先时，心中也宽慰了好些，便点头叹道："早听人一句话，也不至今日。别说老太太、太太心疼，就是我们看着，心里也疼。"刚说了半句又忙咽住，自悔说的话急了，不觉的就红了脸，低下头来。

……

（宝钗）心中暗暗想道："……你既这样用心，何不在外头大事上做工夫，老爷也欢喜了，也不能吃这样亏。……"想毕，因笑道："你们也不必怨这个，怨那个。据我想，到底宝兄弟素日不正，肯和那些人来往，老爷才生气。就是我哥哥说话不防头，一时说出宝兄弟来，也不是有心调唆：一则也是本来的实话，二则他原不理论这些防嫌小事。……"

这是宝玉挨打后宝钗去探望的情况，下面再看看黛玉去探望的情况：

这里宝玉昏昏默默，只见蒋玉菡走了进来，诉说忠顺府拿他之事；又见金钏儿进来哭说为他投井之情。宝玉半梦半醒，都不在意。忽又觉有人推他，恍恍忽忽听得有人悲戚之声。宝玉从梦中惊醒，睁眼一看，不是别人，却是林黛玉。

宝玉犹恐是梦，忙又将身子欠起来，向脸上细细一认，只见两个眼睛肿的桃儿一般，满面泪光，不是黛玉，却是那个？宝玉还欲看时，怎奈下半截疼痛难忍，支持不住，便"嗳哟"一声，仍就倒下，叹了一声，说道："你又做什么跑来！虽说太阳落下去，那地上的余热未散，走两趟又要受了暑。……"此时林黛玉虽不是嚎啕大哭，然越是这等无声之泣，气噎喉堵，更觉得利害。听了宝玉这番话，心中虽然有万句言词，只

201

是不能说得，半日，方抽抽噎噎的说道："你从此可都改了
罢！"宝玉听说，便长叹一声，道："你放心，别说这样话。就
便为这些人死了，也是情愿的！"

　　一句话未了，只见院外人说："二奶奶来了。"林黛玉便
知是凤姐来了，连忙立起身说道："我从后院子去罢，回来再
来。"宝玉一把拉住道："这可奇了，好好的怎么怕起他来。"
林黛玉急的跺脚，悄悄的说道："你瞧瞧我的眼睛，又该他取
笑开心呢。"宝玉听说赶忙的放手。黛玉三步两步转过床后，
出后院而去。

这两节文字是紧密连在一起的，先宝钗后黛玉，这未始不是作者有意的
对比。宝玉的一顿挨打，换来宝钗一颗丸药和一段贾政式的教训或劝
告，结论是"到底宝兄弟素日不正"，话说得多么冠冕，多么冷静理智，
即使贾政听见了，也会点头称赞的。自己的一点点感情刚刚有一丝流
露，马上就控制住了，其自制力和速冻的修养功夫真是到了家，这一切
都是封建礼教和封建道德修养达到理想高度的标志。而林黛玉除带去眼
泪，带去肿的桃儿一般的两个眼睛，带去无声之泣而外，只有一句话：
"你从此可都改了罢！"这是一句怨极疼极的话。这句话的意思，当然不
能照字面来理解，照字面来理解，就大失作者用词之神妙了！

　　与"冷"相关的另一层意思就是"无情"。六十三回宝钗抽的花名
签子的诗句就是"任是无情也动人"，花名是牡丹，题词是"艳冠群
芳"。这牡丹和题词，前面已经解释过了，无须再讲。"任是无情也动
人"这句话，换一种说法，就意思十分显豁了，这就是"任是动人也无
情"。这句话就是活生生的一个薛宝钗。漂亮是漂亮到"艳冠群芳"，漂
亮到可称"花中之王"，可称"仙姿"的地步了，就是冰冷无情！

　　与"冷"相关的另一面就是"淡"。《红楼梦》第四十回贾母与刘

姥姥一起到蘅芜苑时：

> 进了房屋，雪洞一般，一色玩器全无，案上只有一个土定
> 瓶中供着数枝菊花，并两部书，茶奁茶杯而已。床上只吊着青
> 纱帐幔，衾褥也十分朴素。

第七回周瑞家的到梨香院时，"只见薛宝钗穿着家常衣服，头上只散挽
着鬓儿，坐在炕里边"。后来薛姨妈让送宫花给姊妹们戴时，王夫人说
留给宝钗戴，"薛姨妈道：'姨娘不知道，宝丫头古怪着呢，他从来不爱
这些花儿粉儿的。'"第八回宝玉到梨香院时，"先就看见薛宝钗坐在炕
上作针线，头上挽着漆黑油光的鬓儿，蜜合色棉袄，玫瑰紫二色金银鼠
比肩褂，葱黄绫棉裙，一色半新不旧，看去不觉奢华，唇不点而红，眉
不画而翠，脸若银盆，眼如水杏。罕言寡语，人谓藏愚；安分随时，自
云守拙"。

以上这几段描写，凸出了一个"淡"字，特别是她的居处如"雪
洞一般"，这是一句点睛的话，令人感到一股冷气。而她的衣着，只是
"一色半新不旧"的"家常衣服"，她的日常生活不是"坐在炕上作针
线"，就是"伏在小炕桌上同丫鬟莺儿描花样子"，这一切都是标准的封
建女范的再现，特别是四十二回宝钗在训诫了黛玉以后有一段自白：

> 你当我是谁，我也是个淘气的。从小七八岁上也够个人缠
> 的。我们家也算是个读书人家，祖父手里也极爱藏书。先时人
> 口多，姊妹兄弟都在一处，都怕看正经书。弟兄们也有爱诗
> 的，也有爱词的，诸如这些《西厢》、《琵琶》以及《元人百
> 种》，无所不有。他们是偷背着我们看，我们却也偷背着他们
> 看。后来大人知道了，打的打，骂的骂，烧的烧，才丢开了。

所以咱们女孩儿家不认得字的倒好。男人们读书不明理，尚且不如不读书的好，何况你我。就连作诗写字等事，这不是你我分内之事，究竟也不是男人分内之事。男人们读书明理，辅国治民，这便好了。只是如今并不听见有这样的人，读了书倒更坏了。这是书误了他，可惜他也把书糟踏了，所以竟不如耕种买卖，倒没有什么大害处。你我只该做些针黹纺织的事才是，偏又认得了字，既认得了字，不过拣那正经的看也罢了，最怕见了那些杂书，移了性情，就不可救了。

这是一段关于薛宝钗的十分重要的文字，它可以让你认识薛宝钗的过去和现在。按她自己说，她幼时也是很淘气的，《西厢》、《琵琶》、《元人百种》等都偷着看，后来被大人"打的打，骂的骂，烧的烧，才丢开了"。在封建教育的熏陶下，她终于懂得"女子无才便是德"的道理，明白了"就连作诗写字等事，这不是你我分内之事，""你我只该做些针黹纺织的事才是"，"最怕见了那些杂书，移了性情，就不可救了"①。薛宝钗的这段自白，坦率地说出了她的现在。大家知道，《红楼梦》里的贾政，是一个用封建模子压出来的人物，他没有自己的思想和性灵，只有一套冰冷僵化的封建教条，所以贾政两字的含义，就是：假就是真，真就是假。这八个字，是曹雪芹创造贾政这一形象的真谛，也是对当时充塞于世上的虚假现象如假道学、假名士之类的辛辣讽刺②。而薛宝钗，我认为是曹雪芹塑造的又一个贾政式的人物，也就是说是封建化透了的人物。但这是一个女性形象，且是一个少女，因此她有自己的女

---

① 第六十四回薛宝钗还有以下一段话，可以对看："自古道'女子无才便是德'，总以贞静为主，女工还是第二件。其余诗词，不过是闺中游戏，原可以会可以不会。咱们这样人家的姑娘，倒不要这些才华的名誉。"

② 请详见拙著《论红楼梦的思想》，黑龙江教育出版社版。

性特点，不可能按着贾政的模子造，但就其思想内涵来说，完全是与贾政一流的人物。薛宝钗这个形象给我们另一方面的启示，是她自白了自己"转变"的过程，这在贾政身上是找不到的，而这一点，恰好透露了曹雪芹塑造薛宝钗这一形象的思想渊源。它的思想的渊源就是李贽的《童心说》。李贽认为："童心者，绝假纯真，最初一念之本心也。若失却童心，便失却真心；失却真心，便失却真人。人而非真，全不复有初矣。""童心胡然而遽失也，……其长也，有道理从闻见而入，而以为主于其内而童心失。""夫道理闻见，皆自多读书识义理而来也。""《六经》、《语》、《孟》，乃道学之口实，假人之渊薮也，断断乎其不可以语于童心之言明矣。"李贽认为人之失去童心，变成假人，就是因为受了《六经》、《语》、《孟》之类的封建教育。而薛宝钗恰好是活生生地讲出了她从童心到完全失却童心的"转变"过程。而作为《红楼梦》里的薛宝钗，特别是训诫黛玉时的薛宝钗，当然是已经完全失却童心，完全完成了自身封建化的过程了。所以，我们说，薛宝钗是一个贾政型的女性。而她的罕言寡语，淡妆素服，把识字作诗都看作是非分内之事，对于别人，对于世事，完全没有一丝一毫的真心，真是"淡"到了极点，也就是"冷"到了极点。

但是，不能忘记，薛宝钗胎里是有一股"热毒"的，这股热毒，完全是靠用"冷香丸"来克制的，然而充其量也只是克制而不是清除，所以她始终不放松规劝贾宝玉走仕途经济的道路，因为她认为"男人们读书明理，辅国治民，这便好了"；所以她"会做人"，会讨好贾政、贾母、王夫人等等上面的人和身边所有的人，所以她又是"时宝钗"，"时宝钗"者，能识时务也。"时"就是"孔子时者也"的"时"，也就是顺乎潮流，见风使舵的意思。这里须要回顾一下第一回贾雨村吟的联语下句："钗于奁内待时飞。"贾雨村表字时飞，研究者认为宝钗后来改嫁贾雨村。这一结局，也是符合这个"随分从时"的薛宝钗的性格的，这也是"时"字的具体体现。论者又认为宝钗的影子（同型人）是袭人，袭人后来嫁蒋玉菡，这也是一种映衬。《红楼梦》里说，袭人服侍贾母时，心中眼中只有一个贾母，如今服侍宝玉，心中眼中又只有一个宝玉。研究者指出这实际是隐示她的"随分从时"，隐示她的"得新忘旧"。这一看法，是值得参考的。

这种"识时务"的人，必然也是善于机变的人，二十七回滴翠亭宝钗扑蝶，"少不得要使个'金蝉脱壳'的法子"，"故意放重了脚步，笑着叫道：'颦儿，我看你往那里藏！'"这个"'金蝉脱壳'的法子"果然有效，她自己确是"脱壳"了，但黛玉却是"入壳"了。她故意说："颦儿，我看你往那里藏？"往哪里藏呢？分明是你把她藏进"壳"里了，还能往哪里藏呢？论者以为"并不能确定她是有意嫁祸黛玉"。"祸"倒是并不能确定的，因为小红、坠儿未必能为祸，但"嫁"是确定"嫁"了。因为下文就说："了不得了！林姑娘蹲在这里，一定听了话去了！"这不是明明已经"嫁"了吗？自己不愿意的事却把别人装进去，这就是薛宝钗的机变！至于是有意无意，好心坏心，《红楼梦》里没有明写，所以这也是《红楼梦》的永远话题之一。

在基本了解了薛宝钗这个人以后，那末，就可以来看看她的诗与她的人的关系了。但不能忘记，薛宝钗是恪守妇德，牢牢记住"作诗写字等事，这不是你我分内之事"的教训的，所以在《红楼梦》里她作的诗不多。她的第一首诗，就是大观园题咏，她题的匾是"凝晖钟瑞"，诗是："芳园筑向帝城西。华日祥云笼罩奇。高柳喜迁莺出谷，修篁时待凤来仪。文风已著宸游夕，孝化应隆归省时。睿藻仙才盈彩笔，自惭何敢再为辞？"这是一首认真的应制诗，除第一句和最后一句外，其余六句，句句是颂圣，而歌颂得得体，显出了宝钗这方面的才能，所以得到了贾妃的称赞。实际上，这类的事正合她的性格。同样，林黛玉的诗颂圣的味道就大大不如宝钗，而宝玉的诗，简直不像应制颂圣："秀玉初成实，堪宜待凤凰。竿竿青欲滴，个个绿生凉。进砌妨阶水，穿帘碍鼎香。莫摇清碎影，好梦昼初长。"除了第二句外，没有一句像颂圣应制诗，特别是最后两句，哪有一点颂圣的味道，相反倒像是有点犯忌讳。比起宝钗的满篇颂圣，宝钗真正算得上是善颂善祷了！宝钗的《更香》诗，字面上句句工砌，而意思更是字字切合她本人的遭际，这首诗实际上是谶诗，具有暗示未来的意思。从诗的写作艺术来说，虽然切合她的身份，反倒觉得有点微露作意，不及前首自然。有的研究者认为这首不是宝钗的诗，蔡义江同志力辩其非，认为这是宝钗的诗无误。我深然义江同志的意见，此诗当属宝钗无疑。第三十七回宝钗的咏白海棠诗，更是宝钗的自家声口，"珍重芳姿昼掩门"足见她深闺自重，"胭脂洗出"，"冰雪招来"，正是她素淡清冷的写照，尤其是"淡极始知花更艳"，更是自我写照。前面第八回说宝钗穿着"一色半新不旧的"衣服，"看去不觉奢华，唇不点而红，眉不画而翠"，不正是"淡极始知花更艳"吗？三十八回的《忆菊》诗："怅望西风抱闷思。蓼红苇白断肠时。空篱旧圃秋无迹，瘦月清霜梦有知。念念心随归雁远，寥寥坐听晚砧痴。谁怜我为黄花病，慰语重阳会有期。"整首诗读起来一片萧瑟凄清的气氛。蔡义江同志说"明显的是孤居怨妇的惆怅情怀"[①] 极确。但显然又是谶诗的味道了。三十八回薛宝钗的《螃蟹诗》，被众评为"食螃蟹绝唱"，"只是讽刺世人太毒了些"。宝钗是一个中正和平，最得中庸之道的人，何以写此讽世而且"太毒了些"的诗？其实作者在这里要展示的是宝钗的另一方面的性格。宝钗是恪守封建礼法的人，但不是糊涂人，而是极精明的人，对于世情并不是无知，不过是"罕言寡语"而已。所以偶一流露，就会让人觉得芒刺尖利，锋不可当。不记得当宝玉无意中说出有人把她比作杨贵妃时，她就"不由得大怒"，立刻反击，

---

① 《红楼梦诗词曲赋鉴赏》第246页，中华书局版。

"冷笑了两声"说："我倒像杨妃，只是没有一个好哥哥好兄弟，可以作得杨国忠的。"而且指着刚进来的小丫头靓儿说："你要仔细！我和你顽过，你再疑我。和你素日嘻皮笑脸的那些姑娘们跟前，你该问他们去。"(三十回)这样强烈的反应，整部《红楼梦》里薛宝钗仅此一回，但只此一回，也已让宝玉十分尴尬，让读者感到锋芒毕露了。宝钗是一个外貌非常随和，"行为豁达，随分从时"，因此大得上下人之心的人。但是只要触及她自身的利益的时候，她也会立刻作出反应，同时也就是她一向深藏不露的个性的流露，滴翠亭扑蝶胡诌追黛玉，是一次深藏性格的流露；此处反刺宝玉又是一次深藏性格的流露。而这首辛辣讽刺的《螃蟹诗》，则是她在这特定环境、特定题目下对世情的讽刺。初一看，好像与她平常的性格不相一致，实质上是作者特意让她露出一鳞半爪的隐蔽性格。最后，还要说一说七十回咏柳絮词，宝钗的那首《临江仙》：

> 白玉堂前春解舞，东风卷得均匀。蜂团蝶阵乱纷纷，几曾随逝
> 水？岂必委芳尘？　　万缕千丝终不改，任他随聚随分。韶华
> 休笑本无根。好风频借力，送我上青云。

这首词可看作是宝钗的自况，上片写得那么春风得意，舒卷自如，本来随风飘泊的柳絮不是掉在水里，就是落在泥土里，但她却一翻陈意，来一个"几曾随逝水，岂必委芳尘"，为词的最后一句作好了铺垫，而又新意迭出。下片前两句是她性格的写照，后三句简直是她的神来之笔，她这朵柳絮，既不"随逝水"，也不"委芳尘"，而竟是青云直上！这首词，是这位恬淡寡欲、清冷自洁的"冷美人"的内心的大宣泄，是她的"热毒"的总发作。"好风频借力，送我上青云"是她一向的潜意识的自然泄露，于是我们看到了她深藏在骨子里的"热毒"的真实内涵。所以这位"冷美人"，"冷"是她的外部表现，"热"是她的内心隐藏。

她也可以说是《红楼梦》里的一位"女贾政"。

*   *   *

　　《红楼梦》里的诗，确如启功先生所说的"每首诗都是人物形象的组成部分"，问题是在于要能准确地理解透作者对每首诗的作意。要做到这一点，实在是很不容易，我自知所知甚浅，对《红楼梦》的诗意领会不深，甚至还可能有理解错的。以上一些戈戈的解释，虽想发启功先生红学之微于万一，但未必能得其真解，只好敬请启先生斧正，敬请我的许多红学朋友和广大的读者指正，我有理解错的地方，一定虚心受教。

　　　　　　　　　　2002 年 2 月 12 日上午 11 时，

　　　　　　　　　　　　壬午岁朝，于京东瓜饭楼

《红楼梦》的社会理想

——'94 莱阳全国《红楼梦》学术研讨会开幕词

各位领导、各位来宾、各位代表，

同志们、朋友们：

'94 莱阳全国《红楼梦》学术研讨会现在隆重地开幕了！

自从 1988 年在芜湖召开第六次全国性会议以来，至今已相隔了六年，这样长时间的间隔，并没有别的原因，只是因为学会没有经费，无法举办。本次承莱阳市委、市政府、山东大众日报社、山东报业协会外事委员会大力支持才得以顺利地召开，我谨代表全体与会人员向以上各单位表示衷心的感谢！特别是莱阳市委和莱阳市人民政府，对大会从组织到经济都给予了具体的落实和安排，保证了大会的筹备工作和大会全部议程得以从容进行，为此，我再次代表大家对他们表示深切的感谢！

莱阳是一个美丽的地方，我那年暮春经过莱阳，正值梨花初落，槐花盛开，只觉得满路花香，沁人欲醉。莱阳又是一个历史悠久，文化古老的地方。她的东、南、北三面都是大海，西通青州而达邹鲁之邦，在她的北面有古老的莱子国，在她的西面，有举世闻名的北魏郑文公上下碑，郑文公碑至今为中外书法界所宗。中国红学会的第七次全国会议能在莱阳召开，令人感到非常理想、非常高兴。尤其是本次会议除学术研讨外，还要进行换届的选举，这在中国红学发展史上是一次具有重大意义的会议，她必将连同莱阳这个美好的地方一起载入史册！

红学一直在前进中，尤其是"文革"以后的这20年，红学已经成为一门世界性的显学，不仅中国人自己不断地在研讨，海外的学者们也在不断地研讨；不仅用华语华文在进行研讨，而且还有完全用外语外文的研讨，前些年在德国就举行过一次完全用德语德文研讨的会议。

红学也一直在不平静之中。不平静并不是坏事，而且多半是好事。红学有发展，当然会不平静，红学有争论，当然更会不平静，但争论是发展的前奏或继续，这当然是好事。只有一种不平静，我认为是与红学的前进背道而驰的，那就是一种非学术和非道德的喧闹。前些时候，南京的欧阳健诬称刘铨福伪造脂本和妄论程甲本是最早最真的《红楼梦》本子，以及北京的杨向奎篡改曹雪芹的家世，剥夺曹雪芹对《红楼梦》的著作权和妄称《红楼梦》的原始作者是丰润曹渊就是这种例子。他们的文章，尽管报刊上大肆宣传和吹捧（两者宣传的热度几乎相等），但除了说假话以外，没有什么真正的研究成果。丰润发现曹鼎望、曹铪的墓志铭和墓碑看来是真的，但利用与《红楼梦》和曹雪芹毫不相关的真东西来歪曲篡改曹雪芹的家世和剥夺曹雪芹对《红楼梦》的著作权，难道能算作学术和算作道德吗？有些人，利用"百家争鸣"这个正确方针，来为弄虚作假打掩护，他们居然把说假话、编假材料也作为"百家"中的一家，党风、学风、文风被某些人在某些范围里已破坏得够严重的了，难道这还不值得与之抗争，不值得起来仗义执言吗！

对于种种歪论，我们不能退让，我们要为真理而争，要为扫除谬论而争，要为广大的青年读者，为广大的读者群不受蒙蔽而争！孟子说："吾岂好辩也哉？吾不得已也！"我相信学术真理是在论辩中放射出自己的光芒的，希望大家不要掩蔽自己所涵藏的真理之光而一任邪说横行！

我相信这一点将是中国红学会第七次全国会议的主要内容之一。

红学需要深化，正是我们今后主要努力的方向。关于《红楼梦》的时代、曹雪芹的家世和《红楼梦》的版本这几个方面，近20年来已经有了较多的成果，正是这些成果，使得欧阳健、杨向奎等人不能得其逞；也正是这些成果，说明《红楼梦》研究的资料研究工作已足以使《红楼梦》进入深化研究了。深化研究，主要是指对《红楼梦》本身的思想、艺术内涵进行深入的研究。有不少同志在这方面已经作出了不少成绩，这是非常可贵的。但《红楼梦》是大海，它本身的博大精深，可以让你永远往深里去探索而不会穷尽。

曹雪芹是有很深远的理想的，那么他的理想是什么呢？

曹雪芹对人，对身边的被压迫、被损害的人充满着仁爱之情。他笔下所揭示的人际关系是：权势、相互利用、相互排斥甚而至于相互构陷。那么他的人的概念和人的理想究竟是怎样的呢？

曹雪芹笔下最最动人、最最哀感顽艳、最最万劫不磨的，自然是贾宝玉与林黛玉的爱情及其毁灭。这一对爱情典型的深刻的描写，包含着曹雪芹种种的社会理想，其中最主要的是对人的理想，对爱情和青春的理想，对人的自我造就、自我完善的理想，对人的社会关系的理想。研究曹雪芹通过《红楼梦》所展示出来的以上种种理想，我相信我们的《红楼梦》研究必将大大地前进和深化。

《红楼梦》是伟大的中华民族的传统文化、传统思想精华的结晶。自远古神话、《诗经》以来的文学传统、思想传统、作家传统等等，都被卓越地融汇到这部不朽巨著并加以天才地升华了！我认为由《红楼梦》所揭示的中华传统文化的继承和创新，仍然能给予我们以启示，它也许是我们从文化上返顾过去，展望未来的一面可以借鉴的镜子！

《红楼梦》是洋洋大海，可以无尽地探索；

《红楼梦》是巍巍昆仑，她深藏着奥秘，吸引和鼓舞你向她深入！

今年 6 月，我参加台湾 1994 年《红楼梦》研讨会，曾题诗云：

故国红楼到海边。论红何止一千年。

人书俱老天难老，更有佳章待后贤。

历史是一个过程，人们永远在过程中间。我相信更多的更好的《红楼梦》的研究文章和研究著作将会层出不穷，到那时，返顾种种，必将别有会心！

——然而，我们现在的任务，是继续前进！

1994 年 8 月 23 日于莱阳旅次

曹雪芹是超前的思想家

——'97 北京国际《红楼梦》学术研讨会开幕词

各位领导、各位嘉宾、各位红学的老朋友、新朋友，

女士们、先生们、朋友们：

你们好！

'97 北京国际《红楼梦》学术研讨会现在开幕了，我谨代表大会的主办单位和大会的秘书处向大家致以衷心的谢意，谢谢海内外远道和近道来的朋友。

北京是曹雪芹的故家所在地，是曹家飞黄腾达发迹的地方，更是曹家百年望族败落的地方，特别还是曹雪芹写作《红楼梦》和最后埋骨的地方。

而且它还是"红学"产生和发展的地方。

所以在北京召开《红楼梦》的国际研讨会是"红学"朋友们的共同愿望，也是最为理想的地点。

本届会议，是由中国红学会、中国艺术研究院、辽阳市人民政府共同主办的，经费是由辽阳市人民政府承担的。会议是由大会筹委会筹划、中国红学会秘书处经办的。所以我也代表本次大会与会的同志向以

上各单位及有关的同志表示深切的谢意！

当我们在这庄严的人民大会堂开会的时候，本世纪已只剩三年，一个充满着风云变幻的 20 世纪即将过去了。这个世纪也是红学产生和发展的世纪。

当我们在这里开会的时候，距离曹雪芹的逝世，乾隆二十七年壬午除夕，已经 234 年；距离《红楼梦》的写成，则已有约 243 年左右了。①缅怀往哲，不胜历史沧桑之感。

从宏观的角度看，历史永远是前进的，不仅是从曹雪芹的时代到现在，历史已经前进了很多，就是从红学产生到现在，历史也已经有了惊人的发展了。前不久，大英帝国的米字旗从香港落下，中华人民共和国的五星红旗从香港升起，这就是历史前进的最明显的标志。

红学从它的产生到现在，虽不足百年，但也已经取得了巨大的进展。这个进展是经过所有的红学研究者、爱好者，包括海外"红友"们的共同努力而取得的。

红学有争论，这是正常的，争论是学术发展的动力，除了说假话、造假材料我们反对外，我们欢迎正常的争论，欢迎有历史证据的争论。红学要发展，就必须争论。

以往研究《红楼梦》，较多地侧重于曹雪芹对封建时代的批判。曹雪芹对封建时代的批判是深刻的、全面而广阔的，因而这种侧重也是必要的、自然的。

但曹雪芹是一位超前的思想家，他的理想不属于他自己的时代。他的批判是属于他自己的时代的，他的理想却是属于未来的时代的。所以他只给贾宝玉、林黛玉以美好的理想而且让这个理想在他的时代彻底毁灭，这就表明他的理想是属于未来的世纪的。

---

① 暂以甲戌本的纪年起算。甲戌是清乾隆十九年，公元 1754 年。

曹雪芹在《红楼梦》里是寄托着很美好的理想的，而且这个理想还将经过若干世纪才能逐步实现。

现在新的世纪即将来临了，曹雪芹对未来的理想，也应该引起红学家们的高度重视了。

站在世纪之交，让我们对《红楼梦》的作者曹雪芹，和他的亲密合作者脂砚斋表示无限的敬仰和追念！让我们对百年以来的红学家（包括嘉道以来出色的《红楼梦》评点家），特别是1992年扬州国际红学会议以来去世的红学家表示深切的悼念！

历史的长河继续在前进，红学也在继续发展，希望红学的学风、学德、学品也继续提高。"著书要作千载想，争论切莫假大空。"前者是我们的努力，后者是我们的戒惧。

历史是客观的、冷静的、进取的，让我们充满信心，携起手来，进入21世纪，为红学的新发展而努力！

祝同志们身体健康，万事如意！

谢谢大家。

1997年7月6日草于北京

论贾宝玉与贾政是
两种对立的思想
——以《红楼梦》第三十三回为例①

　　第三十三回《手足耽耽小动唇舌　不肖种种大承笞挞》，在全部《红楼梦》中，它具有特殊重要的意义。就在这一回里，作者全面地充分地展开了贾政与贾宝玉之间的矛盾冲突，而且使得这种冲突，具有不可调和的性质。

　　据研究，曹雪芹的原稿，八十回以后，还准备写三十回，究竟后来写了多少，不得而知，但还有后面的三十回，是有脂评可作依据的。庚辰本第二十回末错装的二十一回回前的总评，其中有句云："按此回之文固妙，然未见后三十回，犹不见此之妙。"这里明确提出了后三十回的数字，那末，由此可知，曹雪芹的原书，计划写一百十回。现在就按一百十回的规模来算，到第三十三回，已经是占全书三分之一弱了。在此之前，写热场面的有秦可卿的出丧，有贾元春的归省，这都是全书中

　　①　正文请看中国艺术研究院红楼梦研究所校注、人民文学出版社出版的新校注本《红楼梦》，1982 年初版。

的极大场面，而且写得十分精彩，但是这些情节和场面，作者只是从家庭一面和社会一面揭示了作者所处时代的社会相，而真正的思想冲突和社会意识的冲突，除前面有些小小的伏笔外，却是到了本回才得以充分展开的。

我们不能不惊叹曹雪芹的艺术才华，就是在描写这样一种具有很深的思想内涵的冲突时，他也仍然是忠实于生活和忠实于艺术的。他丝毫也没有把思想用说教的形式赤裸裸地呈现出来，相反，读者所看到的，却是高度真实的生活和生活中的冲突。

在现存曹雪芹原著的八十回《红楼梦》中，有不少回是前后回相跨的，也即是说，往往上一回的故事要有相当的篇幅留到下一回的开头部分，一个完整故事拿来独立写一回的情况并不很多。而就是这个第三十三回，却是整回描写了宝玉挨打这一个情节。开头照应上回的文字，总共只用四十一个字。以下的文字就全是描写宝玉挨打的情节了。后面三十四回开头的文字，已经是打完后的余波，一方面是为了衔接上文，另方面也是为了开启下文。这种安排是很突出的，也充分显示了作者对这一情节的重视。

实际上，作者用来真正描写"打"宝玉的文字，一共不过五百来字，但是围绕着这五百来字，作者却作了种种铺垫，制造气氛，将故事推向高潮，然后又将这个高潮徐徐脱卸，逐步降落。

在宝玉挨打之前，作者铺垫了三件事：一是金钏之死，二是宝玉会见贾雨村（虚写），三是忠顺王府来索蒋玉菡。本回一开头，就是宝玉会见贾雨村回来，得知金钏含羞自尽，因此五内摧伤，茫然信步，精神恍惚，不料却与贾政撞个满怀，贾政喝一声："站住！"吓得宝玉倒抽了一口气。这是铺垫的第一件事。这一声"站住"，来势很猛，也正是宣告了这场矛盾冲突的开始。接着贾政就斥责宝玉会见雨村时毫无一点慷慨挥洒的谈吐，从而从贾政的嘴里，补出了宝玉会见雨村的情景。其实在书中并未正面描写宝玉如何会见雨村,只是写了在会见前,宝玉一肚子不愿意会见他的心情,这种情景与贾政责备他会见雨村时的"葳葳蕤蕤"完全合拍,同时也写出了贾政对此已积怒甚久。这一笔补写,就十分有力地揭示了贾政当时的心理态势,这是铺垫的第二件事。紧跟着是忠顺王府来索蒋玉菡。如果说前面两件事还只是为贾政积怒的话,那末第三件事,就是使贾政的积怒突然爆发的契机。正在这种山雨欲来的气氛下,作者又添入了一段贾环进谗的情节,这样就像火上加油,贾环就起到了引爆的作用了。贾环的"话未说完,把个贾政气的面如金纸,大喝快拿宝玉来"!于是这一场惊天动地的大冲突,就像火山爆发一样,以雷霆万钧之威,迅雷不及掩耳之势突然爆发了。

在"打宝玉"这一短短的情节里,作者还作了多层次的描写,为下文的"打"字继续蓄势。你看,贾政一面大喝快拿宝玉,一面喝令"今日再有人劝我,我把这冠带家私,一应交与他与宝玉过去,我免不得做个罪人,把这几根烦恼鬃毛剃去,寻个干净去处自了,也免得上辱先人下生逆子之罪"。这一段斩钉截铁的话,等于发誓要严惩宝玉,不论有任何阻力也决不改变,这是一层描写。接着贾政"喘吁吁直挺挺坐在椅子上,满面泪痕,一叠声'拿宝玉!拿大棍!拿索子捆上!把各门都关上!有人传信往里头去,立刻打死'"!这是第二层描写。这上面第一层描写,实际上准对的是贾母,其次是王夫人。因为除了这两个人外,其余任何人都说不上"把冠带家私一应交与他与宝玉过去",可见此时贾政已发狠至极。这第二层描写,重点是准对宝玉。虽然说到"有人传信往里头去,立刻打死"等,但其着重点还是在"拿宝玉"。

形势发展到这种地步,显然已经是山雨欲来了,读者满以为下文紧接的是宝玉挨打,谁知作者却笔锋一转,把视线拉到了宝玉一边。只见宝玉在厅上急得直转,要找人带信到里边去,偏偏又找不到人。好容易来了一个,却又是个耳聋眼花的,尽管宝玉急得头顶上要冒烟,她却不紧不慢，若无其事。从表面上看好像文章松了，而实质上文情更加紧张了，气氛更为迫促了。现在的情势是：一边是一叠连声叫拿大棍，拿索子，拿宝玉；另一边却是叫天不应，叫地不灵，孤立无援，束手无策。文章不仅要懂得正面做，还要懂得侧面做和反面做。这一段宝玉与聋妈妈的对话，就是一段从侧面做的好文章，顿使文情摇曳，波澜横生。文章至此，确实已经到了图穷见匕，万木无声的份上了，于是一段惊心动魄的打宝玉的绝妙文章终于出场。

　　文章宜曲不宜直。这一段打宝玉的文字，又有种种变化。先是由小厮们打，接着是"贾政犹嫌打轻了，一脚踢开掌板的，自己夺过来，咬着牙狠命盖了三四十下。众门客见打的不祥了，忙上前夺劝。贾政哪里肯听，说道：'你们问问他干的勾当可饶不可饶！素日皆是你们这些人把他酿坏了，到这步田地还来解劝。明日酿到他弑君杀父，你们才不劝不成'"！

　　打宝玉的人突然换了，又就势插入了一段对话，文章似乎略有舒缓，但其实不然，这段对话，恰恰是这次尖锐冲突的思想根源，是这次冲突的基因，是冲突的灵魂。我们可以看到曹雪芹笔下的尖锐的思想冲突，是借用尖锐的生活冲突这种方式表现出来的，思想冲突是它的灵魂，而生活冲突则是它的外在形式。正是因为作者就势揭出了这场冲突的不可调和的思想性质，这场冲突的严重性，因此下面的文章，其文势文气，更加峻急，犹如骏马注坂、泷湫飞瀑，浩荡奔腾，势不可挡。

　　特别是贾政一见王夫人进房来，"更加火上浇油一般，那板子越发下去的又狠又快"。直到王夫人抱住板子，才算止手。这一段文章，正如风雨夜惊，波涛骤至，又如万马狂奔，突然收缰勒马，控鞍停蹄。这段文章写贾政打宝玉，曰："咬着牙狠命盖了三四十下。"这个"盖"字用得多奇！"盖"者，劈头盖脑之谓也，而且是"咬着牙"，可见贾政恨至极矣。写贾政一见王夫人进来，更加火上浇油一般，板子越发下去得又狠又快。初看这段文字似觉奇怪，为什么贾政会如此行径，细思则恍然大悟，原来贾政是怪贾母、王夫人平时护着宝玉，不让他管教，以致弄得忠顺王府也上门来要人，给自己闯下了大祸，故一见王夫人来，越发激怒，板子下得又狠又快也。《红楼梦》的文章情文相生，没有文而不情，更没有情而不文者，读这一段文字尤可体认。

从表面上看，贾政亲自动手痛打宝玉，文章已经到了最高潮了，其实并非如此。文章的高潮不在贾政打宝玉，而在贾母出场训贾政救宝玉。

请看贾母的出场：

> 正没开交处，忽听丫环来说："老太太来了。"一句话未了，只听窗外颤巍巍的声气说话："先打死我，再打死他，岂不干净了！"贾政见他母亲来了，又急又痛，连忙迎接出来。只见贾母扶着丫头，喘吁吁的走来。……

《红楼梦》里有许多人物的出场，都有极精彩的描写。凤姐的出场，是众所周知的精彩笔墨，其实这里贾母的出场，也是极精彩的描写。先是丫环来报"老太太来了"，一语未了，就听见"先打死我，再打死他，岂不干净了"这一声怒喝。这一声怒喝，确实具有先声夺人的气势，仿佛舞台上重要角色在重要情节处出场，先在帘门里喊一声"叫头"一样。例如京剧《拿高登》里高登逛庙会，人未出场，先在幕内猛喝一声"闪开了"！于是全场为之悚然，真正具有"笔所未到气已吞"的声势！这里贾母出场前的三句话，实质上也起到了这种类似的作用。

《红楼梦》虽然是一部长篇小说，但它的人物对话，却往往很像戏剧，非常精彩。如果把这些话按照戏剧人物对话的方式排列起来写，完全可以把它作为戏剧的语言来看。下面贾政和贾母的对话，就具有这种特色：

　　贾政上前躬身陪笑道："大暑热天，母亲有何生气，亲自走来？有话只该叫了儿子进去吩咐。"贾母听说，便止住步喘息一回，厉声说道："你原来是和我说话！我倒有话吩咐，只是可怜我一生没养个好儿子，却教我和谁说去！"

　　贾政听这话不像，忙跪下含泪说道："为儿的教训儿子，也为的是光宗耀祖。母亲这话，我做儿的如何禁得起？"

　　贾母听说，便啐了一口，说道："我说一句话，你就禁不起，你那样下死手的板子，难道宝玉就禁得起了？你说教训儿子是光宗耀祖，当初你父亲怎么教训你来！"说着，不觉就滚下泪来。

　　贾政又陪笑道："母亲也不必伤感，皆是作儿的一时性起，从此以后再不打他了。"

　　贾母便冷笑道："你也不必和我使性子赌气的。你的儿子，我也不该管你打不打。我猜着你也厌烦我们娘儿们，不如我们赶早儿离了你，大家干净！"说着便令人去看轿马，"我和你太太宝玉立刻回南京去！"家下人只得干答应着。

　　贾母又叫王夫人道："你也不必哭了。如今宝玉年纪小，你疼他，他将来长大成人，为官作宰的，也未必想着你是他母亲了。你如今倒不要疼他，只怕将来还少生一口气呢。"

　　贾政听说，忙叩头哭道："母亲如此说，贾政无立足之地。"

　　贾母冷笑道："你分明使我无立足之地，你反说起你来，只是我们回去了，你心里干净，看有谁来不①许你打。"一面

_____

①　此处据程甲本增一"不"字。

说，一面只令快打点行李车轿回去。贾政苦苦叩求认罪。

上面这一段对话，句句针锋相对。贾母年纪虽老，语言却锋芒毕露，犀利敏捷，具有很强的辩驳力和压倒的气势，贾政处于完全被动的地位，但语言也仍然是软中有硬，绵里藏针。可惜瞒不过贾母，处处被她捉住，立刻加以猛击，于是这场对话，就具有很强的戏剧特色。前面说到本回文章高潮的顶点不是打宝玉，而是贾母出场怒斥贾政，读上面这段对话，便可相信此言不虚。

在贾政被斥以后，自然只能退却，于是文章就急转直下，层层脱卸。先是贾母看宝玉，接着是凤姐命将宝玉抬出去，文章到此似乎已经山穷水尽，无话可说了，然而不然，作者却来了一笔意想不到的收场，贾政随着到了贾母房中，听着王夫人凄楚的哭声，"自悔不该下毒手打到如此地步。先劝贾母，贾母含泪说道：'你不出去，还在这里做什么！难道于心不足，还要眼看着他死了才去不成！'贾政听说，方退了出来。"于是这一场"打宝玉"的矛盾高潮才算完全落下。

让原本怒不可遏，发誓要将宝玉打死的贾政，临了又随着贾母进去，并且自悔自责。骤然看去，这是一种前后截然相反的行动，要在一个人身上发生，并且要在很短的时间内发生，这简直是不可想象的事情，然而在作者笔下写来，却合情合理。读者读这一回文字，觉得一切与生活本身一样逼真而又自然，贾政的暴怒和贾政的自悔都是十分符合生活逻辑和人物思想逻辑的，一点也没有觉得牵强。妙就妙在贾母最后这句话，明明是给他台阶下，让他出去自便，话却仍旧说得那样尖刻严厉，"难道于心不足，还要眼看着他死了才去不成！"这话从语言的形式来看，仍旧是针锋相对的高调门，但是从语言的实际内涵来说，已经是矛盾缓解以后的低调门了，嘴上是说"还要眼看着他死了才去不成"，实际的意思，却是说：你还不快出去！于是"贾政听说，方退出来"。

一场惊心动魄的矛盾冲突，从开头的贾政喝令贾宝玉"站住"、"不许动，回来有话问你"起，到此时此刻贾政的"退了出来"，可以说：其来也，如惊涛骇浪，风云突变；其去也，如晚潮夜落，悄然而退。作者的文笔，如行云流水，舒卷自如，读《红楼梦》此回文字，有如目睹这一场冲突和耳闻各人的种种声口。曹雪芹真不愧为语言艺术大师。

贾政的退出，只是表明风暴已过去，但被这风暴激起的余波，尚在荡漾。众人忙着伺候宝玉，这是一种余波；袭人到二门寻找焙茗细问端的，是更为符合生活，更为巧妙的余波，也是袭人必有之文，不如此，就不是袭人。至此，完整的一回文字，才算圆满结束。

特别要提起注意的是，贾政说："明日酿到他弑君杀父，你们才不劝不成！"这句话，点明了这场冲突所包含的思想性质。或者说，从贾政眼里所看到的贾宝玉思想发展的可怕趋势。显然，贾宝玉与贾政的思想冲突是具有对立的性质的，然而，其冲突的形式却是充分地生活化的，所以我说，在曹雪芹的笔下，无不情之文，也无不文之情。这第三十三回，尤足以说明这一点。

1989 年 1 月 17 日夜 1 时，

宽堂写毕于京华瓜饭楼

关于《红楼梦》的阅读和考证

——原《论红楼梦思想·后记》

写完了这部《论〈红楼梦〉思想》，又想起了一些问题。近些年来有不少同志提出来要重视《红楼梦》的文本阅读，这当然是对的。但有的同志提这个问题时，言外之意是认为《红楼梦》的考证太多了，似乎考证是多余的。如果是这样的意思的话，那么，还须作一些分析。

回顾一下《红楼梦》研究的历史，应该承认，从脂砚斋开始（以1754年甲戌本为始），一直到1921年胡适发表《〈红楼梦〉考证（改定稿）》，这长长的167年，都是属于读文本的阶段，那时还没有《红楼梦》的考证。《红楼梦》的考证，是1921年从胡适开始的，为什么要这种考证，因为发现了《红楼梦》的作者曹雪芹的家世资料，胡适用它来反对当时很流行的索隐派。从此开始，才有了曹雪芹家世的考证。1927年，胡适买到甲戌本，1928年，胡适发表《考证〈红楼梦〉的新材料》，这是《红楼梦》抄本考证的开始，到1933年，胡适又发表《跋乾隆庚辰本〈脂砚斋重评石头记〉钞本》这篇文章，这是《红楼梦》抄本考证的继续，从此，《红楼梦》研究，增加了家世考证和脂本考证的内容。

从清代嘉庆初年开始，就出现了许多《红楼梦》的评点本，以后就层出不穷。直到民国初年，评点《红楼梦》一直没有中断。评点《红楼梦》当然是对《红楼梦》的认真阅读，是文本的赏析和研究，所以这种看来，在整个"红学"史上，文本阅读的时间远远超过了家世考证和抄本考证的时间。

家世考证和脂本考证为什么会经久不息呢？因为这两件事都关系到文本的阅读和研究，不弄清这些问题，就难以弄清楚《红楼梦》本身的问题。再加上有些人弄虚作假，有些人无证据地乱说，于是这两方面的争论文章就层出不穷，但是就其主流来说，无论是家世考证还是脂本的考证，都是以有证有据的严肃考证为主流的。明白了以上情况，就可以知道，"红学"的考证是因为在文本阅读过程中发现了作者问题和抄本问题，不弄清这些问题，文本阅读就产生了障碍，所以才自然而然地生出这两方面的考证来的。

到目前为止，我认为无论是家世考证或是脂本的考证，都已经有了基本的共识，虽然歧议还有，如说什么脂本是伪本啊，曹雪芹有九个祖籍啊，这类的意见还时时冒出来，但毕竟相信的人不多了。此外，可能还有一些新鲜的问题提出来，这也是正常的不足为怪的，如果真有新的历史资料出来，只要对研究工作有利，值得欢迎。

所以，目前重提重视文本的阅读问题，是很适时的，是值得提倡的，我追述家世考证和脂本考证的问题，是为了说明这两种考证是自然地应运而生的，并不是主观的、人为的、节外生枝地制造出来的。这两种考证，只有有利于文本的阅读而并无妨碍于文本的阅读。

还有一点，即使是有一段时间考证很热门的时候，不少同志也没有忘记文本的问题。例如中国艺术研究院红楼梦研究所集合不少专家的力量整理出来一部新校注的《红楼梦》，这不是在文本上的一项重要贡献吗？又如蔡义江、刘世德、黄霖三位专家各自校订了可读性很强的《红楼梦》读本，这不也是文本方面的一大贡献吗？再如北京师范大学由启功先生领头校注的程甲本《红楼梦》，不又是文本方面的一大贡献吗？此外，由冯其庸、李希凡主编，由吕启祥总其事，由国内大批红学专家通力合作的《〈红楼梦〉大辞典》，不更是《红楼梦》阅读的及时的工具书吗？所以现在来认真阅读《红楼梦》文本，确实条件是好多了。

我花了两年时间，写了这部《论〈红楼梦〉思想》，开始我一直沉浸在文本里，我觉得这是十分必要的。尽管此前我已读过不知多少遍，"文革"中还用毛笔偷偷抄录过一遍，但仍觉得常读常新，重读《红楼梦》十分必要。后来，由于某种启示，我又认真读了不少有关的宋、元、明、清思想史，清代的政治、历史，清代社会的笔记小说等等，我把《红楼梦》放到清代社会中去看，放到历史的长流中去看，我感到这样一来，似乎对《红楼梦》的理解又深入了一步。所以，我认为文本阅读，也不能是单一的死读《红楼梦》文本。

"红学"研究，曾经经历过一段猜谜的阶段，这个阶段，总算过去了，这不能不感谢考证之功。但是现在这种猜谜似乎仍未绝响，只是变了花样而已！

但是从学术发展的角度看，"红学"研究应该彻底走出猜迷的误区了，尽管做这种猜迷游戏的只是极少数人，但人的智慧是要靠科学来发掘和培育的，为了不贻误后人，"红学"应该完全走上科学认知的道路。为了"红学"的发展，"红学"研究不仅要重视文本，还要重视它的社会内涵，不把它局限于曹、李家族史的范围内，更要重视它的思想性、文学性、艺术性和典型性，这样才能使这部古典名著，全面地发挥出它无穷的耀眼的历史光芒！

2002 年元月 4 日晚

关于《论红楼梦思想》及其他

——原《论红楼梦思想·再记》

　　关于《红楼梦》一书的思想性质，以前一直未有专门的论述，有人则认为《红楼梦》的思想，没有超越封建时代的"民主"的思想界限，没有新的思想性质，说"作者的基本立场是封建地主阶级的叛逆者的立场，他的思想里面同时也反映了一些人民的观点。前者是和人民相通的；后者是直接地或间接地受到了人民的影响"。"他所继承的以前的富有民主性的思想传统和富有人民性的文学传统，其中必然也包含有人民的思想和观点。"也有人认为《红楼梦》的思想，是反映新兴的市民阶层的思想。以上这些观点，都没有能深入论证《红楼梦》的思想性质。不能论证《红楼梦》的思想性质，也就无法对《红楼梦》作出确切的评价。所以我才作了论证《红楼梦》思想性质的初步尝试。

　　我在研究过程中，深深感到我后来提出的《红楼梦》这部书，不仅与曹家、李家的史事有密切的关系（这是主要的）也与清代社会有紧密的关系，所以研究《红楼梦》，既要与曹、李家史结合起来，还必须放开眼界，与清代的社会结合起来研究。例子之一，是 67、68、69 回，王熙凤计杀尤二姐，其计划之周密老辣，玩弄官场司法于股掌之上，清代的衙门是什么衙门，简直是王熙凤豢养的家奴，她说怎么判就怎么判，她说是什么罪就定什么罪，衙门一切照办，这样的情节，当然不仅仅是贾府内部的事，而是涉及到官场深处了。

还有，王夫人房中金钏投井死了，要补缺，忽然不断有人给王熙凤送礼，她初时纳闷，不知为什么。平儿一语提醒，是为了谋这个缺。凤姐明白后，就说让他们送够了我再定夺，谁让他们愿意送的（大意）。这些话，多现代化啊！难道在今天的社会里，找不到这种例子吗？

特别是那个贪赃枉法的贾雨村，老百姓的官司是他效力权门的机会，一个落魄的穷酸书生，靠巴结权势，靠钻营，竟然步步青云。这是清代官场的一个小小缩影。大官僚贪污有的是，这当然都已是贾府以外的社会上的事了，是清代的世风，清代的社会相了。曹雪芹的笔触，可谓入世深矣！他一面说不敢干涉朝廷，一面却让贾妃省亲见到父母亲人即泪如雨下，埋怨送她到见不得人的去处。说皇宫内苑，不及蔷盐布帛之家，得享天伦之乐。这不是给皇宫秘情揭老底吗？还有那市井小人倪二的仗义，贾芸舅舅、舅妈悭吝的现世相，都是入木三分的社会实录。这一切，都是清代社会的真实再现，你要从《清史稿》《清实录》里是找不到影子的。《红楼梦》真是一部社会宝库，可惜我进入这宝库还不久，所获还是肤浅的，我希望有人能循此前进。

我相信，红学的前途是无量的。前几天，我收到美国周策纵老友寄来的"红学"专著，我真钦佩他的睿智和勤奋，可惜我在病中，无力写读后文字。但是，由此我想到海外有不少红友，真是红情满天下。

我希望我的这本书出来，就算我对国内外红友的总报谢。愿红学之树长青！恕我不能向国内外所有红友一一报谢。"海内存知己，天涯若比邻",在高度现代化的社会,这句话的含义更具有新的科技内容了,我希望四海如一家,红友即亲人。

> 2002 年 3 月 20 日夜 2 时,思念远友,
> 夜不能寐,即时起来,速成此短文,以记长
> 夜念友之情。宽堂冯其庸时年 80 于京东且
> 住草堂解蔽轩。
> 2012 年 6 月 15 日重定

梦后的记忆

      这里所引的是我在"文化大革命"中手抄的庚辰本《石头记》的部分题记。"文革"中，我的藏书《红楼梦》等被抄走了，还把《红楼梦》当作黄色书在校内展览，我担心此风一起，《红楼梦》又要遭殃。为了以防万一，我决心偷偷重抄庚辰本《石头记》，并且完全依照原书的款式，连原书上的错、简、漏、空我都照样，脂批则用朱笔，并尽量依原笔迹字体摹写。自1967年12月3日起，基本上是每天深夜抄写，一直到1968年6月12日凌晨抄毕，共抄了7个月左右。那时每天白天，我必须到系里接受批判或劳动，只有晚上，而且必须在大家入睡以后，方能动笔，如被造反派发现，又会罪上加罪，所以，当时没有人知道我在抄《红楼梦》，否则就抄不成了。

      在抄书过程中，最令人痛心的是校内两派红卫兵发生武斗，有一次，竟然一夜用长矛刺死了两个学生，我心里十分悲痛，为了不忘此事，我在书页的B面线框外，用蝇头小楷写了：

以上五月十二日钞，昨夜大风撼户，通宵不绝，今日余势未息。

这里的"大风"是指武斗之风。这样的小字题记有好多条，如"以上四月二十四日钞，昨夜大风雨，冷，晨起重穿棉衣"，"以上五月五日钞，昨夜大风撼户"，这几条都是记的武斗。我在第八册末有一段小字题记说：

　　自一九六七年十二月三日起，至六八年三月十九日下午，抄迄上册，共四十回。用曹素功千秋光旧墨，吴兴善琏湖纯紫毫笔。

抄完了八十回，在最后一页的题记说：

　　一九六八年六月十二日凌晨，钞毕全书。

那时我已在匆忙地准备去江西干校了，所以后面部分就改用小行书抄了。全书题记共有数十条，当时不敢多记，惟恐再罹罪谴。现在看来，要能再多记些有多好啊！只怪我太胆小，不能有所作为。

　　我所以写这篇《记忆》，一是当作历史的记忆，也可以说是一场梦痕，让梦醒以后的人——当时批斗别人、抄别人家的和被别人批斗、被抄了家的人都记住这一场噩梦，当然记忆的滋味肯定是不同的。二是我确实太崇敬曹雪芹、太热爱他的《红楼梦》了。特别是我在"文革"中的遭遇，帮助了我对曹雪芹的理解和同情，我在抄完这部书后，曾题一绝云：

梦后的记忆

红楼抄罢雨如丝。正是春归花落时。

千古文章多血泪，伤心最此断肠词。

因此我要把我在劫难中手抄的这部书，印出几页以为纪念，以谢世
人！

宽堂病中又记

2002 年 4 月 2 日夜灯下

读 红 述 往

——《梦边集》自序

我半生多的经历，究竟应该归入幸运者的行列，还是应该归入不幸者的行列，连我自己也说不清楚。十二岁那年，抗日战争爆发，我开始失学，开始当了农民。我饱经了此后的沧桑岁月。我从童年到青年最爱读的是《三国演义》、《水浒传》、《西厢记》和《唐诗三百首》、《古诗源》等等，其实，当时尽我的能力所能得到的也只有这几部书。我读这些书真正是入了迷，但是当时更使我入迷的还是想学画。我常常自己学着东涂西抹，然而没有门，于是只好被施耐庵、罗贯中、王实甫等人牵着鼻子走。我还忘不了金圣叹，因为我看的《水浒》、《西厢》都是他评的，我从他的评里开始懂得了读书要学会剥皮剔骨，不能囫囵吞枣。可我当时根本不知道世界上有一部书叫《红楼梦》或者《石头记》。

我开始听到《红楼梦》这个名字时，是从我的一位化学老师范光铸先生那里听到的。他是一位十分可敬而又可亲近的老师，比我只大六七岁。最近忽然收到了他的来信，已经三十多年不通音信了，这自然是人生最快慰的事。

人的经历你往往是不容易想象得到的，像我这样的人，竟然会上毕了农村初中，又勉强去读无锡工业专科学校的染织科。那是 1943 年，我十九岁，这是我认识范先生的一年，也是我第一次听到《红楼梦》这部书的名字的一年。俗话说，"江山好改，本性难移"。我虽然读了染织科，是工科，但我对此一点也不感兴趣，正是一窍不通，什么机械学、印染学，我一概不及格。只有染织科的印染图案画，我总是名列前茅。除此之外，我的作文总归是全班最好的，我的国文老师是张潮象老先生，别号"雪巅词客"。虽然是科举出身，但却是风雅之士，诗词俱臻一流。他与另一位吴观岱大画师的入室弟子诸健秋老先生组织了"湖山诗社"。大概因为我平时喜欢诗词喜欢得不自知敛抑了，被张先生主动吸收入了诗社。入社考试的一首诗我还记得，题目就是《呈湖山诗社张、诸二社长》，诗题是我临时自拟的，诗曰：

> 东林剩有草纵横。海内何人续旧盟。
> 今日湖山重结社，振兴绝学仗先生。

张老先生看后大为称赞，批语说："清快，有诗才。"诸先生赠给我一把他画的扇面。于是此事传了开来，同学都叫我作"诗翁"，这当然是一种取笑和善意的揶揄。于是我的那位范先生就对我说，你喜欢做诗，快去读《红楼梦》，里头尽是讲做诗。于是我也真的去借到此书读了。但是说实话，我当时读不懂，不感兴趣，什么姐姐妹妹的，我一点也不能理会。因为实际上，我当时还是被施耐庵、罗贯中牵着鼻子。但是，我的另一位老师顾钦伯先生，他却叫我去读史震林（字悟冈）的《西青散记》和《西青笔记》，还有《华阳散稿》。我真的找来读了，并且我真的被吸引住了。散记的文笔固然美极了，诗词我当时觉得都有"仙气"，那个农妇词人贺双卿的词，以及她的命运，多令人同情啊！那篇著名的叙，四六骈文，我现在还能背诵一段："空山风雪，柴门老树之村，破屋藤萝，石径荒台之地；扫松根而趺坐，太素为心，种蕉叶以挥毫，西青有砚。爰乃搜夫异境，缀以幽辞，镌旧誓于孤窗，佩新愁于半世。水流花谢，四望销魂，灯炧酒阑，三生系梦。……"就这样我与曹雪芹没有结上缘。

"逝者如斯夫，不舍昼夜"。我再一次与曹雪芹见面，是在十一年后的1954年。我们的伟大祖国已经是经历了天翻地覆的变化了，十一年的岁月，我已经历了不小的变化。我在工专只读了一年就又一次失学，与范老师告别了。我到了农村一边种地，一边当小学教员，这样过了三年，以后我又进了无锡国专。1948年毕业后，我在1949年4月22日的深夜里，在通向长江边的公路上迎接了解放军的过江。第二天，4月23日，我自己也投笔从戎，穿上了解放军的军装。1954年我又到了北京，赶上了批判新红学派胡适派唯心主义思想的运动，我这才重新与曹雪芹见了面。

大概是因为曹雪芹太伟大了，太博大精深了，我对他的认识，虽然有所进展，但仍旧是不深。虽然我读了好几遍《红楼梦》，仍旧没有能真正地深刻地探索到它的思想的深处和艺术上的种种妙处。不过，我毕竟比1943年前进了不少，我对曹雪芹已经熟悉得多了，快要成为朋友了。

真正使我认识曹雪芹的，是"文化大革命"。我爱屈原、司马迁、陶渊明、李白、杜甫……，但是，这时，我却特别与曹雪芹发生了共鸣。"十年浩劫"，是一场翻天覆地的灾难，多少人，特别是干部和知识分子，无论是老的和小的，也无论是教授、作家或是一般的讲师和助教，统统要受"斗争"的洗礼，也差不多统统要被抄家，而且不仅一次地抄家。《红楼梦》里是写了两次抄家的，曹雪芹的家也是被抄没的，是不是由于这个原因，使我理解了曹雪芹？大概还不是全部。恐怕主要是我自己在世途上已经经历了相当的历程，生活的这本"书"，我读得深一点了，因而我对曹雪芹的"一把辛酸泪"似乎也有了理解。"人生有情泪沾臆"，这是杜甫的名句。是不是"有情"的人都必定要流出"辛酸泪"的呢？我不知道，反正我渐渐懂得了人生，渐渐懂得了"一把辛酸泪"，也就渐渐地与曹雪芹要好起来了。

我的《红楼梦》被抄走当作黄色书被"展览"了，这使我感到很痛心。我发愤重抄一部《脂砚斋重评石头记》（庚辰本），而且照原行款原页码用朱墨两色抄，我每晚深夜，就是做这件事，一件"秘密"工作，因为我怕再被抄走。这样我整整抄了一年（每个深夜），终于抄成了。抄成后，我题了一首诗：

《红楼》抄罢雨丝丝。正是春归花落时。

千古文章多血泪，伤心最此断肠辞。

抄完这部脂评《石头记》庚辰本，我感到真的对曹雪芹和他的这部《石头记》有了一些新的理解。我感到曹雪芹在书的开头自题的那首"满纸荒唐言"的诗是他的最好的自白，也是对这部书最好的概括。而"字字看来皆是血"这句话，也是对曹雪芹用生命写成的这部不朽巨著的最恰当的评价。

然而，抄完这部书，我很快就到了江西余江干校，任务是开山打石头盖房子，在劳动中改造自己。我会种地，但从未开过山，这倒是很新鲜的事。我们勤学苦练，在不太长的时间里，我们就已经学会了开山取石并把它琢成整整齐齐的长方形的石块，并且还琢有各种花纹。我心想，我刚抄完《石头记》，现在倒好，整天来与"石兄"打交道了，可惜这里是红石山冈上，而不是青埂峰下。要不然，我也可以抄回一部也许可以叫做"汗砚斋"评的《石头记》了。在这红石山冈上，我们一下回到了"日出而作，日入而息"的上古时代，可惜我没有那份"扫松根而趺坐，太素为心"的出世的心情，尽管我们的周围都是山冈和松树。

别看我们整天打石头，《石头记》是不准读的。有一次，有一位同志把带去的《石头记》拿出来晒晒太阳，结果挨了一顿批。但是，如果你不要把它拿到光天化日之下去，而是采取另一种办法，"不宣而战"，不声不响偷偷地去读它，那末也不见得会出什么问题，因为大家心里很明白。

去江西的时候，动员我们要准备在江西落户。我是稍稍作了一些思想准备的，不信有诗为证，不过那首诗我已忘得只剩最后一句了，就是"来作江西社里人"这一句。但这末句很重要，所谓卒章见志，意思都在这句里。可见我确是有此"思想觉悟"的，当然你可相信我决不是说去作黄山谷"江西诗社"里的"社里人"。但是到底连江西公社里的人也没有作成，我们又回到了北京，而且不久"四人帮"就掀起了评红热潮。

凡事总会有两面性，"四人帮"大搞评红是有他的阴谋目的的，不过俗话说："岂能尽如人意。"尽管他们当时权力大，也不可能事事如意。他们既然把评红的运动搞起来了，那么就不可能把千百万人民群众完全纳入他们的阴谋的框框。特别是历史地看，由于毛泽东同志长期以来的威信和"四人帮"有意制造的个人迷信加在一起，广大群众，在传达了他对《红楼梦》的一些讲话以后搞起来的评红运动，根本不可能感觉到里面夹有什么阴谋，他们只是按照毛泽东同志讲话的精神去研究、理解、分析《红楼梦》。这样做是大家都已经习惯了的。现在来看，他们的这种理解、分析，包括毛泽东同志的一些见解是对是错，都可以重新评论和研究，对的可以肯定，错的可以否定，有争论的问题可以继续争论或保留各自的观点，但不能把当时全国范围的群众的评红一概看作是"四人帮"的阴谋，因而一概予以否定。长期以来我们吃这种"左"

的片面性的苦头已经够多的了，我们对形形色色的以"左"的面貌出现的论调也应该有点识别的能力了，也应该防着点了，凡是"理论"和行动"左"得出奇的，人们就应该提高警惕，这样做至少可以少上当，至少可以不会轻易地就认定他们是马克思主义。这是十多年来从棍棒、批斗以及让你背上各种各样的罪名的痛苦经验中得来的，这条经验我认为很重要，不能轻易忘记。

从江西回到北京，我开始了《红楼梦》的研究工作，我的研究主要是两个方面，一是关于曹雪芹的家世的研究，二是关于《红楼梦》的版本的研究。其他主要时间，都是在中国艺术研究院红楼梦研究所兼职并主持《红楼梦》的新校注工作，这是一项有许多同志参加的集体工作。

为了研究曹雪芹的家世和祖籍，我曾去辽阳四次，去千山三次，亲自验看了有曹振彦题名的天聪四年（1630年，明崇祯三年）的《大金喇嘛法师宝记碑》和同年的《重修玉皇庙碑》，还有崇德六年（1641年，明崇祯十四年）的《新建弥陀寺碑》。该碑碑身很高，碑额已落地，但在我查看时，还直立在原址。碑后的题名里有《五庆堂谱》上祖曹得先、曹得选、曹世爵三个人的名字。他们是属孔有德的部下。前述在《大金喇嘛法师宝记碑》上题名的曹振彦是属额驸佟养性的部下。佟养性是早在天命元年就归附后金的，并且他是在后金部队里督造红衣大炮的。而曹得先、曹得选、曹世爵则是属孔有德的部下，孔有德是天聪七年（1633年，明崇祯六年）六月由五庆堂曹氏上祖曹绍中送投降书后归附后金的，比起曹振彦归附后金的时间至少要晚十多年。曹振彦归附后金的时间，我认为是在天命六年（1621年，明天启元年）后金攻下辽阳以后。当时归降的汉军汉民，实际上都归佟养性总管，所以曹振彦归到了佟养性的部下，也所以天聪四年的喇嘛碑就有了以佟养性领衔的"教官曹振彦"的题名。到第二年天聪五年，努尔哈赤就正式任命佟养性"总理""汉人军民一切事务"，也就是这一年，佟养性督造的红衣大炮造成，铭曰"天佑助威大将军"。后来在明、金战争中发挥了巨大的威力。那末曹振彦这个"教官"很可能就是当时的炮兵教官。

从辽阳市发现的曹振彦、曹得先等的题名碑来看，这些同属五庆堂谱上的人物（曹振彦是四房，曹得先、曹得选、曹世爵是三房），同在一个地点遗留下有当时的题名碑刻，我觉得这一事实也足以充分说明曹雪芹一支的上祖确与五庆堂曹是同宗，曹雪芹上祖的籍贯确是辽阳而不是河北丰润，何况曹寅自署"千山曹寅"，而这座千山就在辽阳城南六十里，这一切不是充分证明了曹氏上祖籍贯是辽阳说的可靠性吗？

我着手研究《红楼梦》的版本，是因为做校订《红楼梦》的工作。关于对己卯本的研究，则开始是由于吴恩裕同志的怂恿。吴恩裕同志在看到了历史博物馆藏的三回又两个半回的残抄本，并发现了"晓"字缺末笔避讳的情况后，就提出这个残抄本可能就是北图藏己卯本的散失部分，并开始估计有可能是怡亲王府的抄本。为了证明这点，我们于1975年1月17日上午，一起去北图善本室查核己卯本，结果得到了惊人的收获，我连续查出己卯本第三回第九页B面第六行第十一字"色如春晓之花"的"晓"字及第四回第三页B面第五行第十六字"谁晓这拐子"的"晓"字，都缺末笔作"暁"，尤其令人兴奋的是我接着又发现第十七到十八回第二十三页A面第五行"祥"字（第十字），缺末笔作"祥"，这正是一个令人感到十分惊喜的发现。由于这一发现，不仅证实了历史博物馆的三回又两个半回的残抄本确是己卯本的散失部分，而且更重要的是证实了这个本子是怡亲王允祥家里人抄的家藏本。由此可以推想，这怡府据以过录的己卯本的底本，极有可能直接来自曹家。这一重要的发现，使我们两人一直沉浸在享受的喜悦中。当天由于时间的限制，没有查完全书，过了两天，1月20日上午9时，我们再去作第二次的查核。恩裕同志继续取出未查完的己卯本作检查，我则去翻检目录卡，结果竟意想不到地从目录卡中发现了《怡府书目》，急借出来看时，发现此书确是怡亲王府的原抄本，共四册，背脊上写元亨利正，"正"字原应作"贞"，避胤禛之讳，故写作"正"。封面签条空白未题，下端盖"讷㸚（斋）珍赏"阴文方印，里页盖"怡王讷㸚览书画印记"阴文篆书长方印，上盖"怡亲王宝"阳文篆文方印。按"讷斋"是怡亲王弘晓的斋名，则此书是第二代怡亲王弘晓的藏书目录抄本。在这个抄本上，我们发现"玄"、"晓"、"弘"等字，都缺末笔避讳，与己卯本和残抄本的避讳完全相同。当天我们没有发现这个书目上有"祥"字，但过了几天，吴恩裕同志告诉我，他又去查了一次，竟查出了《宝元天人祥异书》的"祥"字，同样是缺末笔避讳。这样这个珍贵的己卯本的历史真面目才算被彻底揭开。这样的发现，确实是很难得的，因此我们一直把这一发现，看作是《红楼梦》研究史上的一次奇迹。然而，上面这样的结论，在吴恩裕同志初访我的时候，他就很明确地提出来了，我不过是协助他查实了一些证据而已，后来吴恩裕同志在曹雪芹的书箱的发现上，又一次地作出了重大贡献。他的辛苦搜求，永远是值得我们怀念的。不幸的是他竟于1979年12月12日因心脏病去世了。当我闻讯赶去时，已经是案上文残，人去楼空，这是多么令人难以接受的现实啊！

关于郑州博物馆收藏陆厚信画的"曹雪芹画像"，吴恩裕同志认为有可能与王南石所画者是一人，我因两画都未看过原件，未敢置词。1975年5月17日，我与刘梦溪、文雷同志曾写信问郭沫若同志的看法，很快就得到了他的回信，回信说：

冯其庸、刘梦溪、文雷三位同志：

17/V 信阅悉。

关于"雪芹"的画像，我也是怀疑派。扇面我看过，尹望山诗集刊本我也看过，我偏向于此一"雪芹"是俞瀚的别号。

《壶山诗钞》不曾见过，陆厚信亦不知何许人。

画像很庸俗？曹雪芹的面貌可从其诗文中考见否？

敬礼！

郭沫若

28/5/1975

去年十月我到郑州，曾三次看了这张画像的原件，并看了收购时的单据，郭老给他们的两封信，听博物馆同志讲了收购的情况和后来调查的情况。我是带了放大镜去的，所以对画像看得比较仔细。我的印象，此画头部四周水晕皴擦痕迹十分明显，水痕上边直至手部，面色呈黄底黝黑色，眉眼均经重勾，尤其是眼重勾笔触甚明显，嘴上髭须亦系重勾醒笔，因面色黝黑，故粗看不易看出髭须。后颈部露出两次勾填痕迹，现前面颈部为深黄褐色，但在此颈部之后，还有一道浅黄色。前面深褐黄色之颈部小于圆领，至有圆领大颈小，颈、领两部分不接之感，后一浅黄色颈部，则与圆领相接，此为明显的改制痕迹。此画与左边尹继善题诗为一张整纸对折，中间未切开，纸色两面都一样。此画左上端题字，第一行第一字"雪"字墨色特重，与第四行末一字"雪"字，写法完全一样，几同印出。题字中有四字挖改，第四行末"雪"字似亦有挖改之迹，第一行第一个"雪"字，初看似有挖改之嫌，细看似还找不出破绽。

据博物馆杨爱玲、武志远同志说：此画原是1963年由商丘郝心佛卖出来的。他（武志远同志）到商丘去调查了陆润吾和郝心佛。陆润吾处去了三次，陆是一贯造假画的。陆已不大能说话，开始见到此画时很惊讶，后经说明来意后就稍为安定。问陆此画是真是假，陆用一手按住画像头部，一面摇手，他的老伴和儿子在侧给他解释手势说，这画是假的，是他造的。据陆的手势来看，他是指头部是假的，其他部分不是他造的。问他这画是否是他卖出去的，他起来揭开墙上的纸条，露出"要买汉砖找郝心佛"的字来，他指出这"郝心佛"三字给他们看，恰好这画是从郝心佛手里买来的，但这一点事先并未告诉陆润吾。

根据我看这张画的印象和上述调查情况，我倾向于认为这张画是旧画改伪。画像原为俞瀚，经作伪者将头部略加改动，使画像头部显得较肥胖，故头部周围轮廓线有皴擦水迹，改动后面部又上了一次色加深了一些，这样一来原来的眉眼髭须就被盖掉了，因此又用须眉笔重勾了一下，用画家的术语叫醒了一醒。左上端的题字究属挖改、后题，还是俞瀚的字也叫雪芹，尚待进一步研究。我认为史树青同志的"敬空"[1] 说不大可能，因为即使别的尺页及画卷有"敬空"之例，也不能用来证明这幅画的右边完全是空的。因为以尹继善这样的两江总督的身份为自己的僚属题一张小像，自己还要"敬空"一面以待身份地位更高的，我想这不大可能。如果说这张画像头部的水擦痕迹是画时画坏了，画家自己擦改的，我认为这更不大可能。因为一开始就画得这样糟，画家完全可以换一张纸重画，画到这样糟还要拿出去请两江总督题诗，这样做实在太出乎常理常情了，[2] 因此我认为郭老的判断还是有道理的，画像极可能是俞楚江，尹继善是给俞楚江题小像，后人利用这张小像改伪为曹雪芹，因文献记载曹雪芹"身胖头广而色黑"，而俞楚江则是"长身锐头"，换句话说是高个子尖顶。所以必须把头部改动一下，再加深一点颜色。左上端的题字，画家的落款与题字的笔迹极为一致，如"云间"的"云"和"云翔"的"云"，"艮生"的"生"与"先生"的"生"，笔法完全一样，确是一手写下来的，因此也不能排斥这个俞楚江竟就有

---

① 史树青《再论陆厚信绘雪芹先生小照》，见《红楼梦集刊》第五辑，上海古籍出版社出版。

② 现在看照片，画面上的水晕皴擦痕迹都显示不出来了，所以光看照片是看不出这些问题的。

一个字叫"雪芹"也未也可知。据我所知，在我的家乡现在就有一个叫"池雪芹"的朋友，可见俞楚江也叫"雪芹"的这种可能，还不能断然排除。

以上种种，当然只是我们猜想，并不是考证的结果。因此大有讨论的余地。

前面已经说过，我对曹雪芹的认识是很迟的。我对《红楼梦》的研究也还只是在作一些准备工作，我的这些文章，都还谈不上对《红楼梦》的研究。《红楼梦》是一座矗立在我们面前的思想和艺术的高峰，它为我们伟大祖国和人民留下来的精神财富是了不起的，特别是这部书的作者，自己一直过着极其贫困的物质生活，但他却给我们创造并留下了极其丰富的精神财富。在我国的文学史上，那些照耀千古、与日月争光的作家和诗人，那些留给了我们传之万世的不朽巨著的作家和诗人，他们自身却大都是坎坷以终。那位"长太息以掩涕兮，哀民生之多艰"的屈原，最后自沉于汨罗；那位以如椽之笔写出了皇皇巨著《史记》的司马迁，他使一长列的历史人物在他的著作里历千万世而活动着，他为那位屈死的将军喊出了"桃李不言，下自成蹊"的人民的心声，然而他自己却毁于酷刑。那位一生为人民的疾苦而写作，不怕受牵连而敢于为诗人李白喊出"世人皆欲杀，吾意独怜才"，敢于揭露"朱门酒肉臭，路有冻死骨"的杜甫，最后却老病飘泊，死在湘江的船上。"才如江海命如丝"，大概这是旧时代的作家的共同规律。现在不是在研究"人才学"吗？这大概是旧时代的人才成长的一种特殊规律。

我们的时代，本来应该是造就一大批历史巨人的时代，应该是文坛上繁星灿烂的时代。事实上，从井冈山的斗争到全国革命的胜利，我们也确实造就了一大批历史的巨人，我们的文坛上也确实呈现出了群星灿烂的奇景。不幸的是，"四人帮"毁坏了一大批历史巨人，熄灭了文坛上一大批灿烂的星星。以至于使我们的作家，仍旧不免要想到曹雪芹的命运，仍旧会被他的那首"满纸荒唐言"的诗所深深地激动。我写的有关《红楼梦》的这些文章，似乎都是枯燥无味的考证文章，已感觉不出有多少激动了。然而要不是曹雪芹深深地激动了我，我为什么要去抄他的百万字的巨著，为什么要去搞清楚他的祖宗？

好了，"四人帮"终于垮台了，他们终于被押上了历史的审判台，那个可诅咒的时代终于一去不复返了。但是，那充满着泪水和鲜血的丙辰清明节，那永远是历史见证的天安门广场，广场上的华表，以及一只只像眼睛一样的水银灯，它们都将永远为人民记住这一切。

"尔曹身与名俱灭，不废江河万古流"，"四人帮"永远是身名俱灭了，而人民是不朽的！

现在我们展望着巨人辈出、群星灿烂的时代的到来，而且我们已经看到了一批灿烂的新星，我们希望曹雪芹的"辛酸泪"永远只属于曹雪芹。

我收在这部集子里的文章，毕竟不是专门研究《红楼梦》的，我只是探究了一下与《红楼梦》的作者曹雪芹沾点边的他的家世问题以及版本和文物的问题；我只是站在《红楼梦》的边缘探头往里面望了几眼，其实还没有看清楚什么。但是，既然与《红楼梦》有这点"双边"关系，我就给这本集子取名为《梦边集》。

> 1981 年 2 月 23 日夜 11 时
> 写毕于宽堂

我与《红楼梦》

我最初接触《红楼梦》是 1943 年我读无锡工专高中一年级时,那时有位范老师说《红楼梦》尽是讲做诗的,你喜欢做诗,去读《红楼梦》吧。但我读后却不感兴趣,因为《红楼梦》不是讲做诗的。

1946 年,我考入无锡国专,那时著名的老师很多,如王蘧常、朱东润、冯振心、吴白匋、周贻白等,1948 年我转到上海无锡国专分校,由王蘧常先生授诸子学,讲《庄子》,由童书业先生讲秦汉史,由顾佛影先生讲诗学,由王佩琤先生讲地理学,由刘诗荪先生讲《红楼梦》。这是我在课堂上正式听讲《红楼梦》的惟一的一学期。但那时听课很自由,想不听就不听,而我正着迷于词学,整天在顾廷龙先生的合众图书馆里撰写《蒋鹿谭年谱》和《水云楼诗词辑校》,所以刘先生的课,听了开头几堂就没有再听,但研究《红楼梦》是一门学问这一认识,这时算是确立了。

我真正读《红楼梦》是 1954 年到北京以后。我刚来北京就碰上批判胡适、俞平伯先生的运动。自己略无所知,只是认真地跟着学习,结合各人的文章,反复读《红楼梦》;也对别人的文章作比较研究,实际上这是我认真读《红楼梦》的开始,但却没有作研究。

我与《红楼梦》

　　1966 年"文革"开始，我首先受冲击，也遭到了"抄家"，这在当时是司空见惯，虽然很气愤，但毕竟不是我一人的遭遇。令我气愤而又吃惊的是把我的《红楼梦》抄走，而且当黄色书展览。这对我的刺激很大。因为明明在文学史课上都讲了《红楼梦》，怎么一下就把它作为黄色小说示众了呢？我生怕这一阵风刮向全国，会把这部巨著毁了，所以不管我当时正在受批斗，每天夜深人静以后，我就用毛笔据影印庚辰本《石头记》，依原著行款朱墨两色抄写。因为每天只能深夜抄写，所以整整抄了一年。这一年的抄写，是我真正深入《红楼梦》的过程，联系当时社会的混乱状况，特别是许多朋友和熟人挨整后愤而自杀，我每每抄书到动情之处，不禁掩卷痛哭；到抄完这部书，我自觉从思想上与曹雪芹的"满纸荒唐言，一把辛酸泪。都云作者痴，谁解其中味"相通了许多。我最后抄完了重读此诗时，忽觉这四句话实在就是一部《红楼梦》的最好的概括，此诗既是开头，更是全书的总结！从此以后，我大概算进入读《红楼梦》的真境界了。

　　1973 年到 1974 年，社会上掀起了一股评《红》热潮，我由北京市委调去参加评《红楼梦》的写作组，当时一起调去约有六七个人。确定了全书的章节后，就由大家分头撰写，我写的是全书的"序言"、"曹雪芹的世界观和他的创作"、"二百年来围绕着《红楼梦》的斗争"这三章，后来这三章收入我的《梦边集》。现在回头看二十多年前写的这些东西，自觉可以覆瓿。一是当时还是"文革"后期，评《红》都是以毛泽东主席对《红楼梦》的一些批示作为依据的，市委组织这个写作班子，其目的也就是要以毛主席的指示为根据来评论《红楼梦》，所以不可能真正深入地研究《红楼梦》，只能停留在表面理解上；二是我自己对《红楼梦》的理解还有待深入。不久前有人竟把我们当时写的这本书当作政治罪状来指责，不禁使我为之哑然失笑，他不知道这种故技早已过时了！

当时，我写完了这三章后就提前离开写作组，到社科院历史所的范文澜《中国通史》编写组去工作了。

我去社科院历史所参加范老《中国通史》的编写工作，要感谢黎澍同志和李新同志，他们为了调我去历史所，不知花了多少力气。有一段时间，黎澍同志一早起来就坐在电话机旁边向有关部门催调；而李新同志则不时给我电话，告诉我期在必去。虽然我去工作了一段时间，但终未调成，然而这两位前辈的殷殷爱护之情，我是终身难忘的。

1974 年，袁水拍同志担任国务院文化组的副组长。有一次，他特地跑到铁狮子胡同一号我的住处找我，说要考虑做一些真正有意义的文化事业，并提到古籍整理的问题，我就建议校订《红楼梦》。他经过认真思考，觉得可以，就要我先起草一个报告，等李希凡同志从西安回来一起讨论。我很快就起草好了给他送去，后来这个报告由国务院批准了。由水拍同志担任校订组组长，由李希凡同志和我担任副组长，同时就向各地借调了一批研究《红楼梦》的专家，于 1975 年正式开始这项工作。这项工作正式进行了一年左右，到 1976 年初，不少借调来的同志都回原单位，最后只剩我和吕启祥、林冠夫继续做校注工作。1976 年也是社会和政局最动荡的一年：1 月 8 日周恩来总理去世，到 4 月 5 日发生悼念周总理、反对"四人帮"的天安门群众运动；7 月 6 日朱德总司令去世；7 月 28 日，发生震惊中外的唐山大地震；9 月 9 日，毛泽东主席逝世；10 月 6 日凌晨，江青等"四人帮"被捕，"四人帮"彻底垮台。在这样剧烈动荡的情况下，我们的校注工作也只好时断时续。不久，贺敬之同志出任文化部长，他再次肯定并指示校注《红楼梦》的工作不能停，因此这项工作得以继续进行下去，直到 1982 年此书由人民文学出版社出版。

我对曹雪芹家世的研究

从 1975 年到 1982 年整整七年，我一直在从事《红楼梦》的校注工作，校注工作中遇到很多具体问题，例如曹雪芹的家世和祖籍问题，《红楼梦》的版本问题等等，结合当时的工作我依次研究了这些问题，并写成书得到了出版。我最早研究的是曹雪芹的家世和祖籍的问题。

曹雪芹的家世和祖籍，是一个复杂的问题。究竟从何下手，颇费斟酌。恰好我的朋友外语学院的鲁宝元同志来看我，提到了有一部《五庆堂曹氏宗谱》，上面有曹雪芹上祖的世系。我说这部书曹家早已献出去并且已经在"文革"中丢失了，1963 年故宫文华殿举行曹雪芹和《红楼梦》的文物展览时，我曾经隔着玻璃柜看过，现在要研究它，已经没有原始资料了。鲁宝元同志说，他知道在曹仪策先生手里还有一本底本，也是老本子，他可以帮我去向曹仪策先生商量，借出来进行研究。过不了几天，他就来陪我去看曹仪策先生，曹先生一口答应将此谱借给我，他说过几天给我送去。果然没有几天他就将《五庆堂曹氏宗谱》送来了，在我手里留了一个月，我为他写了跋文，并录了副本，拍了照片，以备研究，将原本归还了他。

我对曹雪芹家世的研究和《五庆堂重修曹氏宗谱》的研究，是从查实谱上人物入手的，结果却查出来一系列重要的文献资料，大大充实了我的研究。现将这些文献资料和我的研究结果概述如下：

1.《清太宗实录》卷十八：天聪八年甲戌（明崇祯七年，1634 年）条：

墨尔根戴清贝勒多尔衮属下，旗鼓牛录章京曹振彦，因有功，加半个前程。

这是清代官方文献资料中有关曹雪芹上世的最早的一条史料。这条史料的价值：一是，它说明了曹振彦此时已归到多尔衮属下，这是他后来发迹的一大契机。根据《大金喇嘛法师宝记碑》天聪四年四月的时候，曹振彦在额驸佟养性部下当"教官"，佟养性的部队是"乌真超哈"（汉语为重兵），是督造红衣大炮的。佟养性所率的都是"汉军"，佟养性是"汉军"总理，故曹振彦当时也该是"汉军"；但到天聪八年，他已到多尔衮属下，入了正白旗。这一变化的原因，可能是因为佟养性于天聪六年死的缘故。但应该注意到天聪四年九月的《玉皇庙碑》上，曹振彦已是"致政"。经研究，"致政"就是"致仕"，也就是"退休"。曹振彦此时尚是少壮之年，不可能退休。那么这时或许他已不属佟养性的部下也未可知，这个问题还得等有更新的文献资料出来，才能解决。二是，它说明曹振彦此时已升为"旗鼓牛录章京"即"旗鼓佐领"了。按："旗鼓"是指作战部队，以与"管领下人"——从事生产的农奴、工奴相区别。"佐领"是掌握三百人的军职，是有实权的。正白旗属上三旗，归内务府。所以入关后其子曹玺、孙曹寅都属内务府，其原因即在此。三是，它说明曹振彦"因有功"，又升了半级。当时明金双方战争频繁，曹振彦的"功"自当是战功，在此之前天聪五年有大凌河之战，曹振彦也可能是参加这次战争而立功的，是否如此，亦当待有确切的资料才能论定。

总之，这条天聪八年的材料，是研究曹雪芹家世的非常重要的资料。

2. 两篇《曹玺传》
（1）康熙二十三年未刊稿本《江宁府志》卷十七《曹玺传》：

曹玺，字完璧，宋枢密武惠王裔也。及王父宝宦沈阳，遂家焉。父振彦，从入关，仕至浙江盐法道，著惠政。公承其家学，读书洞彻古今，负经济才，兼艺能，射必贯札。补侍卫之秩，随王师征山右建绩。世祖章皇帝拔入内廷二等侍卫，管銮仪事，升内工部。康熙二年，特简督理江宁织造。江宁局务重大，黼黻朝祭之章出焉。视苏杭特为繁剧。往例收丝则凭行侩，颜料则取铺户，至工匠缺则佥送，在城机户有帮贴之累。众奸丛巧，莫可端倪，公大为厘剔。买丝则必于所出地平价以市；应用物料，官自和买，市无追胥，列肆案（安）堵；创立储养幼匠法，训练程作，遇缺即遴以补。不佥民户，而又朝夕循拊稍食。上下有经，赏赉以时，故工乐且奋。天府之供，不戒而办。岁比祲，公捐俸以赈，倡导协济，全活无算，郡人立生祠碑颂焉。丁巳、戊午两督运，陛见，天子面访江南吏治，乐其详剀。赐御宴、蟒服，加正一品，更赐御书匾额手卷。甲子六月，又督运，濒行，以积劳感疾，卒于署寝。遗诫惟训诸子图报国恩，毫不及私。江宁人士，思公不忘，公请各台崇祀名宦。是年冬，天子东巡，抵江宁，特遣致祭。又奉旨以长子寅仍协理江宁织造事务，以缵公绪。寅，敦敏渊博，工诗古文词。仲子宣，官荫生，殖学具异才。人谓盛德昌后，自公益验云。

（2）康熙六十年刊《上元县志》卷十六《曹玺传》：

曹玺，字完璧。其先出自宋枢密武惠王彬后。著籍襄平。大父世选，令沈阳有声。世选生振彦，初，扈从入关，累迁浙江盐法参议使，遂生玺。玺少好学，沉深有大志，及壮补侍卫，随王师征山右有功。康熙二年，特简督理江宁织造。织局繁剧，玺至，积弊一清，干略为上所重。丁巳、戊午两年陛见，陈江南吏治，备极详剀。赐蟒服，加正一品，御书"敬慎"匾额。甲子卒于署，祀名宦。子寅，字于（子）清，号荔轩。七岁能辨四声，长，偕弟子猷讲性命之学，尤工于诗，伯仲相济美。玺在殡，诏晋内少司寇，仍督织江宁。特敕加通政使，持节兼巡视两淮盐政。期年，疏贷内府金百万，有不能偿者，请豁免。商立祠以祀。奉命纂辑《全唐诗》、《佩文韵府》，著《练（楝）亭诗文集》行世。孙颙，字孚若。嗣任三载，因赴都染疾，上日遣太医调治，寻卒。上叹息不置，因命仲孙頫复继织造使。頫字昂友，好古嗜学，绍闻衣德，识者以为曹氏世有其人云。

以上两篇《曹玺传》是曹雪芹家世研究中非常重要的文献。这两篇传实际上是上下篇，两篇传一共写了七个人，曹世选、曹振彦、曹玺、曹寅、曹宣、曹颙、曹頫，重点是曹玺和曹寅。但对其他几个人，这两篇传记也都提供了极为重要的资料。以往，反映曹家上世历史资料最多的莫过于《八旗满洲氏族通谱》卷七十四"附载满洲旗分内之尼堪姓氏"下的"曹锡远"条，该条说：

　　曹锡远，正白旗包衣人，世居沈阳地方，来归年份无考。其子曹振彦，原任浙江盐法道。孙曹玺，原任工部尚书。曹尔正，原任佐领。曾孙曹寅，原任通政使司通政使。曹宣，原任护军参领，兼佐领。曹荃，原任司库。元孙曹颙，原任郎中。曹頫，原任员外郎。曹顺，原任二等侍卫兼佐领。曹天佑，现任州同。

这段文字共112个字，写了十一个人。除开头曹锡远占三句话外，其余都是每人一句。对研究曹雪芹家世来说，虽然只一句，也是重要的。但比起两篇《曹玺传》来说，毕竟《曹玺传》详细得多了。更难得的是这两篇传，一篇是康熙二十三年（1684年）的，另一篇是康熙六十年（1721年）的。而《八旗满洲氏族通谱》则是乾隆九年（1744年）的书，前者比它早了六十一年，后者比它早二十三年。总起来说，这两篇传，都是曹家未败落时的记录，所以它的直接性和真实性都是无可置疑的。

这两篇《曹玺传》给我们新增的认识：一是曹世选单名"宝"，曾"令沈阳有声"，并且家沈阳；二是曹家的远祖是宋武惠王曹彬；三是曹家"著籍襄平"，"襄平"是辽阳的古称，也即是说曹家的籍贯是辽阳；四是曹振彦是"扈从入关"的，但未提曹世选；五是曹玺曾参加平姜瓖之乱，并选拔为内廷二等侍卫，在江宁织造任上做了不少有益于民众的事，郡人立生祠碑以颂；六是曹寅于康熙二十三年曹玺死后即奉命"协理江宁织造事务"，他"偕弟子猷讲性命之学"，即程朱理学；七是曹荃确实原名"曹宣"；八是曹颙字"孚若"；九是曹頫字"昂友"。以上这些，都是我们以前所不知道的，所以这两篇传记的发现，是曹雪芹家世研究的一大进展。

3. 辽阳三碑

辽阳三碑，也是近二十年来发现的有关曹家上世史实的重要实物，碑上的文字对研究曹家入关的情况十分重要。

事情是这样的：1976年初，我在《文物》杂志和《文艺研究》上，先后发表了《曹雪芹家世史料的新发现》一文，文中提到了《曹玺传》里明确记载曹家"著籍襄平"（即辽阳）的问题。之后就收到了辽阳同志来信，告诉我辽阳现存的《大金喇嘛法师宝记碑》的事，我立即到辽阳去验看了此碑。在看完此碑后，我提出请他们仔细查一下，是否还有第二块有关曹家的碑。之后不久，又收到了辽阳同志的来信，说找到了另一块有曹振彦署名的碑。我立即又赶去验看，果然是一块有曹振彦署名的碑，碑名《重建玉皇庙碑》。在验看这一块碑的同时，辽阳的同志又提出了小学门口还有一块碑，不知与曹家有没有关系？于是我立即请他们带去验看。碑很高大，我站在课桌上才能看清碑阴的人名，果然有曹得先、曹得选、曹世爵三个人的名字，这都是《五庆堂谱》三房的人名。这块碑的名字叫《东京新建弥陀寺碑》。

对于以上三块碑，我都作了研究。

《大金喇嘛法师宝记碑》从时间来说，它比《清太宗实录》天聪八年要早出四年，但前者是官方文献最早的一条，后者是地方实物中最早的一件，各具特殊的意义。《喇嘛碑》的重要之处是它揭示了曹家上世在属多尔衮的正白旗之前，先是属佟养性的"旧汉兵"或"旧汉军"，属"乌真超哈"部队（红衣大炮部队），此时曹家归附后金已首尾十年。其次是上述两篇《曹玺传》说："及王父宝宦沈阳，遂家焉。""著籍襄平"。"襄平"就是辽阳，现在这块《喇嘛碑》又在辽阳发现，则对两篇《曹玺传》所说的曹家的祖籍是辽阳，是一个重要的实证，特别是碑阴与曹振彦并列的这些人，我已查清楚十名，其中如宁完我、石廷柱、金玉和、祝世昌、吴守进、张大猷、金砺等七名都是辽阳人，则可见当时佟养性部下辽阳人不少。《玉皇庙碑》是天聪四年（1630年）九月，比《喇嘛碑》只晚五个月，而此碑已无曹振彦军职，只署"致政"，当是其隶属及职务正在变动之际，尚未确定。至天聪八年，则已归多尔衮之正白旗，为"旗鼓牛录章京"（旗鼓佐领）。则此碑为我们提供了曹振彦由佟养性属下转变为多尔衮属下的一个变动初步的情况。这同样是曹雪芹上世的重要实证资料。《弥陀寺碑》则是《五庆堂谱》曹氏三房上祖的署名碑，碑阴曹得先、曹得选、曹世爵三人，都是《五庆堂谱》上的人名。《五庆堂谱》原称"辽东曹氏宗谱"，现在在辽阳发现五庆堂上祖的署名碑，则对《五庆堂曹氏宗谱》亦是提供了一件重要的实物证据。五庆堂三房是孔有德的部下，此碑的功德主正是"恭顺王孔有德、怀顺王耿仲明、智顺王尚可喜"，与史实全合，则更加增加了《五庆堂谱》的可信性。

所以以上辽阳三碑，是研究曹雪芹上世的重要的历史文物、历史见证，是弥足珍贵的。

4. 天聪七年孔有德降金书

1975 年左右，我在写《曹雪芹家世新考》的过程中，无意中于旧书里发现了孔有德、耿仲明的降金书，此件的满文照片发表在民国二十四年（1935 年）的《国立北平故宫博物院十周年纪念文献特刊》上，下面是此件的汉译原文：

总提兵大元帅孔有德
总督粮饷总兵官耿仲明

> 为直陈衷曲，以图大业事：照得朱朝至今，主幼臣奸，边事日坏，非一日矣！兵士鼓噪，触处皆然，非但本帅如此也。前奉部调西援，钱粮缺乏，兼沿途闭门罢市，日不得食，夜不得宿，忍气吞声，行至吴桥。又因恶官把持，以致众兵奋激起义，遂破新城，破登州，随收服各州县。去年已有三次书札，全未见复，始知俱被黄龙在旅顺所截夺。继因援兵四集，围困半载，彼但深沟高垒，不与我交战。彼兵日多，我兵粮少，只得弃登州而驾舟师，原欲首取旅顺为根本，与汗连合一处，谁知飓风大作，飘至广鹿岛（大连海中）。本帅即乘机收服广鹿、长山、石城诸岛，若论大海，何往不利？要之终非结局。久仰明汗网罗海内英豪，有尧、舜、汤、武之胸襟，无片甲只矢者，尚欲投汗以展胸中之伟抱；何况本帅现有甲兵数万，轻舟

百余，大炮火器俱全？有此武备，更与明汗同心协力，水陆并进，势如破竹，天下又谁与汗为敌乎？此出于一片真热心肠，确实如此。汗若听从，大事立就，朱朝之天下，转瞬即汗之天下。是时明汗授我何职，封我何地，乃本帅之愿也。特差副将刘承祖、曹绍中为先容，汗速乘此机会，成其大事，即天赐汗之福，亦本帅之幸也！若汗不信，可差人前看虚实如何。本帅不往别地，独向汗者，以汗之高明，他日为成大事，故效古人弃暗投明也。希详察之！为此合用手本，前投明汗驾前，烦为查照来文事理，速赐裁夺施行。须至手本者。

天聪七年（按：崇祯六年）四月十一日

孔有德是如何投降的，与我们的研究关系不大，但这个《投降书》里提到"特差副将刘承祖、曹绍中为先容"这句话，这个"曹绍中"就是《五庆堂谱》上的人物，他在《五庆堂谱》上是第十世，与同谱上四房的曹振彦是同世次。《清太宗实录》卷十四，"天聪七年癸酉：孔有德、耿仲明等，自镇江遣副将曹绍宗、刘承祖等，奏报起程日期。"（文长，下略）这里的曹绍宗，也就是《投降书》上的曹绍中，满文译字音同字异之故。此事《清史稿·孔有德传》有详细记载，其中亦有"复遣所置副将曹绍中、刘承祖等奉疏言，将自镇江登陆……"等语。（文长不录）《五庆堂谱》十世列：致中、化中、绍中、纯中、权中等数十人。其中曹绍中是这样一段谱文："养性子，字柱石。指挥佥事，骠骑将军。子贵，诰封光禄大夫。配王氏，续配何氏，俱封一品夫人，生三子：长德先、次仁先、三义先。女一，适沈。"这段文字很简单，不能说明谱上的曹绍中是否就是送《投降书》的曹绍中。但幸好《清太宗实录》卷五十一"崇德五年庚辰"有"三等梅勒章京曹绍宗老病，令其子仁先袭替"这两句话，而上引谱文正好写明，曹绍中的第二个儿子叫仁先。而长子曹德先是跟着孔有德一直打到桂林去的，孔有德封为定南王，留驻桂林。曹德先也留在桂林。顺治九年壬辰七月初七日，李定国攻破桂林，火焚定南王府，曹德先全家一起烧死，谱上说赐葬河北省涞水县张坊镇沈家庵村，我曾去作过调查，墓基完整，还有一块完好的界碑，其他一如谱上所记。所以送《投降书》的曹绍中，确就是《五庆堂谱》上的曹绍中。《五庆堂谱》也确是可信的。在拙著《曹雪芹家世新考》重订本里，有详细的论证，此处不赘。

5. 康熙抄本《沈阳甘氏家谱》

我在研究曹雪芹家世的过程中，借到了康熙时的原抄本《沈阳甘氏家谱》。我们一直知道康熙十二年因吴三桂叛乱而自经于镇远府的云贵总督甘文焜与曹雪芹的上祖有亲戚关系，这从曹寅的《过甘园》诗就表明了这种关系。诗中自注称甘文焜为"总制公"，称甘文焜的第三子甘国基为"鸿舒表兄"，这重"表亲"关系究竟从何"表"起的呢？康熙抄本《沈阳甘氏家谱》："六世，体垣，行一，字仰之。生于万历戊申年七月初三辰时，仕至福建漳州府海澄县令。于顺治九年正月初三日海寇作乱，守节殉难，士民爱戴，立祠春秋祭祀。元配曹氏，沈阳卫指挥全忠曹公之女，生一子，如柏。"嘉庆、道光《沈阳甘氏家谱》均同。再检《五庆堂曹氏宗谱》十世曹权中说："养勇子，字时轩，指挥使。配徐氏，封夫人，生子振先。女一。适甘公体恒室，甘国圻母。"这里的曹权中，也即是甘谱里的曹全忠，音同字异，而这里的甘体恒，也就是甘谱里的"甘体垣"，"恒"与"垣"形近而误。曹、甘两谱互相对应，除了音同字异和形近而误外，其他都很符合。找出这曹、甘两家的姻亲关系对研究曹雪芹上祖的家世至关重要：一是曹、甘两家都在沈辽地区，曹家祖籍辽阳，还曾一度住沈阳，而五庆堂曹原本就在辽阳，而甘氏是在沈阳，故甘、曹两家地域相邻。二是原先有些人硬说《五庆堂谱》上第四房即曹锡远、曹振彦这一系是硬装上去的,并非谱上原有。这种说法,毫无根据,现在找出这重姻戚关系来,特别是找出四房的后裔称三房上世的祖姑之子为"表兄",这恰好说明了《五庆堂谱》上的四房与三房,原是同气连枝,一条根上生出来的。如果没有这一层血缘关系,曹寅怎么可能称甘国基为"鸿舒表兄"?所以要想把《五庆堂谱》上的四房和三房拆开也是拆不开的,因为他本来就是连理枝。从根子上就血脉相连了,怎么可以拆得开呢?曹寅的这首《过甘园》诗,就像一把金锁,把甘家和曹家、曹家的四房和三房,都紧紧地锁在一起,要拆也拆不开了。

6. 曹頫的抄家和曹家的败落

曹頫的抄家和曹家的败落,是曹雪芹家世研究和《红楼梦》研究中的重要问题,20世纪80年代又发现了有关曹頫和曹寅的几个重要档案。这就是《曹頫骚扰驿站获罪结案题本》(雍正六年九月二十一日),《刑部为知照曹頫获罪抄没缘由业经转行事致内务府移会》(雍正七年七月二十九日),《刑部为知照查催曹寅得受赵世显银两情形事致内务府咨文》(雍正七年十二月初四日)。这几个重要档案的发现,使我们对曹頫的抄家和败落的问题又有了进一步的具体的认识。现在我先把曹頫被罪抄家事件的全部过程,依据文献资料,作一排列,以见事情的来龙去脉:

(1)雍正五年(1727年)十二月初四日,"上谕织造差员勒索驿站,着交部严审"。这是曹頫骚扰驿站案的始发。在这份"上谕"里,①表彰了塞楞额敢于"据实参奏,深知朕心","着议叙具奏"。②"织造人员既在山东如此需索,其他经过地方,自必照此应付,该督抚何以不据实奏闻?着该部一一察议具奏。"③"织造差员现在京师,着内务府、吏部,将塞楞额所参各项,严审定拟具奏。"在这份档案材料里,丝毫没有提及织造亏空等事实。也即是当时曹頫的罪名,与织造任上的经济亏空无关。

（2）在驿站案爆发以后十一天，即雍正五年十二月二十五日，"上谕著李秉忠、隋赫德接管孙文成、曹頫织造事务"。在这份"上谕"里，孙文成是以"年已老迈"被撤换的，曹頫是因"审案未结"被撤换的，仍然未及织造亏空问题。

（3）在曹頫被撤去江宁织造以后十天，即雍正五年十二月二十四日，"上谕著江南总督范时绎查封曹頫家产"。在这份"上谕"里曹頫被查封的罪名就与驿站案毫无关系，具体的罪名就是"行为不端，织造款项亏空甚多"，"将家中财物暗移他处，企图隐蔽"等等，并且立即"将曹頫家中财物，固封看守，并将重要家人立即严拿，家人之财产，亦着固封看守"，"伊闻知织造官员易人时，说不定要暗派家人到江南送信，转移家财。倘有差遣之人到彼处，著范时绎严拿，审问该人前去的缘故，不得怠忽！"这道"上谕"的口气特别严厉，罪名完全是"织造亏空"，"转移财产"，与驿站案又丝毫无涉。当时曹頫虽已被接管，但行文上还只是说"织造官易人"。连新任织造官是谁亦尚未公布，更未到任。查实际上内阁已于雍正五年十二月十八日交出"隋赫德著给内务府郎中衔，办理江宁织造事务"的勅书，雍正下旨查封曹頫，是在勅任隋赫德江宁织造后六天，时隋赫德尚未到任，故先命范时绎查封。可见当时事态之严重和紧急。

（4）雍正六年（1728年）三月二十九日"内务府咨内阁请照例发给隋赫德织造勅书"说："奉旨补放隋赫德为江宁织造郎中，已于雍正六年二月初二日接任，惟应发给勅一张，尚未发给，恳请王大人咨行该管衙门，请照例发给。""查雍正五年十二月十八日，据吏部咨称，由内阁交出，奉旨：隋赫德著给内务府郎中衔，办理江宁织造事务。"这道"咨文"说明曹頫于雍正五年十二月十五日被撤去织造职务后，直到雍正六年二月初二即隔了两个月又十七天才由隋赫德去接任江宁织造的，但雍正下旨"隋赫德著给内务府郎中衔,办理江宁织造事务"则是在雍正五年十二月十八日,也即是在李秉忠接管江宁织造后三天,在驿站案事发后十四天。这就是说,在驿站案事发以后雍正已内定撤去曹頫江宁织造之职了。后来简派迟缓只是公文手续上的事。

(5)"江宁织造隋赫德奏细查曹頫房地产及家人情形",此折未署年月,只标"雍正朝",但按当时的事势,当是在隋赫德于雍正六年二月初二日接任江宁织造后数天内的事,看雍正五年十二月二十四日"查封曹頫家产"的"上谕"如此严厉火急,隋赫德自不敢稍事迟误,其时当是在雍正六年二月初二日以后数天内。但要分清,范时绎只是"查封"(即一并查清,造册固封),隋赫德才是正式执行抄家,故抄家的情况由隋赫德上报。值得注意的是所查结果,曹頫资财极其有限,与李煦的抄家清单不可比拟。特别是隋赫德的奏报里除说明"与总督所查册内仿佛"外,还加了一句"并无别项"。这"并无别项"一句,是否指除清查他的财产外,还要查他经济以外的政治问题但又无所发现呢?这就值得深思了。

但值得注意的是这个奏报的语气,已是案情了结的口气,以末段说:"再,曹頫所有田产房屋人口等项,奴才荷蒙皇上浩荡天恩特加赏赉,宠荣已极。曹頫家属蒙恩谕少留房屋以资养赡,今其家不久回京,奴才应将在京房屋人口酌量拨给。"从这段文字看,抄家后的房产赏给了隋赫德,家属人口均回京,并"恩谕少留房屋以资养赡"。似乎并未留下别的问题,可以认为织造亏空查抄案已算了结,至于曹頫本人的问题,恐怕还牵涉到驿站案等候处理。

所以曹頫织造亏空案自案发(雍正五年十二月十五日)到隋赫德执行查抄曹頫并上此奏报(约雍正六年二月二日以后数日),前后共约两个月又二十天左右。

(6)关于"刑部移会"的问题。"刑部移会"所反映的问题,是在驿站案、织造案以外的另一个问题，这是"曹寅名下得过赵世显银八千两"的遗留问题，与上述两案都无关。曹寅得赵世显银八千两的问题，也因曹頫已被抄没，"江省实无可追之人"而不了了之。但"刑部移会"却说明了一个问题，"移会"说："查曹頫因骚扰驿站获罪，现今枷号。"则可见曹頫织造亏空案确以抄家而了结。曹頫本人，则因驿站案尚被枷号监押。究竟监押到何时，以后就无下文了。

总结曹頫败落，当时同时发作两案，先是骚扰驿站案，几天以后又爆发更大的织造亏空案，终至抄家败落。而织造亏空案晚发先结，以抄没而告终。驿站案则在曹頫抄没后尚未告终，曹頫尚因此而被枷号。正在此时，又发生"刑部移会"所追之曹寅得赵世显银八千两之遗留案，此案因曹頫已经败落而不了了之。

以上关于曹頫败落的全部案件进程，已经排列并分析清楚。

现在我们可以来探讨曹家败落的原因了。众所周知，曹家在曹寅的时代，早已留下巨额亏空。连康熙都深为此忧虑，要他们尽快补清。曹寅的巨额亏空究竟是如何造成的呢？我认为有三个原因：一是康熙南巡曹寅接驾四次所造成的亏空；二是盐商历年所欠的巨额国帑，如康熙四十九年八月二十二日李煦奏李斯佺病危折，康熙朱批云："风闻库帑亏空者甚多；却不知尔等作何法补完？留心，留心，留心，留心，留心！"同年九月初二日曹寅奏进晴雨录折，康熙又批云："知道了，两淮情弊多端，亏空甚多，必要设法补完，任内无事方好，不可疏忽。千万小心，小心，小心，小心！"康熙五十年二月初三日，曹寅进晴雨录折，康熙朱批云："朕安，两淮亏空近日可曾补完否？新任运使如何？"康熙五十年三月初九日曹寅奏设法补完盐课亏空折，康熙又批云："亏空太多，甚有关系，十分留心，还未知后来如何，不要看轻了。"以上这些朱批，都说明当时两淮的亏空，康熙完全清楚。这些巨额亏空，当然不是属于曹寅个人的债务。三是曹寅居官时的开销，包括官场、文场的应酬，接济刻书等等。以上这三方面的亏空，前两项，实非他个人行为造成的，第三项虽说应属个人，但其中一部分也是具有社会性质的，不是个人奢侈性的挥霍或腐败。这积重难返的巨额亏空，一直留给了曹颙，又留给了曹𫖳，最后终成曹家败落的重要因素之一。曹家败落的第二个原因是家庭矛盾，即曹寅与嫡母孙氏及弟弟曹宣之间的矛盾，和下一代曹顺和曹𫖳兄弟之间的矛盾。而这一点，康熙也是清楚的，因此在曹寅死后，选择承嗣的时候，康熙还特意指出不能让"不和者"去承嗣，据有的同志考证，所谓曹𫖳转移家产等等，就是由于"不和者"的告讦，还甚至可能是诬陷。曹家败落的第三个原因，即政治原因，也即是康熙的去世，曹家失去了靠山。特别是雍正的上台，是在激烈的兄弟斗争中取得的。为了夺取皇位，康熙的儿子之间早已形成了各个政治集团并展开了殊死的斗争，影响所及，大臣之间也各有依附。所以雍正上台后自必清除政敌，首先是清除了他的兄弟，其次是清除了一批康熙时的大臣。曹家原是康熙的亲信和重臣，同时也未发现过曹寅有投附胤禛的活动，所以当康熙去世之后，原先对曹寅十分有利的政治因素，一变而为十分不利的政治因素了。

　　有的研究者强调经济因素，有的研究者则强调政治因素，我个人则认为政治是贯穿始终的一种根本性因素。在康熙时期曹家能得不败，是康熙在政治上庇护着；到雍正时期曹家必败，是雍正在政治上不可能庇护他，非但不能庇护他，更是雍正从根本上不利于他了。但雍正毕竟得有堂堂正正的借口，不能赤裸裸地政治处置，于是巨额的织造亏空，就是最好的突破形式了，何况又有了驿站案的因由。特别要注意致使曹𫖳抄没的是织造亏空和所谓的"转移家财"，并不是因为驿站案。而所谓的"转移家财"这个罪名，必然要有人告讦，雍正本人不可能自己凭空捏造，即使是捏造，也必须假手于人，而这个"人"，有的研究者认为很大可能就是曹家的"不和者"，我认为这样的分析是有一定的道理的，不是无根据的猜度。但这种不和的因素，只有到了曹家进入了倒霉的时期，才能起作用，不是任何时候都能起作用的。所以它在曹家的败落中，是一根引爆的导火线。因此曹家的败落，是这三者互起作用的结果，而政治是根本性的因素，设使康熙还在，这第二、第三两种因素就会暂时不起作用。

"刑部移会"说明的另一个问题，是曹雪芹在晚年，曾否南归当尹继善的幕僚的问题。周汝昌坚持认为曹雪芹是曾南归为尹继善的幕僚的，他的惟一的根据是郑州博物馆所藏的那张"曹雪芹画像"和画像上的那段题记。现在事实证明画像是假的，题记是后造的，连作伪者都已经供认不讳了，所以南归说的依据就根本不存在了。现在"刑部移会"又提出来曹寅曾得赵世显银八千两，尹继善是奉追者，要着落曹寅之子曹𫖳承缴。这样尹继善与曹𫖳、曹雪芹之间，又存在了一层新的关系，一方是奉追欠款，一方是应缴旧欠；一方是江苏巡抚，一方是被罪枷号的罪人。在这种情势下，难道雪芹还有可能于日后去做尹继善的幕僚吗？只要读读《红楼梦》里雪芹对贾政的幕僚——詹光（沾光）、单聘人（擅骗人）等的描写，就可知道，雪芹对当时的幕僚即清客相公，是何等的厌恶鄙视啊！所以这份"刑部移会"又从正面驳斥了南游论者的错误观点，还雪芹以清白之身。

总起来说，曹𫖳的被抄没败落，驿站案是爆发点，在驿站案爆发后，曹家的"不和者"又趁机落井下石，密报曹𫖳"将家中财物暗移他处，企图隐蔽"，"要暗派家人到江南送信，转移财产"。结果雍正大怒，立即派范时绎查封曹𫖳家产。然而以上两项罪名，都无下文，说明并无其事，而且抄家的结果，除了住房、田地、人口外，"余则桌椅、床杌、旧衣零星等件及当票百余张外，并无别项"。这个结果完全出于雍正意料之外，事实上曹𫖳已经穷了。所以织造亏空一案以抄没了结，驿站案以枷号追赔。直至乾隆元年才得蒙恩宽免。

了解曹家的家世和抄家败落的过程，非常有利于我们理解曹雪芹创作《红楼梦》，非常有利于我们解读《红楼梦》。但《红楼梦》一不是曹雪芹的家世，二不是毫无根据的凭空虚构。《红楼梦》是曹雪芹以自己的家庭和亲戚的家庭（如李煦）等为素材而进行的一种伟大的艺术创作。所以研究《红楼梦》既要了解曹雪芹的家世，又不能拘泥于曹雪芹的家世。

7. 曹雪芹墓石

1992 年 7 月，北京通县张家湾镇农民李景柱献出了他在 1968 年"文革"期间平坟地时挖出来的一块"曹雪芹墓石"。我应邀去作了实地调查，据李景柱介绍说："这块墓碑是 1968 年发现的，当时'文革'还在高潮期间，乡里为了平掉张湾镇周围的荒坟，改为庄稼地，才决定把张湾村西北的窦家坟、马家坟、曹家坟平掉。这三座大坟是相连的，面积很大，曹家坟高出地面有一米多。我和另外好几位一起平曹家坟，在平地时发现了这块墓碑。墓碑埋在地下一米多深处，碑上刻'曹公讳霑墓'五个大字，左下端刻'壬午'两字，'午'字已残。在墓碑下面约离地面一米五左右的深处，挖出来一具尸骨，没有棺材，是裸葬的，尸骨架很完整，据当时一位稍懂一点的人说，是一具男尸。当时急于要平坟地，特别正是在'文革'中，'破四旧'刚过，也没有敢多想，但我读过《红楼梦》知道曹霑就是曹雪芹，并告诉了在场的人。当时有一位一起平地的人听说曹霑就是曹雪芹，以为墓里一定有东西，就去墓坑里拨弄尸骨，结果一无所有。到晚上我就与我的堂弟李景泉一起把这块墓碑拉回家里，埋在园子里了。最近镇里规划要发展旅游，建立张家湾人民公园，想把周围的古碑集中起来建碑林，因而想起了这块碑，又把它拿了出来。"

李景柱介绍后，我就去目验了这块墓石，墓石约一米左右高，四十多厘米宽，十五厘米左右厚，墓碑质地是青石，做工很粗糙，像是一块普通的台阶石，有粗加工，没有像一般墓碑那样打磨，碑面上加工时用凿子凿出来的一道道斜线都还原样未动，证明是根本未打磨过。碑面上凿刻"曹公讳霑墓"五个字，也不像一般碑文的写刻，就像是用凿子直接凿的，因为字体是笔画一样粗细，方方正正的字体，有点类似八分书，但毫无笔意，所以说可能是未经书写直接凿刻的。总之给人以十分草草的印象。因为刻得很浅，字迹与石色一样，几乎已看不清楚，但只要仔细看看，还是可以毫不含糊地辨认出来的。在碑的左下端有"壬午"两字，"午"字已剥落左半边，但还能看出确是"午"字。

从我的直接感觉来说，这块墓石确是真的出土物，决不是伪造的。之后不久，国家文物鉴定委员会的专家史树青、傅大卣两位也来验看了，他们看后当场就发表意见，认为这块墓石是真的，决不是伪造的。不少红学家看后，也认为是真的，不是伪造的。当然也有人认为是假的，不可信的。对于墓石发生不同意见的争论，这是正常的不足为怪的，问题是要作深入的调查，要找证据。第一是要看张家湾与曹家过去有什么关系，第二是要看看文献上关于曹家祖坟是如何记载的，第三是要看看雪芹的友人有无这方面的记述。

经过调查，上述三方面都找了一部分资料，现在分述如下：

关于第一个问题，我查到下列资料：

（1）康熙五十四年七月十六日《江宁织造曹頫覆奏家务家产折》：

> （上略）奴才到任以来，亦曾细为查检，所有遗存产业，惟京中住房二所，外城鲜鱼口空房一所，通州典地六百亩，张家湾当铺一所，本银七千两。①

---

① 见《关于江宁织造曹家档案史料》，第131—132页，中华书局1975年版。

这里提到"通州典地六百亩，张家湾当铺一所"，这直接说明曹家在通县张家湾有地有产。

（2）曹寅《东皋草堂记》：

> 东皋在武清、宝坻之间，旧曰崔口，势洼下，去海不百里。……予家受田亦在宝坻之西，与东皋鸡犬之声相闻。①

曹寅在这里所说的宝坻，现在仍叫宝坻，这里靠近天津，离北京较远。

以上两处，都未提到祖坟问题。

关于第二个问题，即文献上有无提到曹家祖坟的问题。查得的资料如下：

（1）康熙四十五年八月初四日《江宁织造曹寅奏谢复点巡盐并奉女北上及请假葬亲折》：

> （上略）今年正月太监梁九功传旨，著臣妻子八月上船奉女北上，命臣由陆路九月间接敕印，再行启奏。钦此钦遵。……惟是臣母冬期营葬，须臣料理，伏乞圣恩准假，容臣办完水陆二运及各院司差务，捧接敕印，由陆路暂归，少尽下贱乌哺之私。②

按，这里提到的"母"即是孙氏，不是曹寅自己的生母顾氏。康熙四十五年孙氏去世，曹寅要请假北上归葬。则可见他家的祖坟在北京郊区。

---

① 见曹寅《楝亭集》，上海古籍出版社1978年版。
② 《关于江宁织造曹家档案史料》，第42页，中华书局1975年版。

（2）康熙五十四年正月十八日《苏州织造李煦奏安排曹颙后事折》：

　　（上略）奴才谨拟曹頫于本月内择日将曹颙灵柩出城，暂厝祖茔之侧，事毕即奏请赴江宁任所。盖頫母年近六旬，独自在南奉守夫灵，今又闻子夭亡，恐其过于哀伤。且舟车往返，费用难支。莫若令曹頫前去，朝夕劝慰，俟秋冬之际，再同伊母将曹寅灵柩扶归安葬，使其父子九泉之下得以瞑目。①

在这个奏折里，明确提到"择日将曹颙灵柩出城，暂厝祖茔之侧"，还提到"将曹寅灵柩扶归安葬"等等。按曹颙死于北京，则可见曹家祖坟确在北京城外，而且曹颙、曹寅都是安葬在祖茔内，则可见孙氏也在祖茔内，问题是不清楚究竟在何处，但玩其语气，似乎离城不远，故只说"将曹颙灵柩出城，暂厝祖茔之侧"，如是很远，就不能光说"出城"，就当直指其地了。

　　第三个问题是看看雪芹友人有无这方面的记载。

　　雪芹好友宗室敦敏《东皋集》叙说：

　　自山海归，谢客闭门，惟时时来往东皋间。盖东皋前临潞河，潞河南去数里许，先茔在也。

按，这里的"东皋"不是曹寅《东皋草堂记》里的东皋，而是指北京东直门或朝阳门外一直到通县这一带，潞河就是从通县张家湾直通北京的，这条河现今仍在，叫通惠河。上引文中说到的"先茔在也"，就是指敦敏上祖英亲王阿济格的坟墓，也在潞河边上，至今还在，我曾去调

---

① 《关于江宁织造曹家档案史料》，第 127 页，中华书局 1975 年版。

查过。

又敦诚《四松堂集》《过寅圃墓感作二首》之一云:

昔共蓬床伴钓筒,江湖旧侣忆龟蒙。
水南庄下无人问,两岸荻花吹晚风。

(原注:昔与寅圃泛舟水南庄,有诗纪事)

寅圃墓就在水南庄,水南庄就在潞河边上,我昔年曾去拍过照片。又《四松堂集》《同人往奠贻谋墓上,便泛舟于东皋》云:

才向西州回瘦马,便从东郭下澄渊。
青山松柏几诗冢*,秋水乾坤一酒船。
残柳败芦凉雨后,渔庄蟹舍夕阳边。
东皋钓侣今安在,剩我孤蓑破晚烟。

(*原注:三年来诗友数人相继而殁)

这首诗,说明贻谋的墓也在潞河边上,"三年来诗友数人相继而殁",其中也可能就包含着雪芹在内。再读敦诚的《寄大兄》文:

孤坐一室,易生感怀,每思及故人,如立翁、复斋、雪芹、寅圃、贻谋、汝猷、益庵、紫树,不数年间,皆荡为寒烟冷雾,曩日欢笑,那可复得。……

现在至少我们可以确知寅圃、贻谋即葬于潞河之畔。尤其是敦诚的《哭复斋文》里说:

> 未知先生与寅圃、雪芹诸子相逢于地下作如何言笑，可话
> 及仆辈念悼亡友之情否？

为什么说"与寅圃、雪芹诸子相逢于地下"？是否因为他们同葬于此呢？现在这块曹霑墓石在潞河边上出现，就让你不能不认真思索这个问题了。

以上，我们从三个方面都找到了一些线索，特别是第三个问题，似乎已经呼之欲出了。那么，我们再来看《懋斋诗钞》里的这首诗罢：

河干集饮题壁兼吊雪芹

花明两岸柳霏微。到眼风光春欲归。
逝水不留诗客杳，登楼空忆酒徒非。
河干万木飘残雪，村落千家带远晖。
凭吊无端频怅望，寒林萧寺暮鸦飞。

"河干"，当然是指潞河之畔，为什么在这里要"吊雪芹"，为什么会"凭吊无端频怅望"？联系"河干"张家湾雪芹的墓地和墓石，似乎这首诗更进一步地透露，雪芹的墓地确在潞河边上的张家湾曹家祖坟。大家还记得开头时，李景柱介绍说他平的坟就是"曹家坟"，这就在潞河附近。实际上这块石头应称墓石而不是墓碑，因为它是埋在地下作标志的而不是立在坟上的。墓石如此草草，正说明雪芹已潦倒得无以自存了。

尤其应该注意的是墓石左下端的"壬午"两字，这是至关重要的两个字。甲戌本第一回"满纸荒唐言，一把辛酸泪"眉批云：

能解者方有辛酸之泪，哭成此书。壬午除夕，书未成，芹
为泪尽而逝。余尝哭芹，泪亦待尽，每意觅青埂峰再问石兄，
余（奈）不遇癞头和尚何，怅怅！

关于雪芹的卒年，已经争论了几十年了，过去我是主张"癸未"说的，
但现在看了这块墓石上的"壬午"纪年，再联系甲戌本脂批，我想不能
把写得一清二楚的事，硬解释为记错的或写错的了。

以上，是我研究曹雪芹家世的主要方面。

我对《石头记》抄本的研究

研究《红楼梦》，我认为首先要做两项前期工作，一是对曹雪芹家
世的研究，二是对《石头记》早期抄本的研究。前者是因为《红楼梦》
这部书的特殊性，它的素材是取自曹家和曹家的亲戚，如不研究曹雪芹
家世，就不能明此书的"底里"。后者是因为作者对《石头记》的原稿
作了多次修改，特别是后来又有别人的补作改写，尤其是木活字本行世
时，改动更为明显，因此不研究《石头记》的早期抄本，就不能明
《石头记》的真相。但以上两个方面，都只是《红楼梦》研究的准备工
作，《红楼梦》是一部小说，研究《红楼梦》当然还必须遵循研究小说
的规律，对《红楼梦》作思想、艺术、形象、美学、语言等各方面的研
究。

《石头记》的早期抄本，我对甲戌、己卯、庚辰三个最主要的本子
都作过认真的研究，对列藏、甲辰、程甲各本也作过相应的研究，并各
写过论文。我的实际体会是，研究《石头记》的抄本，最好是把现有十
二种本子，即：甲戌、己卯、庚辰、蒙府、戚序、戚宁、杨本、列藏、

甲辰、舒序、郑藏、程甲等本子作系统的排列的研究。这样一是可以发现各本之间的相互关系，例如己卯、庚辰两本是一个血统，庚辰是据己卯本或己卯本的过录本抄的；蒙府、戚序、戚宁三个本子，实际上是一个体系，尤其是戚宁本与戚序本基本一样，戚宁与戚序只差几个字；甲戌本是一个独立的本子，至今还没有发现哪个本子是据它抄的；杨本的前七回是据己卯本过录的；列藏本是分用几个不同的本子抄的等等。经过排列，大体上可以把这些本子的血缘关系和相邻关系找出来；二是可以查出各本文字之间的同异，有时还可发现这种同异的渊源，这对仔细辨析这些文字的优劣是有用处的。现在所有的早期抄本都已影印出版了，要做这方面的研究工作就比较容易着手了，因为这些本子都不难得到了。

我自己在作《石头记》的早期抄本的研究时，就经常用这种排列比较的办法。我主编的《脂砚斋重评石头记汇校》，就是这种排列研究法的全面尝试。

1. 我对己卯本的研究

1974 年 12 月，历史博物馆发现了一册馆藏的《红楼梦》残抄本，请吴恩裕先生鉴定，吴先生和他的夫人骆静兰一起把这册残抄本拿来给我看。吴先生怀疑这个残抄本是己卯本的一部分，请我一起到北图去查看原书的笔迹并进行研究。于是我们就开始了对己卯本的合作研究，并在 1975 年 3 月 24 日的《光明日报》上，发表了我们共同署名的文章：《己卯本〈石头记〉散失部分的发现及其意义》。我们的主要研究成果是：

（1）历史博物馆所藏的《石头记》残抄本，计：五十五回的后半回，五十六、五十七、五十八三回整回，五十九回的前半回，是北京图书馆藏己卯本《石头记》的早期散失部分。

（2）由于己卯本上有"祥"、"晓"等字的避讳作"衤羊"、"日尧"，又查得乾隆时怡亲王弘晓和雍正时老怡亲王允祥的藏书书目《怡府书目》上也同样避"祥"、"晓"两字的讳，因此可以确证己卯本《石头记》是怡亲王府的抄本。

（3）按老怡亲王允祥，与曹家私交甚好，雍正二年曹頫请安折上雍正的长篇朱批，明确地说明了这一点，并说"你是奉旨交与怡亲王传奏你的事的，诸事听王子教导而行"，"王子甚疼怜你，所以朕将你交与王子"等等。鉴于以上这种特殊的情况，则怡府抄录《石头记》的底本，极有可能直接来自曹頫或雪芹。因为在己卯（乾隆二十四年，1759 年）以前，《石头记》还只有一个"甲戌本"，外间流传很少，怡府要抄，其底本多半是从曹家借得。若如此，则己卯本就显得特殊的珍贵了。

2. 我对庚辰本的研究

在完成了对己卯本的研究后，我接着就研究庚辰本，这是因为当时正在进行的《红楼梦》校注工作拟采用庚辰本作底本，这就必须对庚辰本有正确的认识；另外，有的同志曾撰文论证庚辰本是四个本子拼的，"庚辰秋月定本"、"己卯冬月定本"的题记是"商人随意加的"等等，对这些问题也必须弄清楚，因此我即开始了对庚辰本的研究工作。我研究庚辰本，主要是拿它与己卯本作排比，由此而入手。我的研究结果，写成了《论庚辰本》一书。

我对庚辰本的认识是：

（1）这个本子是据己卯过录本过录的。

这个过录的庚辰本在过录的时候，是据一个完整的（内缺六十四、六十七两回）过录的己卯本过录的，它决不是什么用四个不同的本子拼凑起来的"百衲本"或"集锦本"，它的过录者也决不是什么"书贾所雇的钞者"。那么，己卯本的底本（这里不是指怡府过录的己卯本而是指己卯原本）又是什么呢？我认为，它就是那个"乾隆二十一年五月初七日对清"的"丙子本"。很可惜，现在的过录己卯本已经散失了近一半了，而这些带有重要的历史记录的几回，都在散失之列。但根据庚辰、己卯两本的一系列的共同特征来看，己卯本的散失部分内，必然会有与庚辰本相同的这些题记，如："乾隆二十一年五月初七日对清"，"此回未成，而芹逝矣，叹叹！"等等。因为庚辰本是忠实地过录的己卯本的，连行款都基本上一样，因此现在庚辰本上上述这类重要题记，在过录的己卯本上不可能没有。由此，我们可以推测出来，己卯本以前的底本，应该是这个"丙子本"。这就是说，丙子、己卯、庚辰这三个不同的本子，最初是一个底本，丙子本经己卯冬月的重定和加批，就成为己卯本，并经人传抄了出来（也有人认为己卯、庚辰是一次评阅，跨了两个年头，这一设想也是值得重视的）。这三本的原始底本，就是一直在脂砚斋和曹雪芹手里不断加批和重定的本子，正是由于这个原因，所以在这个庚辰本上，会保留丙子、己卯、庚辰这三个对于《红楼梦》来说具有重要的历史意义的纪年。这三个纪年汇集在这个本子上，决不同于从别本的转录，而是原来就是在这三个本子的共同祖本上的重要历史印记。

（2）这个本子保留了脂砚斋等人的不少批语。

由于上述原因，这个本子上保留了不少脂砚斋和畸笏叟等人长时期批阅本书时的署名的随记和具有特殊意义的批语。具有"脂砚"、"脂研"、"指研"或"脂砚斋"署名的批语，最早见于己卯本的正文下的双行小字批语，庚辰本过录时，照原样过录了下来。另外，庚辰本上又增加了署"脂砚斋"或"脂砚"、"畸笏"、"畸笏叟"的朱笔行间批及朱笔眉批。具有署名的"脂批"，可以说主要集中在庚辰本上。甲戌本上有些批语也极重要，并且也可肯定是"脂批"，但却无署名，有的在文中用到了"脂"字，如说："今而后惟愿造化主再出一芹一脂，是书何本（幸），余二人亦大快遂心于九泉矣。甲午八日泪笔。"这显然是脂砚斋的批语，但无署名。所以己卯、庚辰两本上带有大量的脂砚、畸笏等人的署名的批语，是此两本的一大特点和优点。集中在庚辰本上的这些署名脂批，是研究《红楼梦》的一批珍贵资料，由于它的存在，也大大增加了此本的重要性。

　　这些批语中，最早的一条随记，就是七十五回前乾隆二十一年的那一条。除前面已经引过的那段文字外，还有"缺中秋诗，俟雪芹"等批语和可能是试拟的回目。其次，是没有纪年的二十二回末的朱批："此后破失，候再补。"它告诉了我们这回的末尾曹雪芹写好后又被"破失"了，并在下页上墨笔随记说"暂记宝钗制谜云"，然后就写下了那首七律。显然这是因末尾破失之后追忆起来的文字，怕以后忘记，故"暂记"在下面。再就是十七、十八回的朱笔眉批："树（前）处引十二钗总未的确，皆系漫拟也。至末回警幻情榜，方知正副再副及三四副芳讳，壬午季春。畸笏。"朱笔行间批："园中诸景最要紧是水，亦必写明方妙，余最鄙近之修造园亭者，徒以顽石土堆为佳，不引泉一道，甚至丹青惟知乱作山石树木，不知画泉之法，亦是误事。脂砚斋。"二十回朱笔眉批："茜雪至狱神庙方呈正文，标昌（按：应是目曰两字）'花袭人有始有终'。余只见有一次誊清时与狱神庙慰宝玉等五六稿被借阅者迷失，叹叹！丁亥夏。畸笏叟。"二十六回的墨笔眉批："狱神庙回有茜雪、红玉一大回文字，惜迷失无稿，叹叹，丁亥夏，畸笏叟。""惜卫若兰射圃文字，迷失无稿，叹叹！丁亥夏，畸笏叟。"二十七回的朱笔批语："此系未见抄没、狱神庙诸事，故有是批（指在这段批语前面的一段批语）。丁亥夏。畸笏叟。"以及二十二回末的墨笔批语："此回未成而芹逝矣，叹叹！丁亥夏。畸笏叟"等等，等等。乾隆二十一年曹雪芹还活着，批者还等他来补中秋诗，但是到乾隆三十二年（丁亥），曹雪芹早已逝去，批者面对着这一大堆断简残篇，不能不发出深深的感叹。我们现在来读这些批语，仍能使我们亲切地感受到曹雪芹创作这部巨制的甘苦，感受到当初曹雪芹创作和脂砚斋、畸笏叟等人评批此书时的某种历史生活气息，并且清楚地了解到此书有几处短残的情况以及八十回后创作的大概情形。批语还透露了曹雪芹家庭败落的某些消息和本书创作的某些背景以及书中某些人物、情节的生活依据。特别是五十二回末"只听自鸣钟已敲了四下"句下的双行批语:"按四下乃寅正初刻,寅此样(写)法避讳也。"明确提出了作者避"寅"字的讳,这对于证实此书确是曹雪芹所作,是十分重要的资料。以上这些,对于我们研究曹雪芹和他的《红楼梦》,都是十分珍贵的第一手资料。这些批语,有力地说明了它的原底本,是直接从曹雪芹和脂砚斋的手稿本上抄下来的,它决不同于后来那些辗转过录甚至加以大量删改增补的本子。

(3)庚辰本遗留的许多残缺的情况。

对于一部完整的小说来说,庚辰本遗留的许多残缺情况,未免是一种缺陷。但是对于我们研究这个伟大作家的创作思想、方法以及这部小说修改的过程等等,却又有它的好处。我曾经说过,曹雪芹如果把这部书写完并且最后修改定稿,毫无疑问,这部书将成为在艺术上具有无比的完美性的一件无缝的天衣,现在曹雪芹给我们留下来的,却是一件未缝完的天衣。"鸳鸯绣了从教看,莫把金针度与人"。看绣完成的鸳鸯,美则美矣,可惜已经灭却针线痕迹。看曹雪芹的这部未完成的巨著,特别是看到他反复修改的地方和至今残缺之处,简直使你仿佛感到作者的墨渖未干,泪痕犹在。因此,此书残缺不全的情况,对于了解曹雪芹的创作过程和修改情况来说,又反过来为我们提供了线索。特别是对那些后出的已经弄得"完美无缺"的抄本和刻本来说,此书的残缺,恰好成了一种对照,至少可以让我们十分具体地知道,哪些地方曹雪芹生前并未补完,是后来的人续补的。这一点,对于研究《红楼梦》来说,也是至关重要的。

(4)这个抄本是仅次于作者手稿的一个抄本。

在这个抄本上,保留着许多有关作者和此书抄写、重定、批阅的历史记录。在这一系列的历史记录中,"脂砚斋凡四阅评过"和"庚辰秋月定本"这二条题记，具有重要的历史意义，对于研究此书的成书过程和脂砚斋的批阅情况，是极为重要的第一手资料。没有前一条，我们就无从知道己卯本和庚辰本是属于脂砚斋几阅评过的本子；没有后一条，我们也无从具体地知道曹雪芹和脂砚斋继己卯年后在庚辰年又"重定"过此书；因之，我们也就很难确定庚辰本上比己卯本多出的某些正文和改动的某些正文，究竟属于何种性质，它的可靠程度如何？总之，这两条题记（还有己卯本上的"己卯冬月定本"这一条），是对于《石头记》抄本至关重要的历史文献，毫无根据地宣布它是书商为了"昂其值"而"随意加上"去的，是一种很不慎重的态度，这在客观上必然会起贬低这个抄本的价值的作用，也会给读者带来认识上的混乱，对于这种没有根据的说法，我们必须认真弄清。①

（5）这个本子是曹雪芹生前最后的一个本子。

这部过录的庚辰本，它的最初的底本，是乾隆二十五年（1760 年）的改定本，这时离开曹雪芹的去世只有两年了（曹雪芹卒于乾隆二十七年壬午除夕，按公元是 1763 年 2 月 12 日）。截至现在为止，我们没有发现比这更晚的曹雪芹生前的改定本，因此，可以说这个"庚辰秋月定本"，是曹雪芹生前的最后一个改定本，也是最接近完成和完整的本子。

以上是我对这个庚辰本的最简要的结论。

3. 我对甲戌本的研究

甲戌本，是《石头记》早期三抄本之中纪年最早的一种，但这个"甲戌"，是脂砚斋抄阅再评的干支纪年，可以用来指"抄阅再评"的原本，现传的甲戌本，是它的过录本，而且已加进了甲戌以后的批语。我对此本的研究：

---

① 请详见拙著《论庚辰本》，上海文艺出版社 1978 年版。

（1）我曾见过现传此本的原件，纸张黄脆，是乾隆竹纸，与己卯、庚辰本基本上一样，但似还要更旧些。就此本的抄手字体来说，却与己卯、庚辰本不大一样，己卯本是由多人合抄的，其中有的抄手字迹颇秀逸，而有的抄手字迹就较差，庚辰本的字体也是如此，其中有的抄手字迹很差。但甲戌本的抄手似乎是一人抄下来的，字体一色工整，非常整齐，这在早期抄本中是实为少见的现象。

甲戌本虽然字迹工整，但错别字却不算少，例如第一回"能解者方有辛酸之泪"一段眉批就错了两处，"奈不遇癞头和尚何"一句"奈"字错写成"余"字，"癞"字错写成"獭"字。下句"是书何幸"，"幸"字又错写成"本"字等等，此书版口有"脂砚斋"三字，亦为各抄本中特有现象。按理这应是脂砚斋的专用本，但为什么又由一个字迹虽好而文化水平不高的人来抄，把脂批错得不堪卒读，这一问题我至今还没有得到解答。

另外，现存甲戌本的十六回文字，凡"玄"字都未避讳，如第四页b面的"神仙玄幻"，第十页b面两处"玄机"二字都未避讳，这在乾隆抄本中亦为罕见的现象。由于这些原因，我对此本的抄成时间，不敢看得太早。纸张确是乾隆竹纸，但纸张不是惟一的鉴定标准，因为纸张可以传下去。

甲戌本这样工整的小楷，可以联想到戚蓼生序本，也是一色工整的楷书。戚蓼生卒于乾隆五十七年，则他的这部序抄本，当以此为下限，其上限当在乾隆中期，但戚本的"玄"字，都避讳写作"元"，此外，如乾隆四十七年的甲辰本，乾隆五十四年的舒元炜序本，乾嘉之际的圣彼得堡藏本，前两种是楷书，后一种是行书，时间都在乾末嘉初，这三本也都避"玄"字讳（甲辰本第一回第一个"玄"字未避讳，第二个"玄"字避讳）。

根据以上情况，可知乾隆中后期的抄本，开始出现了工楷细抄的情况，而同时也都避"玄"字讳。据此，甲戌本最早也是乾隆中后期的抄本，其实际抄定的年代，要晚于己卯本和庚辰本。

（2）甲戌本"凡例"的第五条，即"此书开卷第一回也"这一段，原是庚辰本的开头一段，文字略有出入，但大体相同。文末的七律，庚辰无，为甲戌本所独有，此诗当是脂砚所作。这段文字，实际上是脂砚斋写的《石头记》第一回的回前评，故现在仍保存在各本的第一回回前，惟独甲戌本第一回回前无此评，变成名为"脂砚斋重评石头记"，而开头第一回即无回前评，叫人不可理解。

再看庚辰本，第一回开头说：

> 此开卷第一回也，作者自云……

第二回开头说：

> 此回亦非正文，本旨只在冷子兴一人。……

两段回前评前后语气非常协调一致。但甲戌本"凡例"第五条，开头却说："此书开卷第一回也"，加一"书"字，文句实在不通。为什么要加一个"书"字？因为"凡例"的前两条都有"书"字："此书只是着意"，"此书不敢干涉朝廷"，所以第五条也加一"书"字，以与前两条一致，但却把原来通顺的文字改成为不通。这就露出了把原是脂砚斋第一回目前评的文字移改为甲戌本"凡例"第五条的明显痕迹。

所以我认为甲戌本的"凡例"是有问题的，过去我已有专论，此处不赘。

（3）甲戌本的正文，我认为是曹雪芹旧文，是不可怀疑的。全面仔细对读，可见甲戌本文字之优长，特别是第一回"来至峰下"以下四百余字，各本皆缺，惟此本独有，遂使上下情节文字贯通无碍。

（4）甲戌本上保存了大量的脂批，这是研究曹雪芹、研究《红楼梦》极为珍贵的资料。有不少脂批，为他本所无，如"壬午除夕，芹为泪尽而逝"一条，"按警幻情榜，宝玉系情不情"条，"九个字写尽天香楼事，是不写之写"条，"旧族后辈，受此五病者"条，"此回只十页，因删去天香楼一节"条，"秦可卿淫丧天香楼"条等等，皆是别本所无，至为可贵。

以上是我对《石头记》三个早期珍贵抄本研究的概述，其他如圣彼得堡藏本、戚蓼生序本、蒙古王府本、杨继振藏本、甲辰本、程甲本等，我也都作过研究，发表过专文，因篇幅所限，不再枝蔓。

我对《红楼梦》思想的研究

对《红楼梦》思想的研究，是《红楼梦》研究的一个重要内容，搞清楚《红楼梦》的思想性质，才能对《红楼梦》作出正确的评价。

曹雪芹在《红楼梦》里通过贾宝玉、林黛玉这两个形象，对当时的一系列社会现实都表示了强烈的不满，他们对现实抱着一种嘲弄、揶揄和蔑视的态度。林黛玉把"圣上亲赐"给北静王，北静王又转赠给贾宝玉的一串鹡鸰香念珠，竟任性地说："什么臭男人拿过的！我不要他。"遂掷而不取。（十六回）贾宝玉则坚决反对"仕途经济"，不愿意走统治阶级规定的政治道路，他骂热衷于"仕途经济"的人叫"国贼禄鬼"（三十六回）。他反对科举制度和八股文，对八股文"平素深恶，说这原非圣贤之制撰，焉能阐发圣贤之微奥，不过作后人饵名钓禄之阶"（七十三回）。他说，"除了'四书'，杜撰的也太多呢"（三回）。"只除了什么'明明德'外就没书了，都是前人自己混编纂出来的"（十九回）。

他甚至"除'四书'外，竟将别的书焚了"（三十六回）。作者还通过探春之口，说："登利禄之场，处运筹之界者，窃尧舜之词，背孔孟之道。"（五十六回）说理学大师朱熹的话，也不过是"虚比浮词，哪里都真有的？"（五十六回）贾宝玉还反对忠君思想，说："那些须眉浊物只知道文死谏，武死战，这二死是大丈夫死名死节。竟何如不死的好！必定有昏君他方谏，他只顾邀名，猛拼一死，将来弃君于何地？必定有刀兵他方战，猛拼一死，他只顾图汗马之名，将来弃国于何地！所以这皆非正死。"（三十六回）贾宝玉还反对封建等级制度，主张"世法平等"，他对待下人"也没刚柔"、"没上没下"（六十六回），全没有一点主子的架子，倒"甘心为诸丫鬟充役"（三十六回），并且还要把他们"全放出去，与本人父母自便"（六十回）。以上这些言论，无疑是对当时封建正统的叛逆。

曹雪芹还通过贾宝玉提出了重女轻男的主张，甚至说"男人是泥做的骨肉"，见了男人"浊臭逼人"。孤立地看这句话，似乎不可理解，但从历史的角度看，中国的封建社会，一直是男权社会，男尊女卑是天经地义。贾宝玉的这句话，无疑是对男权社会的一个否定，是男女平等的一种矫枉过正的呼吁。

《红楼梦》里所描写的贾宝玉与林黛玉的爱情及其悲剧，是具有深刻内涵的，与以往所有的爱情故事有所不同。首先它不是一见倾心式的而是在长期共同相处中产生的爱情，这样这个爱情就有了生活和思想的基础。其次他们的爱情是有共同的生活理想和社会理想为基础，这就是共同的反封建思想，这是他们爱情的牢固的基石。第三是他们的个性气质相投，贾宝玉崇尚自然天真，喜欢自由，摆脱封建思想和封建礼法的束缚，摆脱世间一切俗套，追求无拘无束的自由人生，追求个性的自由和解放，这恰好符合林黛玉的个性和脾气。而这正好说明他俩所共同追求的是个性的解放，是无拘无束的自由人生！

按像贾宝玉、林黛玉式的爱情，在以往的小说里还未曾有过，而这种爱情显然已是现代爱情的方式，而且至今在全世界范围内，也还未能真正做到这一点，所以曹雪芹在二百多年前就提出了这一爱情的原则，显然是一种超前的思想，是人类自身文明的一大进展。

曹雪芹笔下贾宝玉、林黛玉动人的爱情及其对新的生活的追求，实际上就是曹雪芹新的社会理想和生活理想的反映，过去我们只注重他对封建社会的揭露和批判而忽视了他所描写的爱情的崭新社会意义和深刻的内涵，现在看来，曹雪芹在批判旧的，否定现实的同时就提出了他追求的新的目标。但是他所批判的是他所处的现实社会的一切，而他所追求的却是属于未来社会的。所以，他自己所处的现实社会是不可能满足他的追求的，因此他只可能有悲剧的命运。然而这正好说明曹雪芹的思想是超前的，他的理想大大超越于他自己的时代和社会，只有遥远的未来社会才有他的理想的土壤！

《红楼梦》这部以反封建为主要内容的巨著，它的这种反封建思想，究竟是什么性质呢？有人认为是封建的民主思想，我认为这不符合事实。封建的民主思想从根本上来说，是有利于封建统治的思想，但贾宝玉、林黛玉所代表的思想，是对封建社会的叛逆，所以贾政说："明日酿到他弑君杀父"，"不如趁今日一发勒死了，以绝将来之患！"（三十三回）这说明贾宝玉的叛逆思想与贾政的思想是对抗性的，不是封建统治阶级的内部矛盾。

大家知道，中国从明代中叶发展起来的资本主义萌芽性质的经济，到了乾隆时期已经有了较大的进展，自觉或不自觉地反映这种新的生产关系的思想家，在明代后期已经出现，这就是激进的初期民主主义思想家李卓吾（李贽，号卓吾）。《红楼梦》的思想显然是受他的影响的。所以，从《红楼梦》所反映的反封建的内容来看，从贾宝玉、林黛玉的爱情内涵来看，从贾宝玉与贾政的思想冲突的实质来看，再从《红楼梦》的思想渊源来看,我认为《红楼梦》的民主思想,已是具有新的资本主义萌芽性质的民主思想,尽管它还是初期的极幼稚的,但它与封建的民主思想是有质的区别的,不能混淆的。

正因为《红楼梦》的思想是属于资本主义萌芽性质的初期的民主思想,所以它具有历史的进步性,它在中国的几部古典名著中具有特殊的地位。

结 束 语

我对《红楼梦》的研究时间不长,深入得更不够,我深深感到一部《红楼梦》,实在是一个知识的大海,智慧的深渊。要穷尽《红楼梦》,个人的力量是很难做到的。相反,倒是曹雪芹的家世研究,《红楼梦》的抄本和印本的研究,只要肯实事求是,总是可以弄清楚的;惟独《红楼梦》本身的研究,就不是那么容易穷尽一切的了。

我对曹雪芹的家世、《红楼梦》的抄本和印本、《红楼梦》本身都作了一定的研究,但都还只是粗浅的见解,尤其是本文要概述我的研究情况,更感到挂一漏万,顾此失彼,反不如看我的拙著较可尽意。

"红学"目前有许多争论,但仔细看看,有的争论是没有意义的,甚至是广告性的,所以读者千万要留心静观。

然而,"红学"又是一门真学问,所以任何广告式的争论和吹嘘,总是代替不了真学问的,这一切,都将由历史来加以沉淀。

1998 年 12 月 7 日于京东且住草堂

时正患头晕症,思维艰难,甚至举笔即晕

故此文乖失处当不在少也,惟读者鉴之

解读《红楼梦》

《红楼梦》是可以解读的

《红楼梦》是一部出名的奇书，奇就奇在从易读的一面来说，几乎是只要有一般文化的人都能读懂它，真可以说是妇孺皆可读；但从深奥的一面来说，即使是学问很大的人也不能说可以尽解其奥义。一部书竟能把通俗易懂与深奥难解两者结合得浑然一体，真是不可思议。也正因为如此，两百多年来，它既是风行海内的一部书，也是纷争不已的一部书。

那末，《红楼梦》真是一部不可解读的书吗？从理论上来说，世间的客观事物，都是应该可以被认识的，所以不可知论的观点，是不科学的。但是，从实践来说，什么时候能认识这客观事物，就拿《红楼梦》来说，什么时候能被彻底认识，这就很难预期了。这就是说，终究能解读这部书是肯定的，而何时可以完全解读这部书则是很难做出预测的。当然，并不是说我们现在对这部书还完全没有解读，我认为积二百多年来人们对这部书的认识经验，应该说人们对这部书的大旨是基本了解的，现在说的难解的问题，是指书中较为隐蔽的部分，而并不是说书的整体。

再说《红楼梦》作者本身，是希望永远不被人解读呢，还是希望终究能得到知音，得到解读呢？我认为作者是希望能得到人们的解读的，不然就不会作出"谁解其中味"的感叹来了。但是，再进一步来说，我认为曹雪芹既不是希望在他的时代人人都能解读，也不是希望在他的时代人人都不能解读。曹雪芹处于他的特殊的时代环境，他希望在他的时代，有一部分人永远也不能解读。他所以要用"假语村言"，将"真事隐去"，就是为了要躲避这些人，以免造成文字奇祸；而对广大的读者来说，他是极希望人们能读懂他的书的。至于百年之后，那他就更希望能得到人们的普遍理解了。

　　从作者的心理来说，如果他根本不希望别人能了解，那末，他又何必要费这么多心血来写这部书？不着一字，不是更为隐蔽吗？现在他既已著书，而又一方面反复强调"真事隐去"，"假语村言"，而另方面又说明"至若离合悲欢，兴衰际遇，则又追踪蹑迹，不敢稍加穿凿"，"不过实录其事，又非假拟妄称"。这前后矛盾的话，初看似乎不可理解，细味方才悟出，实际上是他惟恐人们不去求解，故意露出破绽，以求人们去仔细琢磨他所隐藏的深意而已。

　　这种藏头露尾、欲隐故显的情景，在文学史上并不是绝无仅有，我觉得魏晋之际阮籍的《咏怀诗》就与它有极为相似之处。颜延之说："阮籍在晋文代常虑祸患，故发此咏耳。"李善说："嗣宗身仕乱朝，常恐罹谤遇祸，因兹发咏，故每有忧生之嗟，虽志在刺讥，而文多隐避，百代之下，难以情测。"雪芹的朋友敦诚称雪芹是"步兵白眼向人斜"，是"狂于阮步兵"。敦敏也说他"一醉氍毹白眼斜"。他们都用阮籍来比喻雪芹，而雪芹也恰好自号"梦阮"。"梦阮"者，梦阮籍也。这样，我们正好从雪芹自号"梦阮"得到启示，阮籍的八十二首《咏怀诗》所以"文多隐避"，是因为"身仕乱朝，常恐罹谤遇祸"。则雪芹亦何尝不是。当然雪芹从未"仕"过，且亦不能称他的时代是"乱朝"。但若从雍正夺嫡的时代起，一直到雍正上台就立即大开杀戒，不仅把与他争夺帝位的兄弟杀的杀，关的关，而且雍正元年，曹雪芹的舅祖李煦即被抄家，彻底败落。雍正五年底到六年初，曹雪芹家也被抄，彻底败落。同时破家败落的还并非一二家。处在这样的时代，从雪芹自身的遭遇来说，说自己有近似阮籍的境遇，有同阮籍一样的"常恐罹谤遇祸"的畏惧，我觉得是合理的，因而雪芹的"梦阮"两字，是有真实的内涵的，他的《红楼梦》"真事隐去"，也就是阮籍的"文多隐避"，其道理是一样的。

无论是阮籍还是曹雪芹，他们的作品尽管"文多隐避"，但并不是他们绝对不希望人们能理解，因此我们如能认真地去求索，总应该能找到解读之路的。

解读《红楼梦》之路

《红楼梦》的解读，根据我自己的体会，我认为必须正确地做好四个方面深入细致而切实的研究工作。

第一，要正确地弄清曹雪芹的百年家世

要正确地弄清曹雪芹的百年家世，因为曹雪芹在《红楼梦》里一再提到他的百年家世，从艰难的创业，到种种特殊的际遇，到成就飞黄腾达亦武亦文的显宦家世，到最后的盛极而衰和彻底败落。这些重要的环节，如果不是根据第一手的可信的史料来加以研讨，而是根据道听途说，甚至故意歪曲文献或无中生有地胡编乱造，这怎么能正确地进入解《梦》之途呢？

或曰：《红楼梦》并不是曹雪芹的自传，何必要了解这么多呢？《红楼梦》确实不是曹雪芹的自传，所以"自传说"是错误的。但曹雪

芹写《红楼梦》的生活素材来源，却是取自他自己的家庭及舅祖李煦的家庭等等，这是事实。所以为了更深入地研究《红楼梦》而研究曹雪芹创作《红楼梦》的生活素材、历史背景，这是完全必要的。反之如果把曹雪芹的百年家世都弄错了，甚至故意歪曲颠倒了，那末，如何能理解《红楼梦》呢？

第二，要正确地理解曹雪芹的时代

要正确地理解曹雪芹的时代，不仅仅是曹雪芹生活的不到五十年的时代（约 1715－1763），而且还应该了解曹雪芹出生前的一段历史状况，因为这都会对作者产生影响。特别是对曹雪芹时代的政治斗争、思想斗争、经济状况、社会状况等等，都必须有所了解。尤其要注意的是 18 世纪初的中国封建社会，正处在缓慢转型的时期，旧的封建制度的一切仍处在绝对统治的地位，社会仍是沉沉暗夜，但是新的事物、新的经济因素、新的思想意识却在缓慢地暗暗地滋长，《红楼梦》正是真实地反映了一切腐朽的正在加速腐朽，一切新生的正在渐滋暗长的历史状况。过去，只是偏重于曹雪芹百年家世及其败落对《红楼梦》创作的影响，现在看来，这远远不够。一部《红楼梦》是整个时代的产物，而不仅仅是曹家家庭的产物，是整个时代和社会的反映，而不仅仅是曹家家庭的反映。《红楼梦》的内涵是非常深广的，不是曹家的家史所能包含的。只有把《红楼梦》放到整个曹雪芹的时代和社会去考察衡量，才能真正了解这部书的深刻含义，如单用曹家家史来衡量这部书，是大大缩小了它的内涵。

第三，要认真研究《红楼梦》的早期抄本

要认真仔细深入地研究《红楼梦》的早期抄本，即未经后人窜改过

的稿本，因为只有这样的稿本，才是纯真的曹雪芹的思想原貌。现在大家公认"甲戌"、"己卯"、"庚辰"三个本子是最早的本子，而我则认为甲戌本尚有可待深研之处。我认为它的抄定年代不可能比己卯、庚辰早，其中"凡例"的第五条明显地是从庚辰本转移过来的，脂批的错位，批语的较多错字，版口有"石头记"和"脂砚斋"字样的特殊标志等等，都值得深入探讨。我认为它的底本是经过整理过的本子，如果它一开始就有"凡例"等等，则后来己卯本、庚辰本为什么又删去了"凡例"？现今所见己卯本、庚辰本都是几个人合抄的，所以保持了原本的款式，且字迹明显的有的部分写得极好，有些部分则极差，这是因为早期尚在秘密传抄阶段，所以要多人合抄，要完全按原稿的款式，否则就不能合成。到了后来的抄本，已可公开抄了，所以就可一人抄到底了，字迹也只有一个人的笔迹了。另外，在甲戌本上正文下还有预留空白待抄批语，以及批语错行，与正文完全不对等等的情况，这些都是重新整理抄写的迹象。如是雪芹原稿，决不可能在句下预留空白，而且有的是预留大段空白。再如戚蓼生序本、南图藏本等，也都是一色的工楷抄写，这都是后抄的特征。所以我认为这是经过后来整理过的本子，当然我说的后来也不是说乾隆以后。我看它的纸张，是与己卯、庚辰一样的乾隆竹纸，但纸色的黄脆程度，却超过己、庚两本，这与收藏者的保藏好坏有关。所以现今只有己卯、庚辰两本是真正保存了《红楼梦》原始面貌（即雪芹原稿的款式等等）的本子。至于甲戌本的正文，我认为是《红楼梦》的早期文字，但在乾隆末年重加过录时，又据后来的本子有所修改。

我这样说，并无贬低甲戌本价值之意，甲戌本上有大量珍贵的脂批，有多出于别本的独有的文字，这些都是别本所不可替代的它所独有的价值，我只是认为应该认真深入地研究和鉴定它，认真去解决上面这许多问题，目前对它的研究还很不够，希望专家们多加研究而已。不仅如此，作为研究《红楼梦》的原始文字来说，现存其它诸种脂批本，包括程甲本在内，都是值得重视而加以研究的。寻求《红楼梦》的原始文字，不可能轻而易举地从一个本子上全部解决，只能用比较研究的方法，把各个早期抄本作认真的排列研究，才能得出较为科学的结论来。从这一角度来说，我认为己卯、庚辰两种本子，恰好是可以作为我们探求《红楼梦》原始抄写款式的一个坐标。从文字的角度说，则甲戌、己卯、庚辰三本的文字，都是属于早期的文字，都应该加以珍视。

第四，要参照《红楼梦》同时代的作品

在研究《红楼梦》时，应该把与《红楼梦》同时代的其它作品拿来作参照比较，其中尤其值得用来参照的是《儒林外史》。《儒林外史》写作的时代几乎与《红楼梦》完全相同。而书中反科举，反八股，反封建礼教，反妇女殉节，反社会的假道学、假名士等等，几乎都是与《红楼梦》相通的，我们可以用《儒林外史》来印证《红楼梦》，从而可以看出两书所反映的共同时代特征。不仅如此，比曹雪芹略早一些的蒲松龄的《聊斋志异》，也值得拿来作比较，其中有关婚姻爱情问题、反科举八股问题，揭露社会黑暗，批判封建政权的残害人民等等，其精神都是与《红楼梦》相通的。通过比较，也可以看出从康熙到乾隆时社会共同的联贯性的问题。

当然，除此之外，清代有关的笔记小说及其它文献数据应该尽可能地多加参照。

研究《红楼梦》的最大歧路，就是猜谜式的"索隐"和"考证"式的猜谜。更有甚者是造假材料，把真的说成假的，把假的说成真的，真正应了曹雪芹的那句话"假作真时真亦假，无为有处有还无"，至今

这种方式还有很大的市场，因为它有欺骗性，它容易让一般读者上当。所以人们须要警惕，须要加以识别，以免走入歧路。

解读《红楼梦》

《红楼梦》这部书，我个人觉得，可以分几个方面来解读：

第一，贾宝玉人生之路的解读

《红楼梦》里的贾宝玉，是一个全新的形象，他的全部行为，在正统派的眼里，就是第三回两首《西江月》词写的：

> 无故寻愁觅恨，有时似傻如狂。纵然生得好皮囊，腹内原来草莽。　　潦倒不通世务，愚顽怕读文章。行为偏僻性乖张，那管世人诽谤！
> 富贵不知乐业，贫穷难耐凄凉。可怜辜负好韶光，于国于家无望。　　天下无能第一，古今不肖无双。寄言纨袴与膏粱：莫效此儿形状！

然而，作者是否真是赋予这个形象以这样的思想内涵呢？贾宝玉走的究竟是怎样的一条人生之路呢？这却须要认真解读。

曹雪芹一再提醒读者，"千万不可照正面，只照他的背面，要紧，要紧！"（十二回）这句话虽然是对贾瑞照风月鉴说的，但也是读《红楼梦》的一把钥匙，不过并不是一股脑儿把全书都从反面来读就算符合作者之意了，其实作者并没有那么简单。作者只是说《红楼梦》在某些事情上，某些话语上或某些诗词上，不能光看其正面，而要仔细寻绎其更深的内涵，甚或竟要从反面去理解，才能悟其真意。这两首《西江月》词，却正是要从相反的意义来理解，才能得作者之意。

《红楼梦》第四十七回宝玉说：

> 只恨我天天圈在家里，一点儿做不得主，行动就有人知道，不是这个拦就是那个劝的，能说不能行。

第三十六回贾蔷买了一个雀儿笼子给龄官玩，龄官说：

> "你们家把好好的人弄了来，关在这牢坑里学这个劳什子（指学戏）还不算，你这会子又弄个雀儿来，也偏生干这个。你分明是弄了他来打趣形容我们，还问我好不好。"贾蔷听了，不觉慌起来，连忙赌身立誓。……将雀儿放了，一顿把将笼子拆了。

这两段文字，前一段十分明白地写出了贾宝玉深恨自己"做不得主"，没有自己的行动自由；后一段恰好借龄官的嘴说出了"你们家把好好的人弄了来，关在这牢坑里"，不得自由。最后还是让贾蔷把雀儿放了，把笼子也拆了。这个情节当然是贾蔷和龄官的，但其思想却是曹雪芹的思想。作者分明是借龄官的情节写出了要求给人以自由的思想。特别是第六十回春燕对他母亲说："我且告诉你句话：宝玉常说，将来这屋里的人，无论家里外头的，一应我们这些人，他都要回太太全放出去，与本人父母自便呢。"这里，作者直接就写出了贾宝玉认为人应该有自由的思想了。

《红楼梦》第七回贾宝玉在见到秦钟后，乃自思道：

> 可恨我为什么生在这侯门公府之家，若也生在寒门薄宦之家，早得与他交结，也不枉生了一世。……"富贵"二字，不料遭我荼毒了！

这是宝玉对自己生在这"侯门公府"之家的憎恶，觉得这个富贵之家反而限制了他与普通人家的交往。而秦钟也想："可知'贫窭'二字限人，亦世间之大不快事。"这里已经比较明显地写出贫富的限制、等级的限制。第三十六回宝玉对袭人说了一大段反对"文死谏，武死战"的话后说：

> 比如我此时若果有造化，该死于此时的，趁你们在，我就死了，再能够你们哭我的眼泪流成大河，把我的尸首漂起来，送到那鸦雀不到的幽僻之处，随风化了，自此再不要托生为人，就是我死的得时了。

第五十七回宝玉又对紫鹃说：

> 我只愿这会子立刻我死了，把心迸出来你们瞧见了，然后连皮带骨一概都化成一股灰，灰还有形迹，不如再化一股烟，烟还可凝聚，人还看见，须得一阵大乱风吹的四面八方都登时散了，这才好！

这两段话尽管说得极怪，从字面上看似很难捉摸，但实际上却是极端愤世嫉俗的话。宝玉恨不得自己立刻离开这个污浊的社会，而且随风而散，一点也不留痕迹，以免自己与这个污浊社会再有沾染。这实质上也是曹雪芹对这个自己生存的现实社会的批判。第七十一回尤氏说宝玉：

　　　　"谁都像你，真是一心无挂碍，只知道和姊妹们顽笑，饿
　　了吃，困了睡，再过几年，不过还是这样，一点后事也不虑。"
　　宝玉笑道："我能够和姊妹们过一日是一日，死了就完了。什
　　么后事不后事！"

　　这段话，从字面上看，好像只是写贾宝玉的"混日子"，"无所事
事"，而实质上作者是在写贾宝玉对这个社会和家庭都抱着极端消极的
态度，所谓"什么后事不后事"这句话，是对世俗社会、封建家庭要求
他走"仕途经济"之路的不屑一顾和全盘否定。

　　贾宝玉坚决反对"仕途经济"，反对"国贼禄鬼"，反对"文死谏，
武死战"，反对"八股科举"，反对"程朱理学"，这在《红楼梦》里都
是有曲折地反映的。实际上，在贾宝玉的面前，是明明白白地摆着几条
可由他选择的人生道路的：一是走"仕途经济"、"科举考试"，然后做
官的道路。这是他的封建家庭以至宝钗、湘云、袭人等都希望他走的
路，但是他却坚决拒绝了。二是现现成成地走贾赦、贾珍的道路，即接
受世袭恩荫，在家当闲官，享清福，酒筵歌舞、三妻四妾地享受一辈
子，也是毫不费力的。再有就是干脆像薛蟠那样当一个花花公子，也是
无人来管制他的。然而这一切现成的而且是很顺利的人生之路他都一概
不走，他却偏要在万目睚眦的环境下，顶着世人的诽谤，受着严父的毒
打而坚决走自己的路。当然贾宝玉走的人生之路，在《红楼梦》里是没
有什么名称的，但是我们仔细分析上面所引的这些文字和书中的全部描
写，可以看出，实质上贾宝玉是走的一条自由人生之路。因为他不受封
建官场的引诱，不受封建礼教和封建传统的束缚，也不受腐臭糜烂的封
建贵族家庭肮脏生活的腐蚀，而独走被人鄙视、受人轻贱而被世所弃的

个人自由之路，这是多么难得，多么具有大无畏的勇气呀！贾宝玉的时代，还是封建社会沉沉暗夜的时代，代替封建制度的新时代的曙光还未透出或刚将稍稍透出地面，所以我们不能要求曹雪芹写出更超越时代所许可的自由思想来！有这样的思想形象，有这样耐人寻思的情节和语言，已经是大大超越那个时代了！

第二，宝、黛爱情悲剧的解读

凡是读过《红楼梦》的人，无不被宝、黛的爱情悲剧所感动。清代的笔记小说里说，有人因读《红楼梦》感宝、黛之悲剧而致病致疯，可见其感人之深。似乎可以无须解读了，人们早已理解了。然而，以上所说的，还只是情之所感，而不是理之所喻。我这里所说的解读，是要对宝、黛爱情悲剧作理性的认识。我认为宝、黛爱情悲剧有以下几点新的意义，不可忽视：

一是新的爱情观念

《红楼梦》第六十五回尤三姐说："终身大事，一生至一死，非同儿戏，只要我拣一个素日可心如意的人方跟他去。若凭你们拣择，虽是富比石崇，才过子建，貌比潘安的，我心里进不去，也白过了一世。"这话虽然是尤三姐说的，但分明是一种新的爱情观念。这话所以由尤三姐说出来，是因为符合尤三姐的身份。在曹雪芹的时代，根本还说不上什么爱情观念，有的就是"父母之命，媒妁之言"，就是"门当户对"，根本没有什么自由恋爱、自由选择的问题。但曹雪芹却让尤三姐说了上述这一番话。这是一番在男女爱情史上惊天动地的话。他根本不把封建礼教当作一回事，他直接提出了三点反传统的主张，一是"终身大事，一生至一死，非同儿戏"。这就把婚姻问题与个人一生的幸福结合了起来，这是人的一种觉醒的意识。二是要"拣一个素日可心如意的人"，这就是要独立自主，自己选择，不能由人支配，不能"凭你们拣择"。三是"我心里进不去，也白过了一世"。这就是说自己选择的人必须是"心里""进得去"的人，也就是真正知心如意的人。上面这种观念，与当时占正统地位的婚姻观念"父母之命，媒妁之言"，"门当户对"，"嫁鸡随鸡，嫁狗随狗"等等，没有一丝一毫的共同之处。

这样的爱情观念，并非只有尤三姐独有，事实上，曹雪芹笔下的宝、黛爱情，完全充分地体现了以上三点，而且写得更加深刻动人，更加曲折。其所以如此，是宝、黛两人的身份教养与尤三姐截然不同，尤三姐简单明了的话，在宝、黛心里口里要文雅含蓄隐蔽得多。限于篇幅，这里不可能把宝、黛恋爱过程的许多深刻的心理描写引出来。

二是新的爱情方式

在《红楼梦》以前的爱情描写，基本上只有一种模式，这就是"一见倾心"或"一见钟情"式。这种方式，也是社会的现实反映。因为在封建社会，"男女授受不亲"，"非礼勿视，非礼勿言"，男女根本没有机会接触，如何可能恋爱？所以难得有机会"一见"，自然也就"钟情"了，这是封建社会的礼教所造成的。除此以外，那就是非婚姻的发生性关系，或者完全封建式的"父母之命，媒妁之言"，这两种当然都不是恋爱或爱情，所以这里无须论及。

曹雪芹笔下的宝、黛爱情，却与此完全不同，是一种全新的爱情方式。一是男女双方从孩提时起，即朝夕相处；二是他们的爱情是渐生渐长渐固，固到生死不渝，而不是"一见倾心"；三是在爱情过程中，还有曲折，还有新的人选的加入，还有在生活中的自然比较，到最后才凝结成永不变更的宝、黛的生死爱情。所以，曹雪芹笔下的宝、黛爱情，从爱情的方式来说，也是反传统的，全新的，以前从未有过的。

三是新的爱情内涵

这一点是宝、黛生死爱情的灵魂，就连上述尤三姐的爱情观，也未能深入到这一层。曹雪芹笔下的黛玉和宝钗，本来毋论是貌，毋论是才，都是双峰并峙的难分高下，因此宝玉也曾一度难以决定。但是最终促使宝玉决定而且终生不变的是一种原因，《红楼梦》第三十二回说：

湘云笑道："还是这个情性不改。如今大了，你就不愿读书去考举人进士的，也该常常的会会这些为官做宰的人们，谈谈讲讲些仕途经济的学问，也好将来应酬世务，日后也有个朋友。没见你成年家只在我们队里搅些什么！"宝玉听了道："姑娘请别的姊妹屋里坐坐，我这里仔细污了你知经济学问的。"袭人道："云姑娘快别说这话。上回也是宝姑娘也说过一回，他也不管人脸上过的去过不去，他就咳了一声，拿起脚来走了。这里宝姑娘的话也没说完，见他走了，登时羞的脸通红，说又不是，不说又不是，幸而是宝姑娘，那要是林姑娘，不知又闹到怎么样，哭的怎么样呢。提起这个话来，真真的宝姑娘叫人敬重，自己讪了一会子去了。我倒过不去，只当他恼了。谁知过后还是照旧一样，真真有涵养，心地宽大。谁知这一个反倒同他生分了。那林姑娘见你赌气不理他，你得赔多少不是呢。"宝玉道："林姑娘从来说过这些混账话不曾？若他也说过这些混账话，我早就和他生分了。"

第三十六回说：

独有林黛玉自幼不曾劝他去立身扬名等语，所以深敬黛玉。

　　这里说得清清楚楚，同时也是把宝钗、湘云和黛玉放在一起作了一个比较。钗、湘两人，都极力要宝玉走仕途经济的世俗之路，只有黛玉同他一样反对走仕途经济的道路，对现实社会极为反感，视同污浊的泥沟，要保持自身的洁来洁去，要寻找自己理想的世界——"香丘"。贾宝玉则希望自己能"化成一股轻烟，风一吹便散了"，这就是说他自己不愿在这个污浊的世界留下一丝痕迹。可见反对走仕途经济的道路，向往着理想的世界，向往走自由人生的道路，是他们的共同志趣，也是宝、黛爱情牢不可破的思想基础。由此可见，宝、黛爱情的内涵，已远远不止一般的男女情欲之爱，而是有更深的社会思想内涵的，尽管他们对理想只是朦胧的，但对现实的反对是清醒而强烈的。这就是宝、黛爱情的新的社会内涵。

　　四是宝、黛爱情悲剧的历史原因

　　大家知道，封建的婚姻是与封建的政治不可分的，"门当户对"和"父母之命，媒妁之言"实际上就是双方政治利益的权衡，结婚首先是为了家族的政治利益，所以选择的标准也首先是政治标准。论门第，林黛玉的上祖虽曾袭过列侯，但到林如海已经是五世，"君子之泽，五世而斩"，至此林如海已只能从科第出身了。林如海虽然是钦点的巡盐御史，但比起贾府的百年望族、世代恩荫来，不可同日而语，何况没有多久，林如海又一病亡故。从此黛玉论门第，已无门第可言；论父母，已经是父母双亡，自己真正是一个孤苦伶仃之人。这就决定了她的婚姻的悲剧命运。《红楼梦》里一再写到黛玉的孤零之感，写到她自己感到无依无靠之悲苦，这对黛玉来说是非常真实的描写。在封建时代，没有了门第，没有了父母，自己又是一个少女，确实已经是前途非常渺茫了。何况黛玉又是性格孤傲，秉绝代之才华，具绝世之容貌，而又鄙视一切，尤其是反对俗世的仕途经济，反对侯门公府所见的一切鄙俗，只有具有同样思想性格，同样才华禀赋，同样反对仕途经济，向往着朦胧的清净理想世界的贾宝玉，才是自己的真正知音。

但是，宝玉侯门公子的现实地位，与黛玉孤零之身、社会地位相去太远。尽管宝玉全身心地爱她，但宝玉在爱情上虽有自主权，在婚姻上却丝毫也没有自主权。而他俩所处的现实社会是只重婚姻而不重爱情的，对于这一点，薛宝钗比他们理智而清醒得多，也可以说是聪明得多。对于林黛玉来说，她只知道要爱情，要心；对于薛宝钗来说，她却知道重要的是要婚姻，要人。因为两者的着眼点不同，用力点也自然不同，甚至黛玉根本不知道要用力，她与宝玉的生死爱情，也完全不是用力的结果，而是他们思想、气质、禀赋自然一致之所致。对于宝玉之爱黛玉，也不是贾宝玉的用力追求，才得到黛玉的爱。宝玉对黛玉虽然百依百顺，但并非是追求，而是爱之所致。由于这样的原因，宝钗觉得，只要得到王夫人和贾母的欢心，就能赢得婚姻，赢得人。但黛玉却不理会这一点，甚至是根本不肯去理会这一点，甚至她觉得如果稍稍用一点点力也是一种卑鄙，一种不洁，这就是黛玉与宝钗之间的差别。

由于门第、社会地位、思想、性格的诸种原因，尽管黛玉对宝玉，赢得了爱情、赢得了心，但却铸成了悲剧。

这个悲剧，不是贾宝玉与林黛玉的责任、过错，而是在那个时代根本就不应该有他们这样的人，有这样的人，必定是悲剧。所以这个悲剧是历史造成的悲剧，社会造成的悲剧，因为他们的爱情观念、爱情方式、爱情内涵等等太超前了，在他们自己的时代，还没有这样的土壤。

第三，关于妇女命运问题的解读

大家知道，《红楼梦》是古典小说中关于女性问题写得最重、最深刻的一部书。作者在一开头就说："忽念及当日所有之女子，一一细考较去，觉其行止见识，皆出于我之上"，"闺阁中本自历历有人"。在第二回里，又让贾宝玉说："女儿是水作的骨肉，男人是泥作的骨肉。我见了女儿，我便清爽；见了男子，便觉浊臭逼人。"在第五回里警幻又称"此茶名曰千红一窟"，甲戌脂批"隐哭字"，意即"千红一哭"；警幻又称酒"名为万艳同杯"，甲戌脂批"与千红一窟一对，隐悲字"，即"万艳同悲"。上面这些话，就概括了作者对女性命运的深切同情和悲哀。

我们再看《红楼梦》，可见《红楼梦》里的青年女性，几乎没有一个不是悲剧结局的。十二钗之首的元春，虽然贵为贵妃，回家省亲时却"只管呜咽对泣"，说"当日既送我到那不得见人的去处"，说"骨肉各方，然终无意趣"。她所点的戏，预示着贾家的败落，在《乞巧》一出下，脂批说："《长生殿》中伏元妃之死。"她所作灯谜的谜底是爆竹，是一响即散之物，脂批说："此元春之谜。才得侥幸，奈寿不长耳。"可见元春短命，其结局有如杨贵妃，则其悲惨可知。迎春则嫁了中山狼，被折磨而死。探春的结局是远嫁，一去不复返，脂批在探春断线风筝的灯谜下批道："此探春远适之谶也。使此人不去，将来事败，诸子孙不至流散也，悲哉伤哉！"惜春则是出家为尼。黛玉的结局，脂批说："《牡丹亭》中伏黛玉之死"，"将来泪尽夭亡"。宝钗虽然按脂批说：钗、玉"后文成其夫妇"，但脂批又说："若他人得宝钗之妻，麝月之婢，岂能弃而而（为）僧哉！"可见宝钗的结局也是一个悲剧。湘云、李纨则是守寡。此外，如妙玉的遭劫，秦可卿的悬梁，王熙凤的被休，尤二姐的吞金，尤三姐的饮剑，金钏的跳井，鸳鸯的自誓，袭人的另嫁，晴雯冤死，司棋被逐，香菱受夏金桂的折磨酿成干血之症，等等等等。总之，《红楼梦》里的这些年轻女子，个个都是悲剧结局，而且这些悲剧，大都与婚姻有关，都是因为封建婚姻或爱情而酿成的悲剧。

《红楼梦》里只有一对夫妻是自由结合的，因而是喜剧而不是悲剧，这就是小红与贾芸。关于小红与贾芸的爱情，曹雪芹也是用重笔描写的，而后来贾家败落后，小红与贾芸还有过狱神庙探宝玉的情节。可见曹雪芹是在众多的婚姻悲剧中，特写此一对自由结合的婚姻喜剧，以作为反衬和对比的。

中国的封建社会，几千年来，一直是男权社会，一直是男尊女卑，这是不可动摇的封建传统。特别是在清代，由于统治者对程、朱理学的强烈宣传，妇女守节问题成为头等大事。不少愚夫愚妇受此宣传，有的是丈夫死后自己殉夫，甚至还有并未过门的女子，因定婚后男方死了，竟也殉死，还有的是自己儿子死了，公婆逼迫媳妇殉节，也有女方的父母逼迫女儿殉死的，总之妇女的生命，妇女的社会地位没有丝毫保障。但曹雪芹在《红楼梦》里，却一反其道，提出了女尊男卑的主张，认为"女儿是水作的骨肉，男人是泥作的骨肉"，认为男子"浊臭逼人"，男子是"须眉浊物"，是"臭男人"。这是强烈的反传统的呼声，也是对现实社会中妇女命运的强烈呼号，更是男女平等的矫枉过正的历史反响，是对封建婚姻制度所酿成的罪恶的集中揭露。

第四，关于贾宝玉无等级观念和非礼法思想的解读

封建社会，又称宗法封建社会，因为它是用封建宗法来维系社会的。从政权来说，是封建皇权至上主义，皇帝是最高权力的拥有者，一切以他的意志为准。所谓"普天之下，莫非王土；率土之滨，莫非王臣"，皇帝拥有无上的权力和一切。从社会结构来说，是宗法封建制度，利用宗法来巩固封建等级社会。所以皇权和等级，是封建社会的两大特征。它的上层建筑即意识形态，就是封建道德，是用来维护和巩固封建制度的。具体来说，就是"三纲五常"。何谓"三纲"？《白虎通·三纲

六纪》说："三纲者，何谓也？君臣、父子、夫妇也。"《礼记·乐记》："然后圣人作为父子君臣以为纪纲。"唐孔颖达疏引《礼纬含文嘉》："君为臣纲，父为子纲，夫为妻纲。"纲者，提其要而支配者也，所以纲举而目张也。何谓"五常"？西汉董仲舒《举贤良对策一》："夫仁、谊（义）、礼、知（智）、信，五常之道，王者所当修饬也。"《书·泰誓下》："狎侮五常。"孔颖达疏："五常即五典，谓父义、母慈、兄友、弟恭、子孝；五者人之常行。"即人之常规的行为准则。所以封建的等级和维护这种等级的意识形态，即道德准则是至高无上的，不能不遵守的。可是《红楼梦》里的贾宝玉，却无视这封建等级的界限和封建道德的规范，更无视封建礼法，无视"三纲"、"五常"所规定的尊卑长幼贵贱的区别的等级秩序。

《红楼梦》第六十六回兴儿说贾宝玉：

> 只爱在丫头群里闹。再者也没刚柔。有时见了我们，喜欢时没上没下，大家乱顽一阵；不喜欢各自走了，他也不理人。我们坐着卧着，见了他也不理，他也不责备。因此没人怕他，只管随便，都过的去。

《红楼梦》第三十五回傅家的两个老嬷嬷见过宝玉后，在回去的路上议论宝玉说："连一点刚性也没有，连那些毛丫头的气都受的。"第三十六回说：

> 那宝玉本就懒与士大夫诸男人接谈，又最厌峨冠礼服、贺吊往还等事，今日得了这句话（即贾母传话贾政不让宝玉出去会客），越发得了意，不但将亲戚朋友一概杜绝了，而且连家庭中晨昏定省亦发都随他的便了，日日只在园中游卧，不过每

日一清早到贾母王夫人处走走就回来了，却每每甘心为诸丫鬟充役，竟也得十分闲消日月。或如宝钗辈有时见机导劝，反生起气来，只说："好好的一个清净洁白女儿，也学的钓名沽誉，入了国贼禄鬼之流。这总是前人无故生事，立言竖辞，原为导后世的须眉浊物。不想我生不幸，亦且琼闺绣阁中亦染此风，真真有负天地钟灵毓秀之德！"因此祸延古人，除"四书"外，竟将别的书焚了。

第五十八回芳官的干娘克扣芳官的钱，芳官不服，芳官干娘骂她，袭人说：

"一个巴掌拍不响，老的也太不公些，小的也太可恶些。"宝玉道："怨不得芳官。自古说：'物不平则鸣。'他少亲失眷的，在这里没人照看，赚了他的钱，又作践他，如何怪得？"

第四十一回贾宝玉在栊翠庵喝茶，见黛玉、宝钗都用名贵的茶杯，自己只用妙玉自用的绿玉斗，宝玉不解妙玉深意，反说：

常言"世法平等"，他两个就用那样古玩奇珍，我就是个俗器了。

按"世法平等"出自《金刚经》："是法平等，无有高下。"谢灵运注："人无贵贱，法无好丑，荡然平等，菩提（觉、悟）义也。"贾宝玉在现实生活中，常常无视等级的观念，也无视尊卑长幼贵贱的礼法，他既不愿以兄的身份去压贾环，也不愿遵循世俗的礼仪与士大夫们往还，反而愿意为丫鬟们服役，对下人们也平等相待，常常模糊了主仆的界限。在人与人的关系上，他还主张"物不平则鸣"，主张"世法平等"。尽管以上这些，都是小说的故事情节和小说人物的对话，但实际上曹雪芹却正是用这种"假语村言"来表达他的社会理想的，我们决不能因为这是小说的故事情节和小说人物的对话，而忽视作者用这种迂回手段来表达自己内心真实思想的特殊方式。

第五，关于反正统思想的解读

贾宝玉似傻如狂的语言和行为，从表面来看，只是一个淘气放纵的贵族公子的任性而行，所以在世人眼里，他只是一个乖张任性的贵族公子，两首《西江月》词（见前引），就是世人眼里的贾宝玉，也是旧时代一般读者眼里的贾宝玉，也更是贾政等人眼里的贾宝玉。不过贾政比一般人看得还更坏。他认为贾宝玉不仅仅是"似傻如狂"，更是一个可怕人物，将来要闯大祸，要弄到"弑君杀父"的地步的，所以狠心要把他打死。不过，这毕竟只是贾政一个人的想法，对于贾母、王夫人来说，则贾宝玉更是贾家的命根子，是真宝玉。但对于社会上一般人的普遍认识来说，贾宝玉只是一个"行为偏僻性乖张"，"于国于家无望"的人而已。

然而，贾宝玉的种种"怪僻"的言行，实际上作者是寓有深意的，作者如此写，是一种曲笔，他不好明写，就绕着弯子写。例如贾宝玉反对"仕途经济"，反对八股科举，骂那些官员是"国贼禄鬼"，"除四书外，竟将别的书焚了"等等，从表面上看，只是说宝玉顽劣成性，不愿读书，不愿做官而已。然而，如果结合当时的历史和社会现实，则可知当时的思想界一直在坚持着反程朱理学的斗争，同时也在反对八股科举制度，第七十三回里明确说贾宝玉"更有时文八股一道，因平素深恶此道，原非圣贤之制撰，焉能阐发圣贤之微奥，不过作后人饵名钓禄之

302

阶"，贾宝玉"除'四书'外，竟将别的书焚了"等等，实际上就是绕着弯子反对程朱理学，反对科举八股制度，唯恐别人看不出来，还特地在七十三回里点上一句。为了隐蔽这种思想，曹雪芹特意把贾宝玉写成"小人大思想"，即从形象来看贾宝玉是一个孩子，但从他讲的话来说，又是大人的思想。这样使人觉得只是一个孩子"似傻如狂"的胡言乱语而已。那末，这样的"小人大思想"是否太违背了实际呢？其实也并非太违背实际，因为在封建时代，从童蒙起就开始读《四书》、《五经》，与曹雪芹同时的戴震读私塾时，读到《大学章句》就曾质问过塾师，二千年后的朱熹如何能知道二千年前孔子的意思？意思是朱熹的注释不可信，是杜撰。这就是实际上的"小人大思想"。

所以，我们如从表面上来看贾宝玉的言行，不过是一个"似傻如狂"的孩子，但如果进一步深思，就会发现，在他的言行里却隐藏着一种反传统、反程朱、反八股科举的叛逆思想。

第六，关于反皇权思想的解读

第三回"冷子兴演说荣国府"时，曹雪芹用两人酒肆聊天闲侃的方式，说到历史上的唐明皇、宋徽宗、顾恺之、倪云林等等，然后又说到贾宝玉，说这些人都是秉正邪二气所生。然后冷子兴就说："依你说，'成则王侯败则贼'了。"雨村说："正是这意。"这里说话的形式完全是聊天闲侃，但聊出来的这句"成则王侯败则贼"却是一句惊天动地，可以让人掉脑袋的话。因为自明末清初以来，思想界一直在批判"皇权"。黄宗羲就说："为天下之大害者，君而已矣！"（《明夷待访录·原君》）顾炎武则提出："分天子之权，以各治其事。"（《日知录·守令》）唐甄则说："自秦以来，凡为帝王者皆贼也。"（《潜书·室语》）与曹雪芹同时的戴震则说："宋以来，孔孟之书尽失其解。"又说："酷吏以法杀人，后儒以理杀人。"（《孟子字义疏证》）还有一位与曹雪芹同时的袁枚则说："夫所谓正统者，不过曰有天下云耳。其有天下者，'天'与之，其正与否则人加之也。"（《策秀才文五道》）以上这些言论都贯串着反皇权、反正统、反理学的思想，特别是曹雪芹亲身经历了雍正夺嫡的一场血腥斗争，雍正夺得皇位后，把与他争夺皇位的兄弟胤禩、胤禟赐令改名为"夹冰鱼"（意即已冻僵的鱼）、"讨厌"（据第一历史档案馆张书才兄见告，这是最新的改译，原译为"猪"、"狗"是误译），杀的杀，关的关，这是一场活生生的"成则王侯败则贼"的历史剧，曹雪芹的家也是在这场斗争的余波中败落的。由此可知，曹雪芹在让冷子兴与贾雨村闲聊时，忽然冒出这句话来，能是无意识的吗？面对着刚刚过去的这场血淋淋的人头落地的噩梦，曹雪芹当然不可能是无意识地信笔而写。只能说是他有意用隐晦的曲笔巧妙地作一次史家直笔。

同样，《红楼梦》写四大家族，写他们的豪富和势力，写薛蟠的打死人命一走了事，写贾雨村的徇情枉法，写王熙凤弄权和勾结官府，写贾赦为夺人的几把扇子不惜使人家破人亡等等，从表面看，都是些故事情节，但实质上把这些情节联结起来，这是一幅封建统治的网络图，人民就生活在这种天罗地网之间。

第七，《红楼梦》里所隐曹家史事的解读

曹雪芹在《红楼梦》里有意地透露了自己的百年家世，而且不仅仅是透露而已，在一定程度上，还带有为家庭的败落而泄愤的意思，当然也有更多地批判揭露这个官僚家庭的腐败没落。这种揭露批判，实际上也就是对封建礼教、程朱理学、封建社会的黑暗的揭露和批判。焦大醉骂，实际上是雪芹的痛骂，贾宝玉骂"男人是泥作的骨肉"，骂男人是"浊臭逼人"，贾宝玉终日在大观园里，何曾见过世面，更未见过多少社

会上的男人，相反，他习常所见，还不是贾政、贾赦、贾珍、贾蓉、贾瑞、贾琏、贾雨村等人。那末他骂的"臭男人"，岂非更多的应该是他眼前所见的这些人？再说这些人，如贾珍、贾赦、贾琏、贾蓉、贾瑞等等，难道还不够"臭"吗？

曹雪芹对自己百年家世的透露，更是自然巧妙的笔墨，焦大醉骂是一种透露，宁、荣二公之灵托付警幻仙姑是一种透露，"寅"字避讳是一种透露，贾母说小时听过《胡笳十八拍》是一种透露，特别是第十六回王熙凤说："只纳罕他家怎么就这么富贵呢？"赵嬷嬷道："告诉奶奶一句话，也不过是拿着皇帝家的银子往皇帝身上使罢了！谁家有那些钱买这个虚热闹去？"第五十三回乌进孝进租，贾珍说："再两年再一回省亲，只怕就精穷了。"大家知道，《红楼梦》里的省亲是以康熙南巡为素材的，那末，赵嬷嬷、贾珍所说的实际上也就是南巡，所谓"也不过是拿着皇帝家的银子往皇帝身上使罢了"。这不就是说曹家因四次接驾落下巨大亏空而致彻底败落吗？只不过下半句没有说出而已。贾珍所说"再两年再一回省亲，只怕就精穷了"，这不更是说的曹家因南巡接驾而"精穷"吗？康熙六次南巡，后四次都由曹寅接驾，落下巨大亏空，这一点康熙是十分清楚的，他曾明白地说："曹寅、李煦用银之处甚多，朕知其中情由。"（《关于江宁织造曹家档案史料》）所以《红楼梦》里有多处不着痕迹的笔墨，却又处处露出端倪来，令人很自然地想到曹家家史。至于赵嬷嬷的话和贾珍的话，则何止露出端倪，竟是一种微词怨语了。

凡是以上这些地方，都需要我们结合曹家的家史去认真思索，因为它们比前面所举例子隐蔽得更深一层。

第八，《红楼梦》的社会讽刺

《红楼梦》是一部著名的现实主义小说，但它也含有某种程度的浪漫主义成分，这是学界所公认的。但除此之外，《红楼梦》还含有一定程度的讽刺成分，而且这种讽刺还用到书中的当权派主要人物身上，这种情况就不太为人注意了。例如贾府的当权人物贾政。"贾政"这个名字，读起来与"假真"一样的声音，这就使人想到"假作真时真亦假，无为有处有还无"这副对子，从而使人想到贾政这个人，假就是他的真，真也就是他的假。也就是说这个人是失去了自己的真实本性的，他完全是从"四书五经"的模子里刻出来的人物。所以作者塑造这个人物，是他反传统、反程朱理学思想的体现。除了这个名字具有深刻的讽刺意味外，跟随贾政的清客相公的名字，也别有讽刺意味，例如他的清客相公，一个叫"詹光"（沾光），一个叫"单聘仁"（善骗人），还有一个叫程日兴（趁人兴）。贾政整日与"沾光"、"善骗人"等为友，则他是何等样人也就可想而知了。何况，除了这些人外，与他相交的，还有一个贪官贾雨村，此外，就再也没有一个真正的读书人与他相交了。刘禹锡在《陋室铭》里说"谈笑有鸿儒，往来无白丁"，贾政则刚好相反，"谈笑无鸿儒，往来皆白丁"。在"大观园试才题对额"时，贾政只会一会儿"断喝一声畜生"，一会儿拈拈胡子，一句话也说不出来，可见他腹内空空到何等程度。更具有讽刺意味的是，这样一个腹内空空的人，却被朝廷"点了学差"，即由朝廷派他往各省掌管科举学校等事。贾政还有一个妾——赵姨娘。赵姨娘是什么样的人，读者一想起这个形象未免就会恶心，然而贾政还与赵姨娘生有一个女儿探春和一个儿子贾环。贾环这个人，也是让读者想起了就会起鸡皮疙瘩的人物。此外赵姨娘还有一个密友马道婆，更让人感到阴贼恶赖。俗话说，"物以类聚，人以群分"，与贾政为群的，尽是这些詹光、单聘仁、程日兴、贾雨村、赵姨娘之类的人物，则其人的端庄正经，可见也只是他的外表而已，而他的另一面从赵姨娘也就可以想象得知了。

　　除此之外，书中还有一些人名，也极具讽刺意味，如卜固修（不顾羞）、吴新登（无星戥）、卜世仁（不是人）、胡斯来（胡厮赖）、王仁（忘仁）等等。特别是第十六回秦钟临终，宝玉去看他的一段文字，具有鲜明的社会讽刺意味：

> 那秦钟魂魄那里肯就去，……因此百般求告鬼判。无奈这些鬼判都不肯徇私，反叱咤秦钟道："亏你还是读过书的人，岂不知俗语说的：'阎王叫你三更死，谁敢留人到五更。'我们阴间上下都是铁面无私的，不比你们阳间瞻情顾意，有许多的关碍处。"
>
> 正闹着，那秦钟魂魄忽听见"宝玉来了"四字，便忙又央求道："列位神差，略发慈悲，让我回去，和这一个好朋友说一句话就来的。"众鬼道："又是什么好朋友？"秦钟道："不瞒列位，就是荣国公的孙子，小名宝玉。"都判官听了，先就唬慌起来，忙喝骂鬼使道："我说你们放了他回去走走罢，你们断不依我的话，如今只等他请出个运旺时盛的人来才罢。"众鬼见都判如此，也都忙了手脚，一面又报怨道："你老人家先是那等雷霆电雹，原来见不得'宝玉'二字。依我们愚见，他是阳，我们是阴，怕他们也无益于我们。"都判道："放屁！俗语说的好，'天下官管天下事'，自古人鬼之道却是一般，阴阳并无二理。别管他阴也罢，阳也罢，还是把他放回没有错了的。"

读这段文字，可知作者讽刺的笔锋是直刺社会现实的。《红楼梦》的思想内涵，直接触及整个社会，它的反程朱理学、反皇权思想、反妇女守节等等，也完全是社会问题，所以解读《红楼梦》，必须把它放到当时的社会环境中去观察，才能较为全面地认识它深广的社会内涵。

第九，关于宁、荣二府的解读

曹雪芹在《红楼梦》里塑造了宁国府、荣国府两个封建官僚大家庭，宁、荣二府虽已分家，但实际上还是一个封建官僚世家贾家。《红楼梦》的主要故事情节，都是在这个封建官僚世家里发生和发展的，这就是《红楼梦》人物活动的主要环境，也可称"典型环境"，所以我们有必要对它作解读。

1. 一个靠恩荫而存在的赘瘤

贾府是靠军功起家的，第七回因焦大醉骂，尤氏向凤姐解释说："你难道不知道这焦大的？连老爷都不理他的，你珍大哥哥也不理他。只因他从小儿跟着太爷们出过三四回兵，从死人堆里把太爷背了出来，得了命；自己挨着饿，却偷了东西来给主子吃；两日没得水，得了半碗水给主子喝，他自己喝马溺。不过仗着这些功劳情分，有祖宗时都另眼相待，如今谁肯去难为他去？"第五十三回宁国府祭宗祠时，有三副对子，更能说明问题：

肝脑涂地，兆姓赖保育之恩；
功名贯天，百代仰蒸尝之盛。

勋业有光昭日月，
功名无间及儿孙。

已后儿孙承福德，
至今黎庶念荣宁。

由于祖宗的创业，所以后来的子孙就"功名无间"，就"承福德"了。

《红楼梦》里最高的辈分是贾母，是第二代人，贾政是第三代，宝玉是第四代，贾蓉一辈已经是第五代了。"君子之泽，五世而斩"。所以《红楼梦》里多处称"末世"，就是指贾府已经传到第五代了，已经临到"五世而斩"了。贾珍、贾赦都是靠恩荫袭爵，贾政的官还是靠"皇上因恤先臣"，"遂额外赐了政老爹一个主事之衔，令其入部习学，如今现已升了员外郎了"。（二回）

《红楼梦》开始，贾府第一、二代男性已经没有了，一开始就是第三代男性贾赦、贾政作为主要人物。宁府的贾敬一向远离红尘，由第四代贾珍袭爵。读者可以细检《红楼梦》，第八十回中，除贾政曾"钦点学差"，但未见有任何善政外，没有看到任何一个人做过什么值得称道的事。宁、荣二府，主仆合计起码有六七百人，这样浩大的开支，完全是靠恩荫和剥削维持的。第五十三回中，乌进孝进租，那长长的货单，还有二千五百两银子，就是他们剥削的实证，这还仅仅是宁府。据乌进孝说，他兄弟"管着那府（荣府）里八处庄地，比爷这边多着几倍"。还是第五十三回，写到了贾蓉去领回的皇上恩赏，"一面说，一面瞧着黄布口袋，上有印就是'皇恩永锡'四个大字，那一边又有礼部祠祭司的印记，又写着一行小字，道是'宁国公贾演荣国公贾源恩赐永远春祭赏共二分，净折银若干两，某年月日龙禁尉候补侍卫贾蓉当堂领讫，值年寺丞某人'"。这巨大的剥削和恩赏（其来源也是剥削），却是维持着一个大赘瘤。

2. 奢侈靡费和享乐是他们生活的全部

贾府主子们的全部生活内容，就是奢侈靡费和享乐。元妃省亲，这固然是"天恩"，怠慢不得，豪华是自然的，然而，豪华到竟连贾妃

"在轿内看此园内外如此豪华，因默默叹息奢华过费"。（十七、十八回）则可见其豪华到何等程度了。秦可卿大出丧，光买一个"龙禁尉"的虚衔就花了一千二百两银子。贾珍对凤姐的唯一要求是"只求别存心替我省钱，只要好看为上；二则也要同那府里一样待人才好，不要存心怕人抱怨"。（十三回）这就是下定决心，要大大地奢华排场一番。

除了这种喜事、丧事上大讲排场外，逢年过节，也是决不放过的机会，他们"庆元宵"、"赏中秋"、"祭宗祠"、"过生日"都是要超常地铺排的。在日常生活上，贾母是"大厨房里预备老太太的饭，把天下所有的菜蔬用水牌写了，天天转着吃"。（六十一回）他们吃一碗"茄鲞"（即茄干）是这样做的：

> "把才下来的茄子把皮鎺了，只要净肉，切成碎钉子，用鸡油炸了，再用鸡脯子肉并香菌、新笋、蘑菇、五香腐干、各色干果子，俱切成钉子，用鸡汤煨干，将香油一收，外加糟油一拌，盛在瓷罐子里封严，要吃时拿出来，用炒的鸡瓜一拌就是。"刘姥姥听了，摇头吐舌说道："我的佛祖！倒得十来只鸡来配它，怪道这个味儿！"（四十一回）

他们吃一顿螃蟹宴，就够"庄家人过一年"。（三十九回）但这根本还算不上什么正经的宴席，这只是宝钗为帮史湘云省钱而想出的办法。他们正经的宴席上，一个鸽蛋就要一两银子。（四十回）有人说这是夸张。这可能是有夸张的成分，但我读过一个清人笔记，记载清代的达官贵人为了补养身体，先将许多高级的补品拿来喂鸡，然后再吃这鸡生下来的蛋。如此说来，这个鸡蛋的价钱自然也就高出多多了。那末，这里说的鸽蛋也就可想而知了。

酒筵完了，还要吃点心，请看他们的点心：

　　丫鬟听说，便去抬了两张几来，又端了两个小捧盒。揭开看时，每个盒内两样。这盒内是两样蒸食，一样是藕粉桂花糖糕，一样是松穰鹅油卷；那盒内是两样炸的，一样是只有一寸来大的小饺儿。贾母因问什么馅儿，婆子们忙回是螃蟹的。贾母听了，皱眉说："这油腻腻的，谁吃这个！"又看那一样，是奶油炸的各色小面果，也不喜欢。……刘姥姥因见那小面果子都玲珑剔透，各式各样，便拣了一朵牡丹花样的，笑道："我们那里最巧的姐儿们，剪子也不能铰出这么个纸的来。我又爱吃，又舍不得吃……"（四十一回）

点心用过，自然要喝茶，于是就到妙玉的栊翠庵喝茶：

　　只见妙玉亲自捧了一个海棠花式雕漆填金云龙献寿的小茶盘，里面放一个成窑五彩小盖钟，捧与贾母。贾母道："我不吃六安茶。"妙玉笑说："知道。这是老君眉。"贾母接了，又问是什么水。妙玉笑回："是旧年蠲的雨水。"

然后就是妙玉让宝钗和黛玉到耳房里喝体己茶，宝玉也跟了去，他们用的茶器是更名贵的"瓟斝"和"杏犀䀉"，煮茶的水是梅花上的雪化成的水。（均见四十一回）从这些描写，可见他们的生活是何等地讲究。

除了这些饮食的讲究外，他们还养有家庭的戏班子，每逢节日宴饮，总是要看戏，而且还非常内行，非常独到。

仅从这几方面来看，就可以看出，他们生活的全部内容，就是"享乐"两个字。

3. 诗礼——罪恶的遮羞布

《红楼梦》里的宁、荣二府，表面上看是"翰墨诗书之族"，是"诗礼之家"，是"百年望族"，"勋业旧臣"，实际上却是"如今的儿孙，竟一代不如一代了"。

贾府，这个封建贵族大家庭的腐败，从根本上来说，是人的腐败。封建社会是一个男权社会，贾府里的这些男性，竟找不出一个像样的人来。先从宁府说起。

宁府的第一代是宁国公贾演，第二代是贾代化。他们都早已没有了，第三代是贾敷、贾敬。贾敷未成年即亡，宁府第三代实际上只有一个贾敬，只在五十三回祭宗祠时出来担任过一回主祭，此外就再无他的活动。他一味好道，只爱烧丹炼汞，自谓不久即可飞升成仙，从不管家事，到六十三回因吞金服砂，烧胀而死。宁府的主持人是贾珍，世袭三品威烈将军，因为他是长房，所以任族长。冷子兴说："这珍爷那里肯读书，只一味高乐不了，把宁国府竟翻了过来，也没有人敢来管他。"(第二回)《红楼梦》第七回焦大醉骂说："我要往祠堂里哭太爷去。那里承望到如今生下这些畜牲来！每日家偷狗戏鸡，爬灰的爬灰，养小叔子的养小叔子，我什么不知道？"关于"爬灰的爬灰"这件事，《红楼梦》第十三回靖本回前批云："'秦可卿淫丧天香楼'，作者用史笔也。老朽因有魂托凤姐贾家后事二件，岂是安富尊荣坐享人能想得到者，其言其意，令人悲切感服，姑赦之，因命芹溪删去'遗簪'、'更衣'诸文。是以此回只十页，删去天香楼一节，少去四五页也。"(甲戌眉批、回后批同，但少去"遗簪、更衣诸文"六字)这"淫丧天香楼"，就是贾珍的乱伦丑事，虽然正文已删掉，但实际却留下了许多线索，上引靖本批语是最完整的，实际上甲戌本上还有许多泄漏消息的批，如在"彼时合家皆知，无不纳罕，都有些疑心"句上眉批云："九个字，写尽天香楼事，是不写之写。"在"贾珍哭的泪人一般"句旁批云："可笑如丧考妣，此作者刺心笔也。"在"另设一坛于天香楼上"句旁批云："删却，是未删之笔。"在"忽又听得秦氏之丫鬟名唤瑞珠者，见秦氏死了，他也触柱而亡，此事可罕"句旁批云："补天香楼未删之文。"这些批语，初一看好像是提醒作者尚有未删之文，但仔细琢磨，却是另有深意，正是批者所说的"是不写之写"，因为这些提示，实际上后来并未照删，反而成了提醒读者之处。读者如把这些有关的批语连贯起来读，不是"天香楼"之丑事，依然历历分明吗？我认为作者与脂砚，是用明删暗示之法，仍旧将"天香楼"之事"泄漏"给读者，使贾珍这件天大的乱伦丑事无可逃避。

贾珍除了此事外，还有竟然伙同贾琏，一起分别霸占尤二姐、尤三姐。（六十五回）特别丑恶之极的是竟同儿子贾蓉对二尤有"聚麀之诮"。（六十四回）贾珍既私通儿媳，又与儿子同戏二尤，可说封建社会的伦常全被他父子糟蹋了，已经臭得不可再臭了。无怪柳湘莲要对宝玉说："你们东府里除了那两个石头狮子干净，只怕连猫儿狗儿都不干净。我不做这剩忘八。"（六十六回）

以上是宁国府的情况，下面再说荣国府的情况。

贾赦是荣府贾代善、贾母的长子，贾琏的父亲，袭一等将军爵位。贾赦最出名的是两件事，一是第四十六回他让邢夫人向贾母讨鸳鸯作小老婆，被贾母痛斥了一顿。连平儿、袭人等都议论说："这个大老爷太好色了。略平头正脸的，他就不放手了。"最后还是花了八百两银子买了个十七岁的嫣红收在屋内。（四十七回）二是第四十八回贾赦勾结贾雨村，用抄家的罪名把石呆子收藏的二十把古扇抄了来孝敬贾赦。弄得石呆子不知是死是活。贾琏说了一句："为这点子小事，弄得人坑家败业，也不算什么能为！"就把贾琏痛打了一顿。贾赦还把自己的小老婆秋桐赏给了儿子贾琏。（六十九回）这也是行同"聚麀"，大乖伦常，简直如同禽兽。

贾赦的儿子是贾琏。贾琏除管理荣府，建造大观园曾承差使，还曾因林如海病故，奉贾母之命送黛玉去扬州，办完丧事后又同黛玉回来等事外，他的臭事在《红楼梦》里也是出人一等的，他趁女儿出痘疹之机，在外边私通多姑娘，简直丑态百出。（二十一回）《红楼梦》中惟此一处，有类《金瓶梅》笔墨，也是因人而设。他还趁凤姐生日之隙，私通鲍二家的，又被凤姐撞见，引起轩然大波，最后是鲍二家的上吊而死。（四十四回）此外，他还伙同贾珍、贾蓉共戏二尤，竟被尤三姐大闹一场，最后与贾蓉密谋偷娶了尤二姐。（六十四回、六十五回）终于让凤姐将尤二姐活活害死。（六十九回）这是荣府长房的事。

贾政是荣府的老二，前面已经介绍过，他表面上"自幼酷喜读书"，实际上是腹内空空，让他任学差，也是讽刺之笔。虽然做官毫无政绩可言，对捍卫封建主义的原则，却是毫不含糊，所以他不能容忍宝玉的一些出轨的言行，下决心要把他打死，又挡不住贾母的震怒。他十足是一个从封建主义模子里刻出来的人物。他的儿子贾宝玉，他早已认定是叛逆，事实上也确是封建正统的叛逆，故不在此论列。

此外，还有一个贾瑞，他的祖父是贾代儒，是贾家的塾掌，但未叙明世系，或是贾氏远房。贾瑞是代替他祖父管理学堂的，但却一脑子邪念，丑态百出，终于因想"戏熙凤"而被熙凤捉弄至死，而且至死不悔。

以上就是宁、荣二府的主要男性。看了这些人的行为，不能不感到已经腐朽到臭气熏天了。然而，他们的门庭却是"诗礼之家"，是"书诗继世"。这"诗礼之家"的牌子与他们腐朽的实际，恰好成为鲜明的讽刺。于是"诗礼"就成为掩盖他们一切罪恶的遮羞布。

儒家的教条是："所谓治国必先齐其家者，其家不可教，而能教人者，无之。故君子不出家而成教于国。"又曰："欲齐其家者，先修其身。"（《礼记·大学》）儒家是以"家"作为封建社会的最基本的单位的，因此"修身、齐家、治国、平天下"是一个整体。现在看曹雪芹笔下的宁、荣二府的人，"修身齐家"是完全相反，既不"修身"，更不"齐家"。封建社会里的一个最具典型性的封建官僚世家已腐朽得如此不堪，"家"既如此，"国"亦可知矣。二知道人说："太史公纪三十世家，曹雪芹只纪一世家。太史公之书高文典册，曹雪芹之书假语村言，不逮古人远矣。然雪芹纪一世家，能包括百千世家，假语村言不啻晨钟暮鼓，虽稗官者流，宁无裨于名教乎？"（《红楼梦说梦》）

二知道人说"雪芹纪一世家，能包括百千世家"，曹雪芹之所以要创造宁、荣二府和大观园作为他的故事的典型环境，我想二知道人的这句话，是有历史的穿透力的。

然而，大家知道，康、雍、乾之世，是清代的鼎盛时期，史称"康乾盛世"。在这一时期，社会上极富极贵之家，还是有的。如《啸亭杂录》里记载到的京师米贾祝氏，富逾王侯，屋宇园亭瑰丽，人游十日未竟其居。宛平查氏、盛氏，富亦相仿。怀柔郝氏，膏腴万顷，连乾隆皇帝都驻跸其家。以上是指的民间富户，至于朝廷的勋戚旧臣、富贵继世之家，更是不可胜数。那末曹雪芹为什么偏于这一"盛世"，选择贾府这样一个已临"末世"的"皇亲国戚"、"百年望族"来作为他的典型呢？这是因为他一不愿意歌功颂德，鼓吹封建统治者爱听的"五世其昌"之类的谀词，二是因为他看透了这个封建社会的虚伪和腐朽的本质，三是因为他更看透了这种封建贵族官僚大家庭腐败的内幕，他自己的封建大家庭就是这样一个现成的典型，一切封建的伦常道德全是假的，虚伪的，惟一真实的就是他们无限制的淫欲贪求和互相之间私利的冲突。第七十五回抄检大观园后探春说："咱们倒是一家子亲骨肉呢，一个个不像乌眼鸡，恨不得你吃了我，我吃了你！"这才是这个表面诗礼之家的腐烂透了的本质。四是更重要的还是他的历史观、社会观和人生观，还是他的与旧时代、旧家庭不能兼容的人生理想和社会理想。他已经意识到他的理想是他的时代、社会和家庭所不能容的，他自己已经明确说出"背父兄教育之恩，负师友规谈之德"，他是家庭和社会的叛逆。可见选择他自己的家庭作为典型素材来展开它的没落过程中的种种腐败丑事，是服从于他所要表达的思想主题的。如果他没有自己的新的人生观、爱情观、社会观，那末他仅仅像《金瓶梅》一样尽情地暴露也就可以了，他只要纯自然主义地客观描写也就达到暴露的目的了。他之所以要塑造贾宝玉、林黛玉两个全新的人物，并精心地描写他们的爱情悲剧，就是为了要展现他的全新的人生观、爱情观和社会观，展现他朦胧的超前的人生理想。

那末，从这一角度来看，二知道人所说的"包括百千世家"，还只能指它的没落的一面，因为百千世家终究是要走这没落的道路的。而它的新生的一面，却纯属曹雪芹的超时代的独创，并不是所有没落世家都能自然新生的。

总之，曹雪芹能在表面盛世的当时偏去写"末世"，能让他的全新的美好的人物和理想被旧势力彻底吞没，造成震撼人心的大悲剧，能从腐朽中写出新生，写出朦胧的曙光，这才是他选择荣、宁二府作为典型的原因，这才是曹雪芹的真正的超时代的伟大！

余　论

《红楼梦》产生在 18 世纪中期中国的封建社会，这时的世界环境是欧洲已经经历了资产阶级革命，资本主义的生产制度已经确立，而且已经进入工业革命的高潮，至于文艺复兴以来的人文主义思潮，已经遍及欧洲，而西学的东渐，也是当时不可阻挡的历史潮流。明清以来，通过西方的传教士，不断给中国输入不少西方的先进科技和人文思想。至于中国内部，自明代后期以来，资本主义萌芽的经济，一直在发生和发展中，中间虽经明金之战的破坏，但经顺、康、雍、乾四代的努力，社会经济已经从复苏到了发展，人口和耕地面积得到大大的增长。全国的商业大城市也涌现不少，全国商业交通网络的形成和城市人口的增加，城市手工业工场的发展等等，都呈现了与前不同的气象。

处在这样外部环境和内部环境的急剧变化中，由于内部资本主义萌芽性质的经济因素的滋长，由于世界历史已经进入到资本主义的时代，古老的中国封建社会，也正在开始历史性的缓慢的转型时期。

《红楼梦》正是产生在这样的历史环境中。曹雪芹又是一位天才的作家，他的时代，比西方的现实主义作家，如法国的司汤达（1783—1842）、福楼拜（1821—1880）要早出一个来世纪，比巴尔扎克（1799—1850）早出80多年，比俄国的果戈理（1809—1852）和列夫·托尔斯泰（1828—1910）也早出一个多世纪。所以从世界的现实主义文学来说，无疑曹雪芹是独领风骚的。《红楼梦》是一部内容深广的伟大小说，虽然我在本文作了某些方面的解读，但远非小说的全部。人们称《红楼梦》是百科全书，这并不是没有根据的。我个人认为，如果再具体点说，可以说，《红楼梦》真实而生动地反映了18世纪中期中国上层封建社会的种种风习，我们读《红楼梦》，就如打开了一幅充满着历史气息的栩栩如生的历史长卷。特别值得人们注意的是，这一时期中国封建社会缓慢转型的历史面貌，都被曹雪芹的生花妙笔定格下来了，其中意识形态的微妙变化，是最值得注意的。如尤三姐的爱情观，强调要独立自主，自我选择。（六十五回）鸳鸯抗婚说："家生女儿怎么样？'牛不吃水强按头'？我不愿意，难道杀我的老子娘不成？"（四十六回），还有薛蟠问宝玉："明儿你送我什么？"宝玉道："我可有什么送的？若论银钱吃的穿的东西，究竟还不是我的，惟有我写一张字，画一张画，才算是我的。"（二十八回）等等。这是客观而真实地反映了人的自我意识的增长。否则作为鸳鸯这样的"家生女儿"，自身不过是主人的一点小小的财产，如同一个牲口一样，根本谈不上"自主权"，主人要她怎样她就只能怎样，怎么可能说"我不愿意"呢？这就是说，由于时代的变化，社会的逐渐转型，人的自我意识增长了。像宝玉这样一个贵族公子，居然说自己一无所有，只有自己写的字、画的画才算是自己的，这就意味着只有自己创造出来的东西，才算是自己的，祖宗之所遗，概与自己无关，这就是在这个贵族公子身上反映出来的新的自我意识。再如晴雯生病，宝玉说："越性尽用西洋药治一治，只怕就好了。"（五十二回）这"西洋药"一词，显然也是具有特定历史内涵的新词。至于《红楼梦》里提到的许多西洋物品，当然同样是这种特定历史风貌的记录。

　　《红楼梦》最主要的成就，当然在思想和艺术两方面。从思想方面来说，无疑也是中国封建社会缓慢转型期的新思潮的真实记录。我曾说过，曹雪芹批判的是他自己的时代，而他把希望寄托给未来。他的社会理想，如自由人生、婚姻自主、男女平等、废除等级、人与人之间的友爱等等，无疑都只能是未来的意识，未来的现实，然而曹雪芹居然在18世纪的前期就提出这些理想来了，这在当时，当然是不可理解的，何况他又是用的"假语村言"，无怪人们要把贾宝玉看作"似傻如狂"了。

　　《红楼梦》在艺术上最杰出的贡献，是多方面的，长篇小说的网状式的整体结构，是在长篇小说结构上的独特创造。虽然《金瓶梅》已开其端，但它毕竟还带有"词话"的痕迹。至于《三国演义》、《水浒传》、《西游记》更是从话本发展来的。《红楼梦》是真正的文人创作的长篇小说，它除了采用习惯的章回体外，一切故事结构和叙事方式全是崭新的创造，整个故事的叙事行文，如行云流水，自然天成，真是落花水面皆文章。在中国古典小说里文章之美，语言的个性化之美，语言之浓厚的生活气息之美等等，是无出其右的。特别是《红楼梦》的叙事语言，都带有浓厚的作者的主观感情，这与《三国》、《水浒》又是截然不同的。

然而，《红楼梦》在文学上的特出贡献，是塑造出一系列令人永远难忘的典型形象。其中贾宝玉是全新的艺术典型，在以往的小说、戏曲里从未有过，是真正的新人形象。贾宝玉的新，一是形象塑造未有任何因袭，全是独创。事实上，贾宝玉的独特的反传统的得世界风气之先的思想，是任何旧传统形象所无法承载的，贾宝玉的新典型形象是由他独特的超时代的新思想所决定的。而林黛玉的形象，虽然初看似与传统的形象颇多相似，但细读，也可发现，这个形象的外观，是由她孤零的身世遭遇所决定的，更重要的是她的思想、她的尖而锐的个性，她的特殊才华和冰雪聪明，她的绝代姿容和稀世俊美，在以往的小说、戏曲人物里，也是不可重复的。所以贾宝玉与林黛玉恰好成为中国封建社会缓慢转型期的一对新人的典型。至于说贾宝玉具有贵族公子的脾性，林黛玉也是官僚门第的千金小姐，这话一点也不错。因为不如此，这一对典型就远离了他们自己的时代和土壤，假定说，这对典型新到连自己出生的家庭和时代的气息都没有了，那他们就不成其为这个历史转型期的新人典型了，他们就失去了历史的真实感了。他们之所以真实可信又可贵，就是因为他们是特定历史时代的产物，他们既是新的，又有旧的印记，这才是这一对典型的特征。《红楼梦》里的薛宝钗、王熙凤、史湘云、探春、迎春、惜春、妙玉、香菱、尤三姐、尤二姐、袭人、平儿、鸳鸯、晴雯以及贾母、王夫人、刘姥姥等，无一不是令人难忘的独一无二的典型。男性中的贾政、贾珍、贾琏、薛蟠等，也同样是令人难忘的形象。

总之，《红楼梦》是历史，是社会，是人生，是艺术，而归根到底，它是人生的历史长卷。在这个长卷里，人们都可以各有取舍，各有所悟，各有会心。总之，能悟其大，得其要，斯为得矣。何况《红楼梦》里有一些问题，如某些判词、怀古诗之类，可能永远也不能得出一致的结论，因其无谜底可证也。

然而，学术问题本来是复杂的，很难一时尽得其解的，"诗家总爱西昆好，独恨无人作郑笺"（元好问《论诗三十首》），就连李商隐的诗，人们都叹息难以解读，那末让《红楼梦》留些悬念，也未尝不是有趣的事。

所以，我说的解读《红楼梦》，是就其大者、要者而说的，至于其它，则实非所能尽解也！

二〇〇四年一月二十八日，旧历甲申年正月
初七日下午五时于京东且住草堂草成
二〇〇四年五月二日，旧历甲申三月十四日
改定，时年八十又二

《红楼梦》的文本阅读

近些年来有不少同志提出来要重视《红楼梦》的文本阅读，这当然是对的。但有的同志提这个问题时，言外之意是认为《红楼梦》的考证太多了，似乎考证是多余的。如果是这样的意思的话，那末，还须作一些分析。

回顾一下《红楼梦》研究的历史，应该承认，从脂砚斋开始（以1754 年甲戌本为始），一直到 1921 年胡适发表《〈红楼梦〉考证（改定稿）》，这长长的 167 年，都是属于读文本的阶段，那时还没有《红楼梦》的考证。《红楼梦》的考证，是 1921 年从胡适开始的，为什么要这种考证，因为发现了《红楼梦》的作者曹雪芹的家世资料，胡适用它来反对当时很流行的索隐派。从此开始，才有了曹雪芹家世的考证。1927 年，胡适买到甲戌本，1928 年，胡适发表《考证〈红楼梦〉的新材料》，这是《红楼梦》抄本考证的开始，到 1933 年，胡适又发表《跋乾隆庚辰本〈脂砚斋重评石头记〉钞本》这篇文章，这是《红楼梦》抄本考证的继续，从此《红楼梦》研究，增加了家世考证和脂本考证的内容。

　　从清代嘉庆初年开始,就出现了许多《红楼梦》的评点本,以后就层出不穷,直到民国初年,评点《红楼梦》一直没有中断。评点《红楼梦》当然是对《红楼梦》的认真阅读,是文本的赏析和研究,所以这样看来,在整个"红学"史上,文本阅读的时间远远超过了家世考证和抄本考证的时间。

　　家世考证和脂本考证为什么会经久不息呢?因为这两件事都关系到文本的阅读和研究,不弄清这些问题,就难以弄清楚《红楼梦》本身的问题。再加上有些人弄虚作假,有些人无证据地乱说,于是这两方面的争论文章就层出不穷,但是就其主流来说,无论是家世考证还是脂本的考证,都是以有证有据的严肃考证为主流的。明白了以上情况,就可以知道,"红学"的考证是因为在文本阅读过程中发现了作者问题和抄本问题,不弄清这些问题,文本阅读就产生了障碍,所以才自然而然地生出这两方面的考证来的。

　　到目前为止,我认为无论是家世考证或是脂本的考证,都已经有了基本的共识,虽然歧议还有,如说什么脂本是伪本啊,曹雪芹有九个祖籍啊,这类的意见还时时冒出来,但毕竟相信的人不多了。此外,可能还有一些新鲜的问题提出来,这也是正常的,不足为怪的,如果真有新的历史资料出来,只要对研究工作有利,就值得欢迎。

　　所以,目前重提重视文本的阅读问题,是很适时的,是值得提倡的。我追述家世考证和脂本考证的问题,是为了说明这两种考证是自然地应运而生的,并不是主观地、人为地、节外生枝地制造出来的。这两种考证,只有有利于文本的阅读而并无妨碍于文本的阅读。

　　还有一点,即使是有一段时间考证很热门的时候,不少同志也没有忘记文本的问题。例如中国艺术研究院红楼梦研究所集合不少专家的力量整理出来一部新校注的《红楼梦》,这不是在文本上的一项重要贡献吗?又如蔡义江、刘世德、黄霖三位专家各自校订了可读性很强的《红楼梦》读本，这不也是文本方面的一大贡献吗？再如北京师范大学由启功先生领头校注的程甲本《红楼梦》，不又是文本方面的一大贡献吗？此外，由冯其庸、李希凡主编，由吕启祥总其事，由国内大批红学专家通力合作的《〈红楼梦〉大辞典》，不更是《红楼梦》阅读的及时的工具书吗？所以现在来认真阅读《红楼梦》文本，确实条件是好多了。

我花了两年时间，写了这部《论〈红楼梦〉的思想》，开始我一直沉浸在文本里，我觉得这是十分必要的。尽管此前我已读过不知多少遍，"文革"中还用毛笔偷偷抄录过一遍，但仍觉得常读常新，重读《红楼梦》十分必要。后来，由于某种启示，我又认真读了不少有关的宋、元、明、清思想史，清代的政治、历史，清代社会的笔记小说等等，我把《红楼梦》放到清代社会中去看，放到历史的长流中去看，我感到这样一来，似乎对《红楼梦》的理解又深入了一步。所以，我认为文本阅读，也不能是单一地死读《红楼梦》文本。

"红学"研究，曾经经历过一段猜谜的阶段，这个阶段，总算过去了，这不能不感谢考证之功。但是现在这种猜谜似乎仍未绝响，只是变了花样而已！

但是从学术发展的角度看，"红学"研究应该彻底走出猜谜的误区了，尽管做这种猜谜游戏的只是极少数人，但人的智慧是要靠科学来发掘和培育的，为了不贻误后人，"红学"应该完全走上科学认知的道路。为了"红学"的发展，"红学"研究不仅要重视文本，还要重视它的社会内涵，不把它局限于曹、李家族史的范围内，更要重视它的思想性、文学性、艺术性和典型性，这样才能使这部古典名著，全面地发挥出它无穷的耀眼的历史光芒！

2002 年元月 4 日晚

我对《红楼梦》的感悟

　　我最近写完了《瓜饭楼重校评批红楼梦》一书。眼前即将出版。此书前后写作五年，到此书写完，我才对《红楼梦》有更进一步的理解。我认为《红楼梦》是一部政治性很强的书，对康、雍、乾时代的重大政治问题和社会问题，作者都有极为尖锐的抨击。但《红楼梦》又不是一部政治书，而是文学，是一部文学性、艺术性极高极强的长篇小说，其成就之高，可列于世界文学之冠。

　　因为它创造了一系列不朽的典型形象，因为它的悲剧性的故事情节催人泪下，令人不忍卒读而又不能释手，因为它的语言的蕴含量太深而又极为尖新，极富缓慢转型期的时代特征和人物个性特征，因为它的典型形象既有代表旧的世俗的人们习以为常的并且认为正常的理所当然的形象，又有代表时代的最尖新、思想最超越、行动最出俗的形象。而这两类形象，其第一类是多类型的，第二类是极少数的，只有贾宝玉和林黛玉两人。然而这两种类型的典型形象，各自有其深厚的社会思想基础、道德美学基础，因而也就永远成为社会上爱憎各自分明的人群的争论的焦点。而这种争论，恰好就是社会的道德美学思想和艺术美学思想的分界、分歧，所以这种争论我认为将是永恒的。因为这种分歧是历史的永

324

久性的，社会历史永远也做不到舆论一律、道德一律和美学趣味一律。

我认为《红楼梦》里有很多情节隐含着作者的家史——显赫辉煌而痛苦受冤的家史，但《红楼梦》决不仅仅是曹家的家史，更不是曹雪芹的自传。就是曹家家史，也只是小说的一部分内容，而不是全部，虽然是极重要的内容。

我认为《红楼梦》的内容，更全面准确地说，是康、雍、乾时代社会矛盾：政治的、经济的、思想的、人生道路的、官制的、封建司法的、妇女问题的、社会习俗的等等方面的矛盾集中的突出的反映。但它是非常高超卓越的文学艺术而不是干巴巴的政治。它的崭新的先进思想是用卓越的艺术形象、动人的故事情节和精美含蕴的个性化的语言表达出来的。因而它更是文学艺术而不是单纯的思想政治。世界上是没有没有思想的文学艺术的。《红楼梦》的思想性最强，但它却是包蕴在艺术深处的。把《红楼梦》看作是无思想的纯感情的艺术，显然是误解。

《红楼梦》作者的根本思想，以上诸多方面问题的总根源，是作者对于人生的理想、是对于人应该走怎样的道路的理想，是人的爱情应该是怎样心灵契合、晶莹澄澈的理想，是人与人之间平等友爱关系的理想，是对于人生的感叹和沉痛的反思，是对于知音毁灭的悲哀和永恒的心灵契合的追念。

作者怀着对人类最美好的理想，充满着对人的爱心、对爱情的纯洁心、对女性命运的关切心、对人与人的平等友爱心和对一切恶的极端憎恨心等等。虽然，《红楼梦》里宝黛爱情的悲剧是震撼人的灵魂的悲剧，是唤醒人们自我意识的悲剧，是中国古典文学史上处于巅峰的爱情悲剧，是古典爱情最高最新升华的悲剧，是具有近现代生活意义的悲剧，是对社会后世影响无比深远的悲剧，但它并不是《红楼梦》的唯一的思想内容。所以如果把《红楼梦》仅仅看作是宝黛爱情悲剧的小说，那是浅化了、简化了《红楼梦》。所以，《红楼梦》作者所说的"谁解其中味"的"味"，是多重性的，而决不是单一性的，是整个社会的世味，而不是单一天真的"爱情"味！

总而言之，作者悟透了人生，尝够了人生的真味：苦的和甜的，酸的和辣的……而且也怀着对人生的远见预见和美好的真诚的理想，所以无论是从思想和艺术来说，作者都是超前的。他所创造的典型，远在世界现实主义文学典型之前列，更早于马克思、恩格斯典型理论整整一个世纪。所以，说作者是一个时代的超前者并不是虚夸，而是历史事实。

作者在《红楼梦》里所反映的思想是属于资本主义萌芽性质的民主思想，而不是所谓的"封建民主思想"。正因为《红楼梦》里贾宝玉、林黛玉的思想的社会性质是属于资本主义萌芽的性质，所以它与旧的封建势力处于矛盾对立的地位，所以它的思想才具有社会先进的内涵，也因此，他是处在幼弱的孤立无援的地位，他对未来的理想也只能是朦胧的。这种思想状况，与它所处的从封建社会到产生资本主义萌芽的缓慢转型历史时期是相一致的，它恰好是中国封建社会内部经济结构产生缓慢变化的一面镜子。不能承认和理解这一历史特征，就无法解读《红楼梦》。

对《红楼梦》的研究、理解，是需要多方面的修养和长时间的努力的，更需要真实不虚的态度、真诚的虔心。那种华而不实、哗众取宠的作风是无补于实际的，非但无补于实际而且是有害的，但是这种学风也是历史性的，也可以说是无世无之。只要读读杜甫的"尔曹身与名俱灭，不废江河万古流"的诗句，读读黄山谷的"人言九事八为律，倘有江船吾欲东"的诗句，可见历史是极为相似的。唯一的办法，就是"自律"两个字。而历史是既会过滤又会沉淀的，一切虚假的东西终是过不了历史沉淀和过滤的关的，所以不必过分害怕谎言的诱惑力、持久力，要坚信谎言的生命不过是秋蝉蟪蛄之属而已。

2004 年 9 月 25 日夜 1 时于瓜饭楼

曹雪芹的时代、家世和创作

——读故宫所藏曹雪芹家世档案资料

　　列宁曾经说过："如果我们看到的是一位真正伟大的艺术家，那末他就一定会在自己的作品中至少反映出革命的某些本质的方面。"① 我国 18 世纪伟大小说《红楼梦》的作者曹雪芹，就是这样"一位真正伟大的艺术家"。

　　《红楼梦》是一部伟大的现实主义的杰作。《红楼梦》本身，就是当时社会阶级斗争和意识形态领域里的激烈斗争的产物。曹雪芹以他极其敏锐的观察力和极其动人的笔墨，广泛而深刻地反映了他的时代，反映了他的时代的"某些本质的方面"，为封建地主阶级唱出了一曲绝望的挽歌，为刚刚处在萌芽状态的资本主义生产关系透露了某些历史要求。

　　我们知道，要正确地了解人类社会及其全部历史文化，包括了解作家和作品，必须依靠马克思主义，遵循马克思主义的阶级斗争的学说和阶级分析的方法。为此，就必须对所研究的对象"详细地占有材料，加

---

① 《列甫·托尔斯泰是俄国革命的镜子》，《列宁选集》第二卷，第 369 页。

以科学的分析和综合的研究"。① 故宫博物院明清档案部的有关曹雪芹的家世档案资料，是我们了解曹雪芹的家世和研究曹雪芹的创作的十分有用的材料，本文就想谈一谈读这些材料后的几点初步的认识。

曹雪芹的时代

曹雪芹的时代，是康、雍、乾的时代。他的一生刚好处于明末李自成和清末太平天国两次农民大革命的高潮之间，② 是清代封建政权相对稳定的时期。康熙在中国历史上是起了一定的积极作用的。在他统治的六十来年中，在政治和军事上，消灭了分裂割据势力，维护了国家的统一，打击了觊觎我国的殖民主义势力和侵略者，巩固了祖国的版图，形成了一个屹立于世界的强大统一的封建国家；在经济上，采取了一些措施，例如兴修水利，奖励垦殖等，对当时生产的恢复和发展起了一定的积极作用。当然我们不应该忘记，康熙是一个封建皇帝，他所代表的是地主阶级的利益，他所加强的也是地主阶级的封建国家，他的一切措施都是为了巩固他的统治，他不过是顺应着历史发展的趋势，起到了一定的积极作用而已。正是由于这个原因，因此，不论康熙个人怎样有所作为，封建社会固有的种种矛盾和病疮是不可能消除的。所以，一方面，康、雍、乾的时代（乾隆前期），社会比较稳定，生产有所发展，但另方面，各种社会矛盾，特别是社会阶级矛盾也在迅速地发展着。

---

① 《毛泽东选集》合订本，人民出版社1966年7月横排本，第757页。
② 关于曹雪芹的生卒年，历来一直有争论，我们认为说他生于康熙五十四年乙未（1715年），卒于乾隆二十八年癸未（1764年）除夕，较为合理。按照这个生卒年来计算，则他的生年上距李自成的大顺政权（1644年建于北京）七十来年，他的卒年，下距太平天国（1853年建于南京）八十多年，刚好处于两次农民大革命的高潮的中间。

由于清初官僚地主阶级的大量掠夺土地，形成了土地的高度集中，广大农民则失去土地流于贫困。康熙四十三年的上谕就已经说："田亩多归搢绅豪富之家，小民所有几何？"① 这种情况到乾隆时期更为严重，杨锡绂在《筹民食疏》中讲到湖北的情形时说："近日田之归于富户者大约十之五六。旧时有田之人，今俱为佃耕之户。每岁收入，难敷一家口食。"② 杨锡绂写这个奏疏的时候是乾隆十三年，正是曹雪芹写作《红楼梦》的时候。这种土地集中的情况，从曹雪芹家庭本身也可以得到证实。雍正五年曹頫被抄家的时候，江宁织造隋赫德在《细查曹頫房地产及家人情形折》里讲到当时已经衰落的曹家，尚有"住房十三处，共计四百八十三间。地八处，共十九顷零六十七亩"，另外还有放出的银子"连本利共计三万二千余两"。③ 按雍正时期的土地价格来算，这三万多两银子，还可以买一万多亩土地。④ 由此不难想见，当曹家兴盛的时候，该拥有多少土地了。

与地主阶级疯狂地掠夺土地紧紧联系在一起的，是他们穷奢极侈的豪华生活。昭梿《啸亭续录》所载京师米贾祝氏，"富逾王侯"，宛平查氏、盛氏，"富丽亦相仿"，怀柔郝氏，"膏腴万顷"，连皇帝出巡都借住他家，"进奉上方水陆珍错至百余品"，"一日之餐费至十余万"。⑤ 这样的豪华生活，只能意味着对劳动人民剥削的极端惨重。然而，曹寅时代的曹家，不就是这样的大官僚地主家庭吗？康熙南巡六次，由他接驾招待了四次，实际是南京、扬州、苏州各四次共十二次。曹寅招待康熙的场面，其豪华阔绰的程度，当然怀柔郝氏是远不可与之比拟的。请

① 琴川居士《皇清名臣奏议》，卷四十五。
② 琴川居士《皇清名臣奏议》，卷四十四。
③ 江宁织造隋赫德奏《细查曹頫房地产及家人情形折》。
④ 钱泳《履园丛话》，卷一。
⑤ 《啸亭续录》卷二，"本朝富民之多"条。

看康熙在李煦的奏折上的这段批谕："朕九月二十五日自陆路看河工，去尔等三处，千万不可如前岁伺候。"这里所提的"前岁"，就是指康熙三十八年第三次南巡。当时康熙住在曹寅织造署里，曹寅曾奉母陛见，康熙还亲书"萱瑞堂"三字赐他。这次曹寅的接驾，竟然使三年以后的康熙还要叮嘱"千万不可如前岁伺候"，则其"伺候"的水平自然是十分可观的了。我们只要看一看诗人张符骧写的《竹西词》，就不难想象当时的豪华场面。张诗说："想到繁华无尽处，宫灯巧衬梵灯红。""五色云霞空外悬，可怜锦绣欲瞒天。""千丈氍毹起暮烟，猩红溅向至尊前，扬州岂必多歌舞，卖尽婵娟亦可怜。""三汉河干筑帝家，① 金钱滥用比泥沙。""官衔盐总搭盐臣，万寿屏开花样新。"（《竹西词》）张诗还说："欲奉宸游未乏人，两淮办事一盐臣。""用尽泥沙全不恨"。（《后竹西词》）② 按《竹西词》作于康熙三十八年，《后竹西词》作于康熙四十六年，诗中所指正是曹寅接驾的繁华景况。尤其是"金钱滥用比泥沙"，"用尽泥沙全不恨"等句，自然让我们想起《红楼梦》第十六回里赵嬷嬷对凤姐说的那段有名的谈话来。诸如此类的事情，在曹雪芹的家世档案史料里，还保留有很多，例如多次修建行宫，③ 也即张诗所说的"三汉河干筑帝家"，打造巨船准备接驾④等等。地主阶级花得像淌海水一样的银子，其来源没有别的，只能是对农民的剥削。

---

① 《扬州画舫录》卷七，《城南录》云："三汉河在江都县西南十五里，扬州运河之水到此分为二支：一从仪征入江，一从瓜州入江。岸上建塔名天中塔。寺名高旻寺，其地亦名宝塔湾；盖以寺中之天中塔而名之者也。圣祖南巡，赐名茱萸湾，行宫建于此，谓之宝塔湾行宫。上御制诗有'名湾真不愧'句，即此地也。"

② 张符骧《自长吟》卷十，第十一页。

③ 见康熙四十三年十二月初二日《江宁织造郎中曹寅复奏摹刻高旻寺碑文折》、康熙四十四年闰四月初五《内务府等衙门奏曹寅李煦等捐银修建宝塔湾行宫，奉旨议叙，请给予京堂兼衔折》。

④ 见康熙四十三年十二月十二日《江宁织造郎中曹寅奏已造江河船只，年内竣工，并请应于何处伺候折》。

地主阶级残酷的剥削和疯狂掠夺土地，必然要激起广大人民的反抗，这在曹寅给康熙写的奏折里也有所透露。康熙四十七年三月初一日曹寅《奏报自兖至宁一路闻见事宜折》说：

> 臣闻得四明山通福建，历来盗贼之巢穴。此辈皆在别省行劫，归藏山中，形迹幽秘，其来已久。以前未尝不犯，问官只问眼前现在之案，不株连根柢，故四明山巢穴，人皆不知。去年为百姓有买米下海之谣，又巡抚中军令兵披甲拿人，至令上下纷扰，……

实际上曹寅在这里报告的是一个农民反抗的根据地，这反映了当时在四明山地区农民反抗的情况。可以说这种农民对地主阶级的反抗斗争，从康熙到乾隆愈演愈烈，以至于在曹雪芹死后十来年，就爆发了山东临清的王伦起义，为清代封建政权的灭亡敲响了丧钟。

清代前期的另一重社会矛盾，就是由于资本主义生产关系的萌芽及其发展，逐渐兴起了新的手工业、商业城市，逐步形成了市民阶层。这样在封建社会内部，又增加了一种反对封建专制统治的新的社会力量，从而在封建社会农民与地主阶级的这一主要矛盾之外，又增加了一重新的矛盾，即市民阶层与封建统治阶级之间的矛盾。我们知道，在康、雍、乾时代，南京、苏州、扬州等地，都是手工业、商业比较发达的城市，曹雪芹的曾祖父曹玺、祖父曹寅、伯父曹颙、父亲曹𬇕和舅祖李煦，都曾先后做过江宁织造或苏州织造，曹寅和李煦还曾轮换做过两淮巡盐御史，他们与当时的商人，手工业工场主或作坊主，或经纪人等的接触是很多的。据《江宁府志》①说：

---

① 蒋启勋、汪士铎《续纂江宁府志》，卷十五《拾补》。

　　江宁机房，昔有限制，机户不得逾百张，张纳税当五十金。织造批准注册给文凭，然后敢织，此抑兼并之良法也。国朝康熙间尚衣监曹公寅深恤民隐，机户公吁奏免额税。公曰："此事吾能任之，但奏免易，他日思复则难，慎勿悔也。"于是得旨永免。机户感颂，遂祀公于雨花冈，此织造曹公祠所由建也。自此有力者畅所欲为，至道光间遂有开五六百张机者。

这个材料说明，在清初封建政权对手工业的限制是很严的，但从曹寅以后，在南京地区，这种限制就略有松弛，所以到"乾嘉间机以三万余计"①　了。当然，这个数字所指的，并非都是资本主义萌芽性质的手工业，其中还包括着官营的封建性的手工业在内。但不论怎样，这个数字是反映了从康熙到乾隆，在南京一地资本主义萌芽性质的手工业的发展的。②　这种发展是历史的自然趋势，是不可遏制的。这种情况当然不止是南京一地，也不止是丝织业一业，事实上，当时在全国的许多地区和许多行业，如制瓷、冶铁、棉纺、采矿、制盐以及某些商业性的农业如茶叶、甘蔗之类，都有资本主义的萌芽和发展。

　　由于资本主义生产关系的萌芽和发展，手工业、商业城市的兴起，

---

　　①　同治《上元、江宁两县志》，卷七《食货考》。
　　②　按：苏州织造李煦和曹寅在康熙四十七年六月《会陈织造事宜折》中曾说到江宁织造局当时有神帛、官诰两个机房，共有工匠"约计三百七十名，岁需银三千七百两，即可赡活群工。"这些工匠"皆民间各户雇觅应工，""工价甚寡。"这个织造局当时共有"制帛线罗机三十三张，""诰命机三十五张。"又据《大清会典事例》所载："乾隆十年奏准，江宁现设机六百张，机匠一千七百八十名。"另外还有"摇纺、染匠所管的高手等匠七百七十七名"。根据上面两项材料，可见江宁织造局从康熙到乾隆也有很大的发展。又从李煦、曹寅的奏折来看，当时的工匠都是从民间机户雇觅来的，并且是用银子计算的，工价很低，从这里也可以看到这个封建性的官办的织造局，也实行着雇佣劳动和货币工资，因此它在一定程度上，也带有资本主义萌芽的因素。

市民阶层的逐渐形成，在中国历史上，从明代后期起，市民运动便不断发生，到康、雍、乾的时代，从未间断。据不完全的统计，从清代初年到乾隆中期曹雪芹逝世前后，江、浙、皖、赣、两湖、广东、河南、山西等省，爆发的市民运动，如手工业工人罢工、商民罢市等等，就不下三十多起。① 例如康熙三十四年四月，苏州的一次踹匠罢工斗争，就坚持达一年之久。连统治阶级的记载也承认：当领导罢工斗争的手工业工人的号令一出来，"千百踹匠（按指染坊工人）影从，成群结队，抄打竟无虚日。以致包头畏避，各坊束手，莫敢有动工开踹者"。② 康熙五十一年曹雪芹的舅祖李煦在奏折里也向康熙报告："江宁、镇江、扬州等府百姓"，因为拒绝新督抚而于"二月十八、十九等日连日罢市"③。雍正四年，福州曾发生过城市贫民因缺米而在巡抚衙前示威，④ 雍正七年，江西也发生过罢市，雍正朱批谕旨说："更有地方'极棍'，因官所行之事，有不便于'奸民'者，动辄假公济私，以罢市罢考挟制官长。"⑤ 雍正十二年苏州又爆发了机匠为反对机户解雇工友，要求增加工资的联合大罢工。⑥ 乾隆时期，苏州和杭州等地，也先后发生过商人罢市运动，特别是乾隆十三年以市民顾尧年为首的反抗米商囤粮抬价的斗争，声势尤为壮大。据记载，顾尧年"于四月二十四日，忽耳（身？）挂木牌，书'为国为民非为己'字样，跪抚辕求平米价，随行者不下数万"。封建官僚反将顾尧年"讯究，掌数十，舆情不服，拆毁公堂，抢出顾尧年"。后来被激怒的广大市民群众一直闹到巡抚衙门，"抛砖掷

---

① 参见李华《试论清代前期的市民斗争》，载《中国封建经济关系的若干问题》，三联书店1958年版。

② 《江苏省明清以来碑刻资料选集》，第37页。

③ 见《苏州织造李煦奏折》，第27页。

④ 《雍正朱批谕旨》第45册。

⑤ 《雍正朱批谕旨》第35册。

⑥ 《文物参考资料》，1956年第7期。

瓦，挤毁辕门"。最后统治阶级出动了官兵，这场轰轰烈烈的市民斗争才被镇压下去。① 上面这些情况，说明当时的市民运动，不仅是连续不断的，而且也是颇具声势的。这些事实，正是封建末期这一对新的社会阶级矛盾的反映。

康、雍、乾时代的另一重社会矛盾，就是统治阶级内部的矛盾，实际上就是围绕着争夺皇位的斗争。这场斗争，先是表现在皇太子胤礽的废立问题上，② 接着就是雍正夺得了皇位以后打击和消灭异己势力，连他父亲一朝的大臣，凡是不利于他的都不放过，曹雪芹的家就是在这一场斗争中败落下来的。统治阶级内部这场权力和财产的再分配的斗争，不仅使一大批贵族官僚败落下来，并且促使他们在思想上发生分化，有的转向消极的佛老思想，有的转向于对这个政权及其统治思想进行批判，伟大作家曹雪芹就是属于后一种情况。

上述这种社会阶级矛盾和统治阶级内部矛盾，反映到上层建筑里

---

① 按：关于以顾尧年为首的市民斗争，《苏州府志》、《东华录》、《养吉斋余录》、顾公燮《消夏闲记摘钞》等书，都有记载，以《苏州府志》及《消夏闲记》最详。兹录《消夏闲记》的全文如下：

乾隆初年，米价每石钱一千二百，钱串七十四，十三年亢旱，米价至二十文一升。有愚民顾尧年者，住仰家桥，似痴非痴，于四月廿四日忽自绑缚，耳（身?）挂木牌，书"为国为民非为己"字样，跪抚辕求平米价，随行者不下数万。中丞安公（宁）大怒，发长邑令郑公（时庆）讯究，掌数十，舆情不服，拆毁公堂，抢出顾尧年。郡守姜公（顺蛟）闻声赴援讫，随上抚辕禀知此事，岂知众人尾随其后，抛砖掷瓦，挤毁辕门。迨官兵四出，拿二十四人，众乃逃散，抚迁怒于姜守率众闹辕，摘印参革。姜公素得民心，众更不平。旋杖毙顾尧年、烟筒店陈二、郑氏小奴三人。重责为从之枣子阿大陈三，永远枷号，余俱薄责省释。

② 按：胤礽的废立共二次。第一次废是在康熙四十七年九月：后因发现直郡王胤禔用蒙古喇嘛以法术阴谋陷害皇太子胤礽，因而又于康熙四十八年三月复立。第二次废是在康熙五十一年十月，因胤礽复立后，"行事乖戾，断非能改，仍行废斥禁锢"（康熙朱书）。曹寅在《闻悉十八阿哥薨逝及异常之变》折里说："续又闻异常之变，臣身系家奴，即宜星驰北赴，诚恐动骇耳目，反致不便。二十三日以来民间稍稍闻知，皆缎布两行脚力上下之故，将军总督严禁盗贼，目下江南太平无事。"这里所讲的是第一次的废皇太子。

来，就构成了当时意识形态领域里的激烈斗争。清代统治者为了强化思想控制以巩固他们的统治，大力提倡孔孟之道和程朱理学。康熙自己曾说他即位以后，"辄以《大学》、《中庸》之训诂，咨询左右，必求得大意，而后予心始觉愉快，日日读书，必字字成诵，从不肯自欺。及四子书既已贯通，乃读《尚书》，于典谟训诰之中，体会古帝王孜孜求治之意。即欲使古昔治化，实现于今"。康熙提倡孔孟之道的目的是为了巩固他的封建统治，这一点他自己是说得很清楚的。康熙还特别推崇朱熹，称朱熹是所谓"集大成而继千百年继传之学，开愚蒙而立亿万世一定之归"的人物，并且于康熙五十一年，命令将朱熹的木牌从孔庙的东庑升入大成殿配祀孔子，同时又刊定《朱子全书》、《性理大全》，御纂《性理精义》等书。乾隆上台以后，更加打起尊孔的旗号，亲自跑到曲阜去"朝圣"达九次之多，并吹捧孔子"日月经天，江河行地，五百年闻知之统，独衍心传，七十子悦服之诚，长垂师表"。① 在清代统治者这样大力提倡孔孟之道和程朱理学的情况下，形成了清代前期思想界的孔孟之道和程朱理学的反动统治。

然而，有压迫就有反抗，正当清代统治者大力提倡孔孟之道和程朱理学的时候，却先后涌现出了一批具有朴素唯物主义和民主主义思想倾向的思想家，其中比较著名的有黄宗羲、顾炎武、王夫之、唐甄、颜元、戴震等等，他们从各个不同的角度，对程朱理学，对封建专制的君主制度，对科举制度，对土地制度以至对妇女问题等等，提出了猛烈的批判。他们批判封建专制的君主制度是"天下之大害"，指斥程朱理学的本质是"以理杀人"，他们还批判了封建正统的儒家看不起工商的思想，提出了"工商皆本"的主张，他们攻击八股科举制度是"败坏人材"等等。总之，在当时许多进步思想家的著作中，贯穿着一个共同的

---

① 乾隆三十年遣礼部左侍郎一庆祭孔，见《南巡盛典》卷六十七，《祀典》。

主题，就是对现实政治，对儒家正统思想和唯心主义的批判精神。

曹雪芹的《红楼梦》，就是在这样激烈的社会阶级斗争和意识形态领域里的斗争中产生的，在《红楼梦》中也同样反映着激烈的社会阶级斗争和统治阶级内部矛盾，特别是贯彻着对儒家孔孟之道和程朱理学等封建正统思想的猛烈批判，并透露了正在萌芽的资本主义生产关系的某些意识形态。

《红楼梦》里有一句名言："如今外面的架子虽未甚倒，内囊却也尽上来了。"这是伟大作家曹雪芹对他的时代所作的极为深刻的概括，是对乾隆皇朝的真实写照。在《红楼梦》里，曹雪芹是把康熙的时代作为小说历史背景的远景来写的，而书中人物的活动时代则是乾隆时代，也即是冷子兴说的"如今"。这一点作者虽然没有点明，但却用种种方法向读者作了暗示，特别是第十六回赵嬷嬷和凤姐的一大段对话，使我们可以十分清楚地捉摸到小说作者所写的时代，是离康熙最后两次南巡已经三十多年的时代，这就显然已经到了乾隆初年了。当然曹雪芹的笔锋并没有放过雍正时代，冷子兴所说的"成则王侯败则贼了"这句话，显然是针对雍正上台前后统治阶级内部争夺皇位的斗争而说的。

曹雪芹之所以伟大，不在于他的文笔那末曲曲动人，也不在于他能让那末众多的人物在他的小说中同时活动而不使你感到雷同；甚至也不在于他能写出从皇宫贵妃、外戚贵族到州县地方官、市井小民、农村贫民、僧道尼姑等等一系列人物的活动场面。这一切作为一个优秀的作家，无疑是都应该能做到的。曹雪芹之所以伟大，最根本的一点，是他对于那个时代和对他的本阶级的认识，他能透过乾隆王朝的表面强大和繁荣，尖锐地指出那个时代不是什么"盛世"而是"末世"，是"内囊却也尽上来了"；他能敏锐地预感到和尖锐地揭露出封建地主阶级已经不配有更好的命运，等待着它的，只能是"落了片白茫茫大地真干净"的结局。曹雪芹在《红楼梦》里是接触到了封建社会里的主要矛盾农民与地主阶级的矛盾的。一、小说第一回写的"偏值近年水旱不收，鼠盗蜂起，无非抢田夺地，民不安生，因此官兵剿捕，难以安身"，显然是写的农民起义。二、七十八回的姽婳词，更是直接地描写了农民起义的声势，弄得"天子惊慌愁失守，此时文武皆垂首"，简直是势如破竹，锐不可当。尽管这首诗所反映的曹雪芹对待农民起义的态度是有问题的，他并不赞成农民起义，但无论如何，这首诗客观上反映了农民起义的声势和威力，反映了封建地主阶级在农民起义面前束手无策。三、五十三回乌进孝交租，更是直接揭露了地主阶级对农民的残酷剥削，乌进孝当然是二地主，但他那张交租单上所开的实物地租和货币地租，却都是被压迫的农民所创造的，很明显作者写这一情节，是为了揭露贾府这样的封建大家庭的浩繁开支，都是来源于剥削人民。作者让贾珍说："不和你们要，找谁去！"是特意点明的一笔。由此可见，曹雪芹不仅深刻地揭露了地主阶级对农民的残酷剥削，也侧面透露了在地主阶级残酷剥削下农民被迫起来反抗的事实。

特别值得注意的是曹雪芹在一开始就写了一个中小地主甄士隐的破产过程，然后又集中笔力写了贾、史、王、薛四大家族的没落，重点是写了贾家的没落。这样就告诉我们，在这个时代并不是偶然的个别地主家庭的败落，而是从中小地主到贵族大地主都已经面临着没落的命运，所谓"运终数尽"。自从曹雪芹在《红楼梦》里为地主阶级唱出了"忽喇喇似大厦倾，昏惨惨似灯将尽"，"好一似食尽鸟投林，落了片白茫茫大地真干净"这样悲凉绝望的挽歌以后，地主阶级的所谓"盛世"就再也没有了。曹雪芹死后八十多年，太平天国的农民起义就起来了。曹雪芹仿佛是一位伟大的"预言"家，他早在一个世纪以前（从他开始写《红楼梦》到太平天国起义，恰好是一个多世纪），就为地主阶级没落的命运作了正确的"预言"！

尤其可贵的是，他用自己独特的方式（用所谓"假语村言"来写小说）来对当时正占据统治地位的孔孟之道和程朱理学等封建正统思想，进行猛烈的批判，在批判中表明了自己的理想（要求个性解放，要求人与人之间的平等，反对封建的包办婚姻，反对科举制，反对皇权主义等等），从而透露出了资本主义萌芽的一线曙光。

地主阶级的无可挽回的没落，一个新的时代的朦胧曙色，这一切，我认为正是这个时代的"本质的方面"，而曹雪芹在《红楼梦》里却对它作了十分深刻的描写，历史发展的进程，令人信服地证实了他对他的时代和阶级所作的"预言"。

封建地主阶级的叛逆者

曹雪芹的家庭，是一个贵族官僚家庭，但又是一个奴才家世，因为他的上世很早就入了旗籍，属正白旗包衣，[①] 后来属"内务府"，[②] 是奴隶身份。曹家自从他的远祖曹世选跟随多尔衮入关以后，[③] 经过曹振彦、曹玺、曹寅和曹颙、曹頫兄弟这五代人，始终是封建皇帝的忠实奴才，但同时又是皇帝的亲信。曹家与康熙还有一重特殊关系，即曹寅的母亲孙氏，是康熙的奶妈，康熙南巡时曾称她为"吾家老人"，曹寅小时又曾当过康熙的伴读。所以曹家自曹玺开始，一直到曹頫抄家为止，先后曾当过六十多年江宁织造。曹家在江南是有相当大的家产的，由于康熙

---

① 按："包衣"是满语的音译，意思是"家里的"、"家下人"，也就是家奴。曹雪芹的祖父曹寅在给康熙的奏折里曾反复说"臣系家奴"、"包衣老奴"等等，他的伯父曹颙和父亲曹頫也同样经常这样自称。

② 按：清代的内务府，是专管皇家的财产、收入、饮食、器用、玩好和各项日常生活琐事，各种有关礼仪的"管家衙门"。

③ 关于曹世选入关的问题，至今还无确切的史料证明，我怀疑他可能并没有入关，入关的是曹振彦。姑记于此，以待史料的证实。

的特殊照顾，所以康熙五十一年曹寅病故后，康熙即降旨："曹寅在彼处居住年久，并已建置房产，现在亦难迁移，此缺著即以其子连生补放织造郎中。"① 后来康熙五十四年连生（即曹颙）病故后，康熙又说："现在若迁移他的家产，将致破毁"，因此又命将曹荃的第四子曹頫过继给曹寅"并补放曹颙江宁织造之缺，亦给主事职衔"，② 可见康熙对曹家是何等的关切。曹寅是一个颇有文采的封建官僚，因此在江南结交了不少著名的文人。康熙把他放在江宁织造任上，是有特殊用意的。曹寅在江南的主要任务，实际上并不在于为皇宫采办或织造，他任两淮巡盐御史，其主要任务也不在于经济而是政治。因此，与其说曹寅的江宁织造署是一个皇家派驻在南京的专管织造及采办等事的机构，倒不如说，他是康熙派驻在南京的一个联络机构、情报机构来得更符合事实些。事实上，曹寅给康熙写的奏折，内容包括政治、经济、文化各个方面，例如在政治方面，曹寅密报了四明山区农民反抗斗争的情况（见前引），康熙批示："知道了。已后有闻地方细小之事，必具密折来奏。"康熙四十七年九月废皇太子胤礽的事件以后，曹寅立即报告了江南地区的动态，康熙五十年的江南科场案，曹寅竟一连写了六次报告，康熙则一再批示"再打听，再奏"，连批四次。经济方面则更是从织造事宜到两淮盐课，江南米价，平粜，承办铜斛，地方灾情，天气晴雨，收成好坏等等，无一不报。文化方面，主要是了解文人们的动态和拉拢他们，例如关于熊赐履的情况，康熙四十八年三月的奏折说：

　　打听得熊赐履在家不曾远出，其同城各官有司往拜者，并

---

　　① 见《内务府总管赫奕等奏：为江宁织造曹寅病故，请补放缺额》，康熙五十一年十月十五日。

　　② 见《内务府奏请将曹頫给曹寅之妻为嗣，并补放江宁织造之缺折》，康熙五十四年正月十二日。

不接见，近日与江宁一二秀才陈武循、张纯及鸡鸣寺僧看花做
诗，有《小桃园杂咏》二十四首，此其刊刻流布在外者，谨
呈御览，因其不交游，不能知其底蕴。

康熙四十八年九月熊赐履病故后，曹寅写了奏折，康熙批示："再打听，
用何医药，临终曾有甚言语？儿子如何？尔还送些礼去才是。"于是曹
寅再报告："已送奠仪二百四十两祭过，其子已收，再探得熊赐履临终
时，感激圣恩……"甚至到康熙五十五年，曹頫继任江宁织造后，康熙
还命令曹頫去照看熊赐履之子，曹頫除亲自去照看外，又送去二百两银
子，"为其家盘费之资"。① 除了这种方式以外，康熙还让曹寅通过刊
刻《全唐诗》，纂修《佩文韵府》等工作，结交了一大批文人。现存
四卷《楝亭图》是最好的见证，据统计在这四卷《楝亭图》作画和题
诗的共有六十多人，② 几乎包括了康熙时代的大部分著名的诗人、学
者和画家，可见曹寅结交之广。曹寅的这些活动，当然有利于康熙的
统治。

　　正是因为曹寅在江南起到了别人所不能起的作用，所以康熙对曹寅
是十分信任和倚重的，曹寅一有病，康熙就亲批："尔病比先何如？"③
"惟疟不宜服药，倘毒入内，后来恐成大麻疯症，出海水之外，千方不
能治。小心，小心。土茯苓可以代茶，常常吃去亦好。"④ 等等，以示
关切。特别是康熙五十一年七月十八日曹寅病重的时候，康熙在李煦
《奏曹寅病重代请赐药折》上批示说：

---

　　① 见《江宁织造主事曹頫奏遵旨照看熊赐履之子情形折》，康熙五十五年二月初六
日，又见《李煦奏熊赐履家中情况并宣谕着曹頫照看伊子折》，康熙五十五年二月十八日。
　　② 参见周汝昌《红楼梦新证》第四节，《文物》1963 年第六期少文《记楝亭图咏
卷》。
　　③ 见《江宁织造曹寅奏设法补完盐课亏空折》，康熙四十九年十月初二日。
　　④ 见《江宁织造曹寅奏病已渐愈折》，康熙四十九年十一月初三日。

> 尔奏得好。今欲赐治疟疾的药，恐迟延，所以赐驿马星夜
> 赶去。但疟疾若未转泄痢还无妨，若转了病，此药用不得。
> 南方庸医，每每用补济（剂），而伤人者不计其数，须要小
> 心。……若不是疟疾，此药用不得，须要认真。万嘱，万嘱，
> 万嘱，万嘱。

从这些批谕里，可以看到康熙与曹寅的关系是何等密切！不久以后，曹寅的儿子曹颙又死了，康熙也表示了极大的惋惜，[①] 后来曹頫承嗣曹寅为江宁织造，康熙在五十七年六月初二日曹頫的请安折上批道：

> 朕安。尔虽无知小孩，但所关非细，念尔父出力年久，故
> 特恩至此。虽不管地方之事，亦可以所闻大小事，照尔父密密
> 奏闻，是与非朕自有洞鉴。就是笑话也罢，叫老主子笑笑也
> 好。

以上这些批谕，都十分真实地反映了曹家与康熙的关系。

康熙对曹家是极力照顾和矜全的，所以一再让曹家的后代继职，又让李煦、李陈常代还巨额亏空，目的是想维持曹家不使败落。

那末，曹家对待康熙以至清王朝的态度是怎样的呢？从他们留下来的这些奏折来看，可以说曹寅、曹颙、曹頫父子两代三人对于清王朝是无比尽忠的，用他们自己的话来说，就是"虽粉骨碎身，难报万一"（曹寅），[②] "奴才年当弱冠，正犬马效力之秋……父病临危，频以天恩

---

① 见《内务府奏请将曹頫给曹寅之妻为嗣，并补放江宁织造之缺折》，康熙五十四年正月十二日。

② 见《江宁织造曹寅奏设法补完盐课亏空折》，康熙四十九年十月初二日。

未报，垂泪谆谕，命奴才尽心报国"（曹颙），① "奴才包衣下贱，黄口无知，伏蒙万岁天高地厚洪恩，特命奴才承袭父兄职衔，管理江宁织造，……奴才惟有矢公矢慎，遵守成规，尽心办事，上以图报主恩"（曹頫）。② 很明显，这父子三人对于康熙以及清王朝，是"肝脑涂地"（曹寅语）地报效的，他们是清王朝的忠实奴才。

我们知道，曹雪芹的生年，离开曹寅的死，首尾只有三年左右，到雍正五年底抄家时，雪芹已经是十三岁了，因此他对于他的祖父曹寅在江宁的豪华生活，即所谓"秦淮旧梦"是十分熟悉的。然而雍正五年的抄家，使他的生活发生了很大的变化，这自然在一定程度上影响到他的思想，影响到他对清王朝的态度。我们只要认真看一看《红楼梦》对待这个封建王朝及其统治思想的态度，对待贵族官僚地主阶级的态度，我们可以看到曹雪芹对待以上问题的态度，是与他的家庭截然不同的。

一、曹雪芹通过他的小说人物，尖锐地揭露和批判了封建皇帝及其权力。第十六回元春省亲，在极度热闹繁华的场面之下，作者竟让元春说："当日既送我到那不得见人的去处"，"田舍之家，虽齑盐布帛，终能聚天伦之乐，今虽富贵已极，骨肉各方，然终无意趣。"清代有一位评论者说："其归省一回题曰'天伦乐'，使人读之萧然飒然，若凄风苦雨起于纸上，适与其标名三字反对。（原注：《红楼梦》标题最不苟，有正反二种，如《苦绛珠魂归离恨天》，其正标名也；《贤袭人娇嗔箴宝玉》、《贤宝钗小惠全大体》，其反标名也。此类甚多，不遑枚举，余可类推。）绝不及皇家一语，而隐然有一专制君主之威在其言外，使人读之而自喻"。③ 显然，这个评论者看出了曹雪芹的反对皇权的思想。还是这一回，作者让赵嬷嬷与王熙凤在议论到康熙南巡时，竟把这种"当

---

① 见《曹寅子连生奏曹寅故后情形折》，康熙五十一年九月初四日。
② 见《曹頫奏为继任江宁织造谢恩折》，康熙五十四年三月初七日。
③ 《小说丛话》。见一粟编《古典文学研究资料·红楼梦卷》第二册 570 页。

年太祖皇帝仿舜巡的故事",说成是"虚热闹",这表现了作者何等的胆量!"虚热闹"三个字,把统治阶级极力渲染美化的所谓"南巡盛典"彻底揭穿。

前面已经提到,对待康熙的南巡,作者的祖父曹寅是竭尽全力并且把它作为无上光荣来接待康熙的,曹寅至死未能清理的大量亏空,与康熙的南巡是有直接关系的,这也成为后来曹𫖯被抄家的一个重要原因。曹雪芹对待南巡的评价和曹寅当日对待南巡的态度,恰好成为鲜明的对照。特别应该注意的是,在曹雪芹癸未除夕去世前,乾隆已经进行了三次南巡。在第十六回残本(甲戌本)《石头记》以前,乾隆也已经进行过了第一次南巡(乾隆十六年,公元 1751 年)。这时,正是曹雪芹继续写《红楼梦》的时候。此回书首见于第十六回残本《石头记》,则被曹雪芹评为"虚热闹"的南巡,虽然写的是"二三十年"以前康熙的事,实际上也完全可以包括乾隆的首次南巡在内,不过曹雪芹只是"眼前有景道不得",故尔只提"二三十年"以前的事而已。还是这一回,作者竟让林黛玉把"前日圣上亲赐"后来又经北静王转赠的"鹡鸰香串珠"说成是"什么臭男人拿过的"。这句话,表面上看,是写林黛玉的孤僻和娇气,骨子里却是把封建皇帝和王爷加以一笔抹倒,统统成了"臭男人"。第四十六回作者写鸳鸯抗婚时,竟让愤怒已极的鸳鸯说出了这样决绝的话:"我是横了心的。当着众人这里,我这一辈子,别说是宝玉,便是宝金,宝银,宝天王,宝皇帝,横竖不嫁人就完了。就是老太太逼着我,我一刀子抹死了,也不能从命。"如果说,上面几条在字面上还回避了"皇帝"两个字的话,那末,在这里连这种回避也取消了,作者让作品中的人物直接喊出了"宝皇帝"这个名字,并且声明连"宝皇帝"要娶她,她也不嫁。这实际上是要求保卫人权的这种意识自发的反映,更是对封建皇权的大胆蔑视。我们知道,乾隆在未做皇帝以前,曾封为和硕宝亲王,那末在做了皇帝以后,这个"宝亲王"也就自然成为

"宝皇帝"了。曹雪芹如果不愿意让自己的文字去干犯皇帝的"尊严"的话，那末，在清代文字狱如此严酷的情况下，他不会不懂得这三个字应该回避，他之所以不回避，决不能看作是他的无知，而只能看作是他的有心。

根据以上这些例子，我们说曹雪芹在《红楼梦》里提出了反皇权的思想，是一点也不勉强的。这与他的父祖辈对皇帝的极端驯顺的态度简直是判若水火。

二、曹雪芹通过他的小说人物，提出了反孔孟之道，反儒家封建正统观念的反封建思想。

《大学》、《中庸》、《论语》、《孟子》是儒家的经典著作，孔孟之道的理论基础。康熙自己就说过，他八岁即位以后，就熟读四子书到能够背诵。《红楼梦》写贾宝玉上学的时候，贾政吩咐："什么《诗经》、古文，一概不用虚应故事，只是先把《四书》一齐讲明背熟，是最要紧的。"可是贾宝玉对这"最要紧"的《四书》，却"大半夹生"，"断不能背"，而偏偏喜欢"杂学旁搜"，当他读到了被禁止的"小说淫词"、"异端邪说"《会真记》以后，却如同"得了珍宝"一样，"从头细玩"，还向黛玉推荐说："真是好文章，你要看了，连饭也不想吃呢！"而那个林黛玉呢，也是"从头看去，越看越爱，一顿饭工夫，将十六出俱已看完，自觉词藻警人，余香满口，虽看完了书，却只管出神，心内还默默记词"。前后对照，我们可以看到，贾宝玉对于宣扬孔孟之道的《四书》，尽管贾政对他施加了压力，仍然是"断不能背"，而对于具有一定程度的反封建思想的《西厢记》，却喜欢得如醉如痴。贾宝玉对待这两种不同思想内容的书的不同的爱憎，实际上就是作者自己的爱憎的表露。

曹雪芹反封建正统的思想在《红楼梦》里是多方面的，他让贾宝玉说出了"女儿是水作的骨肉，男人是泥作的骨肉，我见了女儿，我便清爽；看了男人，便觉浊臭逼人。"还说："凡山川日月之精秀，只钟于女儿，须眉男子不过是些渣滓浊沫而已。"这些话，正好与封建正统思想的"男尊女卑"倒了个个儿，仿佛变成了"女尊男卑"。物极必反，应该承认，在封建社会里讲出这样的话来，是具有强烈的反传统精神的，是阶级社会里妇女长期受压迫的必然反映，它的精神就是要求男女平等，就是对封建夫权的否定。这种要求平等的思想，还表现在贾宝玉对待兄弟、对待丫环奴仆等等方面。贾宝玉的这种思想与封建正统的等级观念、与封建社会里的等级制秩序是完全对立的。

与这个问题相联系的是曹雪芹通过他的艺术形象，提出了反对封建包办婚姻，主张婚姻自由的思想。尤其是曹雪芹以极大的笔力，描写了贾宝玉与贾政的尖锐冲突，任凭贾政的板子打得多么重，贾宝玉始终没有屈服，这反映了贾宝玉与贾政之间两种思想、两条政治道路的冲突是不可调和的，同时也反映了封建父权制的彻底破产。

三、曹雪芹通过他的小说人物，坚决否定了封建地主阶级的政治道路——仕途经济。

"学而优则仕"，这是儒家对于"学"的一个根本态度，根本目的。也就是说读书就是为了做官。地主阶级一直用这一思想来培养它的下一代，特别是封建统治阶级设置的科举制度，既是宣扬孔孟之道，实行思想控制的一种强有力的办法，也是牢笼天下知识分子的一种手段。曹雪芹通过他的小说人物，对于这种贯彻"学而优则仕"的精神的科举制度进行了猛烈的攻击，他把这种孜孜于"仕途经济"的人骂为"须眉浊物"，"国贼禄蠹"，他认为"八股时文"不过是"饵名钓禄之阶"，他反对封建阶级"君子杀身以成仁"这类的话头，认为"文死谏，武死战"不过是"须眉浊物"们的"沽名钓禄"的把戏，甚至他把薛宝钗、史湘云等劝他留心"仕途经济"的话都看作是"混帐话"。贾宝玉坚决反对走"仕途经济"的道路，也就是曹雪芹对科举制的批判和否定，这反映了封建末期，封建阶级用来牢笼知识分子的这种思想（"学而优则仕"）和这条道路已经濒于破产了。

四、曹雪芹在《红楼梦》的第四回里提出了贾、史、王、薛四大家族。作者以贾家为中心，旁及史、王、薛三家，极其深刻地揭露了地主阶级对广大劳动人民的政治压迫和经济剥削，揭露了几十条人命案的真相，揭露了奴隶们的反抗和斗争，揭露了统治阶级内部的尖锐矛盾。特别是他用极其真实生动的描写，揭露了地主阶级日常生活的奢侈浪费和享乐腐化，揭露了这个阶级政治上的没落，经济上的枯竭，精神上的腐朽和崩溃，从而宣告了这个阶级的不可避免的没落的命运。

曹雪芹精心描写的这个封建贵族大家庭的没落命运，是有极高的典型意义的。清代的一个评论者说："雪芹纪一世家，能包括百千世家，假语村言，不啻晨钟暮鼓。"[1] "包括百千世家"，当然就不是个别的或少数的几家贵族地主家庭的问题，而是整个地主阶级了。应该说这个评论者在这一点上是说对了的。但是，曹雪芹为地主阶级敲响的，根本不是什么为地主阶级起警醒作用的"晨钟暮鼓"，而是宣告它们的死亡命运的丧钟！

《红楼梦》所包含的思想当然远不止这几个方面，我们仅仅举出这些以与曹雪芹的父祖辈的思想对照，我们不能不承认：曹雪芹决不是这个奴才家世里培养出来的封建地主阶级的忠实奴才，而是封建地主阶级的叛逆者！《红楼梦》极其深刻地反映了封建思想体系已经腐朽无力和日趋瓦解，而反映资本主义萌芽的新的思想，已经不可遏制地突破重重阻力成长起来！

---

[1]　二知道人《红楼梦说梦》。

自传说的再批判

1921 年，胡适在他的《〈红楼梦〉考证》里提出了《红楼梦》是作者的自传的说法。胡适说："我们看了这些材料（按：指曹雪芹个人和他的家世的材料），大概可以明白《红楼梦》这部书是曹雪芹的自叙传了。""若作者是曹雪芹，那么，曹雪芹即是《红楼梦》开端时那个深自忏悔的'我'！即是书里的甄贾（真假）两个宝玉的底本！""贾政即是曹頫"，"《红楼梦》只是老老实实的描写这一个'坐吃山空''树倒猢狲散'的自然趋势。因为如此，所以《红楼梦》是一部自然主义的杰作。""《红楼梦》的真价值正在这平淡无奇的自然主义的上面"。

自从 1921 年胡适提出了他的《红楼梦》是作者的自传说以后，1922 年，俞平伯先生就写出了《红楼梦辨》（1922 年出版）。他说："我们有一个最主要的观念，《红楼梦》是作者的自传。""我们很相信雪芹即宝玉。"最后他得出结论说："平心看来，《红楼梦》在世界文学中的位置是不很高的。""至多不过是个人身世性格底反映。……其用亦不过破闷醒目，避世消愁而已。故《红楼梦》性质亦与中国式的闲书相似，不得入于近代文学之林。"

以上就是关于自传说的基本论点。其实把这些说法概括起来，不过就是二点：一、《红楼梦》是作者的自传，曹雪芹就是贾宝玉，曹頫就是贾政。二、《红楼梦》不过是"平淡无奇"，"破闷醒目，避世消愁"的"闲书"，"不得入于近代文学之林"。

大家清楚，二百年来，围绕着对《红楼梦》的评价问题，是存在着激烈的斗争的。封建地主、资产阶级，总是尽力掩盖这部书的思想锋芒，骂它是诲淫诲盗，或者说它是宣扬佛道出世思想的书，但是《红楼梦》本身的思想力量，并不是这些咒骂和歪曲所能掩盖的。1921年前后，正当中国社会阶级斗争十分激烈，马克思主义开始在中国传播，在这样社会大动荡的时期，《红楼梦》的思想又开始为人们所注意。过去封建文人对《红楼梦》所作的歪曲和咒骂也愈来愈失去他的作用。在这样的情况下，胡适一方面提出了他的实用主义的考据学，妄图引导人们脱离革命，钻到故纸堆里去考据小说，用以抵制马克思主义的传播；另方面，又提出了《红楼梦》的自传说，用新的歪曲来代替旧的咒骂，借以继续掩盖这部伟大作品所反映的阶级斗争的内容。

胡适派的资产阶级唯心论，在古典文学领域内，毒害青年达三十余年之久，一直到1954年，在毛泽东同志的亲自领导和发动下，才得到了认真的清算。毛泽东同志是十分重视意识形态领域里的斗争的。他对于《红楼梦》的深刻的马克思主义的分析，使我们能够正确地认识这部伟大小说的政治历史内容，扫除了那些唯心主义的迷雾，也使我们更加能够看清楚自传说的反动性。

胡适声言他的自传说是建立在"曹雪芹的个人和他的家世的材料"的基础上的。这完全是欺人之谈。事实上，胡适仅仅看到一部分"曹雪芹的个人和他的家世的材料"，故宫保存的一大批有关曹家的档案材料，他根本没有看到过，何况即使根据他所见到的那些材料，也根本不能成为他的自传说的根据。

实际上，自传说本身就是矛盾重重，不能成立的：

一、《脂砚斋重评石头记》十六回残本（过去称甲戌本）及庚辰本的开头，明明写着："作者自云，因曾历过一番梦幻之后，故将真事隐去，而借'通灵'之说，撰此《石头记》一书也。故曰'甄士隐'云云。""又何妨用假语村言敷演出一段故事来，以悦人之耳目哉。故曰：'贾雨村'云云。"

这里，作者开头就声明他写的《红楼梦》已经将"真事隐去"，而是"用假语村言敷演出一段故事来"。这就是说，尽管《红楼梦》的写实性是很强的，是它决不等于某一人某一家的自传实录，而已经是在生活真实的基础上的高度的典型概括，即所谓"用假语村言敷演出一段故事来"，因而它就"比普通的实际生活更高，更强烈，更有集中性，更典型，更理想，因此就更带普遍性"。① 事实上，我们可以看到曹雪芹在《红楼梦》里所描写的不仅贾宝玉、林黛玉、王熙凤、薛宝钗、贾政、王夫人、贾母、贾雨村、贾赦、贾琏、李纨、元春等等一系列人物是典型（还可以举出很多，这里没有必要一一列举），就是贾府这个贵族封建官僚大家庭，也更是封建官僚地主阶级的高度的典型概括。因此《红楼梦》所描写的全部生活，是我国历史上封建末期清代封建社会前期的历史生活（在当时是现实生活）的高度的典型概括，它的思想内容具有强烈的政治倾向性，它所描写的贾府的也就是整个地主阶级的不可避免的没落命运，对当时正在利用各种手段（政治的、经济的、哲学的、文学的、艺术的）以鼓吹封建盛世，借以自我陶醉、自我安慰和欺骗吓唬劳动人民的封建统治阶级的心理，无疑是一个沉重的打击和一种无情的揭露。因此，有一些比较有眼光、嗅觉比较灵敏的封建地主阶级的人物，他们害怕这部书"甚于刀兵水火盗贼"②。请想一想，把这样一部具有高度的典型性和揭露批判封建社会的强烈的政治倾向性的作品，说成仅仅是"平淡无奇"的作者的"自传"，"破闷醒目，避世消愁"的"闲书"，甚至还"不得入于近代文学之林"，这岂不是对这部书的严重歪曲和贬损。

二、按照胡适的说法，曹頫就是贾政，则毫无疑问，曹寅就应该是贾代善，而贾母就应该是曹寅的妻子李氏。《红楼梦》一开始，贾代善

---

① 《毛泽东选集》合订本，第818页。
② 齐学裘《见闻随笔》。

已死,就剩下贾母。我们知道曹寅死于康熙五十一年（1712年）七月二十三日,死前盐政亏空达到五百二十余万两。李煦在奏折里说:"无资可赔,无产可变,身虽死而目未瞑,此皆曹寅临终之言。臣思曹寅寡妻（请注意,这就是胡适心目中的贾母!）幼子,拆骨难偿,但钱粮重大,岂容茫无着落。"① 请再看看曹頫奏折里的这段话:"自奴才父故后,奴才母子孤苦伶仃,孑然无倚,且又钱粮亏欠,粉身莫赎,乃蒙万岁破格天恩,俾钱粮得以清补全完,不特奴才母子身家性命得荷矜全。"② 请看看这里的李氏,与《红楼梦》里的贾母,难道有一丝一毫联系得上吗?

三、《红楼梦》里写到元妃省亲。元妃是贾政的女儿、宝玉的姐姐。按照胡适的自传说,元妃就应该是曹頫的女儿,曹雪芹的姐姐。但是至今还没有材料能证实曹雪芹有这样的一个姐姐。我们知道曹寅的长女嫁给镶红旗讷尔苏郡王,倒是一个"妃",但这仍旧帮不了自传说的忙,因为:一、这样一来,这个"妃"就不是曹雪芹的姐姐,而是曹雪芹的姑妈了,因而也就不是宝玉的姐姐。也就不应该用"春"字来排行,而应该是宝玉的姑妈了。二、曹寅的长女嫁给纳尔苏郡王,是康熙四十五年十月,这时离曹雪芹的出生还有八年。③ 按自传说的说法,也就是离贾宝玉的出生还有八年。可是《红楼梦》里却说元春在未出嫁前,就已对宝玉"手引口传,教授了几本书,数千字在腹内了"。一个还没有出生的人,怎么能够接受教育,并且"数千字在腹内了"呢?

四、根据脂批,我们知道曹雪芹的《红楼梦》的后三十回的情节,

---

① 《李煦奏曹寅身故请代管盐差一年,所得余粮偿其亏欠折》,康熙五十一年七月二十三日。

② 见《江宁织造主事曹頫奏李煦代任盐差补完亏欠情形折》,康熙五十二年十一月十三日。

③ 按照曹雪芹的生年康熙五十四年（1715年）算。

在贾家被抄家后，贾赦、宝玉、王熙凤等都被捕入狱，宝玉最后的结局是出家，即"悬崖撒手"。按照自传说的说法，那末，曹雪芹还得进监狱，并且还得当和尚。然而，我们知道，曹家抄家以后回到北京，曹雪芹并没有进监狱，倒是在宗学里面任过事，后来也只是贫居西郊，闭门著书，并没有当和尚。

胡适说：他的自传说是建立在有关曹雪芹个人和他的家世的材料的基础上的，我们稍稍检核了这些材料，却证明，胡适的自传说，在这些材料面前，只能宣告彻底破产！

自传说的创始人的直接目的，是为了妄图抵制马克思主义的传播，这在前面已经揭露了。自传说本身的要害，是在于反对马克思主义文艺理论的典型论，从而抹煞和掩盖这部作品的强烈的思想锋芒，他们妄图把经过作家典型化的并且具有鲜明的思想倾向性的作品，还原为琐琐屑屑的生活素材，从而取消作品的思想性，取消《红楼梦》所反映的极其深刻的阶级斗争的内容。只要看一看主张自传说的人对《红楼梦》的结论就可以明白其用意了。胡适说：《红楼梦》是一部"平淡无奇的自然主义"的小说。俞平伯先生说：《红楼梦》是一部"破闷醒目，避世消愁"的"闲书"，"不得入于近代文学之林"。他们妄图一笔抹倒《红楼梦》的用心，不是十分清楚吗？

《红楼梦》是一部反映了当时现实的阶级斗争的书，是封建社会的百科全书。我们必须用马克思列宁主义的理论来认真阅读这部书，彻底批判地主资产阶级歪曲这部书的各色各样的谬论。

围绕着《红楼梦》的评论的斗争是不会止息的，我们必须坚持马克思列宁主义、毛泽东思想的原则，继续战斗！

1974 年 7 月 24 日初稿
1975 年 1 月 10 日改定

《红楼梦》的时代及其他

　　《红楼梦》是我国古典小说中思想性最强、艺术性最高的一部现实主义的伟大作品。

　　《红楼梦》出现在清代乾隆时期，并不是偶然的。它是当时社会阶级斗争特别是意识形态领域里激烈斗争的产物。

　　曹雪芹的时代，是清代康、雍、乾的时代。他的生年（康熙五十四年，1715 年?）,[①] 大约上距李自成的大顺政权（1644 年建于北京）七十来年。他的卒年（乾隆二十八年癸未除夕，1764 年?），大约下距太平天国（1853 年建于南京）八十多年。也就是说，曹雪芹的时代，恰好是处于两次农民大起义的高潮中间。

　　康、雍、乾的时代，是清王朝封建政权相对稳定的时期，特别是康熙执政六十一年，在历史上是起了一定的积极作用的，他在政治和军事上，消灭了分裂割据势力，维护了国家的统一，打击了觊觎我国的殖民主义势力和侵略者，巩固了祖国的版图；在经济上采取了一些积极措

---

　　① 　关于曹雪芹的生卒年问题，请参看本书《曹雪芹的世界观和他的创作》中的叙述。

施，例如兴修水利等，也有利于经济的恢复和发展。因此，多少封建史学家也讴歌这个时代是什么"康乾盛世"。然而，封建社会究竟已经到了它的末期，当时社会阶级矛盾还是十分尖锐的。引起明末农民大起义的社会矛盾，清代统治者并没有而且也不可能解决；相反，这些矛盾还在进一步发展并日益激化起来。顺治、康熙、雍正三代将近一个世纪的统治期间，由于劳动人民的辛勤劳动，生产有了恢复和发展，人口也有了急剧的增长。但是，在同一时期里，官僚地主阶级的土地兼并也在剧烈地进行。随着土地的高度集中，更多的农民丧失土地，流于赤贫。

在大官僚地主阶级疯狂地掠夺土地的情形下，劳动人民的生活究竟是怎样的呢？当时的进步思想家唐甄说：

> 数十年来，富室空虚，中产沦亡。穷民无所为赖，妻去其夫，子离其父，常叹其生之不犬马若也。①

> 清兴五十余年矣！四海之内，日益困穷，农空、工空、市空、仕空。……是四空也。

> 吴中之民，多鬻男女于远方；男之美者为优，恶者为奴；女之美者为妾，恶者为婢，遍满海内矣！穷困如是，虽年谷屡丰，而无生之乐。②

唐甄死于康熙四十三年，他所揭露的事实，正是当时剧烈的土地兼并的结果。上面这些情况，清楚地说明了当时大地主阶级与广大农民之间的

---

① 《潜书·富民篇》。
② 《潜书·存言篇》。

阶级矛盾是多么尖锐。正是由于这个原因，清王朝建立以来，各种规模的农民起义和少数民族的反抗斗争，始终没有停止过。到了18世纪中叶，即曹雪芹的晚年，农民的反抗斗争已经遍及全国各主要地区，而这正是大规模的农民起义的前奏。曹雪芹死后十来年（乾隆三十八年，1773年），就爆发了山东王伦的起义。

毛泽东同志说：应当研究"自从一八四〇年鸦片战争以来的一百多年中，中国发生了一些什么向着旧的社会经济形态及其上层建筑（政治、文化等等）作斗争的新的社会经济形态、新的阶级力量、新的人物和新的思想，而去决定什么东西是应当称赞或歌颂的，什么东西是不应当称赞或歌颂的，什么东西是应当反对的"。① 毛泽东同志指出的这一马克思主义的历史唯物主义的原则，是我们研究所有以往社会的经济基础和上层建筑的关系的指针，是我们衡量各个历史时期的意识形态的性质的一个准则，同样也是我们评价《红楼梦》的一个根本的指导思想。

毛泽东同志还指出："中国封建社会内的商品经济的发展，已经孕育着资本主义的萌芽。"② 我们知道，清代封建王朝，已经是我国封建社会的末期。其所以是末期，从中国封建社会自身的状况来说，当时在这个封建社会的母体里，已经孕育了资本主义生产关系的萌芽，中国的封建经济，发展到清代康、雍、乾的时期，已经到了衰老的阶段，封建生产关系之下的各种社会矛盾已经充分暴露；从它的外部世界来说，当时欧洲的资本主义已经在开始寻找世界市场，资本主义的商品已经在猛烈地敲打着古老中国的大门，而且即将继之以大炮和军舰。

资本主义萌芽在清朝乾隆时期，在若干手工业部门中，它的发展虽然是不平衡的，并且从当时中国社会经济的全貌来看，封建经济仍然是

---

① 《应当重视电影〈武训传〉的讨论》。

② 《中国革命和中国共产党》，《毛泽东选集》合订本（人民出版社1966年7月横排本，下同），第589页。

占主要地位，然而，它毕竟已经不是个别的现象了。据史料，在当时的丝织业、棉纺业、制瓷业、冶铁业中，都出现了带有资本主义性质的手工业作坊或手工业工场，商业资本已经开始渗入手工业生产。而在矿业方面，更出现了较大规模的"富者出资本以图利，贫者赖佣工以度日"[①] 的万人以上的矿场。在农业方面，也出现了商业性的农业和园艺业。以丝织业论，当时江宁、杭州、湖州、苏州等地，民间的丝织业机房，为数就不算少。据一些史料记载，江宁在乾嘉年间就有私营的织缎机三万余张。[②]

当时的经营方式大致可分三种情况：一种是手工业工场主雇用工人在自己开设的工场里进行生产。另一种是除在自己的工场里进行生产外，还把生产的任务交到其他的小作坊去，也就是还控制着其他小作坊的生产。第三种是把生产原料（丝经）散发给机户，由机户织成后领取计件工资。

晚清陈作霖在《凤麓小志》里讲到乾隆时江宁的丝织情况时说：

> 金陵机业聚于城之西南隅。开机之家，总会计处谓之账房，机户谓之代料，织成送缎，主人校其良楛（kǔ，音苦，坏的意思），谓之雠货。小机户无甚资本，往往恃账房为生。各机户复将丝发交染坊染色，然后收回，织成缎匹，再售与绸缎业。四者层层相因，休戚相关。清乾隆迄今，通城缎机以三万计。纱绸绒绫不在此数。织机之工俗呼机包子。

这里所讲的丝织情况，大致是属于二、三两类，同时也反映了商业资本

---

① 田畯《陈粤西矿厂疏》，《皇朝经世文编》
② 同治《上元、江宁两县志》。

在一定程度上已经把一部分手工业作坊"组织"起来了。这个材料里提到的被呼为"机包子"的"织机之工"，自然就是指依靠出卖劳动力为生的手工业工人。

我们再看看当时苏州的情况，《古今图书集成·考工典·织工部·纪事》门说：

> 郡城之东皆习机业。织文曰缎，方空曰纱。工匠各有专能。匠有常主，计日受值；有他故则唤无主之匠代之，曰唤代。无主者黎明立桥以待。缎工立花桥，纱工立广化寺桥；以车纺丝者曰车匠，立濂溪坊。什百为群，延颈而望，如流民相聚，粥后散归。若机房工作减，此辈衣食无所矣。每桥有行头分遣，今织造府禁革，以其左右为利也。

这个材料不仅说明了当时丝织的分工很细，已经"各有专能"，更重要的是它给我们生动地描绘了一个织工们出卖劳动力的劳动市场的情况。这一批"衣食无所"，"什百为群，延颈而望"的"缎工"、"车匠"，无疑就是上文引到的被"俗呼"为"机包子"的"织机之工"。那末，与这些"缎工"、"车匠"对立地存在的自然还有雇用这些"缎工"、"车匠"的"机户"，即手工业作坊主及手工业工场主等等。康熙五十一年（1712 年）巡抚郎廷极请以曹寅之子继任江宁织造的奏折中说："今有江宁省会士民周文贞等，机户经纪王聘等，经纬行车户项子宁等，缎纱等项匠役蒋子宁等，丝行王楷如等，机户张恭生等，浙江杭嘉湖丝商邵鸣皋等，纷纷在奴才公馆环绕，具呈称颂曹寅善政多端。"这里所说的"省会士民"（城市知识分子）、"机户经纪"、"车户"、"丝行"、"丝商"等等，无疑都是当时的手工业作坊、手工业工场的主人、经纪人和商人。正是上述这些人：手工业工人、手工业作坊主、工场主、经纪人、商人、一部分城市知识分子等等，以及其他一些城市居民，在封建社会内部，形成了一个新的社会阶层——市民阶层。马克思、恩格斯在《共产党宣言》里说："从中世纪的农奴中产生了初期城市的城关居民；从这个市民等级中发展出最初的资产阶级分子。"我们从上面所引的这些材料里，是可以看到清代康、雍、乾时期市民阶层的某些历史面貌的。

手工业工场的发展，手工业产品的增加，引起了一系列的连锁反应，带来了商品市场的扩大，商业的繁荣，城市的发达，交通运输业的发展等等。当时的江宁、苏州、杭州、扬州等地，就是手工业、商业比较繁荣，人口比较稠密，交通也比较发达的大城市。

随着新的手工业、商业城市的兴起，市民阶层的逐渐形成，自然在封建社会内部又增加了一种反对封建专制统治的力量，从而在封建社会农民与地主阶级的这一主要矛盾之外，又增加了一重新的矛盾，即市民阶层与封建统治阶级之间的矛盾。中国历史上，自明代后期以来，一直到清代后期，市民阶层的斗争，即市民运动，从未间断过。例如康熙五十一年二月，曹雪芹的舅祖李煦在奏折里就向康熙报告"江宁、镇江、扬州等府百姓"因为拒绝新督抚而于"二月十八、十九等日连日罢市"。① 在当时的江宁、苏州、杭州、福州、广州等地都曾发生过商民闹衙的斗争。到了乾隆时期，苏州和杭州也先后出现商民罢市、拆毁公堂和聚众万人的大示威。特别是乾隆十二年，山西万泉、安邑两县市民的"闹衙"运动，连乾隆自己都惊呼："近岁以来，科道官时有以民气渐骄为言者。朕初不信，仍戒饬之，乃福建则有罗日光抗租拒捕之案，山东则有张怀敬聚众殴差之策，江南则有王育英号召罢市之案，广东则有韦秀贞拒捕伤人之案，而莫甚于山西安邑、万泉，聚众抗官，守门索

① 《苏州织造李煦奏折》，第27页。

犯之肆为猖獗也。"① 这里，乾隆列举的一系列人民斗争的事件中，就有"江南王育英号召罢市之案"和山西安邑、万泉两地人民"聚众抗官，守门索犯"的斗争，可见当时市民群众斗争的情绪是很高的。

上面所有这些事实，正是封建社会末期这一对新的社会阶级矛盾的反映。曹雪芹的《红楼梦》就是在一定程度上反映了"向着旧的社会经济形态及其上层建筑（政治、文化等等）作斗争"的新的思想的伟大作品。

贯穿于康、雍、乾三朝的另一重矛盾，就是统治阶级内部的矛盾。围绕着皇位的继承权问题，统治阶级进行了残酷而毒辣的争夺战。雍正上台以后，立即把他的皇位争夺者加上种种罪名，予以消灭。连同他父亲一朝的大臣，只要对他不利的，也不放过。统治集团这种激烈的内部矛盾和斗争，结果加速了贵族集团的分化，也从内部制造了一批自己的反对者，曹雪芹的家就是在这样的斗争中败落并开始分化的。

统治集团内部的这种激烈斗争和升降变迁，并不仅仅只是影响极其少数的人。黄卬《锡金识小录》讲到当时无锡的情况说："雍正间汇追旧欠，奉行不善，凡系旧家大抵皆破。"所谓"汇追旧欠"，只是一种借口，根本的原因还是政治斗争。当时以"汇追旧欠"的名目，连远离京师的无锡一地都弄到"凡系旧家大抵皆破"的程度，则可见这股"追旧欠"的"风"波及面是如何之广了。然而，更重要的是地主阶级中一些人的这种荣辱无常、朝荣夕死的情况，在思想上给予当时地主阶级知识分子以极其深远的影响，促使他们思想上发生分化。有的追求消极避世的佛老思想，少数的人则在进步思潮及其他条件的影响下，转向了积极的方面。伟大作家曹雪芹就是从这个贵族地主阶级里分化出来的。

意识形态领域里的斗争，是《红楼梦》时代社会阶级矛盾的一个重

---

① 王先谦《东华录》乾隆十二年。

要表现。清代统治者为了巩固他们的封建专制政权，一开始就尊孔尊儒，大力提倡程朱理学，宣扬"三纲五常"、"天不变、道亦不变"等唯心主义、形而上学的反动思想。统治阶级一方面大力宣扬程朱理学和镇压异端思想；另方面，又通过科举考试，开博学鸿词科，纂修明史等等一系列的政治措施，甚而至于大搞文字狱等等，以拉拢、打击和控制知识分子，强化他们的反动思想统治。就这样，统治阶级凭借着他们的政治力量，在上层建筑领域里，掀起了一股与他们的封建专制政权相适应的唯心主义反动思潮。

然而，地主阶级的政权既不可能用暴力把人民反抗斗争的烈火扑灭，在意识形态领域里，也决不可能用唯心主义来取代唯物主义，用封建正统思想来消灭反封建正统的初步民主主义思想。正是在清代康、雍、乾的时期，当着唯心主义反动思潮大泛滥的时候，却涌现出了一批具有朴素唯物主义和初步民主主义思想倾向的思想家。其中比较著名的有黄宗羲、顾炎武、王夫之、唐甄、戴震等等。他们从各个不同的角度，对程朱理学，对封建专制的君主制度，对科举制度，对土地制度以至于对妇女问题、民生问题等等，提出了猛烈的批判和抨击。他们批判封建专制的君主制度是"天下之大害"，指斥程朱理学的本质在于"以理杀人"。他们还批判了封建正统的儒家看不起"工商"的思想，提出了"工商皆本"的主张。他们还猛烈地攻击八股科举制度，指出这种制度是"败坏人材"。总之，在当时的许多进步思想家的著作中，贯彻着一个共同的主题，就是对现实政治和对统治阶级所提倡的儒家正统思想及唯心主义的批判精神。

《红楼梦》就是在这样激烈的社会阶级斗争（包括市民斗争）、统治阶级内部斗争和意识形态领域的斗争中产生的。在《红楼梦》中也同样反映着激烈的社会阶级斗争和统治阶级内部矛盾，特别是响彻着对统治阶级所提倡的反动腐朽的意识形态孔孟之道的猛烈批判的声音。

《红楼梦》里有一句名言："如今外面的架子虽未甚倒，内囊却也尽上来了。"这句话，可以说是清代乾隆王朝的真实写照，也可以说是概括了末期封建社会的典型特征。乾隆王朝就是包围在上述这些尖锐的社会矛盾之中的。一方面是新的资本主义生产关系已经萌芽，另方面是当时官僚统治阶级的极度贪酷奢靡，土地的高度集中并向农民榨取高额地租，造成了广大农民的极端贫困和破产。这一切反映着封建的生产关系、封建的政治已经进入它的"末世"。事实上，乾隆中叶以后，骨子里已经是民穷财尽，但在外表上，还煊赫一时，这就是《红楼梦》的时代的突出的特点。

《红楼梦》是我国古典小说中写得最好的一部。《红楼梦》的作者通过对贾、史、王、薛四大家族，特别是对贾府这个典型的封建贵族世家的深刻揭露和尖锐批判，生动地、形象地展示了封建社会末期的错综复杂的阶级矛盾和阶级斗争，展示了封建社会末期的历史画面，宣告了封建制度的已经衰朽和行将死亡。

作者对当时的现实政治和上层建筑（主要是封建的正统思想的各个方面）作了十分深刻的批判。但作者的这种批判，是采取了"真事隐去"、"假语村言"的形式曲折地表达出来的。

作者反复声明此书不过"大旨谈情"，"并非怨世骂时之书"，"毫不干涉时世"。实质上，这不过是作者用来掩盖他的作品的政治内容的一种手法。

那末，作者为什么采取这种形式？可以说，这并非出于作者的"本旨"，这是不得已的。试想，康、雍、乾三朝的文字狱如此惨酷，一字违碍，全家流配或抄斩，那么，这部"本旨"实质上在于对旧世界特别对当时的现实世界进行批判的《红楼梦》，岂能不强调一下不过"大旨谈情"？"满纸荒唐言，一把辛酸泪。都云作者痴，谁解其中味？"作者是渴望能在当世和后世得到"解味"的人的，即希望人们能透过"假语村言"看到他隐去的真事。既然惟恐别人不解其"味",则可知此书的"味",并不就是作者公开声明的"大旨谈情",而恰恰就是他用"假语村言"掩盖的他对现实世界的批判。如果其"味"就是"谈情",则这个"味"又有什么难解?值得作者如此深长叹息!

贾宝玉、林黛玉的思想究竟属于什么性质?作为封建社会的叛逆者,这两个艺术形象出现的时代环境,是在封建社会内部已经生长着资本主义生产关系的萌芽的历史时期。曹雪芹的父祖辈历任六十年江宁织造,这是管理设在南京的官方丝织手工业工场并控制民间丝织手工业工场的一个专门机构。无论是南京、苏州、扬州,都是当时有名的手工业、商业城市。作者的早年,是在南方的大城市里生活过的,南方的这种大城市的生活,对于作者的思想是有影响的,更何况作者的后期由于家庭的败落,较多地接触了下层群众的生活,作者的世界观因而又有所发展。这一切自然会给他的创作带来深刻的影响。我们可以看到,作者所创造的这两个艺术形象本身的叛逆思想,与封建统治阶级的利益是根本对立的。封建卫道者贾政就一眼看穿了贾宝玉的思想的危险性,是在要弄到"弑君杀父",这也表明,他们的思想尽管不可避免地还存在着封建主义的渣滓,但已经不能说是完全属于封建阶级,因而这两个艺术形象也不能归结为没落的封建阶级的代表。①

贾宝玉、林黛玉坚决反对封建科举的"仕途经济"的道路,极力要求摆脱封建制度的束缚,追求个人自由、个性解放,以及主张人与人之间的平等关系等等的思想,从当时的历史条件来分析,都是适合正在封建社会母体里孕育的萌芽状态的资本主义生产关系的要求的,他们叛逆思想的实质,在一定程度上恰好是这个代表新的生产关系的阶级利益之所在,是正在萌芽状态的资本主义生产关系的意识形态的反映。从这个

---

① 见徐缉熙《评〈红楼梦〉》,1973 年第二期《学习与批判》。

角度来看，可以说，这两个艺术形象的叛逆思想，与当时的时代环境（有资本主义萌芽）是协调的。否认这一点，则这两个艺术形象的叛逆思想，就完全失去了现实的土壤。

正是由于作者的"本旨"并不是"独寄兴于一情字"（脂砚斋语），因此作者对封建社会的政治，上至皇帝、王公贵戚、贵族世家，下至破落地主、城市无赖、市民娼妓、僧道尼姑、贫苦农民，以及世家大族的豪奴恶仆、丫环妾妇，诸色人等，无一不写。如果作者的"本旨"不过是在"谈情"，那末这许多与"情"无关的人和事何为而设？

尤其可贵的是作者写出了贵族世家的奴隶们的反抗，并且对于他们的反抗表示了深切的同情。这在当时具有十分重要的现实意义。当然，作者对被压迫阶级的同情是有限度的。作者在对封建贵族世家作深刻的批判的同时，也还情不自禁地流露出他的叹惋情绪。这一切，都是作者时代的和阶级的局限的反映，这是我们决不能忽视而应该予以认真的分析批判的。

伟大作家曹雪芹，并没有完成他的不朽巨著，现存脂砚斋评八十回的《红楼梦》，是曹雪芹的原著，八十回以后，他也写了一部分，但不幸当时就"迷失"了，现存《红楼梦》的后四十回一般认为是高鹗所续。高鹗的续书，在完成贾宝玉、林黛玉的悲剧结局上是符合曹雪芹的原意的，也取得了很好的社会效果。由于高鹗的续书，使一部辗转传抄的《石头记》八十回稿本，成为一部首尾完全的一百二十回的《红楼梦》，并于乾隆五十六年辛亥（1791 年）以活字版排印出书，从而结束了此书的抄本流传阶段，这对于扩大《红楼梦》的流传，和保持此书前八十回的基本面貌，免受更多的封建卫道者和不负责任的抄手的歪曲删削和破坏，都是有好处的。当然，续作者对前八十回也作了某些删改，在后四十回里又在某些问题上违背了作者的原意，如让宝玉中举和出家成佛，被封为文妙真人，还让贾府复兴，兰桂齐芳等等。如果说，曹雪芹写《红楼梦》还是想补天，然而终于看出了封建制度的天已经不可补、不能补了的话，那末，高鹗恰恰相反，他是尽力想去补这个已经残破不堪的封建制度的"天"的。正是在这些问题上，看出了这两位作者的世界观的差异和对封建统治阶级不同的态度。

《红楼梦》是一部封建社会的百科全书，二百年来围绕着对这部书的评价，一直存在着尖锐的斗争。地主资产阶级的文人们极力掩盖这部书所蕴藏的思想锋芒和批判精神，他们不是把这部书诬蔑为诲淫诲盗，就是把它说成是一部讲爱情的书，或者说成是宣传"色空"观念或"三教（儒、释、道）合一"思想的书。1954 年，在毛泽东同志的亲自发动下，展开了对胡适、俞平伯等"新红学派"的资产阶级唯心主义观点的深刻批判，为我们正确阅读、评价和研究《红楼梦》指引了方向。这场斗争，具有重要的现实意义和深远的历史意义。

总之，《红楼梦》是具有深广的思想内容和概括了广阔的历史生活的一部巨著。对于这样的一部著作，决不是读上一二遍就能理解它的深刻的思想内容的，必须用马克思列宁主义、毛泽东思想为指导，认真阅读，多读几遍，才能深刻的认识它、理解它。那种把《红楼梦》的思想内容看得很肤浅的想法，是不符合这部书的实际情况的。

《红楼梦》反映的时代早已过去了，但是《红楼梦》所描写的社会阶级斗争的内容，它所精确描绘的一幅封建社会末世的图画，它成功地塑造的一系列栩栩如生的典型人物的艺术形象，以及这些典型形象不同的悲剧命运，这一切，今天对我们仍然具有很高的认识价值。它对封建统治阶级的正统思想和封建礼教等反动阶级的意识形态的猛烈冲击，就是在今天，也仍然没有失去它的意义。

一九七四年三月写于北京阜成门外寓处

曹雪芹的世界观和他的创作

曹雪芹的家世和生平

关于曹雪芹的生卒年，至今还没有确切的结论。但大体的时间是知道的，而且离开事实并不太远，其中卒年问题的"壬午说"（1763 年）和"癸未说"（1764 年），只差一年。壬午说的根据，是甲戌本的脂批：

> 能解者方有辛酸之泪，哭成此书。壬午除夕，书未成，芹为泪尽而逝。余尝哭芹，泪亦待尽。……今而后惟愿造化主再出一芹一脂，是书何本（幸），余二人亦大快遂心于九泉矣。甲午八日（月）泪笔。

脂砚斋是曹雪芹十分亲近的人，按理他不应该把曹雪芹的卒年误记。但这条脂批的署年是"甲午"，离曹雪芹的死已十二年，也很难说绝不会一时误记。[①] 主张癸未说的根据，是曹雪芹的好友敦敏《懋斋诗钞》中《小诗代简寄曹雪芹》一诗编于癸未年，而敦敏的弟弟敦诚挽曹雪芹的

---

① 据近年发现的南京靖应鵾藏"夕葵书屋"本残页此条脂批署年作："甲申八月泪笔"。则与壬午只隔一年，似又不可能误。附记于此，以备参考。

诗恰好又是编在甲申年的第一首（见《四松堂集》底稿本）。诗中说"晓风昨日拂铭旌"，似乎是癸未除夕曹雪芹病卒，第二年甲申年初埋葬。敦氏弟兄的诗在时间上的这种合拍，多少增强了一些癸未说的论据。但不管怎样，两说只差一年，这对《红楼梦》及其作者的研究并不会有太大的影响。至于曹雪芹的生年问题，首先就涉及曹雪芹究竟活了多少年纪的问题。这个问题也有两个说法，一个说法是整四十岁，论据是敦诚的挽诗说："四十年华付杳冥"或"四十萧然太瘦生"；另一个说法是靠近五十岁，即四十八九岁，论据是曹雪芹的另一好友张宜泉《伤芹溪居士》一诗的小注："年未五旬而卒"。两诗的作者都是曹雪芹的知交，应该可靠性都很高，但却又如此矛盾，不能统一。然而我们认为"四十年华付杳冥"或"四十萧然太瘦生"云云，是诗的语言，作诗遇到这类情况一般只举成数，因此这里的"四十"有可能并不是曹雪芹恰恰活了四十岁。而张宜泉的话，是注文，并不像诗语一样受限制，因此他说"年未五旬而卒"，也可能就是曹雪芹死时五十岁不到一点，即四十八九岁。这个说法似较合理。我们假定他活了四十八九岁的另一个原因，是曹雪芹的好友敦诚、敦敏的诗里一再说"扬州旧梦久已觉"，"秦淮旧梦人犹在"，"秦淮风月忆繁华"，"废馆颓楼梦旧家"。如果按照曹雪芹只活了四十岁的看法，那末曹雪芹应该生于雍正二年甲辰（1724年）。雍正五年十二月曹頫被抄家时，曹雪芹的年纪实际上还不到四岁。雍正六年曹家就都迁回北京了。对于一个只是在襁褓和孩提时期的三年多时间内曾有过"秦淮风月"的"繁华生活"的人，敦诚、敦敏却屡屡称他"忆繁华"、"梦旧家"，似乎是很不恰当的。如果依张宜泉的说法"年未五旬而卒"，假定曹雪芹活了四十九岁，那末，曹雪芹应生于康熙五十四年乙未（1715年），到雍正五年抄家时，曹雪芹为十三岁。说一个经历了十二三年繁华的童年生活的人，落泊以后常常回忆这段生活，这从生活经验来讲，是合乎逻辑的。另一方面，如果依雍正二年生的说法，则曹雪芹草创《红楼梦》的时候，只有十九或二十岁的样子。《红楼梦》是一部具有深刻的思想内容和包括了广阔的社会生活的书，是一部百科全书式的小说，这样一部具有如此思想深度、知识和生活广度而艺术上又如此成熟的书，恐怕也不是一个二十岁左右的青年所能草创的。更何况《红楼梦》开头几回，已把全书的结局预先暗示了，这说明《红楼梦》是经过作者深思熟虑后才下笔的，在下笔时就有一个大体完整的构思了。从以上这些方面来考虑，把他的生年推定在康熙五十四年（1715 年）左右似乎是较为合理的。

曹雪芹的家庭，对康、雍、乾的封建王朝来说，可以说是一个奴才家世。曹家从它的远祖曹世选跟随多尔衮入关，[①] 经过曹振彦、曹玺、曹寅和曹颙、曹頫兄弟，这五代人，始终是封建皇帝的忠实奴才，所谓"臣系包衣下贱"（曹寅语）。但对于劳动人民来说，他们无疑是封建统治阶级中的比较重要的一员，是一个大官僚家庭。曹寅的母亲孙氏，是康熙的奶妈，康熙南巡时曾在江宁织造署接见过孙氏，并称她为"吾家老人"，曹寅从小就当过康熙的伴读，所以康熙一上台，曹家跟着也就得势了。从康熙二年（1663 年）起，一直到雍正五年十二月底曹頫被抄家止，中间除去康熙二十三年（1684 年）六月曹玺死到康熙二十九年（1690 年）四月曹寅出为苏州织造以前这六年外，曹家祖孙三代四人（曹玺、曹寅、曹颙、曹頫）在江南历任六十年织造官。康熙六次南巡，除第一、二两次，是曹玺已死，曹寅尚未出任织造外，其余四次都是在曹寅的织造任上，而且都是由曹寅举办接"驾"大典的。我们认真研究一下曹雪芹的官僚家庭，曹雪芹的父祖辈对待当时封建王朝的态度，再与曹雪芹对待这个封建王朝的态度作一比较，对于我们理解曹雪

---

① 关于曹世选入关的问题，尚无文献资料可以证实，我认为也有可能他并未入关，这里暂用成说。

芹的世界观是有用处的。

康熙把自己的"奶兄弟"曹寅放在江南的织造任上，是有特殊的使命的。从曹寅表面的职务来看，他不过是皇帝派驻在江南的一个专管织造和采办的办事机构的负责人而已。但实际上曹寅的作用远远不止于此。甚至可以说，他的主要任务并不在于为皇宫采办或织造，康熙让他主持两淮的盐政，也不仅仅是经济方面的任务，更重要的还是政治上的作用。

现存故宫明清档案部的一百多件有关曹家的档案，为我们了解这方面的情况提供了最可靠的根据。通过这一大批曹寅写给康熙的奏折，我们可以清楚地看到，曹寅的江宁织造署，实际上是康熙的一个情报机构，也是一个联络的机构。曹寅一方面为康熙做南方知识分子的笼络工作，另方面，也经常给康熙报告南方的各种情况。曹寅向康熙报告的，包括政治、经济、文化、思想、民情风俗、社会治安等各个方面，甚至连天气的晴雨，都在曹寅经常报告的范围以内。

例如：康熙四十七年三月初一日，曹寅向康熙密报了浙江四明山区人民的反抗活动。奏折说：

> 臣闻得四明山通福建，历来盗贼之巢穴。此辈皆在别省行劫，归藏山中，形迹幽秘，其来已久，以前未尝不犯，问官只问眼前现在之案，不株连根柢，故四明山巢穴，人皆不知。去年为百姓有买米下海之谣，又巡抚中军令兵披甲拿人，致令上下纷扰，……

康熙在这个奏折上的批语说：

> 知道了。已后有闻地方细小之事，必具密折来奏。

康熙在曹寅的另外一些奏折上的批语，也具有特殊性质，令人深思。例如康熙四十三年七月二十九日的朱批说：

> 朕体安善，尔不必来。明春朕欲南方走走，未定。倘有疑难之事，可以密折请旨。凡奏折不可令人写，但有风声，关系匪浅。小心，小心，小心，小心。

这里所说的"朕欲南方走走"，是指康熙第五次南巡，当时事还未定，但已先期十来个月告诉曹寅了，实际上是让曹寅好预作准备。特别重要的是康熙特地关照曹寅，有疑难之事，可以给他密折请旨，奏折要自己亲自写，以免走漏风声。尤其是末了还一连加了四个"小心"，以示事情的郑重。再如康熙五十一年七月十八日《李煦奏曹寅病重代请赐药折》上康熙的批语说：

> 尔奏得好。今欲赐治疟疾的药，恐迟延，所以赐驿马星夜赶去。但疟疾若未转泄痢还无妨，若转了病，此药用不得。南方庸医，每每用补济（剂），而伤人者不计其数，须要小心。……若不是疟疾，此药用不得，须要认真。万嘱，万嘱，万嘱，万嘱。

当时曹寅在扬州病重，康熙得到李煦的奏折后立即派驿马星夜把药送去，"限九日到扬州"，[①] 并且作了上面这样一个简直像医生开的药方一样的"批语"。由上面这些"批"，可以看到康熙与曹寅的特殊关系。也正因为如此，曹寅死后，康熙一方面让李煦代曹寅还债，后来又让李

---

① 见《李煦奏颁赐药饵未到曹寅即已病故，其子连生求为代奏折》。

陈常代曹寅还债。另方面，又让曹寅的儿子曹颙接任江宁织造之职，想不到曹颙又短命而死，康熙眼看着这个"曹家"就要"瓦解"了，又费尽脑筋，让曹宣的儿子曹頫过继给曹寅，并且让他继任江宁织造。这个曹頫，据目前的研究家们的意见，比较倾向于认为就是曹雪芹的父亲。康熙对于曹寅一家，可以说是有存亡继绝的"恩惠"的，请看康熙五十七年六月初二日曹頫请安折的批语：

> 朕安。尔虽无知小孩，但所关非细，念尔父出力年久，故特恩至此。虽不管地方之事，亦可以所闻大小事，照尔父密密奏闻，是与非朕自有洞鉴。就是笑话也罢，叫老主子笑笑也好。

这段"批语"，语意何等"亲切"。当然，这只是表明了康熙与曹家的特殊关系，我们决不能把康熙看作是一个"老好人"。

康熙对待曹家是如此，那末，曹家对待康熙以至雍、乾的态度是怎样呢？从他们留下来的那些奏折来看，曹寅父子两代三人对于清王朝，用他们自己的话来说，是"粉骨碎身，肝脑涂地"地尽忠报效的，可以说是清王朝的忠实奴才，他们是渴望尽力来维护这个清王朝的。这样的态度，与曹雪芹在《红楼梦》里所表露出来的态度截然相反，其中的原因，就值得我们认真探索。

康熙一死，雍正上台后的第二年，由康熙一手扶植起来的曹頫，就受到了"交与怡亲王传奏"的处置。这年，雍正在曹頫的请安折上批写道：

> 你是奉旨交与怡亲王传奏你的事的，诸事听王子教导而行。你若自己不为非，诸事王子照看得你来；你若作不法，凭谁不能与你作福。不要乱跑门路，瞎费心思力量买祸受。除怡王之外，竟可不用再求一人托累自己。为甚么不拣省事有益的

做，做费事有害的事？因你们向来混帐风俗贯了，恐人指称朕意撞你！若不懂不解，错会朕意，故特谕你。若有人恐吓诈你，不妨你就求问怡亲王，况王子甚疼怜你，所以朕将你交与王子。主意要拿定，少乱一点。坏朕声名，朕就要重重处分，王子也救你不下了。特谕。

曹頫的这份请安折，一共只有："江宁织造奴才曹頫跪奏：恭请万岁圣安"十六个大字。曹頫究竟犯了什么"罪"，从这个奏折实在看不出来。而雍正的这个批示，也是闪烁其词，吞吞吐吐，无法使人了解其内幕。但从"你们向来混帐风俗贯（惯）了"这句话来分析，加上这时雍正刚刚上台不久，则"向来混帐"云云，显然不像是曹頫新惹了什么事端，倒像是追算老"账"。有的同志指出因雍正忌恨曹頫是他的政敌胤禩一派的人，所以将他交怡亲王胤祥监视，有一定的道理。另外，这个"账"当然还包括经济上的亏空问题。总之，康熙的死，也就直接给曹家带来了败落的命运。到雍正五年十二月二十四日，曹頫终于被抄家了。曹家在南京的房屋，全数归了隋赫德。雍正六年，曹家回到了北京。从此，就彻底败落了。

关于曹雪芹的家世，关于曹雪芹的父祖辈的情况，目前我们已有相当的文献资料可供稽查。但是，对于曹雪芹本身的情况的了解，至今仍然没有多少进展。我们仅仅能够知道他在抄家以后，曾在西单石虎胡同的右翼宗学当过"舍夫"（相当于做些文墨杂录之类的杂差的事）①，并在这里结识了敦敏、敦诚这两位终生的好友。后来，大约在乾隆十几年以后，曹雪芹终于流落到了北京西郊。据传说，他曾住过香山正白旗一

---

① "舍夫"，一说是"瑟夫"，相当于教习之职。

带。曹雪芹的祖辈很早就入了正白旗的，这一传说似乎也有根据。最近发现新的材料，曹雪芹还在北京西山附近的白家疃住过，并且与劳动人民有一定的接触。当然，这方面的情况，还有待于作进一步的调查。①

从曹雪芹的好友敦诚、敦敏的诗来看，曹雪芹贫居西郊的生活是很困顿的："满径蓬蒿老不华，举家食粥酒常赊"，"何人肯与猪肝食？日望西山餐暮霞。""于今环堵蓬蒿屯"，"劝君莫弹食客铗，劝君莫叩富儿门。残杯冷炙有德色，不如著书黄叶村。"（敦诚诗）这些诗句，反映了曹雪芹在西郊困顿到"举家食粥"的地步。但是生活的困顿并没有把曹雪芹压倒，相反，他仍旧奋笔写他的《红楼梦》。他的好友敦敏的《题芹圃画石》这首诗，实际上也是对曹雪芹其人的真实写照：

傲骨如君世已奇，嶙峋更见此支离。

醉余奋扫如椽笔，写出胸中魂磈时。

这首诗，写出了曹雪芹在当时"奋扫如椽笔"的战斗姿态。再看看敦诚的诗句：

知君诗胆昔如铁，堪与刀颖交寒光。

——《佩刀质酒歌》

如果曹雪芹写的只是些"儿女情"、"风月债"，或者是"谈空说无"的佛道思想，讲的全是些"出世"、"解脱"的东西，或者是"君仁臣良父慈子孝"一类的儒家封建说教，对当时的封建政治没有丝毫的触犯，

---

① 参见吴恩裕《曹雪芹的佚著和传记材料的发现》，《文物》1973 年第二期。

那末他进行创作也就无须要有什么"铁胆"了，因为根本不存在触犯封建政权后的危险性，敦诚、敦敏也就无须用这样的诗句来称许他。正因为他写《红楼梦》决不是要表现什么"情场忏悔"、"梦幻色空"，而是在意识形态领域里对封建正统思想和孔孟之道以及封建政治进行勇敢的斗争，这是具有很大的危险性的，所以敦诚才会有这样的赞语。

可惜，当时恶劣的生活环境，终于夺去了他的生命。因为爱子的死，他在精神上遭到了沉重的打击，终于自己也病倒了。"一病无医"，在乾隆癸未除夕的晚上，他没有能最后完成他的《红楼梦》的稿子，就离开了人间。

封建贵族家庭的叛逆者

从曹雪芹的整个家世来看，既是一个封建贵族官僚家庭，又是封建王朝的一个十足的奴才世家。这不仅仅是因为他家很早就已经归旗，属于正白旗"包衣"，也不仅仅是因他们口口声声自称"奴才"，自称"包衣老奴"、"包衣下贱"或"臣系家奴"等等。除了上面这几重原因以外，还有一个重要的方面，就是他们对清王朝的无比的尽忠。从上面所引的那些材料里，我们可以看到这个曹家与清王朝（主要是康熙）的关系确实不是一般的关系。除了封建皇帝与臣僚的关系，主子与奴才的关系以外，还有康熙与曹家亲如一家的奶兄弟的关系。

根据曹家的这种家世情况，我们再来看一看《红楼梦》对于这个封建王朝及其统治思想的态度，我们可以看到曹雪芹对待以上问题的态度，是与他的家庭截然不同的。可以说，曹雪芹对《红楼梦》里所描写的这个封建王朝，和这个封建王朝的统治思想，运用各种手法，进行了相当大胆的批判。曹雪芹要对当时的封建王朝和它的统治思想采取叛逆的态度，首先必须对他的奴才家世实行叛逆。如果他不首先是这个奴才世家的叛逆者，他就不可能写出这部《红楼梦》来，这是十分明显的道理。从这个观点来看，曹雪芹用这么大的笔力来写贾宝玉与贾政的冲突，甚至贾政竟要把宝玉打死，而宝玉则宁死不屈，以及宝玉痛骂"国贼禄蠹"，坚决不走科举功名的道路等等，就很可能是包含着作者自身经过的某些斗争历程的。我们这样说，当然不是说《红楼梦》是作者的"自叙传"，更不是说贾宝玉就是曹雪芹，贾政就是曹頫，那种说法，纯粹是"新红学派"胡适的谬论。我们只是说，作者在写这部《红楼梦》时，是融进了自己某些生活经历的，而《红楼梦》里贾宝玉对这个封建家庭，特别是对封建父权的抗争和叛逆，就很可能融进了曹雪芹自己的生活经历。

　　是什么原因促使曹雪芹形成背叛自己封建家庭的政治立场和思想观点的？（曹雪芹在《红楼梦》里对封建正统思想的批判，对男尊女卑等封建伦理道德观点的批判，这一切思想观点，也决不是曹雪芹的奴才家世所能容许的。）人们自然会想到曹家所经历的抄家。雍正五年底曹家被抄家，曹雪芹大约是十三岁左右，以后曹家就从此败落了。曹家被抄家和败落的过程，正是青年的曹雪芹的世界观逐渐形成的时期，他家所遭遇的来自封建王朝的毁灭性的打击，对他的世界观的发展变化，和他对封建王朝的看法，肯定是会起重要作用的。但对这一点，我们也不应该估计得过分，把它看成是惟一的原因。事实上，《红楼梦》里所表现出来的思想深度，对封建社会的批判的深刻性，是有深厚的先进的哲学思想和政治思想为基础的。这证明作者青年时期以及后来是受了当时先进思潮的影响的。《红楼梦》里贾宝玉主张男女平等，批判"文死谏、武死战"等这些思想，都是明代后期的进步思想家李卓吾说过的。曹雪芹的进步思想与前代和当代的进步的哲学思潮有着深切的联系。如果作者头脑里根本没有这种进步因素，那末，即使抄家，也未必能使他写出这部贯彻了反抗当时整个封建社会（当然就其主要方面来说）的叛逆精神的作品来。抄家，恰恰是促使他的这种进步思想进一步深化的一种推动力。

由此可见，曹雪芹首先是一个封建贵族家庭的叛逆者。只有在背叛了自己的封建贵族家庭的基础上，他才能够写出他的《红楼梦》，宣布他对封建社会和封建阶级的背叛。

旧世界的批判者

18 世纪中叶，在黑暗的中国封建社会里，《红楼梦》以它眩人眼目的奇光异彩，震动了整个封建社会。它给予人们思想上的震动的，并不是那个虚无飘渺的"太虚幻境"，也不是"无才补天"的神话，而是它的作者曹雪芹对于那个黑暗社会的猛烈批判。

曹雪芹，从哲学上看，虽然具有朴素的唯物主义观点，但当他解释社会和历史现象的时候，仍旧不可避免地陷入了唯心主义的泥坑。然而，他作为一个现实主义的艺术家，作为一个旧社会的批判者，他手里拿的那把解剖刀，是无比锋利的。他的刀锋简直刺入了那个黑暗王国的心脏。当他操刀抉剔之际，他显得是那样地游刃有余，毫不费力。封建社会的一切：上至皇帝、王公贵戚，下至市民、娼妓、农民和奴隶，以及宫闱幽恨、世家丑事、官场黑幕、市井无赖、三姑六婆、豪奴恶仆等等，等等，举凡封建社会的形形色色，都被他收进了这部宏大的历史画卷；封建社会的每个角落，只要他的笔锋所及，都能把它栩栩如生地再现出来。

作者再现这幅社会图画，并不是像清初画家王石谷绘制《康熙南巡图》那样，也不像乾隆时的内廷供奉徐扬绘制《乾隆南巡图》那样，目的是为了歌颂"康乾盛世",恰恰相反,曹雪芹是为了批判那个时代,是为了撕去"康乾盛世"的虚伪面纱。

曹雪芹对于旧世界的总批判,首先抓住了"时代"问题。

那个时代许多封建史学家、诗人、艺术家,都在异口同声地歌颂所谓的"康、乾盛世"。但是曹雪芹却给他们大唱反调,一针见血地指出:那个时代,根本不是什么"盛世",而是封建社会的"末世","外面的架子虽未甚倒,内囊却也尽上来了"。并且他还生动地描绘了一个日趋衰败,最后是"树倒猢狲散","落了片白茫茫大地真干净"的没落贵族世家。给这个所谓的"康、乾盛世"画了一幅最真实生动的画像,揭了它的老底,也给当时的那些御用文人们当头泼了一瓢冷水。从历史学的角度来看,仅仅是曹雪芹的那一句话,就比当时所有的封建史学家所说的关于康、雍、乾时代的胡话,其价值要超过千百倍。

曹雪芹的批判,还针对那个时代的至高无上的皇权。他让他的小说人物向读者泣诉了禁锢式的宫廷生活,反不如"齑(jī,音机,捣碎的姜、蒜等物)盐布帛"的"田舍之家"。他还让他的小说人物用旁敲侧击、指桑骂槐的手法,把话锋直射到皇帝的头上。

可以说,从清代初年到乾隆时期整整一个半世纪内,在所有进步思想家的哲学著作里,都响彻着批判官方哲学——孔孟之道、程朱理学的声音。在这方面,曹雪芹的《红楼梦》无疑是异军突起。他用自己的方式(小说)参加了这场战斗,并且作出了独特的贡献。

曹雪芹对于科举制度的批判,超过了比他略早一点的吴敬梓。如果说,对程朱理学的批判是意识形态领域里的斗争的话,那末,曹雪芹对科举制的批判,就是对当时政治制度的斗争。清代统治者自顺治二年开科以后,到乾隆时期,科场案迭起,往往一案牵连数百人,如清初科场案南北举子复试时,每一举子竟用满洲护军二员持刀夹两旁监视。面对科举制的这种情况,曹雪芹让自己的小说人物坚决不参加科举考试,并且骂走科举道路的人为"国贼禄蠹"，可见他的批判具有何等鲜明的现实意义。

曹雪芹对封建宗法制度及其伦理道德的批判，更是饱含着自己的痛苦的经历。他对封建宗法大家庭的脓疮的抉剔，其锋芒之犀利，就连与他十分亲近的脂砚斋都感到太尖锐了。

贯穿在《红楼梦》全书的对封建婚姻制度的批判，较之以上各方面更为突出地反映着资本主义萌芽的意识形态对于封建婚姻制度本身及其意识形态（如金玉良缘，姻缘天定等）的猛烈冲击。这是当时社会阶级斗争在意识形态领域里的一种突出的反映，有其相当的深度和广度。因此，这一批判同样具有震撼人心的力量和启蒙的作用。

《红楼梦》里对旧世界的批判，还有更多的方面。但是，仅仅从以上几个方面来看，也就可以看到，曹雪芹对旧世界及其腐朽的意识形态的批判，从文学的领域来说，已经达到了前无古人的广度和深度。

对于18世纪中叶的封建黑暗王国具有如此洞察力的曹雪芹，是否对于未来社会就完全是一个盲人？是否就毫无新的社会理想？

事实上，曹雪芹是有理想的，而这种理想，从马克思主义的历史唯物主义的观点来看，它是属于资本主义萌芽的性质。

曹雪芹的理想，扼要说来，可以举出下面几点：

一、曹雪芹通过他的小说人物批判了封建皇权、封建宗法制度和封建伦理道德。《红楼梦》描写贾宝玉厌恶自己出生于这个贵族世家，觉得反不如出生于"寒门"的秦钟好。宝玉与秦钟不愿论叔侄，而只愿以兄弟朋友相称；他对贾环，又不愿以长兄的身份去压制和管教他；他对贾府的奴仆们，用兴儿的话说："没有一点刚性儿"，"喜欢时没上没下，大家乱玩一阵，不喜欢各自走了，他也不理我们。我们坐着卧着，见了他也不理他，他也不责备。因此没人怕他，只管随便，都过得去。"他对怡红院里的那些丫头们，则更是让她们"无法无天"，自己"甘心为诸丫头充役"。这一切描写，归根到底，表现了作者在批判封建皇权、封建宗法制度和伦理道德的基础上提出的"平等"观念。尽管作者的这种批判并不彻底（在当时的历史条件下是不可能彻底的），同时也并没有明确提出"平等"的口号来（仅仅让贾宝玉开玩笑式地说过一句"世法平等"的话），但在作者具体描写的这种人与人的关系中，却是明确地包含了这种平等观念的。

二、曹雪芹通过对科举制度的尖锐批判，实际上是提出了一个封建社会的贵族青年究竟走什么道路的问题。按照作者的思想，就是坚决不能走封建统治阶级安排的读书做官的道路。道路的问题，应该由自己来选择。虽然作者并没有让贾宝玉找到什么更积极的道路，但他坚决不向贾政的板子屈服。实质上，这父与子的两代人的冲突，反映着封建宗法社会封建贵族世家的分化，反映着两代人的不同的政治道路。而后者的道路和方向，显然是不符合儒家的孔孟之道和封建统治阶级的利益的，它只能有利于未来的新的社会阶级力量，即马克思、恩格斯在《共产党宣言》中所说的"市民等级"。

三、曹雪芹在强烈地否定封建婚姻制度的同时，提出了自己的婚姻理想。这种婚姻理想，蔑视封建的门阀观念（虽然林黛玉也是出身于官僚家庭，但早已没落了），封建的功名富贵，以及封建的男尊女卑的观念，更排除了父母之命和媒妁之言。青年男女的爱情，是建立在反封建的思想一致的基础上的，人们可以清楚地看到，这样的爱情理想（这也是一种观念形态），决不能属于行将死亡的封建社会，而只能是植根于资本主义生产关系萌芽的基础之上。

四、曹雪芹在《红楼梦》里，分明描写了两个阶级（奴隶阶级和封建贵族阶级）以及它们之间的斗争。作者把自己的同情倾注于被剥削阶级，而把剥削阶级中的当权派以及贵族老爷、太太们写得丑恶不堪。在作者的笔下，真正美好的人物，是具有反封建传统思想的人物和大观园中那些被损害的丫环们。我们知道，大观园里的奴隶们主要是来自贫苦农民和城市贫民。所以，作者对奴隶们的同情，实际上也就是对农民和市民的同情。显然，作者所表露的这种观点，也不是封建贵族阶级所能具有的。

马克思说过："希望在批判旧世界中发现新世界。"① 曹雪芹正是在对 18 世纪的封建的黑暗王国进行猛烈的批判当中，提出了以上这些具有资本主义萌芽性质的初步民主主义的理想。由此可见，作者不仅仅是旧世界的批判者，而且也是新时代的启蒙思想的先驱者。

作者的那支现实主义的巨笔，在对旧世界进行批判的时候，是显得具有无比的威力的，而且他所描绘的形象是栩栩如生的。但是，当他在描绘新的社会理想的时候，就显得那么软弱无力，朦胧含糊了。这种情形并不奇怪，因为当时资本主义仅仅处于萌芽阶段，曹雪芹离开新社会的到来，毕竟是遥远的啊！

曹雪芹的世界观的矛盾

伟大的现实主义作家曹雪芹的世界观，存在着深刻的矛盾。这种矛盾，是 18 世纪中叶已经衰朽了的中国封建社会矛盾的反映。一方面，新的资本主义萌芽的生产关系已经在封建社会的母体里孕育滋长了将近一个半世纪；另方面，由清代统治者建立起来的封建专制政权，代表着封建生产关系，还顽强地统治着中国。一方面，外国资本主义的商品已经在敲打着封建中国的大门，国际资本主义已经开始在寻找世界市场；另方面，封建的中国，还想闭关自守，把外国资本主义堵住，可是它又

① 《摘自"德法年鉴"的书信》，《马克思恩格斯全集》第一卷，第416页。

不得不开一个小窗户，以满足贵族阶级的物质欲望，从而又不可避免地让西方的资产阶级文化与包装精致的资本主义商品一起进入了古老中国的后院。一方面，在过去还不到一个世纪的农民大起义和市民斗争的余火尚未熄灭的基础上，正在酝酿着一次全国的新的更大规模的农民起义和市民斗争；另方面，封建统治阶级却在用尽一切方法（包括加强文化思想的反动统治）以强化和巩固反动封建政权。这一切社会矛盾，就是作家世界观的矛盾的基础。这些矛盾，在《红楼梦》里也得到了不同程度的反映。

我们可以看到，《红楼梦》的作者一方面是最清醒的现实主义者，对当时的现实描绘了精确的图画。对统治阶级、对四大家族所代表的贵族世家、对当时社会的种种黑暗现象进行了深刻的批判和尖锐的嘲讽；而另方面，作者却又描绘了一个"太虚幻境"，给人以某些宿命论的说教。一方面，作者以极其动人的笔墨，描写了贾宝玉、林黛玉共同与封建正统思想和孔孟之道所作的种种斗争，描写了他们在这个斗争中所受到的摧残和他们誓不屈服的意志；但是另方面，却又编造了一个"西方灵河岸上三生石畔""绛珠仙草"还泪的故事，让这样一场激烈的充满着社会阶级斗争内容的斗争，披上了一层神话的外衣。一方面，作者对封建正统思想、封建宗法的伦理道德，作了深刻的揭露和批判；但另方面，又没有能使自己的主人公对这些当时还比较顽固的封建意识形态作更彻底的决裂和背叛，相反还让他们作了某些保留。因此作者所创造的正面人物贾宝玉和林黛玉，他们对自己追求的理想既是执着的、坚决的，而同时又是软弱的。一方面，作者对大观园里的奴隶们表现了深切的关怀和同情，对大观园外的农民们也表示了同情，发出了"谁知盘中餐，粒粒皆辛苦"的慨叹；但另方面，作者对农民起义却完全采取敌视的态度，仍然表现了地主阶级的立场。从哲学观点上来看，一方面，作者具有朴素的唯物论，也具有朴素的辩证法观点（他对封建贵族世家和封建制度不可避免的衰亡的预感和深刻的艺术描写，表现了他的朴素的唯物论和辩证法观点)，这种观点，与封建统治阶级长期信奉的儒家董仲舒的"天不变，道亦不变"的形而上学的反动思想，是对立的。但同时他又看不清楚社会的前途和出路，因而也就无法摆脱历史循环论、虚无主义、悲观主义等等消极思想对自己思想的束缚。

在"补天"的问题上，也同样反映出曹雪芹世界观的深刻的矛盾。《红楼梦》一开头，作者就提出了一个具有神话色彩的"补天"的问题：

> 谁知此石自经锻炼之后，灵性已通，因见众石俱得补天，独自己无材不堪入选，遂自怨自叹，日夜悲号惭愧。
>
> ……
>
> 忽见一大块石上字迹分明，编述历历。空空道人乃从头一看，原来就是无材补天，幻形入世，蒙茫茫大士、渺渺真人携入红尘……后面又有一首偈云：
>
> 无材可去补苍天，枉入红尘若许年。
>
> 此系身前身后事，倩谁记去作奇传？

这虽然是一个神话故事，但却确实表达了作者对于"无材补天"所流露的怨愤情绪。脂砚斋在"无材补天，幻形入世"八字旁边批道："八字便是作者一生惭恨"；在"无材可去补苍天"一句旁边批道："书之本旨"；在"枉入红尘若许年"一句旁边批道："惭愧之言，呜咽如闻。"（均见"甲戌本"）显然，脂砚斋的批语，渲染和夸大了作者的这一思想。的确，作者是想"补天"——"补"封建制度之"天"的。他看到了自己出身的封建地主阶级的日趋腐朽没落，预感到了他们终将覆灭的命运，心情是悲凉的、惋惜的。因此，他在书里一方面不断地声称

"补天",另一方面,又写出这个封建制度的"天"终于坍塌,"落了片白茫茫大地真干净";一方面作者对于自己出身的阶级仍旧流露出了某种程度的同情,另一方面又写出他们除了灭亡以外不配有更好的命运。"无材补天"四个字,最形象最鲜明地表现了作者世界观的这个矛盾。

在"补天"问题上的这种深刻矛盾,还反映在《红楼梦》塑造的人物形象上:

一、作者尽管有"补天"思想,却没有把《红楼梦》里的正面的最主要的人物贾宝玉、林黛玉写成补天式的人物,相反,他们是两个具有初步民主主义思想的封建社会的叛逆者。作者尽情赞扬的,不是他们的"补天"行为(他们压根儿就没有什么称得上是"补天"的行为),而是他们的叛逆思想和叛逆行为。

二、作者写了一个具有封建正统思想的补天式的人物,这就是探春。作者在第五十六回里让探春大显身手,进行了一番兴利除弊的改革,但是终究没有能把贾府衰亡的命运挽救过来。作者不得不给她一个远嫁的结局。作者给她的判词是:"才自精明志自高,生于末世运偏消。"这无异是说,探春的个人才能是"精明"的,她有心补天的立志也是"高"的,但她却生于"末世",无能为力了。作品里人物的行动,是由作者的思想来支配的。在探春身上,我们清楚地看到了作者"无材补天"的矛盾思想。

总之,曹雪芹的世界观是具有深刻的矛盾的,而这种矛盾,具有现实的社会物质基础,并不是无缘无故地在他的头脑里出现的。当然,这许多矛盾,统一存在于他的头脑里,也不是并立的不分主次的,更不是没有斗争的。很显然,民主的、唯物的思想,在他的世界观里,占据有牢固的主导地位,而那些消极落后的思想、唯心的思想,只是处于次要的地位。正因为如此,反映在他的作品里的,也是初步民主主义思想在对封建正统思想的斗争中始终处于正面的主导的地位,从而也就构成了这部书在当时的历史条件下的进步思想的主流。

斯大林曾经说道："在辩证方法看来，最重要的不是现时似乎坚固，但已经开始衰亡的东西，而是正在产生、正在发展的东西，哪怕它现时似乎还不坚固，因为在辩证方法看来，只有正在产生、正在发展的东西，才是不可战胜的。"① 曹雪芹在当时猛烈攻击的，正是"现时似乎坚固，但已经开始衰亡的东西"，即整个封建制度和全部封建意识形态。曹雪芹在当时确实是勇敢的，生气勃勃的（从他的批判的本质来看）。无怪乎他的朋友敦诚要称赞他"知君诗胆昔如铁，堪与刀颖交寒光"了！

当然，我们不应该忽视这部书的消极面。对于书中流露的唯心主义的虚无主义的思想和没落的悲观主义的感伤情调，以及历史循环论、宿命论等等的反动说教，和那贯穿全书的在对贵族阶级的豪华生活作精细描写时流露出来的一种欣赏和追怀的情绪，连同作者在作品里所歌颂的在当时是具有进步作用的那些属于初步民主主义的思想，那些对贾宝玉、林黛玉爱情的描写，那种缠绵悱恻的病态情调，这一切在今天，我们都应该用马克思列宁主义、毛泽东思想来加以分析和批判，而不应该无批判地兼收并蓄。

曹雪芹离开我们已经整整二百年了。历史是前进的，社会是按照辩证法的规律发展的。曹雪芹所代表的在当时是进步的东西，早已成为历史的惰力了。在今天，只有无产阶级的革命思想——马克思列宁主义、毛泽东思想，才是改造世界、改造人类的强大思想武器。正是借着这个思想武器，我们才能看清楚一切，包括《红楼梦》和它的作者的世界观的矛盾。

　　　　　　　　　　　　一九七四年四月写于阜成门外寓所

———————————

① 《列宁主义问题》，人民出版社 1971 年版，第 631 页。

关于当前《红楼梦》研究
中的几个问题

引　言

　　建国三十年来，《红楼梦》的研究工作，经历了一个曲折的过程。从 1949 年到 1954 年，在这短短的五年里，当时的《红楼梦》研究，仍然是新红学派占主要地位。

　　1954 年开展了对俞平伯先生的《红楼梦研究》的批判，之后，随即展开了对胡适派主观唯心主义的学术思想和文艺思想的批判，在这一场文艺思想的批判运动中，新红学派的一些基本观点，例如：自传说、色空观念说、钗黛合一论、怨而不怒论等等，都受到了批判。

　　这一场批判运动，现在来看，自有它的缺点和错误，例如用搞运动的方式来解决学术问题和文艺思想问题；有一些文章缺乏研究和分析，缺乏辩证的观点，流于片面性和简单化，有形而上学的毛病等等。但是，从建国初期学术界、文艺界的思想状况来看，从历史发展的角度来看，这一场哲学思想和文艺思想的斗争是不可避免的（当然完全可以采取讨论的方式而不应该用政治运动的方式）。当时发表的文章，其中有一些也是生气勃勃的，有分析有说服力的。

这一场文艺思想斗争，实质上是反映了以马克思列宁主义为指导的中国革命取得胜利以后，在学术领域里，也要求确立起马克思列宁主义的指导地位。这一场运动，除了上面指出的那些消极的方面外，它在当时的学术界和文艺界，还是起了积极作用的，现在来回顾这场斗争，也应该采取分析的态度，不能把它一概否定。它的积极方面的作用，即鼓励人们用马列主义来研究《红楼梦》和中国的古代文化遗产，不断清除学术领域里的唯心主义思想和方法。因此，1954年的这场文艺思想的批判运动，也就成了"红学"发展史上的历史分界线和历史转折点。自从这一场运动以后，也即是自1954年以后，"红学"就进入了一个新的发展阶段：即用马列主义来研究《红楼梦》的阶段。

从1954到1963年这首尾十年间，"红学"沿着这条康庄大道也确实得到了较大的发展，它的标志是1963年由文化部、全国文联、作家协会、故宫博物院联合主办的"曹雪芹逝世二百周年纪念展览会"。在这个展览会上除展出了大量的有关曹雪芹家世、时代和有关《红楼梦》的各种文献资料外，还展出了1954年以后出版的研究《红楼梦》的新作，其中主要的有：李希凡、蓝翎的《红楼梦评论集》，何其芳的《论红楼梦》，蒋和森的《红楼梦论稿》，刘大杰的《红楼梦思想与人物》等等。如果沿着这条用马列主义研究《红楼梦》的正确道路前进，"红学"必将会有更大的发展和必将取得更丰硕的成果。可惜历史往往喜欢走曲折的道路，在这个盛大的"红学"展览会以后不久，到1966年，一场把我们的国家和人民投入灾难的"文化大革命"就爆发了。

"文化大革命"，现在已正确地称之为"十年浩劫"。在这"十年浩劫"期间，一切文化遗产统统被打倒，以往的历史被纳入一个窄狭的农民起义的框框，唯框框以内是光明，框框以外，全是黑暗和罪恶。这样荒谬和简单的一种历史观，一种明显不过的荒唐思想，竟然会被人们接受并加以崇拜，这是一个讽刺性的悲剧，然而形成这个悲剧，是有深刻的社会的和历史的原因的。这个社会的和历史的原因，至今还需要我们用很大的力气去清除。

在"十年浩劫"期间，唯一例外的事情，是《红楼梦》这部古典小说不在打倒之列。不但不被打倒，而且还得到了多次的提倡、褒扬。这对于《红楼梦》来说，自然是一种宠遇，然而这一事实本身，也仍然含有讽刺的意味。因为我们这样一个有悠久文化历史的古国，难道只有一部《红楼梦》值得称道吗？难道这样看待文化遗产的思想能称得上是马列主义吗？然而，不管怎样，对《红楼梦》来说，终归是幸运的。这种幸运，为"红学"的发展带来了有利条件同时又产生了新的曲折：有利条件是广大群众在无书可读之余，还可读《红楼梦》，研究《红楼梦》；新的曲折，是"四人帮"为了达到他们的阴谋目的，在大搞"评法批儒"的同时，又大搞所谓"评红"运动，他们肆意曲解践踏《红楼梦》，通过他们的御用班子大搞"影射红学"。项庄舞剑，意在沛公，"四人帮"的评红则是意在周公。"四人帮"的这种"影射红学"，给"红学"造成了极大的混乱，1954 年已经受到批判的主观唯心主义的文艺思想，这时又大肆泛滥。[1] 这种状况，一直延续到 1976 年"四人帮"的垮台。

以上是建国以来，"红学"发展的一个概述。

研究《红楼梦》还要不要马克思主义

自从"四人帮"垮台以后，"四人帮"的"阴谋红学"立即受到了广大群众的揭露和批判，"红学"发展史上的一段歪路，也随之而被截

---

[1] 当然 1954 年关于《红楼梦》研究的批判运动以及当时受到批判的主观唯心主义的文艺思想，与后来"四人帮"的"影射红学"、"阴谋红学"，无论是在政治上或是在运动的形式上都是完全不同的两件事，它们各自有产生的社会历史原因和政治原因的，决不能把两者混为一谈。这里仅仅是就两者都具有主观唯心主义的文艺思想这一点而说的。

断。这几年来，"红学"又有了新的繁荣发展的气象：1980年红楼梦研究所成立，1980年6月美国召开了"首届国际红楼梦研讨会"，1980年8月哈尔滨召开了全国"红学"讨论会，在这个讨论会上成立了全国"红学"会，1979年《红楼梦学刊》创刊，1980年《红楼梦集刊》创刊。以上这些，都是"红学"史上前所未有的值得大书特书的大事。

在"红学"的讨论方面，关于《红楼梦》的作者问题，关于《红楼梦》的续作者的问题，关于曹雪芹的画像问题，关于曹雪芹的卒年问题，关于曹雪芹的家世、祖籍问题，关于《红楼梦》的版本问题，关于《废艺斋集稿》的问题，关于曹雪芹的书箱问题，关于后四十回的问题，关于大观园的问题，关于《红楼梦》的思想内容的问题，关于《红楼梦》的艺术成就的问题，关于脂砚斋的问题等等等等，以上这些问题，还有一些不及列举的问题，都充分地展开了讨论，在"红学"界真正呈现了一派百花齐放、百家争鸣的景象。与此同时，在讨论中也反映了各种各样的思想和派别，例如索隐派和自传说，近几年来就颇有一些活跃，我就接到过几部索隐派的稿子，还是大讲《红楼梦》是反清复明，袭人就是龙衣人，宝玉就是传国玉玺等等，也看到过公开发表的这一类的文章。自传说也并未绝迹，只不过是有所变化而已。至于用唯心主义的观点来分析这部小说，考证小说的作者以及与这部小说有关的一些问题，则更是屡见不鲜。

上述这种情况，给我们提出了一个问题：即《红楼梦》的研究，马列主义还有用没有用？是用马列主义来研究"红学"呢？还是回到唯心论的老路上去？这就是当前的"红学"研究中不能不加以思考和认真解决的问题。在一些人看来，"红学"研究，似乎马列主义已经用不着了、不灵了。面对着这样的问题我们应该怎样回答呢？我认为上面这种思想，如果是指"四人帮"的假马克思主义而说的，那是完全正确的。"四人帮"挂着马克思主义的招牌，专搞反马克思主义的勾当，他们的一套，实际上就是唯心主义、形而上学和诡辩论，他们的政治目的，是为了篡党窃国。群众对他们的一套早已厌恶透顶。对于"四人帮"的假马克思主义表示唾弃，这是完全正确的。但是有的人往往因为对"四人帮"的一套假马克思主义的厌恶和反对，进而连对马克思主义本身也产生了怀疑和不信任，这就完全不对了。这一事实说明马克思主义的名声，遭到了"四人帮"的玷污和败坏，使有一些人分不清假马克思主义和真马克思主义，因为厌恶假马克思主义而连马克思主义本身也受到了误解。这种思想上的混乱，是亟待澄清的。

马克思主义是一门完整的革命的科学，是放之四海而皆准的真理，它的真理性是早已为全世界工人阶级和劳动人民的革命实践所证实了的，是无可怀疑的。就拿"红学"发展的历程来说，也充分说明离开了马克思主义就不能正确地解释这部奇书——《红楼梦》。旧红学派写了几十万字的索隐，但是他们并没有能够真正认识和解释这部书的真实的内容，他们更理解不了作者深广的忧愤和深邃的命意，他们实在是瞎子摸象，乱猜一气。后起的新红学派，对索隐派发起了猛烈的进攻，他们用考据学和实证主义摧垮了当时盛极一时的索隐派，这一点是新红学派创始人胡适建立的功勋，新红学派比起索隐派，毕竟先进得多了。新红学派用确凿的史料考证出《红楼梦》的作者是曹雪芹，并考证出作者的祖父是康熙时的江宁织造曹寅，新红学派还注意到了《红楼梦》的乾隆抄本，最早对甲戌本、庚辰本等乾隆抄本进行了研究，开始了《红楼梦》的版本学。这一切，都是新红学派留下的历史功绩，是谁也不能抹煞的。然而，新红学派依据考证出来的作者的家世史料而建立起来的自传说，这个新红学派最根本的理论和观点，以及坐吃山空、树倒猢狲散等等的说法，仍旧没有能够解释这部巨著。这部巨著的千门万户，仍旧一一紧闭着，新红学派的自传说的钥匙，没有能开启这个艺术之宫紧锁着的大门。尽管当时他们自以为对红学有独得之秘，不断地发表解释这部巨著的论文、通讯和著作。这些论文、通讯和著作对解释《红楼梦》

虽然不无可取之处，但毕竟还不是打开这座艺术宫殿的金钥匙，何况他们还说了不少引人走上远离这座艺术之宫的大门的歧路的胡话。因之，新红学派尽管战胜了索隐派，但他们仍旧只能在这座艺术之宫的宫墙外彷徨，甚而感到越弄越糊涂。这表明资产阶级唯心主义的和实证主义的武器，都只能碰壁而止，他们再也无力前进一步了！

使"红学"的发展史上出现历史的转折点的是1954年两个"小人物"李希凡、蓝翎批判俞平伯先生的文章。当时他们还是两个不知名的青年，然而他们是学习着用马克思主义来批评资产阶级唯心论的文艺观的。他们批判俞平伯先生的文章，对新红学派确实具有摧毁性的作用，新红学派在这场文艺思想的斗争中，它的理论显然已经显得陈腐而不堪一击的了。

经过了这一场严重的斗争以后，"红学"才真正呈现出了它的崭新的面貌，从此马克思主义的典型论代替了陈旧的钗黛合一论、怨而不怒论；马克思主义的现实主义的理论代替了新红学派的坐吃山空、树倒猢狲散的自然主义的文艺理论；马克思主义的历史唯物主义和辩证唯物主义以及建立在这个基础上的史料考证学代替了以自传说为目的的主观唯心主义的考证学。从此，"红学"才真正出现了划时代的带有时代特征的崭新面貌，而且朝着"所向无空阔"的广阔前景迅速发展。

上述历史事实充分说明，只有马克思主义才能正确地解释这部巨著，才能给"红学"注入新的富有生机的内容。其他不论什么主义，都无力对这部巨著作出科学的、全面的、正确的解释。当然，这并不排斥它们对这部书的某些方面能够作出合乎实际的解释，甚至提出某些精辟的见解来。然而，要使"红学"能够真正成为科学的"红学"，要能够完整地、正确地、科学地来解释《红楼梦》这部百科全书式的巨著，毕竟只有马克思主义才能做到。这里需要说明的是，我说的马克思主义，是正确含义上的马克思主义，不是"四人帮"所谓的"马克思主义"，也不是任何不符合马克思主义的"马克思主义"。对于那些假马克思主义，马克思早就曾经说过："我只知道我自己不是马克思主义者。"① 由此可见那种弄得连马克思本人都望而生畏，只好退避三舍的"马克思主义"，决不是真正的马克思主义。

按照列宁的说法，马克思主义的辩证法，是"最完整深刻而无片面性弊病的关于发展的学说"，"在马克思主义里绝没有与'宗派主义'相似的东西，它绝不是离开世界文明发展大道而产生的固步自封、僵化不变的学说。"② 因此，在马克思主义看来，在人类的文化领域里，凡是正确的优秀的东西，马克思主义都应该加以吸收和利用改造，而没有任何理由可以任意抛弃人类精神领域里的哪怕是极其微小的成果。所以从马克思主义看来，无论是旧红学派或新红学派，或者其他什么派别，凡是属于他们的积极的成果，是被实践证明了的正确的东西，就应该一一加以吸收，而没有任何理由可以加以抛弃。

总之，三十年的"红学"史证明，要使"红学"得到发展，要使"红学"在新的历史时期呈现出自己划时代的崭新的面貌来，就必须依靠马克思主义，除此以外，不论什么主义，都不可能使"红学"得到新的全面的发展。目前，在"红学"界，索隐派和自传说似乎还在以一种新的面貌出现，主观唯心主义的思想和考证方法在"红学"界也不断有所反映，这一切都是不足为怪的，只要认真贯彻"双百"方针，通过实事求是的相互讨论，学术上的是非总可以逐渐得到解决的，有些一时不易解决的问题，也完全可以等到将来再解决，不必急于作出结论。重要的是"红学"的继续发展和取得更大的成就，只能依靠马克思主义。当然马克思主义不是一个简单的公式，也不是一套现成的"方法"，马克

---

① 见《马克思恩格斯选集》卷四，第458页。
② 《列宁选集》卷二，第441页、442页。

思主义是以辩证唯物主义和历史唯物主义为其理论基础的一个完整的科学体系，一个完整的世界观，它要求我们对科学事业要作艰苦的探求，只有在吸收前人的成果，掌握大量的资料并对它作认真的批判研究的基础上，才能得出新的成果来，以马克思主义为理论基础的"红学"研究也只能是如此，在科学的道路上，任何简捷的途径是没有的。

如何看待毛泽东同志对《红楼梦》的一些意见

毛泽东同志对于《红楼梦》具有他个人的特殊爱好，这是人所共知的事实。他前后对于《红楼梦》讲过不少话，这也是人所共知的事实。不过，这许多讲话，有几种情况要加以区别。就内容来说，有的是针对《红楼梦》本身及其有关的问题讲的，这是名副其实的关于《红楼梦》的讲话；另有一种是用了《红楼梦》的语言或者人物或者情节，来说明别的问题的，而不是谈《红楼梦》本身，甚至可以说谈话的内容与《红楼梦》本身无关，这一类实质上不能算作是对《红楼梦》的讲话，以上是就谈话的内容而区别的。另外，就这些谈话发表的情况来说，也应该加以区别，一种是他的谈话或他对《红楼梦》的看法正式形成了文件，并且公开署名发表了；另一种是他的谈话并没有形成正式文件，更没有公开发表过，只是被人们传抄着。至于传抄的依据是否可信，则未经核实。"文化大革命"中传抄的许多关于他对《红楼梦》的看法或谈话就是属于这一类。

那末，何者可以作为他对《红楼梦》的正式意见呢？我认为只有正式公开发表的并且内容是关于《红楼梦》的那一类讲话或文件。那些"文化大革命"中传抄的文字，即使确实是毛泽东同志讲的，也还不能把它与正式发表的文件一样看待。因为这些意见如果要正式发表他本人完全有可能再作某些修改甚至作较大的修改。现在既然没有经过定稿和正式发表，我们当然不能把这些抄录的讲话当作正式文件来引用，何况抄录过程中还可能有抄错。特别是不少传抄的文字是经江青或"四人帮"传出来的，这就更需要我们对这些抄录的文字采取审慎的态度。以上这种区别，正是我们对待研究工作所必须采取的认真负责的实事求是的科学态度。其中有一些讲话，是经周恩来总理传达的，这当然毫无问题是可信的。因此，它与其他一类传抄的东西又有区别，不能把它与"四人帮"传出的东西混为一谈。然而，它同样是未经用正式文件的形式发表的，我们当然也不能把它当作正式的文件一样看待。在区别了上述这些情况以后，我们就可以进一步讨论问题了。

前些时候，曾经在思想界学术界展开了对个人迷信的批判和讨论，也涉及《红楼梦》研究领域里的这类问题。

对于个人迷信，当然应该反对，因为既然是"迷信"，必然就是反科学的。我们应该提倡科学而决不应该提倡迷信，这是人所共知的常识。不幸的是在我们的政治生活中，曾经长时期的存在过这种个人迷信，从而给我们的党和国家的事业带来了严重的患害。这一事实又一次地说明，我们的社会受长期封建制度和封建思想的影响很深。这种影响在新的历史条件下，它会找到新的形式表现出来。这种惨痛的经验教训，是值得我们认真总结永远记取的。我们决不能让这样的历史重演。

不过，对于这种个人迷信，我认为也应该作分析，不宜笼统看待。我认为应该区别个人迷信的制造者和接受者，这是事物的一个方面，并且是主要的方面。当年林彪、"四人帮"大搞个人迷信，他们是有阴谋的，大搞个人迷信是他们的政治阴谋的一个组成部分。他们并因此而得逞，窃取了党和国家的一部分权力，使他们得以在中国的政治生活中产生严重的影响，使党和国家的事业受到无可估量的历史性的重大损失，这是令人十分痛心的事。个人迷信的另一方，是广大的干部和群众。他们是无辜的，他们是个人迷信思潮的受害者，他们是迷信个人，甚至在特定的历史条件下，他们想要不迷信也不可能。有的人就因为想要不迷信反而还犯了"罪"，被打成了"现行反革命"。因此，对于他们是无可责备的，不能把个人迷信的责任也算到他们的头上。在《红楼梦》的问题上，我认为也应该区分这两种情况，对于制造个人迷信的"四人帮"，应该加以尖锐的揭露和批判，对于受这种思潮影响的干部和群众，我们就不应该过多地予以指责，所以对于"四人帮"御用班子里有目的有计划炮制出来的关于《红楼梦》的文章，我们应该揭露他们的政治阴谋；对于广大群众或干部写的关于《红楼梦》的文章，无论是讲第几回是纲也好，讲爱情掩盖政治也好，讲几条人命案也好，讲《红楼梦》里的阶级斗争也好，讲《红楼梦》里的奴隶反抗也好，讲《红楼梦》里的反孔精神也好，这一类文章尽管其中有一部分可能受到了当时"四人帮"的政治思潮的影响，现在来看这些文章也未必都很有学术价值，[①]但它毕竟不同于"四人帮"的阴谋红学，不能把它们等同看待。其中有些写得好的、确有见解的文章，我们仍应加以重视。前些时候，有的同志在批判个人迷信的时候，似乎不大注意这种区别，甚而至于还把上述这些文章的个别词句或段落或意思与"四人帮"的阴谋红学的文章的某些部分比附起来，这种做法我认为是不对的，是不利于红学界的团结的，也是不符合实事求是的精神的。对于这种不正之风，应该引起我们的注意，共同来予以清除。

　　大家知道，毛泽东同志对《红楼梦》是评价很高的，而我们学术界

---

　　① 对于这一类文章，也决不能一概抹煞，其中有不少文章还是有价值的，例如有的文章确切地统计了《红楼梦》里的人名，有的文章认真地分析了《红楼梦》一书与清代的社会；有的认真地辑录了有关清代的阶级斗争、资本主义萌芽等的大量资料。这一类文章和书籍，它对我们研究红学是很有用处的，决不能因为是那一时期的产物就不问它的内容究竟如何一概目为个人迷信的产物而予以否定，对于任何事情我们一定要坚持实事求是的精神，决不能搞形而上学的一刀切。

包括红学界对《红楼梦》的评价也是很高的。不仅如此，连国际上对《红楼梦》也是评价很高的，不久前在美国还开了"首届国际红楼梦研讨会"，难道我们能把这种情况也看作是个人迷信的结果吗？

大家知道，毛泽东同志早就提出要用马列主义来研究中国古代的文化遗产，1954年又明确提出要用马列主义来研究《红楼梦》，而我们现在也仍然要坚持这个方针，并且应该努力在这方面作出更好的成绩来，难道我们能把这种情况作为个人迷信来反对吗？

所以我们不能因为反对个人迷信，批判个人迷信，因而不加分析地把正确的东西也当作个人迷信来反对，或者把群众受一定时期的政治思潮影响的东西当作与"四人帮"的阴谋文艺或阴谋"红学"一样的东西来加以批判。总而言之，我们应该对问题进行分析，我们应该与人为善，而不应该抓辫子、打棍子、扣帽子，我们应该相信这样的时代已经一去不复返了，再搞这一套已经没有出路了。

那末，对于毛泽东同志过去对《红楼梦》的一些看法我们应该怎么看待呢？如前所论，我认为首先应该区别公开发表的正式文件和群众传抄的抄件。

就公开发表的正式文件来说，我认为1954年10月16日毛泽东同志《关于红楼梦研究问题的信》，仍然是一个很重要的文件。在这封信里，第一，他指出了胡适派资产阶级唯心论毒害青年三十年，对这种现状应该进行斗争；第二，他提倡用马克思主义来研究古典文学，包括研究《红楼梦》；第三，他大声疾呼地要提拔支持新生力量，不准压制新生力量；第四，他指出了对"俞平伯这一类资产阶级知识分子，当然是应当对他们采取团结态度的。但应当批判他们的毒害青年的错误思想，不应当对他们投降"。以上四点原则性的意见，即批判唯心主义，提倡用马列主义研究古典文学、研究《红楼梦》，提拔新生力量，团结知识分子，这四点基本精神，我认为现在来看，也还是正确的，在当时也是起了积极作用的。我们不能因为这场运动的做法有不妥之处并且后来起了些消极的作用，因而忽略了它的积极的主要的方面。

毛泽东同志正式公布的第二个文件，是 1962 年 1 月 30 日《在扩大的中央工作会议上的讲话》，这个讲话里关于《红楼梦》的一段是这样说的：

> 十七世纪是什么时代呢？那是中国的明朝末年和清朝初年。再过一个世纪，到十八世纪的上半期，就是清朝乾隆时代，《红楼梦》的作者曹雪芹就生活在那个时代，就是产生贾宝玉这种不满意封建制度的小说人物的时代。乾隆时代，中国已经有了一些资本主义生产关系的萌芽。但是还是封建社会。这就是出现大观园里那一群小说人物的社会背景。

我认为毛泽东同志的这段话，是讲得很深刻的，富有启发性的。曹雪芹是处在历史转折时期的一位伟大作家，他是旧时代的终结者，也是新时代的开端者。因此，他是这个历史转变时代的标志。毛泽东同志明确指出了曹雪芹的时代，是中国已经有了一些资本主义萌芽，但还是封建社会的时代。资本主义萌芽，标志着新的历史前进的动向，还是封建社会，标志着这个社会的古老的陈旧的一面，也就是历史的腐朽的一面，将被淘汰的一面，然而，它在现时却仍然是强大的一面。这里他明确指出了历史转折的实质，指出了代表历史前进的是什么，代表历史固步自封的是什么，特别是他指出了曹雪芹的时代，也就是贾宝玉的时代，贾宝玉这个典型，实质上就是这个历史转折时期的典型，因而这个艺术典型成为时代的标志。另外，他还指出，贾宝玉是一个不满封建制度的小说人物。这样也就明确地指出了贾宝玉这个典型形象的思想的主要方面。我认为毛泽东同志的这段话，是马克思主义的精辟见解，是对曹雪芹这个作家、曹雪芹的时代以及贾宝玉这个艺术典型的高度概括的纲领性的论述，它具有很高的指导意义，我们应该加以重视。

毛泽东同志正式发表的第三个文件，就是《论十大关系》，其中有一段话说：

> 我国过去是殖民地、半殖民地，不是帝国主义，历来受人欺侮，工农业不发达，科学技术水平浅，除了地大物博，人口众多，历史悠久，以及在文学上有部《红楼梦》等等以外，很多地方不如人家，骄傲不起来。

毛泽东同志把《红楼梦》与我国的地大物博、人口众多、历史悠久等并列起来，这是对《红楼梦》的空前的高度评价。我认为毛泽东同志上述这些公开发表的意见，是正确的。当然，学术问题，完全可以有不同意见进行问难或商量，例如对于胡适及新红学派的评价问题，关于资本主义萌芽与《红楼梦》的关系问题，贾宝玉的思想是否具有新的时代的意义抑或是古已有之的问题，诸如此类的问题，都还没有得到统一的认识，都还可以进一步的讨论，这种情况是毫不足怪的。重要的是要对上述这些问题，不管是赞成也好，反对也好，都应该进一步作出令人信服的分析来，不能停留在前一阶段的讨论上。

以上是对毛泽东同志公开发表的三个文件中涉及《红楼梦》的一些言论的分析。

下面我们再来谈谈从传抄的抄件中提出来的一些问题。

问题之一是关于"政治历史小说"的提法。

前些年这个说法十分流行，最早从文章里正式提出这个说法的，很可能是1973年9月22日北京日报发表的一篇文章，但这篇文章也只是提了一句："《红楼梦》是一部政治性很强，艺术性很高的政治历史小说。"紧接着 1973 年第十一期《红旗》杂志的一篇文章，对这个问题又提出了更具体的说法，文章说："《红楼梦》所表现的是以社会阶级斗争为内容的政治主题，是一部政治历史小说。"之后不久，《红旗》杂志的另一篇文章又重复了这个说法。此后，大概从 1973 年底到 1974 年以后，这个提法就很普遍了，当时只要文章中涉及这个问题的，大都是这样的提法，很少是不这样提的。现在看来，这个提法我认为是不妥当的。我们有必要先弄清楚"政治历史小说"这个提法的确切概念。我的理解是所谓"政治历史小说"，它应该是指小说的内容是描写历史上的政治斗争事件的，小说的主要人物及其有关的主要情节，也应该基本上是历史事实而不是虚构的。例如像《三国志演义》这类的小说。如果小说的题材根本不是历史上的政治斗争，小说的人物也不是历史人物，它所描写的情节和人物于历史无考或虽可考出一二，但与事实相去太远，那末尽管它描写的内容和描写的情节也包含某些政治因素，但仍旧不能称它为"政治历史小说"。如果仅仅因为小说的某些内容直接或间接与政治有关，因而就给予这部小说以"政治历史小说"的名称，那末，这个名称的内涵就很宽泛，这样也就没有任何实际意义，反而会造成混乱。例如《水浒传》、《三国志演义》，反倒不称它为"政治历史小说"，按照称《红楼梦》为"政治历史小说"的标准，难道这是恰当的吗？还有一系列的历史演义小说，不更是应该属于"政治历史小说"的范畴吗？反过来说，如果《红楼梦》被称为"政治历史小说"，那末《儒林外史》、《西游记》等等难道能说它与政治或历史都毫无关系吗？所以我认为给《红楼梦》以"政治历史小说"这种名称，是不符合实际的，只会徒然引起理论上的混乱。如果说《红楼梦》可以称为"政治历史小说"，那末绝大多数的小说都可以这样来看待，因为很难找到一部小说完全与政治无关，或者与历史无关，即使《西游记》这样的一部神魔小说，其中的唐玄奘也还确是历史人物，他的取经的事迹，也确实是历史事实，并非完全出于虚构。所以我认为对《红楼梦》的"政治历史小说"的说法，应该予以澄清和纠正，以免继续造成混乱。事实上，曹雪芹当时创作的《红楼梦》，既非政治小说，更非历史小说，而是地地道道地描写当代现实的文学。当然它具有深广的社会内容，但它的题材不是取自历史上的政治斗争的事迹，而是取自当时的现实生活，包括作者自身的经历，它的情节是以一对贵族家庭里的青年男女的爱情悲剧为核心展延开来，从而深入全面地描写了一个贵族家庭所经历的政治风雨以至于完全败落的全过程。① 因此它具有深刻的社会内容和政治意义，但这是就作品的社会意义来讲的，不能因为作品具有社会历史、政治意义因而就称它为"政治历史小说"。这个界线我认为一定要分清楚，否则这个"政治历史小说"的概念就没有客观标准，就会造成认识上和理论上的混乱。

至于说把《红楼梦》当作历史来读的提法，我认为是完全可以的，清代的章学诚说"六经皆史也"。"六经"尚且可以当作"史"来读，那末何况是一部现实主义很强的小说？事实上，马列主义的创始人他们就是把一些优秀的小说当作历史来读的。恩格斯在给玛·哈克奈斯的信中谈到巴尔扎克时，曾经说过："巴尔扎克，我认为他是比过去、现在和未来的一切左拉都要伟大得多的现实主义大师，他在《人间喜剧》里给我们提供了一部法国'社会'特别是巴黎'上流社会'的卓越的现实主义历史，他用编年史的方式几乎逐年地把上升的资产阶级在1816年至1848年这一时期对贵族社会日甚一日的冲击描写出来，……在这幅中心图画的四周，他汇集了法国社会的全部历史，我从这里，甚至在经济细节方面（如革命以后动产和不动产的重新分配）所学到的东西，也要比从当时所有职业的历史学家、经济学家和统计学家那里学到的全

---

① 这里是以八十回的脂砚斋评本及其脂评为依据的，不是指程、高续本的后四十回。

部东西还要多。"① 列宁干脆把托尔斯泰的作品叫作"俄国革命的镜子",② 并对这个提法作了详尽的马克思主义的解释,这些就是把优秀的小说当作历史来读的最好的范例。事实上,我国当前的经济史家们在讨论到明代的资本主义萌芽时也经常引用明代短篇小说《醒世恒言》里的《施润泽滩阙遇友》的材料,在讨论明代的社会状况时,也很重视长篇小说《金瓶梅》里所反映的社会现实,对于这样的一些研究,人们从来没有觉得有什么可以奇怪的,那末,把《红楼梦》当作历史来读,有什么不可理解的呢?

古人读书,有所谓"八面受敌"法,这就是说一部书可以从各个不同的角度去研究它。一部《史记》,既可以作为重要的史籍来读,也可以作为一部重要的文学作品来读,事实上它在中国散文史上的作用是不可估量的,难道我们不能把这部著名的历史著作,反过来当作散文来读一读吗?同样,唐代大诗人杜甫的诗,被称为"史诗",他的《三吏》、《三别》、《北征》、《赴奉先咏怀》、《哀江头》、《哀王孙》等等的名作,经常被研究唐史的人引用以证史实,也就是说把它当作历史来读,这种情况也是人们习以为常的,从未引以为怪;事实上有些文学作品,不仅可以当作历史来读,甚至还可以当作地理来读呢。宋人林亦之就说过:"杜陵诗卷是图经"。杜甫在入蜀途中所写的一系列组诗如《秦州杂诗》以及离蜀出峡时写的一些作品,不是都可以"按迹寻踪",至今还可以找到他的经行处吗?所以这种"八面受敌"的读书方法,实在不失为是一种读书的好方法,而当作历史来读,无非是"八面"中的"一面"而已,有什么不可理解呢?

当作历史来读,并不等于把它当作了历史。是文学作品,仍然是文

---

① 《致玛·哈克奈斯(1888年4月初)》,《马克思恩格斯选集》第四卷,第462—463页。

② 《列甫·托尔斯泰是俄国革命的镜子》,《列宁选集》第二卷,第369页。

学作品，决不可能因为被当作历史来读，因而使读者误把它当作了历史，因而也丝毫不妨碍你仍然把它作为文学作品来读，对它作形象的或典型的分析；相反，如果你对这部作品已作过多面的了解，那末，你对作品的思想深度、生活深度以及对书中典型形象的思想容量、艺术成就、时代影响等等，就会了解得更全面更深刻，而不会停留在表面上。例如随便举几个例子，五十三回乌进孝交租的情节，难道不能启发我们从清代的大量档案里、大量文献资料里找到清初王公贵族们的庄园制度从而看到乌进孝的影子吗？再如我们从《荣国府除夕祭祖宗》这一回里，难道不能看到清初宗法封建社会的一个侧面吗？由此可见，对文学作品当作历史来读，非但是可以的而且是必要的。

问题之二是关于第几回是纲的问题。

关于这个问题，毛泽东同志曾讲过多次。例如他说：什么人看《红楼梦》都不注意看第四回，其实这一回是《红楼梦》的总纲。还有《冷子兴演说荣国府》、《好了歌》和注。他还说：读《红楼梦》要了解四句话："贾不假，白玉为堂金作马。阿房宫，三百里，住不下金陵一个史。东海缺少白玉床，龙王来请金陵王。丰年好大雪，珍珠如土金如铁。"这四句话是《红楼梦》的一个纲。他还说：要看第四回、第五回、第六回。如此等等，上面这些内容涉及一、二、四、五、六各回。因此实际上被他作为"纲"的，不止是第四回。

对这个问题，到底应该怎么看呢？我认为如果说，第几回是纲的提法意味着曹雪芹当年写《红楼梦》时是有计划的以第四回，或以一、二、四、五、六回作为"纲"的，那末，我认为这样的理解不见得符合曹雪芹的原意，因为曹雪芹当年写《红楼梦》未必像今人一样先拟出写作提纲来，然后动笔；相反，他倒是因为"闺阁中历历有人"，不能"一并使其泯灭"，才"用假语村言，敷演出来"的。他写作的当时，连章回目录都未分出，这章回目录都是后来分的，那末想当初他怎么能够以第四回或第几回为"纲"呢？"回"且没有，何来第几回的"纲"？

　　但是上述这段话如果是说我们今天读《红楼梦》应以第四回或第几回为"纲"，如果是这样的话（我看毛泽东同志的原意确是如此），那末，我认为这不是一个新问题而是一个很老很老的老问题了。最早提出这个问题来的要数脂砚斋，他在甲戌本"乐极悲生，人非物换，到头一梦，万境归空"四句旁批道："乃一部之总纲"。他在庚辰本第十七、十八回"（贾政）命贾珍前引导自己扶了宝玉逶迤进入山口"句下批云："此回乃一部之纲绪。不得不细写，尤不可不细批注。"戚序本《石头记》第四回的回前诗则说："请君着眼护官符，把笔悲伤说世途；作者泪痕同我泪，燕山仍旧窦公无。"这是最早指出"护官符"的重要性的。道光时期的王希廉也指出了第五回"是一部《石头记》之纲领"，"是一部书之大纲领"。大某山民则说："秦，情也。情可轻，不可倾，此为全书纲领。"其他类似的还有许多，概不略及。由此可见，这个问题，是已经讨论了二百年的老问题，是一个学术问题，因此按照对待学术问题的方针，我认为可以各抒所见，百家争鸣，完全没有必要去定于一尊。相反，只有通过学术讨论，才可能使意见趋于一致。

　　问题之三是所谓把真事隐去，用假语村言写出来，真事不能讲，是政治斗争，爱情是掩盖政治的这个问题。

　　这个问题比较复杂，我认为要从几个方面来分析，首先是所谓真事隐去用假语村言写出来的问题。这两句话的意思出自《红楼梦》开头的正文，正文说：

　　　　此开卷第一回也。作者自云：因曾历过一番梦幻之后，故将真事隐去，而借"通灵"之说撰此《石头记》一书也。故曰"甄士隐"云云。但书中所记何事何人？自又云："今风尘碌碌，一事无成，忽念及当日所有之女子，一一细考较去，觉其行止见识皆出于我之上，何我堂堂须眉，诚不若此裙钗哉？实愧则有余，悔又无益之大无可如何之日也！当此，则自欲将已往所赖天恩祖德，锦衣纨袴之时，饫甘餍肥之日，背父兄教育之恩，负师友规谈之德，以致今日一技无成、半生潦倒之罪，编述一集，以告天下人：我之罪固不免，然闺阁中本自历历有人，万不可因我之不肖，自护己短，一并使其泯灭也。虽今日之茅椽蓬牖，瓦灶绳床，其晨夕风露，阶柳庭花，亦未有妨我之襟怀笔墨者。虽我未学，下笔无文，又何妨用假语村言，敷演出一段故事来，亦可使闺阁昭传，复可悦世之目，破人愁闷，不亦宜乎？"故曰"贾雨村"云云。

……

竟不如我半世亲睹亲闻的这几个女子，虽不敢说强似前代书中所有之人，但事迹原委，亦可消愁破闷；也有几首歪诗熟话，可以喷饭供酒。至若离合悲欢，兴衰际遇，则又追踪蹑迹，不敢稍加穿凿，徒为供人之目而反失其真传者。

……

空空道人听如此说，思忖半晌，将《石头记》再检阅一遍，因见上面虽有些指奸责佞贬恶诛邪之语，亦非伤时骂世之旨；及至君仁臣良父慈子孝，凡伦常所关之处，皆是称功颂德，眷眷无穷，实非别书之可比。虽其中大旨谈情，亦不过实录其事，又非假拟妄称，一味淫邀艳约、私订偷盟之可比。因毫不干涉时世，方从头至尾抄录回来，问世传奇。……

在上面这一大段引文里，作者反复指出"甄士隐"（真事隐）、"贾雨村"或"假语村言"（假语存）的问题，可见这个问题的提出来是有根据有原因的，而且我认为这两句话连同上引这一大段文字与《红楼

401

梦》一书的创作关涉至大，并非无关紧要的套话，所以提出这个问题来讨论是很有必要的。但是，这里存在着一个对上面这些引文如何理解的问题，一种理解是认为真事已全部隐去，写出来的全是"假语"，全是虚构的。我认为这种理解不符合《红楼梦》的实际描写，也不符合上面这些引文里的叙述。第二种理解，是认为"真事隐"、"假语存"是说作者曾经历过作品中描写的那种生活，但并未把那些真事真人照样搬到作品中来，而是作了一番典型化的工作，这一说法与前一说法有雷同之处。这种理解，我认为有它正确的一面，但也不是《红楼梦》一书创作的全部情况，同样也不符合上述这段引文的叙述。例如说作者曾经经历过作品中描写的那种生活，就不可能是完全如此，显然太虚幻境的生活是一种虚构，不可能曹雪芹真的到过太虚幻境，经历过那样的神仙境界。我的理解是无论是"真事隐"也好，无论是"假语存"也好，都不是全部，都只是指书中的部分情节和人物。也即是说，有些作者遭遇的真事确是隐去了，但有些生活中的真事显然并未隐去，被他写到作品中了；作品中确实有许多"假语村言"，也即是艺术的虚构和想象，但并非全是虚构。所以说"假作真时真亦假，无为有处有还无"，也就是说作品里所反映的生活是真真假假，有真有假。作者隐去的真事，是作者难言之隐，难写之痛，天香楼的情节就是一个例子。除了这类事被隐去外，恐怕还有更具有政治性的事件不能尽情写入。因此，我们如果对"真事隐去"，"假语村言"这两句话理解得过于刻板，以为凡真事都已隐去，凡写出来的都是假的，全是虚构，这就不容易捕捉住这部作品的独特之处，容易被作者"瞒过"。实际上，上面所引的大段引文里，就清楚地表明了这一点。作者时而说真事隐去（"甄士隐"），"假语村言"（假语存焉），时而又说"忽念及当日所有之女子，一一细考较去""欲将已往所赖……编述一集，以告天下"，"竟不如我半世亲睹亲闻的这几个女子"，"离合悲欢，兴衰际遇，则又追踪蹑迹，不敢稍加穿凿，……

反失其真"，"亦不过实录其事"。作者用这种反反复复，吞吞吐吐的语气，时而说真事隐去，时而又说："亲睹亲闻"，"实录其事"，作者故作这种"云龙雾雨"之态，无非是要读者注意这"满纸荒唐言"里，包含蕴蓄着"一把辛酸泪"，提醒读者"莫作寻常看"而已。事实上，脂砚斋的批语，时时在提示我们曹雪芹把不少经历的真事，甚至连他上世经历的真事也都写进去了。例如脂批常常说："真有是语，真有是事。""嫡真实事，非妄拥（拟）也。""有是事，有是人"，"一段无伦无理信口开河的混话，却句句都是耳闻目睹者，并非杜撰而有，作者与余实实经过。""谁说得出，经过者方说得出，叹叹。""试思若非亲历其境者，如何摹写得如此"，"凤姐点戏，脂砚执笔事，今知者寥寥，不怨夫。""此语犹在耳"，"作书人将批书人哭坏了"，"批书人领至此教，故批至此，竟放声大哭。俺先姊先（仙）逝太早，不然，余何得为废人耶？""不肖子弟来看形容。余初见之，不觉怒焉，谓作者形容余幼年往事，因思彼亦自写其照，何独予哉！""真有是事，经过见过"，"三十年前事见书于三十年后今（令）余想（悲）恸、血泪盈（腮）。""树倒猢狲散之语，余犹在耳，屈指三十五年矣，哀哉伤哉，宁不痛杀。"等等等等。上面这些批语，不是明确地告诉我们书中所描写的，有不少是作者和批者共同经历的"嫡真实事"吗？脂砚斋的这些批语，与前引作者的表白，不是互为表里，十分一致吗？对于上述这些地方，就显然不是什么"真事隐"，恰恰相反，倒是"真事存"了。

其次是所谓"爱情掩盖政治"的问题。

对于这个问题，我们也要作具体分析。如果这句话是说：《红楼梦》里所描写的贾宝玉与林黛玉之间的爱情本身是没有什么独立的意义的，只不过是作者借来掩盖其书中的政治内容的，完全是为政治打掩护的，所谓"掩盖"，就像是一件东西被另一件东西掩盖住了，别人看不见了那样，全书的政治内容读者也看不清了，需要经过索隐才能看得出来。

如果是作这样的理解，那当然是不对的。我想对这句话会作上述这种理解的人也是不多的①。我的理解作者所写的这个爱情悲剧，是紧紧联结着他的家庭的政治悲剧的。作者心中隐藏着巨大的悲痛，当他在回忆"今日一技无成，半生潦倒之罪"，因而念念不忘那"闺阁中历历有人"，准备"编述一集，以告天下"的时候，他不可能把他在政治上的悲痛遭遇尽情地写出来，他只能把他心中意中念念不忘的"当日所有之女子""其间离合悲欢，兴衰际遇（请注意这八个字——引者），俱是按迹循踪，不敢稍加穿凿"地真实地写出来，而且把它写得那么突出，那么激动人心。但在他写的这段离合悲欢的爱情经历中，却仍旧隐隐地透露出那隐藏在作者心中的巨大悲痛来。真如白头宫女说天宝往事，中藏无限悲痛，何况现今作者说的是包含着自身往事在内的辛酸经历，家庭哀史，岂能无动于衷，岂能不有所透露，例如十六回脂批说："借省亲事写南巡，出脱心中多少忆昔感今。"这里表面上写的"省亲"，实际上却是为了写"南巡"，为了"出脱心中多少忆昔感今"，而这"南巡盛典"，对于曹家来说，不正是"兴衰际遇"之一端吗？后来曹家之败落，曹家填不满的亏空，不是与这个"南巡"也不无关联吗？这种情况，对于不明底细的读者来说，就不容易引起对他的这些难言之隐痛的注意，相反倒是很自然地被他所正面地深刻地描写的宝、黛的爱情悲剧激动着，因而也就容易忽略他在全书中所透露的家庭变故和政治隐痛，姑且不恰当地借用一句现在常说的话来借以作比，也可说是"一种倾向掩盖着另一种倾向"。我认为我所说的这种作者心里深藏的家庭变故和政治隐痛，并不是我们钻牛角尖"钻"出来的，也不是用"索隐"法"索"出来的，而是确有根据的。根据之一就是已经考得的作者曹雪芹

---

① 实际上红学史上的索隐派倒是真正的爱情掩盖说，因为他们认为《红楼梦》的作者是写"康熙朝政治"，"本事在吊明之亡，揭清之失"等等。

的个人身世和家庭败落的历史，还有他的好友敦诚、敦敏诗句里多次透露的"秦淮旧梦"、"燕市歌哭"等等；根据之二是大量的脂批，特别是那些"批至此，竟放声大哭"，"作书人将批书人哭坏了"，"令余悲恸，血泪盈腮"，"哀哉伤哉"这类的批语，不能不使人想到在这些故事情节背后还隐藏着一幕更深的悲剧。否则作者既然写他自身的爱情悲剧，是单纯地"自写其照"，那末何必要这个爱情圈子的局外人（如今的批书人）"竟放声大哭"，甚至"令批书人哭死"呢？一提旧事，这个批者就往往忍不住要"放声痛哭"而至于"血泪盈腮"，痛惜"俺先姊仙逝太早，不然，余何得为废人耶!"这样痛摧心肝的悲叹，难道说仅仅是听古人说书落泪吗？我认为不能作这种皮相的理解。根据之三是本书前面曲子里透露出来的以及脂批揭示的八十回以后的悲剧结局，曲子中写的"飞鸟各投林"，脂批中揭示的狱神庙的情节等等，都显然不是单纯的爱情悲剧或自然灾难，而是有明显的政治色彩的。但这些方面都没有全书关于宝、黛爱情悲剧的描写那样突出，那样引人瞩目。这一方面是由于八十回以后的稿子未能流传；另方面也是由于宝、黛爱情故事是贯串全书描写集中的，而其他方面的内容则是比较分散的，容易为爱情故事所掩盖。根据之四是前引大段文字里所说的"君仁臣良父慈子孝，凡伦常所关之处，皆是称功颂德，眷眷无穷，实非别书之可比"这类与本书内容完全不相符的告白。《红楼梦》一书实际描写的恰恰是君不仁、臣不良，父不慈、子不孝的一幅封建社会的黑暗图和没落图，而作者却偏偏要说是在"称功颂德，眷眷无穷"，如果作者不是为了有所掩饰，为什么要说这类与事实完全不相符的话呢？尤其是那个充当"检查官"的空空道人，经过"思忖半晌"，"检阅一遍"以后，得出了一个结论："毫不干涉时世。"于是"方从头至尾，抄录回来，问世传奇"。这样异乎寻常的描写，确乎是"实非别书之可比"。联系康雍乾时期的文字狱来看，难道能说这些描写都是寻常套语吗？难道没有一点故作掩饰之词的意味吗？我觉得不能简单地这样看问题，当然这种掩饰的手法与上述的情况有所不同，不是由于爱情故事的掩盖，而是用明确的表白的方式故作掩饰了，但细究起来，这一段明确的表白也仍然与那个爱情悲剧密切相关，联结在一起，不可分割的。

特别应该注意的是在本书开宗明义第一回写到英莲即后来的香菱时，正文说："你把这有命无运、累及爹娘之物抱在怀内作甚？"在这段话的上面，甲戌本眉批说："看他所写开卷之第一个女子便用此二语以订终身，则知托言寓意之旨，谁谓独寄兴一情字耶？"（着重点是引者所加）这个批者一开始就点明了并不是"独寄兴一情字"，而是另有"托言寓意之旨"的，那末，我们作为一个读者，不把这部书看作是单纯的爱情小说，而注意到作者在他所描写的爱情的背后，还有"托言寓意"，不是很自然的吗？

总之，这"甄士隐"（真事隐），"贾雨村"（假语存）两句话，是作者在全书一开头就郑重其事地提出来的，是交待了他创作本书的基本态度和一些特殊手法的，我们不应该忽视作者的这一重要说明，把它作为一般的说话看待。至于说"掩盖"一词用得确切不确切，能否用来揭示上述这种较为复杂的内容，是否容易引起简单化的理解，那是可以商讨的。然而决不能因此而认为《红楼梦》是单纯的描写爱情的作品，没有政治内容；也不能认为《红楼梦》里的爱情描写和政治内容都一样写得很突出很明朗，一看就知道，用不着花工夫去研究，因而也不存在什么掩盖不掩盖的问题。我认为根据《红楼梦》的实际情况，决非如此。要之，上述这两句话，是关系到曹雪芹写作本书的一个十分重要的问题，不能对它作一般化表面化的解释，以辜负作者的苦心。作者沉痛地写出的"满纸荒唐言，一把辛酸泪。都云作者痴，谁解其中味！"这首诗，其用意与"甄士隐"（真事隐）、"贾雨村"（贾语存）两句话是相为表里的，我们应当把它联系起来作深入的考察而不应该把它割裂开来，忽略过去。

与上述这些问题相关联的，还有《红楼梦》是一部四大家族的兴衰史，是一部阶级斗争史的提法，这也是毛泽东同志经常提到的。有的同志认为《红楼梦》只是写了贾家的兴衰，并没有具体地写到史、王、薛三家的兴起和败落。如果按照《红楼梦》的具体描写来说，它确是只着重地写了贾府即荣国府、宁国府这个典型的封建贵族大家庭的败落，对于史、王、薛三家，完全是采用陪衬的手法，虽然它确也在不同程度上作了精当地刻画和描写，不能说作者根本没有写这三家，但比起对贾家的描写来，当然要简略得多了。但是，文学作品，常常不能对它作刻板的平均的要求，说了四大家族，描写起来就一定要四家并重，不能有所详略。如有详略，至少就有了问题或漏洞。殊不知人们熟知的梁山一百单八将，《水浒传》作者的创作方法也并不是绝对平均主义，一个个都是半斤对八两，绝无轻重；相反，作者的描写倒是有明确的区分的，何者为步军将校，何者为马军五虎将。交待得清清楚楚，一点也不含糊。特别是武松、林冲、李逵、宋江这些人在书中所占的比重，大大超过其他人物，如果按照上述那种批评方式来对待《水浒传》，那末，《水浒传》作者只好检讨自己缺少集体观念，没有把一百单八将一视同仁、一样对待了。然而，这样的批评方式，也就取消了文学艺术的典型形象。

至于有的同志只承认《红楼梦》里反映了阶级斗争，而不承认反映了政治斗争，这无论是从理论上和《红楼梦》的实际描写上，都是说不过去的。马克思、恩格斯在《共产党宣言》的第一节里就指出："一切阶级斗争都是政治斗争。"① 恩格斯在《路德维希·费尔巴哈与德国古典哲学的总结》的第四节里也讲到："任何政治斗争都是阶级斗争，而任何争取解放的斗争，尽管它必然地具有政治的形式（因为任何阶级斗

---

① 《马克思恩格斯选集》第一卷，第260页。人民出版社1972年版。

争都是政治斗争），归根到底都是围绕着经济解放进行的"①。后来列宁在《卡尔·马克思》这本精辟地概述马克思主义的精髓的小册子里又指出："在许多历史著作（见参考书目）中，马克思提供了用唯物主义观点研究历史、分析每个阶级以至每个阶级内部各个集团或阶层所处地位的光辉而深刻的范例，透彻地指明为什么和怎么'一切阶级斗争都是政治斗争'。"② 列宁在《弗里德里希·恩格斯》这本小册子里，又重复地叙述了这一观点，他说："到现在为止的全部有记载的历史都是阶级斗争的历史，都是不断更替地由一些社会阶级统治和战胜另一些阶级的历史。这种情形，在阶级斗争和阶级统治的基础即私有制和混乱的社会生产消灭以前，将会继续下去。无产阶级的利益要求消灭这种基础，所以有组织的工人自觉进行的阶级斗争，也就应该指向这种基础。而任何阶级斗争都是政治斗争。"③ 由此可见说"一切阶级斗争都是政治斗争"，在理论上是有充分根据的，是马克思、恩格斯、列宁所反复申述的马列主义的基本观点之一，怎么能把它说成是对马克思主义的歪曲呢？那末，联系《红楼梦》这部书来看，是否可以说它写到了政治斗争呢？我认为这是无可怀疑的，先不谈作者通过这部书对封建社会的各个方面，从皇公贵族一直到封建官场和仕途经济以至于作为当时的统治思想的孔孟之道和程朱理学，都进行了尖锐的揭露和批判，而这种揭露和批判，就其本质的意义来说，当然具有政治斗争的意义，这方面我们姑且不去论及，因为这是作者通过作品所表达出来的政治态度，而我们要说的是《红楼梦》里究竟写到了政治斗争没有。从这方面来说，我认为江南甄府的抄家，后来贾府的抄家，《好了歌》所揭示的"因嫌纱帽小，致使锁枷扛，昨怜破袄寒，今嫌紫蟒长，乱烘烘你方唱罢我登场"的情景，

①　《马克思恩格斯选集》第四卷，第247页。人民出版社1972年版。
②　《马克思恩格斯选集》第一卷，第13页。人民出版社1972年版。
③　《马克思恩格斯选集》第一卷，第33页到34页。人民出版社1972年版。

以及四大家族上通朝廷，下结官府，他们互相之间又是"连络有亲，一损皆损，一荣俱荣"。如果这一切都不算是政治斗争，那末当然也就找不着有的评论者所要求的政治斗争的"标准"情节了。当然这一切描写都是极自然地融合在这个封建大家庭的日常琐事特别是贾宝玉、林黛玉的爱情悲剧的进行中的，因而使读者不觉得这些事件的孤立突出。而且原本中将要写到的这些事件因为后部书未传，所以读者的印象也不能很深（现在的印象一部分是后四十回的续作的作用），这种特殊情况我们当然不能不注意到。有的同志认为只要一提"一切阶级斗争都是政治斗争"的这个理论，就是认为鸳鸯抗婚、金钏投井、晴雯被逐、尤三姐自刎等等都是政治斗争，其实这是一种误解，事实上谁也不会把政治斗争作这么简单化的理解的（尽管这些斗争，就其本质意义来说，同样具有政治的意义）。然而，如果硬是不承认这部书里所描写的这么尖锐的政治斗争的内容和情节，把它看作是一部单纯的描写爱情的书，或者充其量再加上一点点丫环们的反抗，那末，这倒真正是对这部伟大著作的思想内容的歪曲和阉割，这是不会得到大多数读者的同意的。

总之，《红楼梦》的内容是深广的，包含着阶级斗争和政治斗争（统治阶级内部的政治斗争）的内容的，只要我们不对它作不符客观实际的牵强附会的解释，从这方面去进行研究和探索，是完全必要的，我们不必要加以禁止和嘲讽。它可以与形象分析和艺术分析相辅相成，而不会互相排斥。

关于《红楼梦》研究的分工问题

《红楼梦》是一部奇书，而且所奇之处并非一端。《红楼梦》的评论与《红楼梦》本身的写作差不多是同时进行的，① 这也是此书独异于他书的一奇。因此追本溯源，可以说，红学与《红楼梦》本身几乎是同时产生的，这种情况，在世界文学之林里，恐怕也是属于仅见的现象。

大家知道，甲戌本已经是重评了，那末在甲戌以前，一定还有一次初评，具体时间无法确定，但最低限度，起码要在甲戌乾隆十九年（1754 年）前一年，即乾隆十八年癸酉（1753 年）。也即是说，至少在 1753 年，"红学"就开始了自己的历史。如果再往上推，则依甲戌本正文所说"曹雪芹于悼红轩中批阅十载、增删五次"的说法，上推十年，则可以推至乾隆八年或九年，也即是 1743 或 1744 年。从那时以来，一直到今天，"红学"已经有了二百二十七年或二百三十七年的历史了。

在这二百二十七年或二百三十七年的历史中，脂评是"红学"的基础，也可以说是最早的"红学"。初期的"红学"根本无所谓分工，虽然它的内容也包括很多方面，但基本上都是杂书在一起的，如古人所写的随笔、札记一样。这一类著作，如周春的《阅红楼梦随笔》，二知道人的《红楼梦说梦》，裕瑞的《枣窗闲笔》，诸联的《红楼评梦》等等，大体都是如此。稍后，评点派的著作问世了，如影响较大的护花主人王雪香的评本，比王雪香稍后一些的太平闲人张新之的妙复轩评本，以及更后的大某山民姚燮的评本等等，相继迭出。这类书，就其内容来说，是专评《红楼梦》的，可以说与上面这种杂书在一起的著作有所不同，表明了"红学"发展得更细了一点，初步有了分工。到了民国初年，索隐派的著作勃兴，王梦阮、沈瓶庵的《红楼梦索隐》，蔡元培的《石头记索隐》，邓狂言的《红楼梦释真》等书相继出版，索隐派的著作与评

---

① 据研究者们的意见：曹雪芹写作《石头记》的同时，脂砚斋就开始评批了，我认为这种分析是有道理的。

点派的著作有一个根本不同的地方是索隐派是把《红楼梦》这部书当作政治小说来看待的，无论是说写顺治与董小宛的故事也好，① 无论是说"吊明之亡揭清之失"也好，② 无论是说"明清兴亡史"也好，③ 都是着重在本书的政治内容，从"红学"的发展来说，无疑又增添了新的内容。

继索隐派之后，以胡适为首的新红学派登场。新红学派一方面清算了索隐派，使"红学"推进了一大步。另方面，在"红学"的内容上又提出了崭新的问题，一是考证了小说的作者及其家世，二是提出了"自传说"的观点，三是开始了《石头记》乾隆抄本的研究。从以上这些情况来看，说明"红学"到了新红学派的阶段，其研究的方面又前进了一步，所分门类比以前更细了。

上述情况说明，"红学"每前进一步，它的研究项目也就增加一些新的内容，"红学"不断在向深和细的方面发展，也即是向专门化的方面发展。

全国解放以来的三十年，自1954年以后，如前所论，"红学"走上了一个新的途程，中间虽经曲折，但毕竟还是做出了很大的成绩，从三十年来"红学"研究者们发表的著作论文和今年国内外的两次盛会来看，"红学"的内容更为丰富，所分研究项目更为细致了。

前些年在国外曾有"红学"、"曹学"之说，我们在美国参加首届国际红楼梦研讨会时，会上也论及"红学"和"曹学"，"曹学"之说的首创者余英时教授在会上还郑重声明"曹学"一词，非但无贬抑之意，且有尊重之旨，会上周汝昌同志并用"内学"、"外学"为比，认为"曹学"可称为"外学"，"红学"则可称为"内学"，"内"、"外"

---

① 见王梦阮、沈瓶庵的《红楼梦索隐》。
② 见蔡元培《石头记索隐》。
③ 见邓狂言《红楼梦释真》。

应该相辅相成，相得益彰。当时博得与会者的一致首肯。我个人认为研究曹雪芹而成为一门专门学问，并得列于世界学术之林，这是我们伟大祖国的光荣，也是曹雪芹的光荣，我们不应该用讽刺鄙视的眼光来对待"曹学"这两个字，不承认它是一门真正的学问。用这样的老框框来看待学术领域的变化和发展，我想是不符合学术发展的规律的。就是"红学"本身当初也是不被人承认的，也是经历过一段被鄙视的遭遇的。但是学术发展的规律却证明了"红学"不仅能存在，而且已成为一门世界性的学问，想当初那些对"红学"的嘲讽，反而成了学术史上的话柄。我感到目前"曹学"的处境，似乎有些像当年"红学"的处境。但是我坚信学术要发展、要前进，"曹学"既然产生了，任何鄙视和嘲讽都阻止不了这门学问的发展。因此我们应当尽力将这门学问推向前进，而不应该使它停留在目前的阶段。我想只要我们能作不懈的努力，"曹学"这门学问是可以丰富和充实起来的。

从"红学"发展历史和今年国内外的两次盛会来看，大体上"红学"似乎已可粗略地分以下几个方面：

一、"曹学"或"外学"。它似应包括：1. 关于曹雪芹家世的研究。2. 关于曹雪芹传记的研究。3. 关于曹雪芹文物的研究等等。此外，似还可以包括曹雪芹的时代，以及明清以来的政治史、思想史、文学史、建筑史、满族史等等各方面与曹雪芹和《红楼梦》有关的部分在内。

二、"红学"或"内学"。它似应包括：1.《红楼梦》的版本学。2.《红楼梦》的思想内容。3.《红楼梦》的人物创造。4.《红楼梦》的艺术成就。5. 曹雪芹的世界观和他的创作。6.《红楼梦》的成书过程。7.《红楼梦》八十回后的情况。8. 脂批的研究。9.《红楼梦》后四十回的研究。10. 关于《红楼梦》语言的研究。11.《红楼梦》与我国古典文学传统的关系。12.《红楼梦》给予后世的影响。13.《红楼梦》与清代社会，等等等等。

上举这两个方面，并不是给"红学"画框框，不过是略举其例说明问题。大家知道，《红楼梦》确是一部百科全书式的巨著，因而"红学"也应该是包罗万象的，不可能给它画出框框来的。"红学"的内容，自应由《红楼梦》的研究者们去创造性地加以发展和充实。

正因为如此，所以我认为"红学"发展到今天，应该明确地提出分工的问题来了。这就是说"红学"的内容既如此广泛，我们就不可能要求一个"红学"研究者去研究"红学"的一切，而应该向专门化的方向发展。比如说，有的研究者有兴趣研究曹雪芹本身，有的研究者有兴趣于研究《红楼梦》本身，有的研究者又喜欢研究《红楼梦》的版本，而有的研究者又喜欢研究曹家上世的历史，如此等等。对于研究中的这种各人的爱好和专长，应该尽量各尽所好，扬长避短，而不要强人所难，不要指责他为什么老爱研究这个而不爱研究那个，我们可以评论研究者的成果，指出他的得失，却无权规定他只能研究什么，不能研究什么。对于一个研究者的研究项目横加干涉这是应该禁止的。我认为明确这一点，对今后"红学"的发展将会有好处，将会有利于这门学问的发展，而应该坚决杜绝那种家长式的无理的批评：你为什么要研究"这个"而不去研究"那个"之类。

我这里提出分工问题绝无限制研究者研究领域的意思，一个才华卓绝的研究者，他既可以研究"这个"，也可以研究"那个"，他的研究决不应该受到任何限制。但是对于一个批评者，我认为倒可以略加限制，即限制他不要去批评研究者为什么不研究"这个"而研究"那个"。我认为世界上学问之大，无奇不有，《红楼梦》本身包罗万象，它所涉及的面实在太广泛了，《红楼梦》所描写的任何一个侧面，都可以使你花费很大的精力去研究它，所以我们切不可抱狭隘的实用主义观点来对待科学研究事业。伟大的曹雪芹曾经说过："闺阁中历历有人，万不可因我之不肖，自护己短，一并使其泯灭也。"我觉得研究者也历历有人，决不可因为我们自己的局限，而有意无意地去限制别人的研究，一并使其泯灭。我之所以发此议论，是有感于近几十年来，学术界有一种风气，喜欢批评或指责别人为什么要研究"这个"和为什么不研究"那个"，这样弄得研究者无所适从，左右为难。因为他研究了"这个"，当然就不能同时去研究"那个"；这样，一个研究者就永远躲不开批评家们的笔锋。

当然，我决不是说对研究工作不能批评，我的意思决不是如此，相反，我认为对于任何一部学术著作从内容到形式（书的结构）作研究性的认真的分析批评或表扬，或交换不同意思，这是完全应该加以肯定和提倡的，这是促进学术发展的一种重要的推动力，"红学"的发展，也离不开这点，这是毫无疑问的。

关于考证

在历史科学研究领域里，我认为不应该排斥或轻视考证。考证就是调查研究，就是辨伪存真，弄清问题。因此，可以毫不夸张地说，在历史科学领域里，是不应该排斥或轻视对史料或历史事实的考证的，排斥或不重视考证，至少会降低历史科学的科学性，虽然历史科学与考证学是两个概念，考证学不能代替历史科学，但历史科学却离不开考证学。可是，三十年来，我们学术界对于考证，常常是左右摇摆，时而加以批判，斥之为资产阶级的伪科学；时而又加以表扬，一旦考证出某些重要成果时，考证又成为一门时髦的学问。

其实，在历史科学范畴内，包括历史、文学史、文化史、艺术史、哲学史、宗教史、民族史、文物考古等等等等，这些学科，哪一门也离不开考证，离开了考证，也就离开了科学而陷于盲目。但是考证应该区别马克思主义的历史唯物主义的考证和资产阶级主观唯心主义的考证。对于前者，我们要大力提倡，始终坚持；对于后者，我们可以承认他们取得的经过实践检验肯定了的成果或结论，因为封建阶级和资产阶级的历史科学包括他们的考据学，也作出了他们的不可低估的成就，这些成就之所以取得是由于他们在一些具体问题上坚持了实事求是的精神。因此，对于被实践证明是正确的某些结论，我们不应该站在褊狭的立场上盲目加以排斥。但是作为一种思想体系，作为一种方法论，我们应该抛弃主观唯心主义的思想方法，抛弃那种先有结论后找材料，用片面的材料去强证事先设好的结论的这种主观唯心的"考证"方法。从本质上来看，这种先有结论，后找证据，而这种证据，又往往是牵强的、主观设想的，甚而至于还有造伪证的。因此，这实际上已经不是真正的科学考证而只是借用其名以欺骗读者而已。所以，我们应该提倡实事求是，充分掌握材料，用历史唯物主义的观点对材料进行分析，从客观材料中经过科学分析得出科学结论的这种马克思主义的历史唯物主义的考证方注。

有一种见解，认为在《红楼梦》的研究上，考证工作已经做得差不多了，用不着花很多力气了，只需要对《红楼梦》本身作研究就行了。重视对《红楼梦》本身的研究，当然是对的，但是不能把对与《红楼梦》有关的考证工作和对《红楼梦》本身的研究这两者对立起来，应该认识到，这两者是相辅相成的，丝毫也不会互相排斥的。而尤其不能认为关于《红楼梦》的研究，考证工作已经差不多了，这种说法是没有任何根据的。第一我们不能断定今后永远也不会出现有关《红楼梦》和曹雪芹的任何新材料了，只要有新的材料出现，我们就要鉴别它的真伪，这就离不开考证。前几年由于历史博物馆收藏的三回又两个半回的乾隆残抄本的出现，终于弄清了这是己卯本的散失部分，并且因此而弄清楚了己卯本原是怡亲王府的抄本。这在《红楼梦》的版本研究上，确是一个重大的突破，然而这样的事情的出现，并非事先预算到的，而是在无意中发现的；又如庚辰本是据己卯本过录的这个结论，也并不是事先就预见到的，而是在研究过程中发现的。再如两篇康熙年间的《曹玺传》的发现，曹荃的原名确是曹宣，曹雪芹的高祖曹振彦原是后金的"教官"，属佟养性属下，于天聪八年已为"旗鼓牛录章京"等等这一系列曹家重要史事的发现和考证，也完全是得之于无意中的，并非预先知道将有此"奇遇"才去"发现"的。既然以前的考证成果并不是预知其有的，那末，怎么能预知其今后将无可考证呢？作这样的预言除了使人们不重视材料的发掘和考证外，对"红学"的研究有什么积极意义呢？第二，已经被发掘出来的有关曹雪芹的文物资料，至今尚未考证出一个共同认为合理的结论来，例如曹雪芹的画像问题，《废艺斋集稿》的真伪问题，书箱问题，香山正白旗 39 号老屋的问题，白家疃的问题，等等，对于这些悬案，也需要花工夫去解决。第三，现存十多种乾隆时的《石头记》抄本，虽然已初步发现了它们之间的内在关系，但至今尚未考证清楚，尚有待于深入研究，而弄清楚这些版本的内在关系，对《红楼梦》的思想和艺术的研究，都是至关重要的，我们决不能说这方面的工作已经做得差不多了；相反，我认为真正的研究还刚刚开始，科学的丰硕的成果还有待今后的研究者们去共同作出。恩格斯曾经说过："即使只是在一个单独的历史实例上发展唯物主义的观点，也是一项要求多年冷静钻研的科学工作，因为很明显，在这里只说空话是无济于事的，只有靠大量的、批判地审查过的、充分地掌握了的历史资料，才能解决这样的任务。"[1] 列宁也曾经说过："不用相当的独立功夫，不论在哪个严重的问题上都不能找出真理；谁怕用功夫，谁就无法找到真理。"[2] 这里无论是恩格斯也无论是列宁，都是强调在科学研究上要用

---

① 恩格斯《卡尔·马克思〈政治经济学批判〉》（1859 年 8 月 3 – 15 日），《马克思恩格斯选集》第二卷，第 118 页。

② 列宁《几个争论问题》（1913 年），《列宁全集》第 19 卷，人民出版社 1959 年版，第 135 – 136 页。

大功夫、真功夫，对待历史资料，要"批判地审查过"。什么叫"批判地审查过"，当然包括对历史资料真伪的鉴别考订，这就是调查研究，也就是考证。一个严肃的认真的历史学家或文学史家、或古文化的研究者，他首先会懂得重视资料的发掘积累和考订鉴定工作的重要性，他的研究工作也必然将从这里开始。一个科学的结论，它总是建立在大量的可靠的资料的基础之上的，离开了这些可靠的历史资料，就不可能有任何科学的结论。这是我所理解的理论工作的一个根本原则。如果理论是黄金的话，那末大量的可靠的历史资料就是金矿石，离开了这些金矿石，就不可能有黄金。遗憾的是近几十年来，我们对资料工作包括资料的考订工作不够重视，尤其是"十年浩劫"期间，我们的党风、文风、学风败坏殆尽，正是"贞风告退，大伪斯兴"，说话写文章根本不要根据，连给人定罪名都不要根据，然而所谓的"调查组"却又道路相望，张袂相连，好像十分重视调查，实际上是按照既定目标去拼凑假材料，制造假结论，以诬陷好人。这样的调查，这样的"考证"，我们当然要坚决反对，坚决抛弃。

"四人帮"是最反对考证的，姚文元曾经在一篇疯狂地攻击周扬同志的文章里恶狠狠地质问道："你们不是连续发表了几百万字的曹雪芹死年考据、祖宗考据、大观园地址考据等等奇谈怪论，登了整版整版稀奇古怪的地图，为胡适派唯心论实行了一次大复辟吗？"只要是"考证"，就是"胡适派唯心论"，这就是"四人帮"的逻辑。我们试把前面引到的恩格斯和列宁的两段话，拿来与姚文元的这段话作一对照，问题不是十分清楚吗？马列主义的科学态度是要求研究者有"多年冷静钻研"的刻苦精神，要求研究者充分地掌握大量的、批判地审查过的历史资料，而且要不怕用功夫去寻找科学上的真理。"四人帮"则是禁止这样做。在"四人帮"统治期间，文章假、大、空已成为当时占统治地位的文风，非如此不能中式。这种文风，不仅流毒于文坛，而且给予当时的世道人心和当时的世风影响甚深，贻害无穷。

现在"四人帮"已被押上了历史的审判台，"四人帮"的这一套以极"左"面目出现的"理论"也应该同时押上理性的审判台，以肃清它的流毒，使受到这种极"左"思潮影响的人能自觉地清除这种错误思想和"理论"。

为了实现四个现代化，我们要求建立一种实事求是的务实的社会风气，去浮夸、崇实际，以便我们踏踏实实地去埋头苦干，建设我们的社会主义事业。这样，也就必然要求我们建立起相应的学风、文风，在学术上大兴实事求是之风，大兴调查研究之风，以此来扫除"四人帮"的歪风邪气，在"红学"的领域里同样是如此。我们应该有理论的勇气，有理论上的自信心和坚定性，不要怕有些人的闲话，也不要怕有些人的指责，更不要怕什么棍子和帽子，我们要为发扬马列主义的实事求是的学风、文风而勇敢斗争。

关于思想和艺术的研究

对于《红楼梦》的思想内容的研究和艺术成就的研究，是整个《红楼梦》研究的中心问题，也是"红学"的主要内容。三十年来，我们在这方面作出了一定的成绩，但也还存在着不少问题，有待我们进一步解决。

有关思想内容方面的问题，我感到下列问题需要深入研究：

一、关于《红楼梦》的时代背景的问题。《红楼梦》是一部百科全书式的书，它牵涉的面十分深广，要深入地研究这部书的思想内容，就必须深入地研究产生这部巨著的历史条件：例如当时社会阶级斗争的状况、人民生活的情况、封建婚姻制度的状况、满族入关建立政权以后形成的一些社会制度和风习的特殊情况、满洲以及清代的封建贵族官僚家庭的状况和它的奴婢制度、封建官场的制度和内幕、科举制度等等等等，诸如此类的问题都是需要我们去深入研究的。

二、关于当时统治阶级的内部矛盾。清代统治者自入关以后，内部争权夺利的斗争没有停止过，特别是康熙朝开始围绕着争夺皇位继承权的斗争，愈演愈烈，皇太子几经废立，连康熙帝自己实际上也是在这种激烈的斗争中死去的。雍正上台以后，穷治异己的力量，把自己的亲兄弟剪伐殆尽，在康熙朝深受重任的朝廷老臣，也想尽办法来加以剪除，甚至连协助雍正夺取政权的年羹尧、隆科多也未能幸免。曹家自曹振彦起，初事佟养性，继事多尔衮，入关以后因曹玺之妻孙氏当了康熙的奶妈，曹寅因康熙这个奶兄之故，一时飞黄腾达，终康熙之世，曹家始终盛极一时，但康熙一死，政权转移，曹家在统治者的内部斗争中，也就败落到不复再振，这种激烈的统治阶级的内部斗争，与《红楼梦》这部书的关系是很深的，有关这方面的情况也是研究这部书的思想内容时必须注意的问题。

三、关于资本主义萌芽的问题。这个问题，在"文化大革命"以前就曾经深入讨论过，学术界基本上得到了统一的认识，即认为资本主义萌芽和有所发展，在康熙乾隆时代是不成问题的，不过有的同志估计得高一些，有的同志则估计得低一些。近几年来不少报刊发表了很多有关清代资本主义萌芽和发展的论文，引用了大量的新的资料，更充分地说明了资本主义萌芽和发展，在清代乾隆时期是无可怀疑的历史事实，而且它的萌芽当然不是始于清代，起码要上溯到明代中叶。这里存在着分歧的是有的同志只承认清代的资本主义的萌芽和发展，而不承认这种萌芽和发展的经济形态已经在文学艺术领域里有所反映，他们认为在社会上，在当时的经济领域里存在这种萌芽并不一定就在意识形态领域里有所反映。我认为这是一个值得深入探讨的问题，它是否在文艺领域里已经有所反映,这不是一句空话,这要看事实,要看这些文艺作品(包括《红楼梦》)所反映的思想究竟是否是属于资本主义萌芽的思想意识。我个人是肯定的,不仅如此,我认为明代短篇小说里的一些内容就已经清楚地反映了这种思想。弄清楚康熙、乾隆时期资本主义萌芽的状况和它在意识形态领域里是否有所反映,这直接关系到对贾宝玉、林黛玉的思想的评价,也涉及对曹雪芹的世界观的评价,所以这也是研究《红楼梦》的思想内容所必须深入探讨的一个方面。

四、关于哲学思想方面的斗争。自明代后期以来,当时进步的思想家一直在进行着反对程朱理学的斗争,王学左派的王艮和稍后的李贽就是代表人物。尤其是李贽,与当时的大官僚地主封建道学的代表者耿定向进行了坚决的斗争,对儒学的偶像孔子和《六经》、《语》、《孟》,进行了有力的批判。明代以来的这种反程朱理学的斗争,一直继续到清代。清代统治者为了巩固他们的封建统治,大力宣扬孔、孟之道和程朱理学,当时的一批具有朴素唯物主义和初步民主主义思想倾向的思想家如黄宗羲、顾炎武、王夫之、唐甄、戴震等等,他们对程朱理学,对封建专制的君主制度,对科举制度,对土地问题,以至于妇女问题等等,都进行了猛烈的批判。当时哲学思想领域里的这种激烈的思想斗争,我们完全可以在《红楼梦》里听到它的曲折的回响,《红楼梦》开头所讲的正邪二赋,以及贾宝玉的反对仕途经济,反对官场中人物,反对科举考试,反对"金玉良缘"的封建婚姻,要求实现"木石前盟",即由自己选择的婚姻等等,这一切都是与当时意识形态领域里的斗争息息相关的,因此,当时哲学思想领域里的斗争情况,同样是研究《红楼梦》的思想内容所必须注意到的。

五、我们提出这些方面,同样不是为这方面的研究画出什么范围和框框,更不是要用这些方面去套《红楼梦》的内容。《红楼梦》的思想内容究竟如何评价,必须依据《红楼梦》本身的实际描写来加以分析。

因此研究《红楼梦》的思想内容，必须把重点放在对《红楼梦》本身的研究上，上述几个方面的研究是为了我们能更历史地全面地分析和认识《红楼梦》的思想内容，分析某种思想在《红楼梦》里出现，从时代条件和历史环境来看有没有这种可能性，然后帮助我们比较科学地确定《红楼梦》的思想的性质，而不是要用以上各方面的研究来代替对《红楼梦》本身的研究，我们所以要重视以上各方面的研究，是因为《红楼梦》在乾隆时期出现，决不是偶然的孤立的现象，它本身就是那个时代的现实生活（包括各个方面）的反映，因此在研究它的思想内容的时候，就必须联系当时的社会现实来进行比较分析。这样分析的结果，并不是要把《红楼梦》当作一部思想斗争史来看，更不是要把它作为一部社会史来看，而是要通过这些方面的分析，看清楚这些艺术形象所包含的思想以及这种思想的社会性质。从而更深刻地去认识这些栩栩如生的不朽的艺术典型的思想内涵，更深刻而确切地去评价这部伟大的文学巨著的思想意义。

关于艺术成就方面的研究。

这方面的研究，我们至今还是一个薄弱环节，比较起来，比起其他方面的研究，要差得多，但是究竟怎样来加强这方面的研究呢？我认为需要大家来努力，各抒所见：无论是《红楼梦》的典型创造的方法也好，《红楼梦》的结构布局也好，《红楼梦》的现实主义的特色也好，《红楼梦》的语言艺术的成就也好，《红楼梦》的艺术风格也好，《红楼梦》与传统文学的继承和革新的关系也好，如此等等，这一切都需要我们努力去研究它。当然更需要研究者们独具匠心地去发掘问题，总结它的艺术成就和某些创作特色，特别是曹雪芹在艺术上的独特的构思和匠心的安排，在这方面，国外不少"红学"家们的研究成果是值得我们借鉴的。

《红楼梦》确实是一座艺术的高峰，它所达到的成就，决不是我们开列几个研究的方案就可以去研究出结果来的，它需要它的研究者作艰苦的探索。它在人物创造上、情节结构上的杰出的成就，自然是值得我们作深入的细致的探索的了，可以说在《红楼梦》以前，从小说的结构方面来看，还没有第二部这样的小说。《水浒传》是单线式的发展；《三国志演义》是三条线也即三个方面的交叉发展，而且它是依傍着历史事实的；《西游记》则同样是单线式的发展，是以唐玄奘的西天取经路线为其故事线索的。以上这些著名的小说，都与《红楼梦》不一样，稍为与之接近的是明代的长篇小说《金瓶梅》。《金瓶梅》在描写家庭琐事、社会生活各方面与《红楼梦》有很多接近之处，但在结构上也还没有达到《红楼梦》这样宏伟严密和完整的程度。《金瓶梅》仍然是以一个主角西门庆的活动为中心的，而《红楼梦》在结构上是一座结体严密，构思完整，具有千门万户，回廊曲折，崇阁画楼，洞房幽室，和一座富丽典雅的大观园的伟大而完整的艺术宫殿，它的人物不是一个个地在这座庞大结构里单独活动，而是一齐在活动，是活动在一个时间和一个空间，它的故事的发展不是单线的发展而是整体的发展，这在我们的小说史上确是空前的。另外，我们再从它的语言艺术方面来看，我感到也是值得我们花很大的力气去研究的。作者描写人物准确，他的语言富有雕塑感，他可以用三言两语就勾勒出一个栩栩如生、十分传神的人物来，例如那个醉金刚倪二，那个在尤二姐面前评论林黛玉、薛宝钗的兴儿，那个喝醉酒骂主子的焦大，那个会学舌的红玉等等等等，作者所用的笔墨都不多，但是读者同样可以如闻其声，如见其形，这种艺术手段是多么高超啊！《红楼梦》还散发着浓郁的生活气息，具有迷人的魅力，它所描写的春夏秋冬不仅是富有季节性的特征的，而且是这种特征与这个贵族家庭的特殊生活紧密结合在一起的，一样的冬天，普通人家能像她们那样割腥啖膻吗？能像他们那样去栊翠庵品茶吗？能有这样的风流人物去点缀出一幅活动的仇十洲的美人图吗？可见作者不仅仅是准确地写出了季节性的特征，而且是使这些季节的特征与这个贵族家庭的特殊生活和特殊情趣融成了一片，这是多大的艺术才华啊！再如他所描写的刘姥姥女婿的家，着墨也不多，但他们的生活情景，却使你感到亲切入味，庄户小民艰难困苦的生活气息扑面而来。有谁从困顿中过来的么？看看那节文字，难道不会从记忆深处引起感情的波澜么？有的评论者却说曹雪芹不熟悉农村生活，一写到农村生活就显不出作者的杰出才华，我感到这种评论未免有点过于简单化了，评论者可能把作者后来描写贾宝玉的不懂庄农生活误作了作者自己不懂庄农生活，这实在是一种误解！还有的评论者要人们去研究为什么贾宝玉、林黛玉、薛宝钗、史湘云等他们的学问修养与他们的年龄、学历不相称等等，我担心如果真的这样去研究《红楼梦》的辉煌的艺术成就，那就有点玄乎了。《红楼梦》有没有它的局限性？那是有的，但那是历史的时代的局限，作者世界观的局限，我们正是要从这些方面去探究它的成就与不足，但这些不足，决不是表现在上述种种，难道这样一位卓越的现实主义艺术大师，连他所创造的典型人物的年龄与他们的学问、知识的关系都没有能力处理么，就一定要留下败笔么？这样提问题，无异是提出大荒山下的这块石头为什么会说话一样，这样的看问题，未免对这位艺术大师过于低估了。

总之，《红楼梦》的艺术成就，我们是要花工夫去研究的，但我们必须沿着正确的方向去研究它，必须用马列主义的文艺理论去研究它，必须实事求是地去研究它，总结它的丰富的艺术经验，只有这样，我们的研究才能取得丰硕的成果。

结　语

"红学"已经有了二百多年的历史了，新中国成立以来，"红学"

也已继续发展了三十年。就其成绩来说，这三十年的"红学"所达到的成就，可以说远远超过了过去二百来年"红学"成绩的总和。虽然三十年的成就与过去的"红学"是不能截然分开的，而且这三十年的中间十年，还经历了很大的曲折和很大的混乱，但这三十年中，我们确实做出了显著的成绩，只要看一看下面这个简要的书目，就大体可以了解三十年来"红学"成就的大概了：

一、影印《石头记》抄本

1. 脂砚斋重评《石头记》（庚辰本）　1955 年文学古籍出版社影印

2. 乾隆抄本百廿回红楼梦稿　1963 年中华书局影印

3. 戚蓼生序本《石头记》　1973 年文学出版社影印

4. 脂砚斋重评《石头记》（甲戌本）　1973 年上海中华书局影印

5. 脂砚斋重评《石头记》（己卯本）　1980 年上海古籍出版社影印

二、影印有关《红楼梦》的重要资料

1. 四松堂集（附鷦鷯庵笔麈）　宗室敦诚　1955 年文学古籍刊行社出版

2. 懋斋诗钞　宗室敦敏　1955 年文学古籍刊行社出版

3. 春柳堂诗稿　宜泉先生著　1955 年文学古籍刊行社出版

4. 绿烟琐窗集　明义　1957 年文学古籍刊行社出版

5. 枣窗闲笔　裕瑞　1957 年文学古籍刊行社出版

6. 高兰墅集　高鹗　1957 年文学古籍刊行社出版

7. 阅红楼梦随笔　周春　1958 年中华书局上海编辑所出版

8. 楝亭诗钞　曹寅　1980 年上海古籍出版社

三、排印《红楼梦》

1. 红楼梦　1953 年人民文学出版社依程乙本排印，此后曾多次校

注重印

2. 红楼梦八十回校本　俞平伯校订，王惜时参校　1958 年人民文学出版社出版

3. 脂砚斋红楼梦辑评　俞平伯辑　中华书局上海编辑所　1966 年新二版

四、重要论著：

1. 红楼梦辨　俞平伯　1973 年人民文学出版社重版

2. 红楼梦研究　俞平伯　1973 年人民文学出版社重版

3. 红楼梦新证　周汝昌著　1953 年初版，1976 年增订重版

4. 曹雪芹小传　周汝昌著　1964 年初版，百花出版社 1980 年增订重排

5. 曹雪芹丛考　吴恩裕著　上海古籍出版社 1980 年版

6. 曹雪芹佚著浅探　吴恩裕著　天津人民出版社 1980 年版

7. 曹雪芹的故事　吴恩裕著　1979 年香港中华版

8. 红楼梦探源　吴世昌著　英国牛津大学出版社　1961 年出版，英文本

9. 论红楼梦　何其芳著　1958 年人民文学出版社出版

10. 红楼梦探源外编　吴世昌　1981 年上海古籍出版社

11. 红楼梦评论集　李希凡、蓝翎著　1957 年初版，1973 年人民文学出版社再版

12. 红楼梦论稿　蒋和森著　1959 年人民文学出版社初版

13. 漫说红楼　张毕来著　1978 年人民文学出版社出版

14. 红楼佛影　张毕来著　1978 年人民文学出版社出版

15. 红楼梦论丛　邓绍基、刘世德、陈毓罴著　1980 年上海古籍出版社出版

16. 论庚辰本　冯其庸著　1978 年上海文艺出版社出版

17. 曹雪芹家世新考　冯其庸著　1980 年上海古籍出版社出版

18. 红楼研究小史稿　郭豫适著　1980 年上海文艺出版社出版

19. 红楼梦卷　一粟编　1963 年中华书局版

20. 红楼梦书录　一粟编　中华书局上海编辑所出版

21. 红楼梦叙录　胡文彬编　1980 年吉林人民出版社出版

22. 关于江宁织造曹家档案史料　故宫博物院明清档案部编　中华书局 1975 年出版

23. 李煦奏折　故宫博物院明清档案部编　中华书局 1976 年出版

24. 论凤姐　王朝闻著　1980 年百花出版社出版

25. 红楼梦诗词曲赋评注　蔡义江著　1980 年北京出版社出版

五、专刊

1. 红楼梦学刊　王朝闻、冯其庸、李希凡主编　1979 年百花出版社出版

2. 红楼梦集刊　红楼梦集刊编委会　1980 年上海古籍出版社出版

以上这个书目是极其简陋的，因为这篇文章中不能更多地列入，所以真正是挂一漏万，特别是三十年来发表的重要的"红学"论文确实不在少数，但是也是由于篇幅的限制根本不可能稍加罗列，至于文物方面的发现，特别是辽阳曹振彦题名碑的发现，五庆堂上祖曹得选、曹得先、曹世爵题名的弥陀寺碑的发现，"文化大革命"以前《五庆堂曹氏宗谱》的发现，前几年五庆堂曹氏祖茔的发现，康熙时期的两篇《曹玺传》的发现，三回又两个半回的己卯本残文的发现，有正书局石印戚蓼生序本前四十回底本的发现，蒙古王府本的发现，红楼梦稿本的发现，梦觉主人序本的发现，曹雪芹的两个书箱的发现，废艺斋集稿的发现等等等等，更是"红学"界的盛事，但是也是由于篇幅的关系不能一一详述。当然有关书箱和废艺斋集稿的问题，还有待于进一步的讨论，但不论怎

样，三十年中有这么多的发现，有这么多的论著的出版，有这么多的论文的发表，有这么多的珍贵抄本的影印，毕竟使"红学"大放异彩，毕竟是"红学"的大发展，三十年来的总成绩，毕竟可以说是超过了过去两百年的总和，我认为这样说并不是过分的。

特别是近十多年来，"红学"界涌现出了一大批新秀，他们努力学习马列主义、刻苦钻研"红学"，发表了一批很有见解的文章和专著，在"红学"界产生了较大的影响。还有一种新的情况，就是在全国出现了几个"红学"较为发达的地区，例如：哈尔滨、沈阳、南京（包括扬州）、上海、安徽等地，研究"红学"的空气颇为浓厚，领导也很重视。还有散处在全国各地的"红学"研究者和爱好者，更是难以数计。这种情况，说明了"红学"已经有了广泛的群众基础，已经开始形成了一支全国性的"红学"队伍，说明了"红学"后继有人，它不再是少数几个人关在书房里作个人钻研的情景了。可以说，在文学史上，还找不到第二部作品或第二个作家，具有如此庞大的完全出于自发的研究者和爱好者的队伍，这是值得我们十分重视和兴奋的现象。

这里还要说明一点，"红学"目前已经成为世界性的学问，理应把海外学者的卓越成就包括进去，如美国的赵冈教授、余英时教授、周策纵教授、李田意教授、唐德刚教授、程曦教授、韩南教授、米乐山教授、王靖宇教授、刘若愚教授、倪豪士教授、余国藩教授、那宗训教授、马幼垣教授、马泰来教授，日本的松枝茂夫教授、伊藤漱平教授，英国的霍克思教授，法国的陈庆浩教授、李治华教授，加拿大的叶嘉莹教授；还有我国台湾省的潘重规教授、高阳教授，香港的牟润孙教授、宋淇教授，等等等等，他们都作出了卓越的贡献，还有我这里无法一一列举的海外的许多"红学"专家，他们确乎对"红学"的发展起了很大的积极作用，因此我们确乎可以自豪地说，三十年来，国内外的"红学"都得到了重大的令人满意的发展。

　　然而，学无止境，"红学"也无止境，它当然要继续发展，当前国际上已开过首届"红学"讨论会，国内同样也开过了第一次全国"红学"讨论会，并成立了全国"红学"会的组织，全国的"红学"研究者都已经组织起来了，不仅如此，我们还创办了两个"红学"的专刊，据知不久以后第三个"红学"专刊即将问世。这种情况，确实说明"红学"研究的形势很好，"红学"必将大发展，因此也可以说，"红学"面临着历史上的新时期，大发展的时期，这样，当前的客观现实就给我们提出了一个"红学"如何发展的问题。我的这篇文章就是为了引起大家讨论这个问题而写的。现在我把我的意见概括如下：

　　一、"红学"的发展，必须依靠马列主义，马克思主义的历史唯物主义和辩证唯物主义，马列主义的文艺理论，是我们的理论基础。但我们必须真正地学懂马列主义，严肃地准确地来运用马列主义，马列主义的活的灵魂是具体地分析具体问题，从而解决问题，因而不在于你是否引用了马列主义的词句，而在于坚持马列主义的理论原则，坚持用马克思主义的阶级分析的方法来分析历史现象和文化现象。但是这种分析应该是实事求是的而不是左右摇摆的，应该是创造性的而不是套用现成的公式或贴标签。马列主义是我们研究问题的理论依据和方法，决不是任何具体问题的现成结论。马列主义在任何一个具体问题上的研究并得出合乎科学的结论，都必须研究者付出创造性的劳动，不要把创造性看得那么神秘，任何一个研究者都负有这个责任，否则他就只能人云亦云，而这样的研究并不是我们所需要的。因此我们应该鼓励研究者们创造性地运用马列主义，使我们的研究开出奇异的花朵。

　　二、当前"红学"的研究，重点应该放在对《红楼梦》本身的研究上。研究它的思想，研究它的艺术成就，这两者是互相关联的，但又各有自己进入的特殊性，所以这两方面的研究都各有自己的特殊内容，目前这两方面的研究都还需要我们作更大的努力，写出不止一部或两部真正具有深刻的独到的见解的专著来，当然这样的论文也同样是需要的。总之我们要付出我们的心血来解剖这部巨著，我们不能辜负作者的匠心和苦心。

三、我们应该明确提出在"红学"研究上的分工问题，应该坚定不移地贯彻党的"百花齐放、百家争鸣"的方针，各献所长，各有专攻，不要以己所好去否定别人的劳动。我们提倡马列主义，但也欢迎各种不同学术观点的相互探讨，欢迎各种不同的学术流派的竞赛和发展，决不搞"一言堂"，我们应该有好学深思、善于听取不同意见甚至帮助不同意见发表和自己讨论的气度和胸襟。应该认识到学术的是非任何个人是专断不了的，只有历史才是真正的权威！因此我们应该真诚地欢迎各种不同的意见，欢迎各种不同方面的研究。只要对"红学"有所贡献，哪一方面的研究我们都不要排斥。我们不是要求每一个"红学"研究者把《红楼梦》有关的问题都全部研究过来，一本书包括一切，这样的要求是不符合实际的，不利于"红学"发展的。我们应该要求研究者拿出来的研究成果更好一些，有新见解新发现，有创新的精神而不要重复人们早已熟知的结论。我们应该有"红学"各个领域里的专家。当然如果能造就一些在"红学"上无所不包的全面的专家，我们更为欢迎，但这样的结果，也需要从一点一滴做起，不可能轻易地达到，我们还要提倡务实的精神，各有所专，各尽所能，为"红学"增添新的成果。

四、在"红学"的发展过程中，我们一定要重视资料的发掘、整理、考证工作。不重视这方面的工作，等于盖房子不重视打地基，我们在这方面过去有"左"的倾向，对考证不加区分地一律加以否定，这对我们的学术发展不利。我们是有五千年文化的古国，我们祖先所创造的物质财富和精神财富是足以震惊世界的，最近秦始皇陵的发掘，特别是近期出土的大型的铜车马俑的出现，正是使我国古文化的光辉像一颗彗星一样照耀着全世界古文化研究者们的眼睛，使他们不能不以神秘的惊叹羡慕的眼光来看待中国的历史和古文化。在"红学"的问题上同样如此，我们一定要目光四射、胸怀宽广、注视一切，而不要闭目塞听，以为"红学"的资料已止于此，不可能再有发现；以为凡发现都必然是假的，以为资料的发掘和考证工作是多余的了，如果这样看问题，将对我们的"红学"发展带来损失。当然，考证一定要是唯物辩证的，是历史主义的，是实事求是的，而不是虚空结构，浮想联翩的，一句话，我们要的是唯物史观的考证而不是唯心史观的考证。让我们在这方面继续作出成绩来。

五、我们要大声疾呼，树立"红学"研究的好学风，树立起实事求是的马列主义的学风和文风，杜绝一切以学问来作为攻击别人以达到某种个人目的的坏风气。我们提倡争鸣，提倡认真的讨论，提倡对事不对人，提倡坚持真理的精神。但讨论时我们要互相尊重，认真考虑不同的意见，真正做到切磋琢磨，共同追求真理。我们要努力促使全国的"红学"爱好者，研究者，"红学"的专家，年老的和年青的，国内的和国外的，真正的团结起来，来一个"红学"界的大团结。

我坚信我们的事业需要我们如此做，广大的"红学"研究者要求我们这样做，只要大家努力，我坚信我们一定能够做到。

我们的事业必将在新的历史条件下更加发扬光大，我们的"红学"必将大发展。

一九八一年一月八日十时二十分

写毕于京华宽堂

一月十日深夜二时改定

一月十六日深夜二时再改定

《红楼梦》研究必须贯彻
实践检验的精神

实践是检验真理的唯一标准，这是马克思主义认识论的一个基本原则，是马克思主义认识论的理论基础。

实践与认识这一对矛盾，究竟承认实践是第一性的还是承认认识是第一性的，这是区别马克思主义的唯物主义的认识论与唯心主义的认识论的一个分界线，承认实践是认识的基础，实践是第一性的，这就是唯物论的认识论；反之，就是唯心论的认识论。

抽掉了真理的实践性，也就是抽掉了真理的客观性。真理如果可以不受实践的检验，那末，真理也就变为不可捉摸的东西，也就与玄学没有什么区别。如果否认实践是检验真理的唯一标准这一马克思主义认识论的基本理论原则，那末也就是否认了真理的客观标准，这样，任何人都可以自封自己的"理论"为"真理"，自封自己为"理论家"。因为他讲的是否是真理，反正你不能用实践这块试金石去加以检验。

实践是检验真理的唯一标准这个问题，不仅仅是理论问题，而且是实践问题，不仅仅是一般性的理论问题，而且是思想路线性的问题，因此这场争论具有极为重大的普遍的意义，它与一切工作有关，与文学艺术的研究，与《红楼梦》的研究同样有十分密切的关系。在我们的研究工作中，同样必须贯彻这种实践检验的精神。

大家知道，在《红楼梦》的研究过程中，存在着一系列的争论问题，有的问题已经争论了几十年甚至更长。不论争论的时间短长，这些问题的解决，一个也离不开社会实践的检验。例如自有《红楼梦》以来，在《红楼梦》的评价问题上，就发生了争论，而且还十分激烈。《红楼梦》的作者自己说："满纸荒唐言，一把辛酸泪。都云作者痴，谁解其中味!"甲戌本凡例里那首诗的最后两句说："字字看来皆是血，十年辛苦不寻常!"脂砚斋的评则说："能解者方有辛酸之泪，哭成此书。壬午除夕，书未成，芹为泪尽而逝。余尝哭芹，泪亦待尽。……"还有永忠的诗说："传神文笔足千秋。不是情人不泪流。可恨同时不相识，几回掩卷哭曹侯。"这些，毫无疑问都是肯定赞美这部书的，不仅是肯定赞美，而且把它看成是作者用"血泪"写成的书，就连作者自己也说写这部书是饱含着作者的"辛酸泪"的。但是与这种评价相反的说法，则认为《红楼梦》是一部"海淫海盗"的书，是"诱坏身心性命"的书，是"毒天下"的书，因而他们认为"其书大可烧也"。那末，《红楼梦》这部书究竟是香花，还是毒草？究竟是大可宝还是"大可烧"？究竟是肯定它还是否定它？究竟哪一种评价比较正确？这个问题应该怎样来解决呢？显然判断这两种意见究竟哪一种正确，不能根据各自的主观认识，而只能由社会实践来加以检验，只有社会实践的检验才是最可靠的结论。

大家知道，《红楼梦》这部书在社会实践中已被检验了二百年。在这两百年中，当然还有各种各样的评论，除了新红学派的"自传说"、"色空"观念说等等以外，"四人帮"为了达到他们不可告人的目的，甚至还妄图将此书纳入他们编造的"儒法斗争"史里去，江青则公然讲《好了歌》是《红楼梦》的主题歌，实质上也就是说《红楼梦》的主题思想是虚无消极的。然而，二百年来，这许多旧的诅咒和新的歪曲，都没有能把《红楼梦》这部书的真正的社会价值，它在意识形态领域里的战斗作用，它在文艺领域里所放射出来的强烈的思想和艺术的光芒抹杀掉、掩盖住；相反，广大人民群众愈来愈认识这部书的巨大价值，它永不衰竭地受到人民群众的欢迎，这部书和它的作者曹雪芹早已取得了世界的声誉。尤其是毛泽东同志多次称赞这部书，评价它是思想性最高、艺术性最强的一部书，甚而至于把它同我国的地大物博，人口众多并列起来。这充分说明，客观实践证明了《红楼梦》这部书是不能被否定的，也是不能被曲解的，它的存在，永远是我国文学史上的一座金字塔。相反，客观实践证明，被否定了的，只能是对这部书的种种攻击、诬蔑和歪曲的谬论。

在《红楼梦》研究和考证的领域里，争论的问题更多，这许多争论的是非，也更需要客观实践来加以检验，如果用实践来加以检验，那末，许多是非问题，就可以迎刃而解。这里不妨举几个例子。

例子之一，是在二十多年前，周汝昌同志考证出曹寅的弟弟曹荃的原名应该是"宣"，"荃"字是避康熙玄烨的讳，"宣"字因与"玄"字同音，故避讳改为"荃"，而且还举出《诗经·大雅·荡》第三篇《桑柔》里的"秉心宣犹，考慎其相"来加以证实。这个问题提出来后，遭到了一些人的非难。这样，周汝昌同志的这个考证结论究竟是正确的还是错误的，曹荃究竟是一开始就叫曹荃还是一开始确叫曹宣，曹荃是后来改的？这个问题二十多年来一直得不到确切可靠的回答。1975年，我与李华同志因为查阅材料，发现了康熙二十三年江宁知府于成龙撰修的未刊稿本《江宁府志》中的《曹玺传》和康熙六十年上元县知县唐开陶等纂修的《上元县志》中的《曹玺传》，在前一篇《曹玺传》里明确写着："仲子宣，官荫生，殖学具异才。"这说明曹玺的第二个儿子即曹寅的弟弟确实原先是叫"曹宣"，曹荃是后改的。在第二篇《曹玺传》里，又明确记载曹寅"偕弟子猷讲性命之学"。我们知道曹寅只有一个亲弟弟，那末这个子猷当然就是曹宣，也就是曹荃了。这样，二十多年来这个争论未决的问题，由于这两篇重要材料的发现，终于得到了彻底的解决。① 现在看来，当这两篇材料未发现以前，周汝昌同志的考证结论确实是正确的，但在没有这两篇客观的文献材料加以证实时，这个正确的结论，反而一直蒙受着种种怀疑，未被确切地承认，而反对周汝昌同志的这个结论的意见，确实是错误的，不符合历史事实的，但是由于没有确切的历史文献的证实，这种错误的意见，长时期以来，也没有给予有力的否定。由此可见判断一种意见的正确与错误，离开了实践，离开了调查研究和可靠的历史材料，是很难作出正确的判断的。

例子之二，是关于曹雪芹上祖的籍贯问题，也是早在三四十年前，李玄伯、守常以及周汝昌同志等，先后提出了曹雪芹的祖籍是河北丰润县的说法，周汝昌同志在《红楼梦新证》里论证尤为详细。但是，另一方面，有的同志对丰润说一直抱着怀疑态度，从文献资料来说，《八旗满洲氏族通谱》说："曹锡远，世居沈阳地方。"《山西通志》、《浙江通志》都说："曹振彦，奉天辽阳人。"最近新发现的两篇《曹玺传》一篇说：曹锡远"宦沈阳，遂家焉"。另一篇说："著籍襄平，大父世选，令沈阳有声。"根据现有的文献资料来看，关于辽阳、沈阳说的文献根据比较充足，但周汝昌同志所根据的是曹寅《楝亭诗钞》里曹寅写给出身丰润的曹铬字冲谷和曹钤字宾及的诗，在诗里曹寅称他们为"兄"，为"骨肉"等等，又确乎像是同宗兄弟的关系。因此这两种说法，究竟谁是谁非，也争论了很多年，没有得到解决。

近年来，由于两篇传记材料的新发现，又都提到了辽阳和沈阳，同时在这两个地方，又都发现了有关曹家的碑刻资料，其中有两块还刻有

---

① 请参见拙著《曹雪芹家世史料的新发现》一文，载《文艺研究》1976 年第一期。

曹振彦的名字,因此我于去年8月间专程到辽阳和沈阳去作了调查,除见到了两块刻有曹振彦名字的碑外,还见到了其他几块有关曹家的碑刻,并且实地游览了千山这个风景秀美的地方。千山离辽阳只有六十里,汽车不费多少时间就到,这座山确是辽东的名山,最早的古建筑"文化大革命"前还保留着唐代的寺庙建筑。我游览了千山,联系到千山与辽阳如此之近,因而悟到曹寅的《楝亭诗钞》自署"千山曹寅"的道理。但以上这些情况,还只是问题的一方面,问题的另一方面,是我们还必须认真调查一下,丰润这边是否有更多的文献资料和实物资料,因此我又查核了光绪三十四年刻的《浭阳曹氏族谱》①和康熙三十一年罗景泐、曹鼎望修的《丰润县志》。②在《浭阳曹氏族谱》里丝毫也查不到曹雪芹上祖或属于他们的一支的任何一个人的名字,在《丰润县志》里,更没有曹雪芹上世的任何一点史料,曹振彦、曹玺、曹寅这样赫赫有名的人物,在宗谱和县志里,都一字未提,更不用说曹家的其他人物了。更值得我们重视的是,主持和参加这两部书的修撰的是曹鼎望,即曹寅称之为"兄"为"骨肉"的曹铨字冲谷的父亲和曹冲谷自己。③对曹家关系如此密切的这两个人在主持宗谱和县志的修撰时竟然把与自己称"兄",称"骨肉"的出身丰润的同宗撇开,这恐怕是绝无此理的。

在这样正反两方面的资料核实证明下,我认为关于曹家上世的籍贯,辽阳说的根据是充分的,而丰润说却实在缺乏可靠的文献依据,因此,在大量的文献资料面前,我认为这个问题也可以作出结论了,曹雪

---

① 现在我们见到的《浭阳曹氏族谱》是光绪三十四年修的,但此谱前后共修过九次,第九次就是光绪三十四年重修,以前各次修撰的成果都保存在这部谱里,康熙九年第六次的监修是曹鼎望和曹首望。详见拙著《曹雪芹家世新考》第九章。

② 按:此志曹鼎望是主修之一,其子曹冲谷则任"订正",任此谱修撰工作的还有曹鼎望一家多人。详见拙著《曹雪芹家世新考》第十章。

③ 详细论证,请参见拙著《曹雪芹家世新考》。

芹的上祖是辽阳，后又迁居沈阳而不是河北丰润。

例子之三，是关于《红楼梦》的早期抄本的研究，近年来这方面的收获是巨大的：

一、发现了己卯本的散失部分共三回又两个半回。并从而发现了己卯本原来是怡亲王府的抄本。这个发现最初是吴恩裕同志提出来的，当时并没有很快地被人们所承认，只是由于后来我们查证了大量的材料，如除"晓"字的缺末笔避讳外，又查出了"祥"字的缺笔避讳，特别是由于发现了怡亲王府的藏书书目原件，书目上具有同样的避讳文字，再加之新发现的抄本与原己卯本的笔迹相同，纸张相同，在这样大量的各方面的证据的证实下，这个新发现的三回又两个半回才被确认为是己卯本的散失部分，同时也才被确认为己卯本是怡亲王府的原抄本。这两个重要结论的被确定，也是经过过细的实践的检验才被学术界所承认的。

二、发现了庚辰本是照己卯本抄的，己卯本是庚辰本的底本，从而否定了庚辰本是四个底本拼的，"己卯冬月定本"、"庚辰秋月定本"、"脂砚斋凡四阅评过"等等都是商人随意加的这类错误论断。上述对庚辰本的错误论断，已经流行了十多年，似乎已经成为定论。但是它经不起实践的检验，在大量的两本相同的实例的证实下，庚辰本照己卯本抄的秘密被揭穿了。而且如果除去庚辰本上的朱笔批语和一部分显然是后来的墨笔眉批，仅从庚辰本上的墨抄正文和墨抄行间双行小字批语来看，可以认为它基本上是己卯本的原貌，因此现存己卯本的缺失部分可以从庚辰本得知它的面貌。当然有极少一部分文字在己卯本上为朱笔旁添或旁改，在庚辰本上已转化为墨抄正文，除了这一点两本不同外，两本的墨抄正文和墨抄行间双行小字批语，包括两书的行款，基本上是一样的。上面这些结论，都是经过了反复的实践检验才得来的，并且它还将继续接受实践的检验。① 由此可知，实践是检验真理的唯一标准，同时它还是发展真理、丰富和完善真理的必经过程。

例子之四，是关于曹雪芹的家世的研究。在"文化大革命"前，北京曾发现过一部《五庆堂重修曹氏宗谱》。在这部宗谱上列有曹雪芹一系曹锡远以下十一人（但缺曹雪芹）。当时研究者们对这部宗谱的真伪问题的看法是有分歧的，有的认为是可靠的，有的认为是不可靠的。这部《五庆堂曹氏宗谱》还曾拿到日本和香港去展览过。对这部宗谱肯定的意见和否定的意见十多年来一直存在着分歧，没有能统一。近几年来，我对这部宗谱进行了调查研究，发现了与谱上人物有关的大量史料，证明这许多谱上人物都是确有其人的，其事迹也与谱上所记基本相同。不仅如此，我根据谱上记载到曹氏祖墓的所在地涞水县张坊镇西沈家庵村北，我到这里进行了实地调查，前后一共去了五趟，终于找到了这个规模很大的五庆堂曹氏墓地，并且找到了墓地的界石，后来还找到了该墓的守墓人，是一位老太太，她是民国十六年来接差为五庆堂曹家守墓的。在大量的历史文献、墓葬以及墓地的界石，还有守墓人的口述，在许多物证和人证的证实下，《五庆堂重修曹氏宗谱》的真实性就无可怀疑。② 这又一次证实了只有认真地调查研究，只有实践才能对一些看来难以判断的问题作出正确的判断。鉴定某一意见是正确的，某一意见是不正确的，离开了实践，离开了调查研究，那末一些争论的问题就永远弄不清楚。

与这个问题相关联的是实事求是，一切从实际出发的问题。毛主席教导我们研究问题忌带主观性，问题的结论，只能产生在调查研究的末尾，而不是在开始。这就是说，坚持实践是检验真理的唯一标准，就要

---

① 详细论证，请参见拙著《论庚辰本》一书，1978 年上海文艺出版社出版。

② 详细考证，请参见拙著《曹雪芹家世新考》。

坚持实事求是，一切从实际出发的科学态度和求实精神，就要有勇气突破一切条条框框的束缚，有勇气用自己的头脑来发现问题，思考问题，判断问题和解决问题，有勇气用科学的态度来推翻一切假材料、假判断。一句话，推翻一切不符合客观真理的伪科学。真理的本性是朴素的、诚实的，它并不需要谦逊，它更反对虚伪即弄虚作假；相反为了坚持真理，它要求人们要坚持是就是是，非就是非的实事求是的态度。孟子说："吾岂好辩也哉！吾不得已也！"为真理而辩论，这丝毫也不是不谦逊，相反倒是诚实的表现。真理面前人人平等，真理的本性又是排斥一切形式的特权的。因此，究竟是谁掌握了真理，不在于他的地位高低，也不在于他的权力大小，而在于他掌握的是否真正是客观真理，是否经得起实践的检验。凡是经不起实践检验的理论，不管是谁说的，不管说的人的地位多高，权力多大，它终归是站不住的，终归要被客观实践所推翻。历史是无情的，历史又是最公平的，因为只有人民群众才是历史的真正的主人，所以归根到底任何理论都不可逃避历史的审判法庭，一切理论的价值，都只能最后由历史来鉴定，由人民群众的实践来鉴定。

　　坚持实践是检验真理的唯一标准，也就是要在学术研究的领域里坚持马克思主义的历史唯物主义和辩证唯物主义，坚持唯物主义的认识论路线，反对主观唯心主义、形而上学的学风、文风和思想作风。目前在《红楼梦》的研究领域里，胡适派实用主义的"大胆假设，小心求证"的主观唯心主义的认识路线和研究方法并没有清除，相反在某些问题上还发展到了只要大胆假设，连小心求证都不要的地步。这种学风、文风是值得我们注意的。

　　我们反对"大胆假设，小心求证"，当然不是说科学研究中不能有假设，更不是说不允许考证。假设也就是对某一事物所作的预见性的某种设想，这种设想，在对某一事物的研究过程中往往是必需的，有时它还可能是正确结论的先导；当然也可能实践的结果，否定了原先的假设。这两种情况都是完全有可能产生的，并没有什么值得奇怪的地方。至于考证，也就是调查研究，则更是弄清某一事物或事件的必要手段。我们所反对的，只是从某一主观假设出发，去硬凑材料，以牵合这种主观假设，尽管客观事实并非如此，这个最先的主观假设也就成了"结论"。这恰好与马克思主义的认识论成为鲜明的对照。马克思主义的认识论是要我们从调查研究入手，从大量的实际的客观材料中经过科学分析，找出这一事物的客观规律，从而得出科学的结论来，因此，结论只能产生在调查研究的末尾；而上述这种主观唯心主义的方法，则是从主观出发先有结论，然后牵强附会地去凑合材料。这样的"假设"和"求证"我们当然应该坚决反对。

上述这种主观唯心主义的"假设"和"求证"的另一种表现形式是论证某一问题时，不是全面地分析与这一问题有关的一切材料，然后从中得出结论来，而是从某种主观的怀疑和设想出发，选择有利于自己的观点的材料大加发挥，甚而至于与自己的这种观点根本毫无关系的"材料"，也不惜加以牵强附会地引用，以张声势，借以达到哗众取宠的目的，而对于根本不利于自己的观点的材料，甚而至于可以直接否定自己的观点的材料，则只字不提。从字面上来看，这种文章仿佛是达到了观点和材料的统一，仿佛是很有说服力，但实质上只不过是上述唯心主义的"假设"、"求证"的一种狡猾的表现而已。这类文章，虽然能哗众取宠于一时，但终究还是逃不过实践是检验真理的唯一标准的这一道关。

恩格斯说过："即使只是在一个单独的历史实例上发展唯物主义的观点，也是一项要求多年冷静钻研的科学工作，因为很明显，在这里只说空话是无济于事的，只有靠大量的、批判地审查过的、充分地掌握了的历史资料,才能解决这样的任务。"① 列宁也说过:"不用相当的独立功夫,不论在哪个严重的问题上都不能找出真理;谁怕用功夫,谁就无法找到真理。"② 我们应该按照恩格斯和列宁所说的这种精神去探求科学上的真理,并且用实践去检验真理。在寻求科学真理的崎岖道路上,任何主观武断或取巧的掩人耳目的办法,都是无济于事的,因为科学的本性,真理的本性就是也只能是:实事求是!

一九七九年元旦之夜
写毕于宽堂

---

① 《马克思恩格斯选集》第二卷,第118页。
② 《列宁选集》第二卷,第457-458页。